教育康复学导论

杜晓新　黄昭鸣　主　编

内容简介

教育康复学是特殊教育与现代康复医学结合的一门新学科。"教育康复学导论"是教育康复学专业基础课程中的一门重要课程。本书主要叙述了教育康复学的界定、产生背景、服务对象、学科基础、基本观点、教育康复支持体系建设,并按现代康复医学的康复功能模块,阐述了听力、言语功能、语言能力、认知能力、学习策略、情绪行为与运动功能评估与训练的基本理论与方法,以及单一被试实验法在教育康复实践中的应用等。

本书既可作为教育康复学、特殊教育学、言语听觉康复科学、儿童康复学、其他相关专业以及特殊教育师资职后培训的教材,也可作为与特殊教育工作有关的教师、家长、志愿者的自学参考书。

图书在版编目（CIP）数据

教育康复学导论/杜晓新,黄昭鸣主编. —北京:北京大学出版社,2018.3
(21世纪特殊教育创新教材)
ISBN 978-7-301-29233-4

Ⅰ.①教… Ⅱ.①杜… ②黄… Ⅲ.①特殊教育—教育康复—高等学校—教材 Ⅳ.①G76

中国版本图书馆CIP数据核字(2018)027708号

书　　名	教育康复学导论 JIAOYU KANGFUXUE DAOLUN
著作责任者	杜晓新　黄昭鸣　主编
丛书主持	李淑方
责任编辑	李淑方
标准书号	ISBN 978-7-301-29233-4
出版发行	北京大学出版社
地　　址	北京市海淀区成府路205号　100871
网　　址	http://www.pup.cn　新浪微博:@北京大学出版社
微信公众号	通识书苑（微信号:sartspku）　科学元典（微信号:kexueyuandian）
电子邮箱	编辑部 jyzx@pup.cn　总编室 zpup@pup.cn
电　　话	邮购部 010-62752015　发行部 010-62750672　编辑部 010-62767857
印刷者	北京圣夫亚美印刷有限公司
经销者	新华书店
	787毫米×1092毫米　16开本　17.25印张　300千字 2018年3月第1版　2024年12月第5次印刷
定　　价	55.00元

未经许可,不得以任何方式复制或抄袭本书之部分或全部内容。
版权所有,侵权必究
举报电话:010-62752024　电子邮箱:fd@pup.cn
图书如有印装质量问题,请与出版部联系,电话:010-62756370

前　言

言语听觉康复科学的学科建设在不断探索与创新中历经了十多年的发展历程：2004年，在华东师范大学特殊教育学系下设立了言语听觉康复科学本科专业方向；2009年，成立了中国大陆第一个言语听觉康复科学系；同年，建立了言语听觉科学教育部重点实验室；2013年，经教育部批准在全国率先成立了教育康复学本科专业。教育康复学的设立是中国高等特殊教育改革与发展的产物，是中国特殊教育发展史上的一个里程碑，它标志着传统特殊教育以教育为主的模式的终结，也标志着"医教结合"特殊教育改革与探索的新起点。新学科的设立，为进一步满足特殊儿童的需要提供了更为优良与坚实的基础，也为广大特殊教育及康复医学工作者提供了一个更为宽广的探索与发展空间。

自2013年教育康复学本科专业成立以来，我们已连续主办了四届全国教育康复专业建设高峰论坛。首届在上海举行，主题为"教育康复学的学科建设与发展"；第二届在山东烟台举行，主题为"教育康复学的课程建设与实施"；第三届在河北邯郸学院举行，主题为"智慧康复与教育康复学学科建设"；第四届在上海华东师范大学举行，主题为"互联网背景下教育康复专业课堂教学模式的改革与探索"。每届论坛出席人数近400人，高校代表约占出席总人数的50%。四届论坛主题明确，环环相扣，层层递进，内容从教育康复人才培养的目标、原则、途径、课程设置到如何利用互联网＋、大数据平台等高科技手段促进学科建设与发展等各方面，代表们集思广益、踊跃发言、受益匪浅。2015年教育部又批准五所高校成立教育康复学本科专业，即北京联合大学、河北邯郸学院、四川乐山师范学院、贵州安顺学院、南京特殊教育师范学院。可以预计，今后还会有更多的高校申请开设教育康复学专业。在首届高峰论坛上，教育部教师教育发展基金会宣布：筹资680万元人民币，资助教育康复学专业建设，其中本书的出版也得到了资助。

作为"导论"，本书力求为教育康复学构建一个基本理论框架。然而，对于这样一个涉及多领域的新学科，要达此目的绝非易事，需要在理论与实践层面不断探索与总结，才能突破众多难关，登上新高度。随着教育康复学的学科发展，将会有更多的同行投入新学科的建设与发展中来，"木欣欣以向荣，泉涓涓而始流"，庆盛世之昌盛，感吾辈之得时。同行们，让我们携手奋进，不负使命，为教育康复学新学科的建设与发展贡献力量！

撰写本书的主要目的是将其作为教育康复学专业基础课"教育康复学导论"的教材。我们在几轮教学实践的基础上，提出如下教学建议：

（1）由于书中内容涉及面广，专业性较强，部分章节可由相关专业教师主讲，如听力障碍的筛查、诊断与训练，言语功能障碍的评估与训练，运动功能的评估与训练，单一被试实验法在教育康复研究中的应用等。

（2）教师要注意所授内容与后续课程的联系与衔接，既要避免讲授内容过多过细，与后续课程内容重复，也要避免过于简化，而未能使学生对教育康复学形成一个较清晰的框架及整体印象。总之，教师可依教学的具体情况对书中内容进行选择，灵活处理。

(3) 教师可充分利用教育康复云平台进行教学,如调用远程培训模块中的相应视频课程及案例,以减轻教师负担、方便学生学习、提高教学质量。

上述建议,仅供参考。

本书共分 10 章,各章内容及撰写人员为:第一章,主要阐述了教育康复学的界定、教育康复学的产生背景、教育康复学的研究与服务对象、教育康复学的学科基础、教育康复学的基本观点以及教育康复学专业建设构想(杜晓新);第二章,听力障碍的筛查、诊断与训练(赵航、刘巧云);第三章,言语障碍的评估与训练(万勤);第四章,语言能力的评估与训练(刘巧云);第五章,认知能力的评估与训练(杜晓新);第六章,学习策略的评估与训练(杜晓新);第七章,情绪行为的评估与干预(张青、蔡永刚);第八章,运动功能的评估与训练(蔡永刚);第九章,教育康复的实施,主要叙述了教育康复实施的总体目标、基本原则、主要途径、特殊教育学校的课程改革、教育康复支持体系建设(杜晓新);第十章,单一被试实验法在教育康复研究中的应用(杜晓新)。全书由杜晓新、黄昭鸣审校、统稿。

在本书的撰写与出版过程中,华东师范大学学科带头人黄昭鸣教授在制订编写计划、人员安排、资金投入、校稿统稿等各方面均投入了大量精力,作出了重要贡献;金野副教授与程辰老师以及多名博士与硕士研究生付出了艰辛的努力。北京大学出版社的李淑方编辑为此书的出版付出了辛勤的劳动,在此对他们表示衷心的感谢。由于作者学识有限,本书定有许多有待商榷之处,敬请各位专家与同行批评指正。

黄昭鸣
华东师范大学言语听觉科学教育部重点实验室　主任
华东师范大学教育康复学系　教授
杜晓新
华东师范大学教育康复学系　主任、教授
2016 年 12 月

目　录

第一章　教育康复学概述 ·· 1
第一节　教育康复学的界定 ·· 1
一、教育康复学的产生背景 ··· 1
二、教育康复学的界定 ·· 4
三、教育康复学的研究与服务对象 ··· 5
第二节　教育康复学的学科基础 ·· 7
一、普通心理学 ··· 8
二、发展心理学与儿童发展心理学 ··· 8
三、教育学与特殊教育学 ·· 8
四、现代医学与康复医学 ·· 9
第三节　教育康复的基本观点 ·· 9
一、特殊教育的本质——对教育的干预 ·· 9
二、"医教结合" ·· 11
三、综合康复 ·· 13
第四节　教育康复学专业建设构想 ··· 15
一、培养目标 ·· 16
二、课程设置 ·· 16
三、培养形式与途径 ·· 17
四、专业发展前景 ··· 17

第二章　听力障碍的筛查、诊断与训练 ··· 19
第一节　听觉康复概述 ·· 19
一、听力与听觉 ··· 19
二、耳的结构与声信号的传导通路 ··· 19
三、听觉康复的目标及原则 ··· 21
四、听觉康复的流程 ·· 21
第二节　听力障碍的测试与诊断 ·· 22
一、听力测试的常用方法 ·· 22
二、听力损失的分类及临床表现 ··· 25
三、新生儿听力筛查与诊断 ··· 27

        四、听力康复的主要助听装置 ………………………………………………… 28
    第三节　听觉障碍的康复训练 ………………………………………………… 35
        一、听觉障碍的常用训练方法 ………………………………………………… 35
        二、听觉能力发展四阶段的评估与训练 ……………………………………… 37

第三章　言语障碍的评估与训练 ………………………………………………… 43
    第一节　言语康复概述 ………………………………………………………… 43
        一、言语和语言 ………………………………………………………………… 43
        二、言语的产生及功能 ………………………………………………………… 44
        三、言语障碍的分类 …………………………………………………………… 45
        四、言语康复的目标及原则 …………………………………………………… 46
        五、言语康复的流程 …………………………………………………………… 47
        六、言语康复的常用工具 ……………………………………………………… 47
    第二节　言语功能的评估 ……………………………………………………… 49
        一、评估目的 …………………………………………………………………… 49
        二、评估内容 …………………………………………………………………… 49
    第三节　言语障碍的治疗 ……………………………………………………… 57
        一、呼吸障碍的治疗 …………………………………………………………… 57
        二、发声障碍的治疗 …………………………………………………………… 61
        三、共鸣障碍的治疗 …………………………………………………………… 67
        四、构音障碍的治疗 …………………………………………………………… 72
        五、语音障碍的治疗 …………………………………………………………… 73
        六、言语障碍康复训练案例 …………………………………………………… 74

第四章　语言能力的评估与训练 ………………………………………………… 79
    第一节　语言能力训练概述 …………………………………………………… 79
        一、语言与沟通 ………………………………………………………………… 79
        二、儿童语言能力的发展规律 ………………………………………………… 80
        三、语言能力训练的主要对象 ………………………………………………… 80
        四、语言能力训练的相关理论 ………………………………………………… 81
        五、语言能力训练的目标及原则 ……………………………………………… 84
        六、语言能力训练的流程 ……………………………………………………… 85
        七、语言康复的常用工具 ……………………………………………………… 86
    第二节　语言能力的评估 ……………………………………………………… 87
        一、语言能力的评估目的 ……………………………………………………… 87
        二、语言能力的评估内容 ……………………………………………………… 87
        三、评估方法 …………………………………………………………………… 91
        四、评估报告案例 ……………………………………………………………… 91
    第三节　语言能力的训练 ……………………………………………………… 92

一、语言训练的模式 ··· 92
　　二、语言能力训练的内容及方法 ·· 93
　　三、特殊儿童语言能力训练案例 ·· 99

第五章　认知能力的评估与训练 ··· 103
第一节　认知能力训练概述 ··· 103
　　一、认知、智力与知识 ·· 103
　　二、认知能力训练的主要对象 ·· 103
　　三、认知能力训练的基本理论 ·· 105
　　四、认知能力训练的原则 ·· 107
　　五、认知能力训练的流程 ·· 108
　　六、认知康复的常用工具 ·· 109
第二节　认知能力的评估 ·· 109
　　一、认知能力评估的目的 ·· 109
　　二、学前儿童五项认知能力评估 ··· 109
　　三、学龄儿童五项认知能力评估 ··· 112
　　四、特殊儿童认知能力评估案例 ··· 115
第三节　认知能力的训练 ·· 116
　　一、基础训练 ··· 116
　　二、注意力训练 ·· 120
　　三、观察力训练 ·· 122
　　四、记忆力训练 ·· 123
　　五、推理能力训练 ·· 124
　　六、分类能力训练 ·· 126
　　七、特殊儿童认知能力训练案例 ··· 128

第六章　学习策略的评估与训练 ··· 131
第一节　学习策略概述 ·· 131
　　一、学习策略的含义 ·· 131
　　二、学习策略的理论 ·· 132
　　三、学习策略训练的原则 ·· 134
　　四、学习策略训练流程 ··· 135
第二节　学习策略的评估 ·· 135
　　一、学习策略评估的目的 ·· 135
　　二、学习策略评估的内容与方法 ··· 136
　　三、学习策略评估案例 ··· 138
第三节　学习策略的训练 ·· 139
　　一、精制策略训练 ·· 139
　　二、组织策略训练 ·· 145

三、组织策略训练案例 …………………………………………………………… 153
第七章　情绪行为的评估与干预 …………………………………………………… 157
　第一节　情绪行为干预概述 ………………………………………………………… 157
　　一、情绪、行为及情绪行为障碍 ………………………………………………… 157
　　二、情绪行为障碍的分类及特征 ………………………………………………… 159
　　三、情绪行为干预的理论基础 …………………………………………………… 161
　　四、情绪行为干预的原则 ………………………………………………………… 162
　　五、情绪行为干预的流程 ………………………………………………………… 164
　　六、情绪行为干预的常用工具 …………………………………………………… 165
　第二节　情绪行为评估 ……………………………………………………………… 165
　　一、情绪行为评估的目的 ………………………………………………………… 165
　　二、情绪行为评估的内容及方法 ………………………………………………… 166
　　三、情绪行为评估案例 …………………………………………………………… 168
　第三节　情绪行为干预的内容及方法 ……………………………………………… 170
　　一、心理治疗 ……………………………………………………………………… 170
　　二、音乐治疗 ……………………………………………………………………… 172
　　三、游戏治疗 ……………………………………………………………………… 174
　　四、应用行为分析法 ……………………………………………………………… 174
　　五、现代化仪器设备干预 ………………………………………………………… 175
　　六、情绪行为干预案例 …………………………………………………………… 176

第八章　运动功能的评估与训练 …………………………………………………… 181
　第一节　运动功能概述 ……………………………………………………………… 181
　　一、运动功能、能力和技能 ……………………………………………………… 181
　　二、运动功能障碍的临床分类 …………………………………………………… 183
　　三、运动功能康复训练的理论基础 ……………………………………………… 184
　　四、运动功能康复训练的原则 …………………………………………………… 187
　　五、运动功能康复训练的流程 …………………………………………………… 187
　　六、运动功能康复训练的常用工具 ……………………………………………… 188
　第二节　运动功能的评估 …………………………………………………………… 190
　　一、评估目的 ……………………………………………………………………… 190
　　二、评估内容及方法 ……………………………………………………………… 190
　　三、运动功能评估案例 …………………………………………………………… 194
　第三节　运动功能的康复训练 ……………………………………………………… 195
　　一、放松训练 ……………………………………………………………………… 196
　　二、肌力训练 ……………………………………………………………………… 196
　　三、粗大运动功能训练 …………………………………………………………… 197
　　四、精细运动功能训练 …………………………………………………………… 201

五、感觉统合训练·· 204
　　六、运动功能训练案例·· 206

第九章　教育康复的实施·· 209
第一节　教育康复实施概述·· 209
　　一、教育康复实施的总体目标·· 209
　　二、教育康复实施的基本原则·· 209
　　三、教育康复的实施途径·· 210
第二节　特殊教育学校课程改革·· 210
　　一、培智学校课程改革··· 210
　　二、聋校低年级课程改革·· 217
第三节　教育康复支持体系建设·· 219
　　一、教育康复三级网络建设··· 220
　　二、教育康复云平台建设·· 222
　　三、教育康复人才的职后培训··· 225

第十章　单一被试实验法在教育康复研究中的应用······································· 227
第一节　单一被试实验概述·· 227
　　一、单一被试实验简介··· 227
　　二、单一被试实验的信度与效度·· 229
　　三、单一被试实验的数据收集··· 230
第二节　单一被试实验设计与数据处理··· 232
　　一、单基线实验设计与数据处理·· 232
　　二、多基线实验设计与数据处理·· 244
　　三、U 实验设计及数据处理··· 248
第三节　单一被试实验在教育康复研究中的应用举例·································· 250
　　一、注意缺陷多动倾向伴学习困难儿童训练的个案研究······························ 250
　　二、VPI 患儿言语共鸣障碍矫治的个案研究··· 255

第一章　教育康复学概述

> **本章目标**
>
> 1. 了解教育康复学的产生背景。
> 2. 掌握教育康复学的基本定义。
> 3. 了解教育康复的对象。
> 4. 理解教育康复学的学科基础。
> 5. 理解教育康复的基本观点。

教育康复学是整合教育与康复的手段和方法,为兼具教育和康复两种需求的儿童提供服务的一门交叉学科。作为本书的第一章,首先对教育康复学的概念、教育康复学的学科基础、教育康复的基本观点进行叙述。

第一节　教育康复学的界定

为了阐述教育康复学的概念,本节将对教育康复学的产生背景、教育康复学的界定、教育康复学与相关学科的联系与区别以及教育康复的对象进行叙述。

一、教育康复学的产生背景

(一) 特殊教育对象变化的需求

改革开放以来,我国实施的所有改革都是以科学发展观为指导的,科学发展观的核心是以人为本。特殊教育的改革自然是以特殊儿童的基本需要为本。因此,准确界定什么是特殊儿童的基本需要是开展特殊教育改革的前提。随着社会的发展、科学的进步,与十多年前相比,目前特殊教育学校的教育对象已发生了很大的变化,其原因总体来说可归纳为如下几条。

1. 残障婴儿存活率提高

从目前婴儿出生的情况来看,感染性疾病的发生率下降,而患遗传性疾病、先天畸形、早产、极低体重等婴儿的存活率逐渐上升。由于先天障碍或缺陷,这些儿童可能会出现如脑瘫、自闭症、智力障碍等问题。由于现有的医学手段尚无法治愈这些疾病,这些儿童需要接受长期的康复治疗。到了受教育的年龄,他们也只能带病接受教育。

2. 残障类型增多

目前,中国特殊教育学校主要有三类:培智学校(辅读学校)、聋校与盲校,其中培智学校的数量与在校学生数占较大比例。近年来,培智学校的教育对象发生了很大的变化,与十多年前相比,学生的残障类型增多。目前在校就读的学生主要包括:智障儿童、脑瘫儿童、自闭症儿童以及多重残疾儿童等。其中一个较明显的现象是：自闭症儿童的数量增加。在某些学校的班级中，自闭症儿童的比例已达 1/3 或以上。而在过去，即使在上海这样的发达城市，自闭症儿童既不能进入普通学校，也无法进入特殊教育学校，处于无校可读的窘境。近年来，随着社会的进步，融合教育与零拒绝理念的推行，自闭症儿童逐步进入特殊教育学校，并有逐年增加的趋势。

3. 障碍程度加重

十多年前，培智学校的学生主要包括轻度、中度及重度的各类智力障碍儿童，其中轻度与中度智障儿童占有较高比例，而重度与极重度的智障儿童所占比例很少。但从目前情况来看，绝大部分轻度智障儿童已进入普通学校随班就读，一部分中度智障儿童进入普通学校特殊班级就读。而留在培智学校的学生大多是中度、重度以及极重度的智障儿童、脑瘫儿童、自闭症儿童，其中还包括一些几乎丧失基本生活自理能力的儿童。

4. 多重残疾儿童增多

多重残疾儿童是指集两种或两种以上残疾于一身的儿童。例如，一些既有智力障碍又有视力障碍的儿童；又如，在智力与视力障碍的基础上又伴有肢体运动障碍的儿童。过去，即使在我国经济发达地区，绝大部分多重残疾儿童也只能在家庭、社区或医院接受教育与康复治疗。随着特殊教育事业的日益发展，目前一部分多重残疾儿童已进入特殊教育学校接受教育。

特殊教育对象的变化势必影响特殊教育学校，特殊教育学校原有的教育教学目标及教学计划变得难以落实与实施。因此，必须针对目前特殊儿童的实际需要，改变特殊教育的现状。笔者认为目前特殊儿童的基本需要就是：既有接受教育的需要，又有接受康复服务的需要。然而，长期以来，我国康复治疗服务主要由医院来承担，而教育主要由特殊教育学校提供。近年来，人们开始反思这种康复与教育分离的特殊教育模式。2012 年，上海市副市长沈晓明教授认为这种相互分离的模式有两个弊端：一是残疾儿童个体很难同时兼顾学习与康复；二是康复治疗与教育完全分离，医生和教师各念各的经，康复治疗不能有效为教学服务。为此，他倡导大力发展基于学校的康复治疗模式，并将其视为学校教育过程的一个重要组成部分。要实现这一目标，特殊教育学校就必须承担起教育与康复的双重任务。这就要求我们必须关注与分析目前我国特殊教育的师资现状、特殊儿童对师资的需求，并在此基础上，对现有高等特殊教育师资培养模式进行改革，以培养大批具有教育与康复双重知识和技能的师资。

（二）特殊教育对师资的需求

2006 年第二次全国残疾人抽样调查统计公报显示，我国 0～14 岁的残疾人口为 387 万人，在校特殊儿童约 39.9 万人。另据统计，2011 年我国特殊教育专任教师 41311 人，师生配比为 1∶9.65，远低于发达国家特殊教育学校的师生比例。另外，从特殊教育教师的构成来看，教师来源主要包括：毕业于特殊教育专科的教师、毕业于普通师范学校的教师以及从普通学校转入特殊教育学校的教师。近年来，在经济发达地区，也有部分特殊教育以及相关专业的本科生，甚至研究生进入特殊教育学校工作。然而，由于特殊教育专业设置主要以一级学科教育学学科框架为主，课程中康复医学类课程所占比例很少，学生的康复实践机会不多，康复知识与技能较弱。因此，在特殊教育学校中能为特殊儿童提供相关康复服务的教师极为缺乏。相关调查研究表明：目前在特殊教育学校教师中，能为特殊儿童提供相关康复服务的教师不足 3%。如前所述，由于特殊教育学校中的儿童存在多种障碍，如听力障碍、言语障碍、语言障碍、认知能力障碍、情绪行为异常、学习能力障碍以及运动功能障碍等，同时对于大部分特殊儿童而言,均表现出多重障碍。另外,由于特殊儿童存在较大的个体差异,往往需要对其实施个别化的教育与康复训练。因此,除了对特殊儿童进行特殊教育的集体教学以外,还亟须为其提供各类个别化康复训练以及综合康复服务。相关调查分析表明:以每名专业人员服务40名障碍儿童来计算,目前我国共需要9.7万名教育康复专业人员。由此可见,现有教育康复师资与实际需求相比存在巨大缺口,如何破解这一难题,扩大特殊教育专业人才培养规模,改革培养模式已成为特殊教育发展的当务之急。

(三)特殊教育专业人才培养模式改革的需求

近年来,党和政府出台了一系列关心与支持特殊教育的政策文件,其中大力培养特殊教育师资是重要内容。2012年4月,国家发展改革委员会、教育部、中国残疾人联合会办公厅发布896号文件,其中明确提出:"扩展特殊师范专业范围,研究增设教育康复类专业。"同年9月,教育部等五部委联合发布12号文件,在加大特殊教育教师培养力度中提出:"加强特殊教育专业建设,拓宽专业领域,扩大培养规模,满足特殊教育发展需要。改革培养模式,积极支持高等师范院校与医学院校合作,促进学科交叉,培养具有复合型知识技能的特殊教育教师、康复类专业技术人才。"上述文件精神表明:为满足我国特殊教育事业发展的需要,特殊教育专业人才培养模式的改革势在必行。

如何进行特殊教育专业人才培养模式的改革?沈晓明教授在《我为什么提出特殊教育的'医教结合'理念》一文中对如何进行特殊教育师资培养模式和课程体系改革提出了四点建议:"目前,国内有一些师范类学校设有特殊教育专业,专事培养特教教师,这对发展我国的特殊教育事业是至关重要的。但以我之管见,以下几个方面的教学改革势在必行:一是倡导师范院校和医学院校合作培养特殊教育专业人才;二是大幅提高特殊教育专业中医学类课程的比例,包括课堂教育和见、实习;三是通过继续教育,对在职在岗的特教教师进行相关医学课程的培训;四是通过双学位、联合培养硕士和博士研究生,造就一批特殊教育的高层次人才。"

沈晓明教授的上述建议对目前特殊教育专业课程体系的改革具有重要启示作用。但仍有人认为医学类(包括康复医学类)课程应该在医学院校开设,为什么要在特殊教育专业开设呢?以下结合我们多年的专业建设经验与认识,谈几点看法:

(1)近年来,随着全社会对康复需求的不断增加,我国的康复医学也随之快速发展,国内的一些医学院校与体育院校相继设立了康复治疗学、运动康复学,以及运动康复与健康等相关专业。但这些专业主要是为医院康复科、康复机构、运动员康复治疗,以及老年康复治疗培养康复治疗师,而不是培养特殊教育学校教育康复人才。另外,从培养人才的数量上来说,医学院校培养的康复治疗师尚不能满足相关需求,更不用说能满足特殊教育学校对康复人才的大量需求。

(2)特殊儿童既有康复的需要,又有教育的需要。特殊教育学校需要具备教育与康复知识与技能的复合型人才。而医学院校培养的康复医学人才显然与特殊教育学校当前的需要是有距离的。

因此,鉴于目前特殊教育对象变化的需求、特殊儿童对师资的需求、特殊教育专业人才培养模式改革的需求以及相关专业调整现状,笔者认为,目前特殊教育专业人才培养模式改革可从两方面着手:一是传统特殊教育学必须打破专业壁垒,融合相关专业,进行特殊教育学的课程与教学改革;二是在教育学一级学科下设立教育康复学新专业。目前国家相关政策大力支持增设教育康复学专业,并为该专业的建设和发展提供了强有力的支持与发展平台。

二、教育康复学的界定

（一）教育康复学的界定

如前所述，教育康复学是当前我国新设的一门本科专业，如何对教育康复学做出准确与科学的界定确实有一定的难度。笔者在对相关文献整理与分析的基础上，进行了认真的思考，提出了以下看法，供学界同仁借鉴与思考。

目前，对教育康复学可有两种解释：一是从康复医学的角度出发，将康复医学分为：医学康复、教育康复、职业康复、社会康复。如按此分类，教育康复学就应该是研究如何以教育的方式与手段以达到特殊儿童康复目的的一门学科；二是教育康复学是整合教育与康复的手段和方法，为兼具教育和康复两种需求的特殊儿童提供服务的一门交叉学科，该学科是特殊教育学与现代康复医学相结合的产物，是两门学科交叉的边缘学科。如从修辞学的角度来看，前者将教育与康复解释为偏正关系，教育是康复的修饰语，即教育是手段，康复是目的；而后者将教育与康复解释为并列关系，且具有相互交叉融合的含义，即教育与康复均是手段，其目的是通过教育与康复提高特殊儿童生存与生活能力，促使其回归主流社会。在此，笔者倾向于将教育康复学界定为后者，因为将教育康复学界定为特殊教育学与现代康复医学相互交叉的边缘学科更符合"医教结合"的内涵，符合新形势下对我国特殊教育师资培养模式改革的需求，有助于发展基于学校的康复治疗模式。为了对教育康复学有更深入的理解，以下笔者对传统特殊教育学、康复治疗学与教育康复学的区别与联系做一简述。

（二）特殊教育学与教育康复学

首先，从历史发展来看，特殊教育起源于欧洲，至今大约有200多年的历史，特殊教育的发展又催生与促进了特殊教育学的发展，而教育康复学则是基于目前我国特殊教育发展需求而设立的一门新兴学科，它有助于落实特殊教育"医教结合"的改革方针，有助于建立基于学校的康复训练模式。第二，从学科定义上看，特殊教育是使用一般或特别设计的课程、教材、教法、组织形式和设备对特殊儿童（青少年）所进行的达到一般的和特殊的培养目标的教育。特殊教育学是研究特殊教育现象及规律、原则和方法的科学，一般以学龄特殊儿童的教育为研究重点，教育康复学是特殊教育学与现代康复医学相结合的产物，是两门学科交叉的边缘学科，是研究如何利用、融合特殊教育学与现代康复医学的手段与方法来满足与服务于特殊儿童教育与康复双重需要的一门学科。第三，从培养目标上看，目前的特殊教育学专业主要培养在特殊教育学校从事教育、教学的教师，教育康复学专业主要培养既能从事特殊教育集体教学任务，又能承担各类个别化康复训练的双师型特教师资。第四，从专业课程框架与教学内容上看，目前特殊教育学专业主要以教育学为基础，以特殊教育基本原理、特殊教育史、特殊教育政策法规、特殊教育学校教材教法等为主要学习内容，教育康复学专业主要以现代康复医学与特殊教育学为基础，以特殊儿童各类功能评估与康复训练、特殊儿童教育与教学方法为主要学习内容。第五，从培养方式上看，由于目前特殊教育学主要以教育学为导向，课程内容偏重理论层面，康复医学类及实验类课程相对较少，而教育康复学专业则以现代康复医学为导向，课程内容偏重操作层面，康复医学以及实验课程占有较大比重，学生除需要在各类特殊教育学校见、实习外，还需在医院康复科、康复机构以及社区进行临床见、实习。第六，从专业服务对象上看，目前特殊教育学以特殊儿童（学前、学龄及青少年）为主，教育康复学则在以特殊儿童为服务主体的基础上，也兼顾有障碍的成人。

总之，目前特殊教育学更多的是从教育哲学或理论层面去研究特殊教育的现象与规律；而教育康复学则更多的是从实证与操作层面去研究与探索如何满足特殊儿童的需求。笔者认为：一方面，在特殊教育发展的新形势下，目前的特殊教育学有必要进行改革；另一方面，教育康复学是在对目前特殊教育学进行彻底改革与整合的基础上而产生的一门新兴交叉学科。

(三) 康复治疗学与教育康复学

康复治疗学是基于医疗系统的康复治疗模式，教育康复学是基于特殊教育学校的康复治疗模式，两者有明显的不同。从培养方向上讲，康复治疗学培养的专业人员大多在医院以及康复机构从事相关康复治疗工作；而教育康复学专业培养的人员则多数会在特教学校、康复机构以及儿童福利院等从事相关教育与康复工作。从课程内容上讲，康复治疗学主要以作业治疗、物理治疗与言语治疗为主，而教育康复学中的现代康复还涉及听觉、言语语言、认知、心理健康、艺体、中医、社会服务等更广泛的内容。从服务对象上来看，康复治疗学以成人康复为主，而教育康复学以儿童为主，亦可兼顾成人康复。

三、教育康复学的研究与服务对象

教育康复学的研究与服务对象主要是特殊儿童。从广义上说，特殊儿童包括三类：残疾儿童、问题儿童与超常儿童。残疾儿童与问题儿童又称障碍儿童。残疾儿童又称为狭义的特殊儿童，根据残疾的部位或所造成缺陷的不同，残疾儿童又可分为感官残疾儿童、言语残疾儿童、智力障碍儿童、肢体残疾儿童、多重残疾与多重障碍儿童五类。问题儿童是指一些有严重行为异常、情绪障碍的儿童，如：学习障碍儿童、情绪行为障碍儿童、自闭症儿童等。超常儿童又称天才或资优儿童，其主要特点是具有高于同龄人的智商，有较高的领悟能力和解决问题的能力，或在某一方面有特殊的才能。毫无疑问，从对教育与康复的需求出发，残疾儿童与问题儿童是教育康复的对象。以下对各类残疾儿童及问题儿童的主要特点作一简要介绍。

(一) 残疾儿童

1. 听力残疾儿童

在 2006 年全国残疾人抽样调查中，将听力残疾的标准规定为：听力残疾是指人由于各种原因导致双耳不同程度的永久性听力障碍，听不到或听不清周围环境声及言语声，以致影响其日常生活和社会参与。按听力损失程度，将听力残疾分为四级：听力损失大于 90 dB HL 为一级；听力损失在 81～90 dB HL 之间的为二级；在 61～80 dB HL 之间的为三级；在 41～60 dB HL 之间的为四级。并规定，此标准适用于 4 岁以上人群的听力残疾评定。3 岁以内儿童听力残疾程度为一、二、三级的定为残疾人。听力障碍儿童往往伴有言语、语言障碍，以及认知能力发展迟缓等问题，需要接受特殊教育与相应的康复训练。

2. 言语残疾儿童

言语残疾，是指由于各种原因导致的不同程度的言语障碍，经治疗一年以上不愈或病程超过两年者，而不能或难以进行正常的言语交往活动，以致影响其日常生活和社会参与（3 岁以下不定残）。

言语残疾包括：

(1) 失语。是指由于大脑言语区域以及相关部位损伤所导致的获得性言语功能丧失或受损。

(2) 运动性构音障碍。是指由于神经肌肉病变导致构音器官的运动障碍，主要表现为不会说话、说话费力、发声和发音不清等。

（3）器官结构异常所致的构音障碍。是指构音器官结构、形态异常所致的构音障碍,如腭裂以及舌或颌面部术后造成的构音障碍,主要表现为不能说话、鼻音过重、发音不清等。

（4）发声障碍（嗓音障碍）。是指由于呼吸、喉等结构功能不良、器质性或神经性病变导致的失声、发声困难、声音嘶哑等。

（5）儿童言语发育迟滞。是指儿童在生长发育过程中其言语发育落后于实际年龄的状态,主要表现为不会说话、说话晚、发音不清等。

（6）听力障碍所致的言语障碍。是指由于听觉障碍所致的言语障碍,主要表现为不会说话或者发音不清。

（7）口吃。是指言语的流畅性障碍。常表现为在说话的过程中拖长音、重复、语塞并伴有面部及其他行为变化等。

对于语言残疾的儿童要针对其病因,进行有针对性的治疗与教育康复训练。

3. 智力障碍儿童

智力障碍儿童又称弱智儿童,对弱智儿童的鉴别标准主要包括智力水平与社会适应两方面,智力水平与社会适应能力均明显低于同龄儿童平均水平的儿童可被诊断为弱智儿童。就智商而言,通常认为智商低于70的儿童为弱智儿童。其中,智商在50～69之间的为轻度弱智;在20～49之间的为中度弱智;在20以下的为重度弱智。还有的将智商在70～85之间的儿童称为边缘智力落后。就社会适应能力而言,弱智儿童的社会适应能力明显低于同龄儿童的水平。造成智力落后的影响因素众多,主要有先天遗传因素、后天环境因素等。另外,其他类型的障碍儿童也有可能伴有智力落后,如部分脑瘫儿童、自闭症儿童、听力障碍儿童、情绪行为障碍儿童等。智力障碍儿童在有特殊教育需要儿童中所占的比例较高,是教育康复的主要对象。

4. 肢体残疾儿童

肢体残疾儿童是指那些因脑神经损伤、脊髓神经损伤、严重营养不良、外伤等原因造成的有明显肢体运动障碍的儿童,如脑瘫、脊柱裂、脊髓损伤、肌营养不良等疾病造成的肢体残疾,肢体残疾儿童可表现为不能正常抓握、坐立、行走等运动障碍。在目前的特殊教育学校中,脑瘫儿童占较大的比例。临床上一般根据肌张力的高低和运动性质对脑瘫进行分类,如肌张力低下型、肌张力过高型（强直型和震颤型）、手足徐动型、共济失调型以及混合型。调查研究表明,多数脑瘫儿童伴有智力障碍。对于肢体残疾尤其是脑瘫儿童,一定要根据明确的医学诊断,制订与实施有针对性的教育康复训练计划。

5. 多重残疾与多重障碍儿童

多重残疾与多重障碍是两个不同的概念。多重残疾儿童是指集两种或两种以上残疾于一身的儿童,如既有智力障碍又有视力障碍的儿童,或者除智障与视障之外,还有肢体残疾的儿童。多重障碍儿童是指由于儿童某一残疾而附带的多种障碍。例如,脑瘫儿童主要表现为肢体运动障碍,也可伴有智力落后、情绪行为异常等多重障碍。值得注意的是,视听双重障碍（失去部分或全部视觉与听觉）不属于多重障碍,而是被归为重度障碍。对于多重残疾与多重障碍的儿童应对其进行全面、系统与科学的教育康复训练。

（二）问题儿童

随着社会的发展,单纯生理性致残的比例逐渐下降,而心理失调、情绪障碍、行为方式异常的问题越来越突出。故自20世纪80年代以来,特殊教育的范围不断扩大,涉及面越来越广,关注点已从残疾儿童的教育康复扩展到问题儿童的教育康复。问题儿童主要包括以下几类。

1. 学习障碍儿童

学习障碍也称学业不良或学习困难,学习困难的定义有很多,但至今尚无被普遍接受的定义。美国障碍个体教育法(IDEA)给出的总体定义为:"学习困难是指学龄期儿童在一个或多个基本的心理过程中存在障碍,包括理解或运用语言进行说话或书写,这种障碍表现为在听、说、读、写、思考、拼写或者数学计算方面存在的障碍。"然而,在教育与康复训练实践中,大多采用学习困难的操作定义,即必须同时符合以下两个标准:① 学生智力发展水平在正常范围内;② 学生的主要学科成绩(如语文、数学)在一段时间内低于同龄学生平均成绩1.5个标准差以上。有调查资料显示:在普通学校内学习困难儿童约占儿童总数的3%~5%。由于学习困难儿童绝对数量较大,有必要对其进行相应的教育与康复训练。

2. 情绪或行为障碍儿童

1989年,美国行为障碍儿童委员会(CCBD)给出了情绪或行为障碍的定义。随后,美国国家心理健康及特殊教育联合会又修订了该定义,主要内容如下:

(1) 情绪或行为障碍是指儿童在学校情景中表现出与自身年龄、文化、道德规范不符的情绪或行为反应。该反应对儿童的教育表现造成负面影响,包括学业、社会、职业或个人技巧;情绪或行为障碍并非是对环境压力事件的暂时的、可预测的反应,而是在两个不同情景中的一贯表现,其中至少有一种与学校相关;情绪或行为障碍儿童对一般性的教育干预无反应,或一般性的教育干预不足以解决问题。

(2) 情绪行为障碍包括精神分裂症、焦虑障碍,或其他类似的行为或适应障碍。情绪行为障碍可与其他障碍同时存在。这些障碍影响儿童的教育表现。对于情绪或行为障碍儿童的教育与康复方法可包括系统的社会技能和学业技能训练、创设积极与民主的班级氛围、运用自我管理技术与团体干预技术等。

3. 自闭症儿童

自闭症是一种以交流、社会性和情感功能损害为特征的、严重的发展障碍。美国障碍个体教育法(IDEA)对自闭症的定义为:一种影响言语和非言语交流、社会互动的发展障碍,一般在3岁以前出现影响儿童行为的症状。其他一些与自闭症相关的特征表现为重复活动、固定不变的动作、对环境和日常安排变化的抗拒,以及对感官体验的不寻常反应。自闭症是普遍发展障碍(PDD)中的一类,现在一般用自闭症谱系障碍(autism spectrum disorders)来代替普遍发展障碍,普遍发展障碍的五种子类型分别是:自闭障碍、阿氏博格(Asperger)综合症、蕾特(Rett)障碍、儿童精神分裂障碍以及不做另外分类的普遍发展障碍,其中后四种类型的障碍主要是从发病年龄和各种症状的严重程度上区别于自闭障碍,如阿氏博格综合症又被称为"高功能自闭症",是自闭症谱系中症状最轻微的一种。目前,尚未有公认的对自闭症儿童有效的干预方法。然而,一种以行为科学为基础的早期干预方法,即ABA技术被证明对部分自闭症儿童的学习交流、语言和社会性技能发展十分有效,该方法主要采用应用行为分析技术。按照ABA的观点,"自闭症是一种有着生物学基础,但是可以在自然和社会环境中,通过仔细的协调、有建设性的互动来加以影响的行为缺乏和行为过度的综合征。"

第二节 教育康复学的学科基础

教育康复学作为交叉性学科,是特殊教育学和现代康复医学交叉融合的产物;教育康复学的研究对象是障碍儿童。因此，教育康复学的学科内涵与研究对象决定了其学科基础必将涉及多门学科。首先，教育学和现代医学是教育康复学最主要的学科基础；其次，由于教育学与现代医学又以研究人体身心发展为基础，因此，普通心理学、发展心理学、儿童发展心理学、特殊教育学、现代医学与康复医学都是教育康复学重要的学科基础。本节将对教育康复学所涉及的上述学科与教育康复学的关系简述如下。

一、普通心理学

普通心理学是研究心理现象发生与发展规律的一门科学。心理现象包括两个方面，即心理过程与个性心理。心理过程包括认识过程、情感过程和意志过程。认识过程是指人在探索客观事物性质与规律而产生的心理现象，如感知、记忆和思维等；情感过程是指人在认识客观事物的过程中所引起的人对客观事物的某种态度的体验或感受，如"愉快""满意""热爱""厌恶""遗憾"等心理活动，统称为情感过程；意志过程是指由认识的支持与情感的推动，使人有意识地克服内心障碍与外部困难而坚持实现目标的过程，具体包括采取决定和执行决定两个阶段。个性心理由个性倾向性与心理特征构成，个性倾向性包括需要、动机、兴趣、抱负水平、信念与世界观；心理特征包括能力、气质与性格。普通心理学既是一门心理学的基础学科，也是一门应用学科。作为基础学科，普通心理学是教育学、特殊教育学以及所有心理学分支学科的基础学科，如要了解儿童发展心理，则要以普通心理学的相关知识为基础。作为应用学科，普通心理学在特殊教育的分支领域中也得到广泛应用，如特殊儿童心理学、听障儿童心理与教育、智障儿童心理与教育等。

二、发展心理学与儿童发展心理学

发展心理学是研究人类心理系统发生发展的过程和个体心理发生发展规律的科学。心理系统发生发展的过程研究是指从种系的角度或动物演化的过程来研究，其相应的学科有动物心理学、比较心理学等。个体心理发生发展规律的研究是指探讨个体心理如何从简单低级水平向复杂高级水平变化发展的规律，其相应的学科有儿童发展心理学、青年心理学、老年心理学等。因此，儿童发展心理学是发展心理学的一个组成部分，其主要的研究问题可概括为：揭示或描述心理发展过程的共同模式或特征；这些模式或特征发展变化的一般规律；对发展变化的过程进行解释，分析影响其发展与形成的各种因素。教育康复学的研究对象是障碍儿童，与普通儿童相比，障碍儿童既有特殊性，也有与普通儿童相同或相似的心理与行为的发展规律。在障碍儿童的教育康复中，如要正确评估儿童是否存在某些障碍，就必须了解普通儿童相应能力发展的一般规律与特点，而儿童发展心理学为此提供了科学的依据。

三、教育学与特殊教育学

教育学是研究人类教育与教学活动规律的一门科学，其研究内容涉及教育的本质、教育的功能、教育的内容、教育的组织和管理、课堂教学的形式和方法等一系列理论与实践问题。特殊教育学是教育学的一个分支学科，其与教育学的基本理论与实践有着密切的联系。随着学科的发展，这种联系将更为紧密。例如，从理论层面上讲，特殊教育的"回归主流""融合教育"是普通教育中"教育平等"理念的延伸与发展；从实践层面上讲，普通教育的课堂教学形式和方法也适用于特殊教育，如特殊教育学校中的集体教学形式等。由于教育康复学涉及特殊教育学,而特殊教育学又是教育学的一个重要分支,因此,教育康复学的基本原则、学科体系与教学模式均无不带有教育学的痕迹与烙印。

四、现代医学与康复医学

目前,全世界医学界已基本达成共识:传统医学已发展为现代医学,现代医学包括四大分支,即保健医学、预防医学、临床医学与康复医学。显然,减少障碍儿童的发生与现代医学的四大分支均有关系。如围产期的保健、环境污染的预防会降低残疾儿童的出生率;临床医学治疗的主要手段包括手术、服药及注射等,部分听障儿童和一些脑瘫儿童可通过电子耳蜗的植入以及手术治疗得到恢复或改善。四大分支中的康复医学也经历了从传统康复医学发展到现代康复医学的过程。传统康复医学的主要对象是急性损伤的病人,主要包括急性脑损伤与肢体损伤的病人,如脑外伤、脑溢血、骨外伤等。传统康复医学的康复手段主要包括作业治疗(OT)、物理治疗(PT)与言语治疗(ST)。现代康复医学的康复对象与康复手段有了极大的扩展,其康复对象包括运动功能障碍、感知功能障碍、语言能力障碍、认知能力障碍、社会功能障碍与心理功能障碍。伴随康复对象的扩展,现代康复医学的手段也随之扩展,除传统的作业治疗(OT)、物理治疗(PT)与言语治疗(ST)外,还包括心理治疗、艺术治疗、体育治疗、中医治疗、康复工程以及社会服务等。

通过传统与现代康复医学的比较,可以得出以下结论:

(1) 传统康复医学的对象主要是急性损伤的病人,实施场所在医院,康复周期较短,康复对象并不以残疾儿童为主;而现代康复医学的对象包括了所有有康复需要的人,康复实施场所包括医院、机构、学校、家庭与社区等,康复周期长,甚至需要终身康复。因此,残疾儿童与问题儿童是现代康复医学的主要康复对象。

(2) 现代康复医学的手段既包括生理康复也包括心理康复以及社会支持及服务。教育康复学是特殊教育与现代康复医学结合的产物,现代康复医学自然是其重要的学科基础。

第三节 教育康复的基本观点

教育康复学学科的设立与建设,其最终目的在于提高特殊儿童教育康复的整体水平。特殊儿童的教育康复是一个系统科学的过程,在具体实施过程中应遵循特殊教育的本质——对教育的干预、"医教结合"、综合康复三个基本观点,现简述如下。

一、特殊教育的本质——对教育的干预

美国威廉·L.休厄德的《特殊儿童——特殊教育导论》(第七版)提到,我们可以从多个角度去定义特殊教育,然而无论哪个角度都不能脱离特殊教育最基本的目的或本质,特殊教育的本质就是对教育的干预。我们可从两方面看待特殊教育:一是作为干预手段的特殊教育,二是作为教育手段的特殊教育。现根据《特殊儿童——特殊教育导论》一书的内容,简要分述如下。

(一) 作为干预手段的特殊教育

特殊教育的目的就是干预,成功的干预可以阻止、消除或克服残障个体在学习上的障碍,使其能够全面地参与学校和社会活动。特殊教育有三种最基本的干预类型,即预防、治疗和补偿。

1. 预防性干预。

预防性干预被用来解决可能会导致潜在的障碍问题。具体分为三个水平:第一个水平是消除或抵制从未出现过的障碍的危险因素,其干预对象是所有相关人群,第二个水平是减轻或消除现有的危险因素的影响,其干预对象是具有危险因素的个体;第三个水平是把某一具体的环境或障碍的影响减到最小,实施的对象是残障个体。在儿童早期甚至出生之前,预防性干预是最主要的干预。目前,在特殊教育与康复医学中,人们越来越认识到早期干预的重要性与必要性。有效的早期干预,能最大限度地对障碍儿童进行缺陷补偿,抢救性地保护其各种残存能力,为后续的潜能开发打下良好基础。相反,如果没有遵循早期干预的原则,将会对障碍儿童造成不可逆的损害。一般来说,早期预防性干预包括密切关联的三个阶段,即早期诊断、早期治疗、早期教育与康复训练。第一,是早期诊断,即在早期查明障碍儿童的障碍类型及障碍程度。例如,通过婴幼儿听力普查,可筛查出有听力问题的儿童,根据听力障碍的程度以及相关的医学检查,可为其制订适合的治疗方案。第二,早期治疗,如听障儿童符合人工电子耳蜗植入指证,应尽早地进行术前评估及手术,目前国内外专家认为,3岁以前听障为人工电子耳蜗植入的最佳时期。第三,在早期诊断与治疗的基础上,及时进行科学的、系统的、有针对性的早期教育与康复训练至关重要。例如,对于电子耳蜗植入的儿童应及时进行术后言语语言训练。大量研究表明,0~6岁是儿童听觉语言发展的关键期,如果抓住这一关键期对听障儿童进行教育与康复,则能取得事半功倍的康复效果,一旦错过这一关键期,即使今后给予再多的训练,其听觉与言语能力也很难达到理想水平。同样,感知、认知、动作等能力的发展也存在关键期,也必须实施预防性干预。预防性干预是一个系统工程,涉及全社会的各方面,必须联合医院、康复机构、学校、家庭、社会等各方面的力量,才能真正有效地实现早期预防性干预。

2. 治疗性干预

治疗性干预的目的是消除障碍的影响。目前"治疗"与"康复"这两个术语在特殊教育与社会服务机构被广泛使用,事实上,这两个词的含义有交叉部分,那就是教会障碍个体获得独立和成功所需要的技能。对于特殊教育学校来说,这些技能可能是学科性的(阅读、写作、计算等)、社会性的(与他人相处,按照指导、时间表和其他的日常事务的程序做事)、个人的(吃饭、穿衣、独自如厕等)或职业的(职业和工作技能等)。

3. 补偿性干预

补偿性干预是指运用各种技能或设备来补偿障碍所造成的功能缺陷。具体来说,这种干预包括替代性(或补偿性)的技能教育与设备。例如,尽管治疗性的干预可以帮助脑瘫儿童学习使用手来完成一些任务,但是可以通过补偿性的干预,充分利用他们有限的运动神经,使其能用键盘输入取代手写来完成学习任务。又如,对盲童可以进行定向行走训练。

(二)作为教育手段的特殊教育

教学是所有教育的主要内容,也是特殊教育最主要的内容。那么,特殊教育教学的特殊性是什么?可以从教学的参与者、教学内容、教学方式、教学场所这几个方面来回答这个问题。

1. 教学的参与者

特殊教育教学的参与者包括:教师,包括普通班教师、特殊教育教师,他们主要负责为每个学生提供个别的教育服务;与教师共同协作的专业人员,如学校心理学家、言语语言病理学家、物理治疗师、咨询师等,他们提供对特殊儿童进行教学的帮助以及其他的相关服务,满足各种障碍儿童的特殊需要。

2. 教学内容

尽管每个残障学生都需要尽可能地获得学习普通教育课程的机会,但是对于一些特殊学生来说,他们的个别化教育计划(IEP)的目标可能与国家的标准或学校的课程目标不同。一些障碍儿童需要强化的、系统的技能教学,如"功能性课程"就是帮助障碍儿童获得的基本生活知识和技能的教学。

3. 教学方式

特殊教育与普通教育另一个明显的不同是,特殊教育使用特殊的或合适的教具和方法进行教学。例如,利用镂空并带有毛糙底板的写字纸板对书写障碍的学生进行书写教学;利用沟通交流板对有严重语言障碍的儿童进行提升其理解与表达能力的教学等。

4. 教学场所

特殊儿童的教学场所主要取决于他们的障碍类型、严重程度及其自身需要。特殊儿童的教学场所主要有特殊教育学校、普通班级(随班就读)、普通学校的特殊班级、资源教室、康复机构、家庭、社区、医院等。

综上所述,不难看出,作为干预的特殊教育与作为教育的特殊教育只是在看待特殊教育的角度有所不同,两者是相互融合与相互交叉的,例如:两者都强调通过"治疗性干预"或"功能性课程"教给障碍个体获得独立和成功所需要的技能,也都强调对特殊儿童要提供相关服务与支持。总之,两者都强调了特殊教育的本质——对教育的干预,因此,对教育的干预是教育康复学专业建设与实践的基本观点。

二、"医教结合"

从教育康复学的内涵来看,"医教结合"是其核心观点。"医教结合"可分解为三个基本要素。其中的"医"主要指现代康复医学;"教"主要指特殊教育;"结合"是实施"医教结合"的关键要素。《上海市特殊教育三年行动计划》明确提出:要实现"医"与"教"的有机整合。这就意味着"医"与"教"并不是形式上的简单拼合,而是要做到"医中有教"与"教中有医"。

目前,有人对在特殊教育领域实施"医教结合"的政策与探索提出质疑,有质疑是好事,如能在质疑的基础上进一步探索,以便在一定程度上达成一些共识,则有利于特殊教育的改革与发展。以下将这些质疑大致梳理、概括为以下几点,并加以分析与讨论。

众所周知,美国著名特殊教育学家柯科曾说过:"医学的终点,是特殊教育的起点。"从这句话的表层意思来看确实是医教分离的。然而,有必要追究一下柯科说这句话的时代与背景。现代医学与康复医学的发展水平与柯科时代的医学水平已不可同日而语,现代医学与康复医学在诊断、治疗的理论与方法及手段上均有超乎想象的发展,例如:核磁共振影像技术为诊断人体器官占位性病变的性质提供了科学依据;心脏支架植入术挽救了无数患者的生命;人工电子耳蜗的问世为听力障碍儿童带来了福音,实现了从听力补偿到听力重建的飞跃。2013年4月3日,美国总统奥巴马宣布,美国将投入1亿美元用于"推进创新神经技术脑研究计划"(简称BRAIN),以探索人类大脑的未解之谜,并最终找到治愈诸多由脑神经损伤而引发的疑难病症(包括老年痴呆、自闭症)的方法。试问,如果仍以柯科时代的医学水平来理解与解释当今医学及康复医学与特殊教育的关系,那么是这种观念落后了呢?还是目前倡导的"医教结合"理念过时了呢?

目前倡导的"医教结合"并非是纯医学模式,而是特殊教育与现代康复医学相结合的模式,是基于学校的康复治疗模式。如果将"医教结合"中的"医"仅仅理解成临床医学,那就会产生"如果实施'医教结合',就将会把特殊教育学校变成医院,将特殊教育学校的教师变成穿着白大褂的医生"①的主观臆想。另外,从目前发达国家特殊教育发展现状来看,除了"融合教育""生态教育"模式外,也倡导与实行"医教结合"的理念。例如,1997年《美国残疾个体教育法》(IDEA)提出:特殊教育是指一种为满足有障碍学生的特殊需要而特别设计的教学及相关服务。IDEA要求学校提供障碍儿童接受特殊教育所需要的所有相关服务以及技术支持,并规定了各种相关服务的内容与定义。相关服务主要包括听力学服务、言语语言病理学服务、心理服务、物理治疗、作业治疗、娱乐(包括治疗性的娱乐)、学校社会工作服务、咨询服务(包括康复咨询)、定向与移动服务、医疗服务(仅指诊断性和评估性医疗服务)等。由此可见,尽管IDEA中并未出现"医教结合"的术语,但充分体现出"医教结合"的理念。实际上,"融合教育""生态教育"与"医教结合"理念和模式之间并不是非此即彼,而是相互结合、相互补充的关系。

有著述认为"作为教育学的二级学科,特殊教育学的学科属性决定了特殊教育研究必须秉持教育学的学科立场,这是特殊教育学作为学科存在的前提,也是特殊教育研究者应有的方法论的自觉。"我们认为这种观点与当下形势要求相比有些保守。笔者提出以下看法。

(1)学科分类是人为的,带有明显的主观成分。例如,中国大陆言语听觉科学专业在2012年之前与特殊教育学一样同属教育学下的二级学科,这一分类基本与国际接轨。因为目前在国外或境外,言语听觉科学专业即可归属于医学类、理学类,也可归属于教育学类。例如,香港大学的教育学院就下设言语听觉科学系,并被誉为"东方第一大系"。另外,从该专业学生毕业后的分配去向上看,约有50%的学生在医疗机构从事康复治疗。另有50%的学生在特殊教育学校或康复机构从事康复治疗。西方一些发达国家的情况也基本如此。但在2012年教育部对我国本科专业目录进行了调整,将与特殊教育学、现代康复医学密切相关的言语听觉科学专业调整至医学类院校。也就是说,言语听觉科学专业原本属于教育学下的二级学科,但经调整后的该专业不得不从师范类院校取消,而只能在医学类院校设置,这在一定程度上影响了该学科的发展。因此,笔者认为,学科建设与发展必须以学科内涵为准绳,而不应该以主观人为的学科分类为标准,作为学科教学与研究的专业人员,更不应该自觉地囿于人为的学科分类。

(2)作者在文中还提到:"从学科建设来说,特殊教育作为一门综合性的交叉学科,也需要不同学科的关照,借鉴或共享不同学科的研究成果……可惜的是,一些特殊教育工作者往往模糊了特殊教育的多学科属性与特殊教育学科立场的关系,忽视了'医教结合'背后隐藏的医学学科立场,而丢失了自身的教育学立场……"针对交叉学科的发展导致学科边界模糊,影响传统学科发展的这一观点,笔者认为,学科边界是为方便人们学科间的分工而设置的,学科发展的关键要看它能否有效解释现实问题,而不是为了区分是什么学科。在学科发展过程中,往往存在着单一学科不能解释与解决的复杂问题,对这些问题的认识和研究需要借助相邻的学科,这种由探讨某一学科问题的动力促进了交叉学科的发展。交叉学科的发展是创新思想的主要来源之一,只要社会不断向前发展,新的交叉学科就会不断涌现。交叉学科的发展加深了各学科之间的内在联系,促进了科学的整体发展,以综合的视角审视

---

① 陆莎. 医教结合:历史的进步还是退步?[J]. 中国特殊教育,2013.(3):9—10.

以往仅靠单一学科无法解决的问题,在解决问题的过程中,拓展了各传统学科的研究领域和视野,取得了许多更有启发性的研究成果。目前学科交叉是学科包括特殊教育学科发展创新的大趋势,我们应以开放的姿态看待交叉学科的发展。有专家认为:"发展交叉学科的核心是推动传统单学科思维和体制模式的彻底变革。""这一变革涉及更新跨学科观念、深化跨学科理论研究、建设常态跨学科管理体制、推动跨学科实践的多元、多样化发展等内涵。另外,目前影响我国交叉学科发展的一个重要障碍是在现有的学科分类体制中,没有交叉学科的位置,以致其长期被忽视、被边缘化。在现有学科体制中设置与传统学科平等地位的交叉学科门类,是推动当前交叉学科深入、健康发展的迫切需要。"[①]

综上所述,既然特殊教育是一门综合性的交叉学科,那为什么不能以交叉学科的学科观点看待特殊教育学,而非要以教育学的学科观点来看待特殊教育学呢?笔者认为,"医教结合"体现了特殊教育的本质,是推动我国特殊教育改革与发展的重要举措,自然也是建设与发展教育康复学这门交叉学科必须遵循的一个基本观点。

三、综合康复

综合康复是指对残障儿童尤其是多重障碍与多重残疾儿童要使用多种康复手段和方法进行干预,以促进其全面、协调的发展。在教育康复实践中,我们经常会遇到同类残疾儿童伴有多重障碍的情况,以脑瘫儿童为例,有研究表明:73.55%的脑瘫儿童有言语与语言障碍,31.6%的有听觉障碍,15.06%的伴有癫痫。20.5%的伴有斜视。约有2/3以上的脑瘫儿童伴有智力低下和不同程度的认知能力障碍。另外,多重残疾儿童一定表现出多重障碍。因此,对有多重残疾与多重障碍的儿童必须进行多重干预,即综合康复。

要对特殊儿童实施综合康复,必须架构起现代康复医学理论与特殊教育学校实践之间的桥梁,根据现代康复医学的理论与障碍儿童的需要,我们建构了综合康复体系,该体系由7个康复功能模块构成:听觉功能评估与训练;言语功能评估与训练;语言能力评估与训练;认知能力评估与训练;情绪行为评估与训练;运动能力评估与训练;学习能力评估与训练。具体如图1-3-1所示。

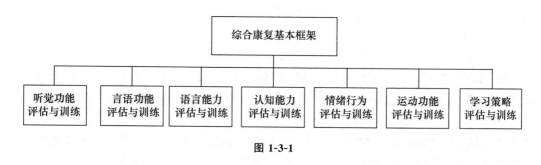

图 1-3-1

以下对上述7个康复功能模块的内容作一简介。

(一)听觉功能评估与训练

听觉功能评估与训练的主要对象为听力障碍儿童。另外,智力发育迟缓、脑性瘫痪、自闭症、语言

---

① 张杰.交叉学科与传统学科发展相辅相成.[N].中国社会科学报,2014-4-10.

发育迟缓等儿童均可能伴有听力障碍。

根据听觉功能发展的四阶段理论,即听觉察知、听觉分辨、听觉识别和听觉理解,我们归纳与总结了听觉功能评估和训练的内容与方法:听觉察知的评估主要是让儿童判断声音的有无;听觉分辨的评估主要是让儿童判断声音相同还是不同;听觉识别的评估主要是考察儿童把握声音主要特性的能力;听觉理解的评估主要是考察儿童语音和语义结合的能力。听觉四个阶段的训练各分三个级别,即初级、中级和高级,三个级别的训练相互联系,循序渐进。训练过程可与语言、认知训练结合起来进行。要在听觉评估的基础上,充分利用患者的残余听力或重建听力,综合使用各种方法和手段改善儿童的听觉功能。

(二)言语功能评估与训练

言语功能障碍主要是指因发音器官异常所致的言语障碍。智力发育迟缓、脑性瘫痪、自闭症、语言发育迟缓、听力障碍等儿童均可能伴有言语障碍。

在结合现代言语病理学最新研究成果的基础上,笔者提出了言语产生的 RPRAP 模型,该模型由呼吸(R)、发声(P)、共鸣(R)、构音(A)和语音(P)五个板块构成。言语功能评估以定量评估为主,先分别评估 RPRAP 的功能,然后进行综合分析,根据评估的结果,制订详细、科学的康复方案和训练目标。近年来,笔者以 RPRAP 模型为基础,开发、利用实时言语测量技术,结合言语训练研究和实践成果,归纳并总结出三十多种言语矫治的实用技术,提出了包括定量评估(A)、实时治疗(T)和疗效监控(M)的言语评估与训练的操作模式。

(三)语言能力评估与训练

智力发育迟缓、脑性瘫痪、自闭症、听力障碍等儿童均可能伴有语言障碍。语言能力的评估包括四个维度,即评估儿童在语音、语义、语法、语用方面是否存在异常。语言能力的训练是按正常儿童语言发展的七个阶段来设定训练目标和训练内容的,即:无意识交流阶段(0~4个月);有意识交流阶段(4~9个月);单词阶段(9~18个月);词语组合阶段(18~24个月);早期造句阶段(24~36个月);熟练造句阶段(3~5岁)和语法派生阶段(5岁以上)。

(四)认知能力评估与训练

智力发育迟缓、语言发育迟缓、脑性瘫痪、自闭症、听力障碍等儿童均可能伴有不同程度的认知发育迟缓和认知障碍。

根据现代认知加工理论,笔者编制了学前与学龄儿童认知评估工具。学前儿童认知评估量表以 PASS 理论为依据,主要测试儿童同时性和继时性加工能力,具体包括空间次序、动作序列、目标辨认、图形推理与逻辑类比五个分测验,训练内容包括启蒙训练、注意力、观察力、记忆力、分类能力以及推理能力训练等。

学龄儿童认知评估包括数字推理、图形推理、异类鉴别、情景认知、记忆策略五个分测验,训练内容包括数字推理、图形推理、情景认知、逻辑类比、异类鉴别、语义理解、坐标推理、网状推理、记忆策略、问题解决等。

(五)学习策略应用能力的评估与训练

一般而言,轻度及中度智障、脑瘫、听力障碍、学习困难等儿童均伴有不同程度的学科学习困难,其中一个重要原因是这些儿童学习策略应用水平低下。学习策略包括认知策略、元认知策略以及学习资源管理策略。该模块在对学生学习策略评估的基础上,制订集体与个别化教育训练计划,结合具体学科对儿童进行包括精制策略、组织策略以及自我监控策略训练,以期提高学生阅读理解能力及学习成绩。

(六)情绪与行为障碍的评估与干预

情绪与行为障碍儿童以及其他类型的障碍儿童均可能表现出不同程度的情绪障碍与行为异常。

情绪与行为的评估主要采用量表与问卷测验以及主观观察的方法。情绪行为干预的目的在于减轻儿童的内心压力、改变不良行为方式、诱发积极的情绪体验、增强自我意识和交往能力,以促进其身心发展。情绪行为的干预方法主要包括心理治疗、音乐治疗、游戏治疗、行为管理(应用行为分析)等。笔者根据电生理学原理,开发并研制了可视音乐干预系统。该系统采用数字信号处理技术与声控动画技术,将音乐、动画与灯光结合起来,通过视觉、听觉、运动觉等多感官刺激的整合,以达到改变儿童异常情绪与不良行为,提高其适应学习与生活环境能力的目的。目前,国际上对情绪行为障碍儿童的干预大多采用多种方法的综合。

(七)运动功能评估与训练

肢体残疾以及各类障碍儿童均有可能伴有不同程度的运动功能障碍。运动功能的评估主要以正常儿童运动功能发育与发展的一般规律为标准。运动功能训练主要包括精细运动训练、粗大运动训练以及感觉统合训练。

以上七个康复功能模块可分为生理与心理两类,其中听觉功能、言语功能与运动功能主要涉及生理问题,生理功能的障碍主要通过康复训练来解决;语言能力、认知能力、学习能力与情绪行为主要涉及心理问题,心理方面的障碍需要通过教育与康复共同解决。该体系的建立为障碍儿童生理与心理康复提供了一个既具有理论指导意义,又有实际操作价值的平台。

按照综合康复的基本观点,在教育康复的具体实施过程中,既不能仅就一种障碍进行康复训练,也不宜对各种障碍进行同步与同等量的康复训练,而是要根据儿童多重障碍的表现与程度制订不同的教育康复训练方案,有计划、有步骤、协调综合地实施多种适宜的干预手段。例如,对多重障碍儿童而言,首先要评估与分析其目前的主要障碍是什么,由主要障碍导致的次生障碍是什么。脑瘫儿童除了运动功能障碍外,可能还伴有言语语言障碍、认知障碍等,因此,在对其进行教育康复时,可针对其运动功能障碍进行运动功能及感觉统合训练,同时也要进行言语语言能力、认知能力等训练,并注重将语言与认知能力的训练与生活语文与生活适应等学科内容结合起来,根据对象的差异,制订合理的训练计划,包括分配各类训练的强度与时间等。

总之,综合康复是障碍儿童的自身需要,其教育康复要坚持综合康复的原则,采用多种手段,形成合力,力求促进障碍儿童全面、协调发展。自然,综合康复也是教育康复学专业建设的重要基本观点。

第四节 教育康复学专业建设构想

2012年,华东师范大学向教育部提出开设教育康复学本科专业的申请,2013年3月28日教育部发布教高[2013]4号文件,决定在本科专业目录中教育学一级学科下设置教育康复学,教育康复学即作为二级学科与特殊教育学并列。由于教育康复学科属国内首创,本节主要就教育康复学专业课程建设思路等进行叙述,以期为国内其他高等院校相关专业建设提供参考。

一、培养目标

根据以上对教育康复学的界定,专业培养目标为:培养在各类特殊教育学校、普通学校资源教室、康复中心、福利院、私立康复机构,既能承担各类康复训练,又熟悉或能承担特殊教育集体教学任务的复合型人才。

二、课程设置

(一)课程框架及主要课程

教育康复学本科课程体系将专业课程分为四个板块(不包括学校与学院设置的通识课程),即:专业基础课、专业核心课、专业必选课和实验与实践课程。课程板块及主要课程,如图1-4-1-所示。

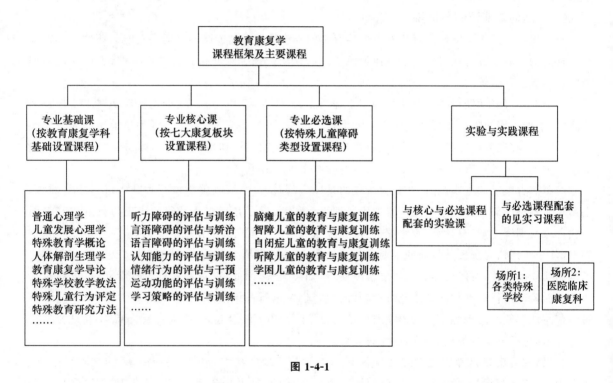

图 1-4-1

(二)课程设置的基本原则

基于上述教育康复学的界定与专业培养目标,课程设置遵循如下基本原则。

1. 课程板块之间相互联系与融合

从整体而言,课程包括了教育与心理和康复训练两类课程,教育与心理类课程主要有普通心理学、儿童发展心理学、特殊教育学概论、特殊教育学校教材教法等课程;康复训练类课程主要有听力障碍的评估与训练、言语语言障碍的评估与矫治、各类障碍儿童的教育与康复训练等。两类课程及各板块之间相互联系、相互渗透、相互融合。各课程内容之间有机衔接,呈阶梯式递进,前面课程是后面课程的基础,后面课程是前面课程的延伸与拓展。

2. 理论与实践结合

该原则具体体现在两方面：一是相关理论课程均有配套的实验课程，如"言语障碍的评估与矫治"的实验课时约占总课时的三分之一；二是加强见习、实习环节，包括在各类特殊教育学校、康复机构、医院康复科的见习、实习。

3. 先分后总

即遵循综合康复的理念，先按言语、听觉、语言、认知、情绪行为、运动、学习能力七大康复板块设立专业核心课程，然后在此基础上，依儿童障碍类型设置拓展型课程，如脑瘫、智障、自闭症、听障、学习困难等儿童的教育与康复训练。提出先分后总这一课程设置原则是基于以下几方面的考虑：第一，大多数特殊儿童均有一些共同的障碍，如言语障碍、认知障碍等；第二，无论哪一类特殊儿童均会表现出多种障碍，如脑瘫儿童除肢体运动障碍以外，还会有言语、语言、认知、情绪行为、学习能力等方面的障碍；第三，目前有部分高校特教专业课程按特殊儿童障碍类型设置课程，课程内容之间存在大量的交叉与重复。先分后总原则遵循的是先关注与处理各类特殊儿童的共同性问题，再关注与处理各类特殊儿童的特殊性问题，以期减少教学内容的重复，优化课程结构，提高教学效果。

三、培养形式与途径

教育康复学的设立是特殊教育改革的产物，改革的精神与内容必须体现在其培养模式和课程体系中，以下分两个层次探讨教育康复专业人才培养的形式与途径。以华东师范大学教育康复学专业规划为例，一是本科层次的人才培养，即在本科阶段与上海中医药大学康复治疗学专业合作，具体而言，本科学生必须修满156＋60个学分的课程，前156个学分由华东师范大学教育康复学专业承担，后60个学分（包括临床康复实习）由上海中医药大学承担，学生毕业时既可获得教育学（教育康复专业）的学位证书，也可获得上海中医药大学康复治疗学专业证书（相当于二专）。二是硕士研究生的培养，可以探索实施七年一贯制本硕连读的培养模式，如前三年在上海中医药大学学习医学与康复治疗学的课程，后四年在华东师范大学教育康复学专业学习特殊教育类课程，硕士论文可由两校教师分别或联合指导。另外，由于助听器验配师已列入我国职业大典，言语康复师也将列入职业大典，所以教育康复学专业将积极支持与鼓励学生获取相应的职业资格证书，提升教育康复技能，为今后的实践奠定坚实基础。

四、专业发展前景

首先，从教育康复学专业学生毕业去向上看，其就业领域十分广泛。据不完全统计，现有各类特殊教育学校近2000所，听力语言康复机构1059所、自闭症儿童康复机构30所、智力残疾康复机构798所、儿童福利院397所，另有大量的社会康复机构等。这些学校与机构都需要大批教育与康复的专业人员。

其次，从教育康复专业学科发展前景来看，该学科作为教育学的二级学科，无疑为其进一步发展提供了广阔的空间。随着社会与科技的日益进步，现代社会的康复需求将逐渐增加，"人人享有康复"的目标将推动教育康复学向深度与广度两方面发展。可以设想，在条件趋于成熟的情况下，可根据现代康复医学的框架，在教育康复学学科下逐步分设言语听觉康复科学、特殊儿童物理治疗、特殊儿童作业治疗、特殊儿童心理干预与治疗、教育康复信息技术等专业方向。笔者相信，教育康复学新专业的设立与建设,将极大地拓宽特殊教育学与康复治疗学的研究领域,并有力促进多学科的交叉与融合。

思考题

1. 试述教育康复学的产生背景。
2. 试述教育康复学的基本定义。
3. 教育康复的主要对象有哪些?
4. 评述教育康复学的学科基础。
5. 评述教育康复学中"医教结合""综合康复"的基本观点。

主要参考文献

1. 沈晓明. 我为什么提出特殊教育"医教结合"的理念[J]. 上海教育,2012(31).

2. 第二次全国残疾人抽样调查领导小组,中华人民共和国国家统计局.《2006年第二次全国残疾人抽样调查主要数据公报(第二号)》[EB/OL]. http://www.gov.cn/fwxx/cjr/content_1311943.htm,2007[2007-5-28].

3. 王雁,王志强,朱楠等. 全国特殊教育学校教职工队伍结构及需求情况调查[J]. 中国特殊教育,2012(11).

4. 朴永馨. 特殊教育学[M]. 福州:福建教育出版社,2007.

5. 特殊教育提升计划(2014—2016年). http://www.gov.cn/zwgk/2014-01/20/content2570527.Htm.2014[2014-1-20].

6. 盛永进."医教结合"争论中的学科立场——兼谈特殊教育研究的学术规约问题. 中国特殊教育[J],2014(五).

7. William L. Heward. Exceptional Children——An Introduction to Special Education.

8. 张杰. 交叉学科与传统学科发展相辅相成. 中国社会科学报,2015-04-10.

第二章　听力障碍的筛查、诊断与训练

> **本章目标**

1. 了解听力障碍的分类及临床表现。
2. 了解听觉康复的目标、原则及流程。
3. 了解听力障碍的筛查、诊断方法。
4. 了解助听器、人工耳蜗与听觉辅助设备的基本知识。
5. 掌握听觉功能评估和训练的基本内容。

听觉是人体最重要的感觉与学习通道之一。如果听觉出现问题,将直接影响个体其他能力的获得和发展。因此,听力障碍者需要及时接受听力补偿或重建,并进行康复训练。本章将对听觉康复的基本概念、听力障碍的诊断以及听障儿童的康复训练进行介绍。

第一节　听觉康复概述

一、听力与听觉

在日常生活中,人们往往将听力与听觉笼统地称为"听力",然而两者不尽相同,它们既有区别,也有联系。

1. 听力

听力是指人对声音的接受能力。当听觉器官正常时,声音信号会沿着外耳、中耳、内耳、外侧丘系、内侧膝状体等传到大脑皮层听区——颞横回。听力是正常人先天具有的,只要听觉器官正常,人就能听见声音。

2. 听觉

听觉是指人对接收到的声音信息进行分析、综合、理解与记忆的能力。听觉主要包括语音特征提取、语法构造和语义实现等过程。听力使人们听到声音,而听觉则使人们能辨识并理解声音。听觉能力是后天获得的,人的听觉能力具有可塑性,会因为后天因素的改变而发生变化。

听力和听觉虽然不同,但又彼此相关。听力是听觉的基础,没有听力,声音信号无法到达听觉中枢,也就谈不上听觉能力;如果没有听觉,人们只能听到单纯的声音,没有任何的实际意义。

二、耳的结构与声信号的传导通路

(一) 耳的结构

如图 2-1-1 所示,人耳分为三部分,即外耳、中耳和内耳。外耳和中耳具有集音、传音和扩音作用;内耳则负责感音与平衡。

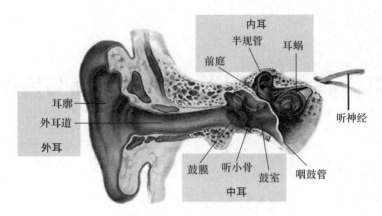

图 2-1-1 耳的结构

1. 外耳

外耳分为耳廓和外耳道。耳廓位于头部两侧,呈半喇叭状,有助于声波收集和声源定位。外耳道全长 2.5~3.5 厘米,略成 S 弯曲。外耳道向外的开口为耳门,另一端被鼓膜封闭为盲端。鼓膜为一卵圆形的半透明薄膜,位于外耳道的内侧端,分割外耳道与中耳,经外耳道传来的声波能引起鼓膜的振动。

2. 中耳

中耳包括鼓室和咽鼓管。鼓室为一含气空腔,形似六面体小盒,内有 3 块听小骨,为人体最小的一组骨,分别为:锤骨、砧骨和镫骨。锤骨的"柄"附着于鼓膜的内表面,砧骨在中间,镫骨底板抵于内耳的前庭窗上,3 块听小骨构成具有杠杆作用的听骨链,联动传递声波。咽鼓管又称耳咽管,与咽部相通,咽鼓管能起到平衡中耳内外压力的作用。

3. 内耳

内耳由耳蜗、前庭和半规管组成,其中耳蜗是与听觉有关的部分。如图 2-1-2 所示,耳蜗外形类似蜗牛壳,其纵剖面看上去像一个管道沿锥形骨轴(蜗轴)螺旋形环绕约 2 圈半而成的图形。耳蜗内有膜性蜗管,蜗管上方称为前庭阶,蜗管下方称为鼓阶。蜗管的顶是前庭膜,蜗管的底被称为螺旋膜,又称基底膜。基底膜上的螺旋器,又称柯蒂氏器,是感受声波刺激的听感受器。柯蒂氏器上的毛细胞是感受器细胞,毛细胞分外毛与内毛细胞,外毛细胞的数量远大于内毛细胞,毛细胞的游离面上有纤毛,又称

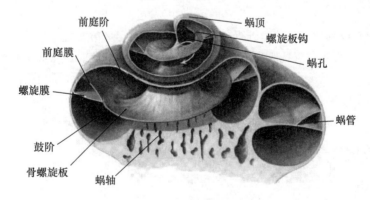

图 2-1-2 耳蜗剖面图

听毛,毛细胞上方有名为盖膜的胶质膜覆盖。毛细胞的基底面与蜗轴内螺旋神经节细胞的树突末梢相接触,这些神经节细胞的轴突延伸成为听神经,进入大脑。

(二)声信号的传导通路

对于听力正常的人来说,声音信号通过空气传播进入耳内,引起鼓膜、听骨链及内耳基底膜的连锁振动,基底膜上毛细胞的纤毛随之摆动后又引起了细胞膜的电位变化,因此所产生的神经冲动通过毛细胞底部的听神经末梢纤维,经螺旋神经节细胞,一路向上传到位于大脑的听觉中枢,从而产生听觉。

三、听觉康复的目标及原则

听觉康复是指对听力障碍者的听力补偿与重建效果进行科学、全面的评估,然后制订和执行个别化康复方案,同时进行监控的过程,其目的在于使听力障碍者听清、听懂,使交流困难最小化,并减轻交流困难带来的痛苦。

(一)早期诊断,尽早干预

听觉康复训练的主要对象是听障儿童,其主要任务就是要促进受训儿童听觉能力的发展,为其语言学习打下基础,年龄越小的儿童,大脑发育的可塑性越强,因此,要对儿童进行早期听力筛查和诊断,尽早对听障儿童进行干预与康复训练。

(二)最大限度地优化助听效果

随着科学技术的发展以及经济条件的改善,听障儿童配戴助听器或植入人工耳蜗等助听装置的机会大大增加,这为提高听觉康复训练的效果提供了良好的基础。在听觉康复训练过程中,不仅要关注助听设备的特性,更为重要的是要最大限度地优化不同助听装置的助听效果。只有助听效果好,听障儿童才能听得见、听得清,听觉康复训练才能顺利进行;如果助听效果不佳,听觉康复训练只能事倍功半。

(三)选择恰当的沟通途径

听力障碍者由于听力损失的性质、程度不同,部分听力障碍者通过听力设备的补偿或重建能够听到、听清,而部分听力障碍者即使通过听力设备的补偿或重建仍难以听到或听清。因此,对助听效果好的患者可以采用口语为主的沟通训练模式,而对助听效果不佳的,则需要借助其他沟通途径,如唇读、手语等视觉语言。

四、听觉康复的流程

听觉康复必须按照一定的操作流程进行。具体的康复流程如图 2-1-3 所示。

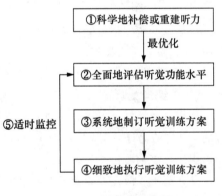

图 2-1-3 听觉康复流程

(一)科学地补偿或重建听力

听觉康复的第一步,是为听障患者验配助听器或植入人工耳蜗等,并通过定期调试,确保助听设备始终处于最优状态。只有听障患者的听力补偿或听力重建达到理想效果,接下来的听觉康复才能顺利实施。

(二) 全面地评估听觉功能水平

在助听设备达到优化的情况下,对患者的听觉能力进行全面评估,明确其听觉能力处于什么阶段,分析影响因素、权衡预后效果,为康复方案的制订提供依据。

(三) 系统地制订听觉训练方案

依据听觉能力评估结果,同时结合患者的年龄、认知、生活环境等因素,制订个性化听觉康复方案。康复方案要包含康复目标、训练材料、康复方法、训练时间等内容,其中,康复目标可以分为短期目标、中期目标和长期目标。此外,康复方案应该具有一定弹性,即能根据后续的康复实施情况做出调整。

(四) 细致地执行听觉训练方案

康复方案制订后,需要细致地加以执行。执行过程中,可根据儿童当时的表现灵活调整训练形式和训练内容,以便取得较好的训练效果。

(五) 适时监控

听觉康复过程中,适时监控非常必要。一旦发现患者出现异常状况,应立即进行评估,根据新的评估结果调整康复方案,或者改善训练的方法和手段等。

总之,听觉康复是一项系统工程。为保障听觉康复的效率,必须做到"评估(assessment)-训练(training)-监控 monitoring)"相结合,简称"ATM"。其中,评估可以明确患者当前的水平,为训练方案的制订提供依据;训练可以使康复方案落到实处,循序渐进地提高患者的听觉能力;监控有助于及时发现问题、确保训练的有效性。这三个环节循环往复,共同推进听觉康复顺利实施。

第二节 听力障碍的测试与诊断

一、听力测试的常用方法

准确判断听力损失的性质和程度是听力康复的基础。听力检测的方法有多种,如纯音测听、言语测听、小儿行为听力测试、声导抗检测、耳声发射、听觉诱发反应测试等,其中,用标准听力计作听力检查(纯音测听)是应用最普遍,并能准确反映听敏度的检查方法。下面分别予以介绍。

(一) 纯音测听

使用纯音听力计(图2-2-1)进行的听力测试称之为纯音测听,这是临床上最常用的测试听力水平的方法。纯音听力计采用电声学原理,可以发出不同频率的纯音,常用测听频率范围在125~8000 Hz,其输出强度可以调节。

纯音测听一般在专业的隔声室中进行,以避免外界噪声的干扰。检查时,要向被试交代清楚检查的注意事项。因为听力测试是检测被试听到最小声音的能力,所以被试只要听到声音,哪怕非常微弱,也应予以反应(例如举手示意)。纯音测听即测被试的听阈,听阈就是能听到的最小声音的强度。测定听阈是了解被试听敏度的最基本的方法。

要准确理解听力障碍的定义,首先必须知道什么是正常听力与听力损失。由于人类言语频率范围集中在0.5~4 kHz,所以临床上常以0.5、1、2和4 kHz四个频率的气导听阈(能听到的最小声音)

的平均值来表示受试者的听力水平。正常听力是指20~29岁耳科正常人的不同频率的平均听阈,即0 dB HL。dB即分贝,是测量声音强度的单位;HL(hearing level)为听力级,是计量听阈的单位。由于个体差异,正常听力者的听阈范围为-10~25 dB HL。

纯音测听又分纯音气导听阈测定和纯音骨导听阈测定。由于耳的结构与功能的原因,声波可有两条通路传至听觉中枢:一条通路是声波首先经过外耳、中耳,再到内耳,由于外耳道与鼓室中充满空气,所以这种传导方式称为空气传导,简称"气导";另一条通路是声波直接由颅骨振动而传至内耳,引起内淋巴液振动,从而产生听觉,这种方式叫做骨传导,简称"骨导"。

纯音测听时分别使用气导和骨导耳机测出受试者左右耳各个频率的气导和骨导听阈。将测出的听阈绘制到坐标图上,称为听力图。如图2-2-2所示,在听力图上,横坐标代表不同的频率,纵坐标代表听阈。将各频率的气导或骨导听阈连成线,称为听力曲线。在听力图上记录听力曲线时,为了方便识别,通常使用不同的符号来区分每一条曲线。

图2-2-1 纯音听力计

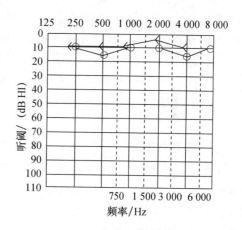

图2-2-2 正常人的听力图

正常人气导和骨导的听阈接近,在听力图上,气导与骨导曲线基本重合。当存在传导性听力损失时,骨导听力基本正常,气导听力比骨导听力差,在听力图上,骨导听力曲线在气导听力曲线的上方,骨导听阈和气导听阈之间有一间距,称其为气骨导差。感音神经性听力损失时,在听力图上,气导与骨导曲线呈一致性下降,无气骨导差。混合性听力损失时,气导和骨导曲线均下降,但气导听力下降幅度大于骨导,存在气骨导差。

(二)言语测听

言语测听是测试被试言语分辨能力的方法,是听觉功能评估的重要组成部分,它是将标准词汇的声音录制到CD或制成计算机软件,通过CD机或计算机输送至听力计的耳机进行测试。言语测听的主要测试项目为言语识别率和言语识别阈,对评估人工耳蜗植入术后康复训练效果和助听器验配效果具有重要作用。

(三)小儿行为听力测试

小儿因为年龄、智力、语言发育、交往能力等各方面的原因,不能像成人一样很好地配合完成听力测试,但是孩子对声音会产生反应并通过某种行为表现出来,比如将头转向声源或做出某些动作,测试人员通过观察儿童对声音产生的行为反应判断其听阈,称为小儿行为测听。

小儿行为测听有行为观察测听(BOA)、视觉强化测听(VRA)和游戏测听(PA)等方法,对于不同年龄的儿童可选择适当的测试方法。行为观察测听是观察婴幼儿对声刺激产生的行为反应,适用于6个月以内的婴儿。视觉强化测听是当发出声刺激的同时,给予一个吸引孩子注意的视觉奖励(如发光玩具),使孩子对声刺激建立条件反射,即使声刺激时没有视觉奖励,孩子仍会将头转向声源方向。这种方法适用于7个月至2.5岁的婴幼儿。游戏测听时让孩子参与简单有趣的游戏,教会孩子在游戏中对刺激声做出明确可靠的反应。这种方法适用于2.5～5岁的儿童。儿童超过6岁时可用成人的反应方式进行纯音测听。

(四) 声导抗检测

在听力学和儿科学中常用"声导抗"测试作为耳声阻抗测试、耳声导纳测试或两者的通用术语。

声导抗是指声波在媒质(如"传声系统"中的中耳等)的传播过程中受到的阻力,声导抗测试主要用来测量中耳声导抗的变化。声导抗测试时,利用一定声压级的纯音导入受试耳的外耳道,引起鼓膜、听骨链等中耳结构的振动或变化。这些结构会因其弹性、质量和摩擦力不同,使声导抗值产生不同的变化,从而为分析中耳病变提供客观的依据。

声导抗测试不仅可以用来区分中耳病变的不同部位,而且可辅助对听神经、脑干及面神经麻痹病变进行定位诊断,特别适合于精神病病人、婴幼儿等不合作的被试。该检测方法不需要严格的隔音设备,仪器灵敏度较高,操作简便,结果客观,准确性高,已经成为临床测听的常规检查方法之一。

(五) 耳声发射

耳声发射是指一种产生于耳蜗、经听骨链及鼓膜传导释放入外耳道的音频能量。该定义主要有两方面含义:一是耳声发射的能量必须来自耳蜗;二是这些能量须经过中耳结构的传导进入外耳道而被记录到。耳声发射以机械振动的形式起源于耳蜗。大量研究表明,这种振动的能量来自耳蜗中的外毛细胞,因此,耳声发射可以用来反映耳蜗的功能。

依据有无外界声刺激,耳声发射分为自发性耳声发射(SOAE)和诱发性耳声发射(EOAE):自发性耳声发射是耳蜗在不需要任何外界刺激的情况下持续向外发射的机械能量;诱发性耳声发射依据由何种刺激诱发,又可分为瞬态诱发耳声发射(TEOAE)、畸变产物耳声发射(DPOAE)和频率刺激耳声发射(SFOAE)。瞬态诱发耳声发射(TEOAE)是指耳蜗受到外界短暂脉冲声刺激后经过一定的潜伏期,以一定形式释放出声频能量,其形式由刺激声的特点决定;畸变产物耳声发射(DPOAE)是一种特殊形式的耳声发射,耳蜗功能系统是一种非线性的生物系统,当其受到两个具有一定频率比关系的纯音作用时,其释放的声频中出现畸变(失真)频率;频率刺激耳声发射(SFOAE)是指当耳蜗受到一个连续纯音刺激时,会将与刺激音性质相同的声频能量发射回外耳道。

耳声发射与内耳功能密切相关,如听力损失超过40 dB HL时,即能导致耳声发射明显减弱或消失。耳声发射是一项无创伤性检测技术,操作简便,用时较短(测试两耳仅需要10分钟),敏感性和特异性较高,结果直观明确,因而是一种常用的测听手段。

(六) 听觉诱发反应测试

听觉诱发反应测试又称电反应测听,是通过记录由声刺激引起的听觉系统一系列生物电现象来检测的一种方法。听觉诱发反应测试具体包括耳蜗电图、听性脑干反应、40 Hz相关电位等。进行听觉诱发反应测听时,被试应安静躺卧,全身放松。对于婴幼儿和不能配合检查者,可给予镇静剂或安眠药,使其安静入睡,以便完成检测。

听觉诱发反应测试可以客观反映听觉功能水平,而不需要被试做出主观判断。在这类测试中,临床上最常用和最重要的是听性脑干反应测听(ABR)。听性脑干反应测听在临床上常用于新生儿及婴幼儿听力筛选,器质性耳聋(传导性聋、感音神经性聋和混合性聋)与功能性耳聋(无听觉系统器质性病变的假性听觉障碍,如癔症性聋等)的鉴别诊断。

二、听力损失的分类及临床表现

由于各种原因,部分儿童和成人存在一定程度的听力损失。听力损失严重者称为听力残疾。听力残疾的定义为由于各种原因所导致的双耳听力丧失或听觉障碍,听不到或听不清周围环境的声音,从而难同一般人进行正常的语言交往。对听力损失的分类维度有很多,最常见的主要是根据听力损失的程度、起病时间、持续时间和助听效果等进行分类。

(一)根据听力损失程度划分

听力损失的程度常用平均听阈来界定,是指个体在 500 Hz、1000 Hz、2000 Hz、4000 Hz 等 4 个频率上的纯音听阈。根据双耳听阈的程度及相应标准来确定哪些人属于听力残疾。中国听力残疾评定标准(2006)及世界卫生组织(1997)听力损失标准见表 2-2-1。

表 2-2-1 听力残疾分级标准

中国听力残疾分级标准		世界卫生组织标准	
级 别	平均听力损失/(dB HL)	级 别	平均听力损失/(dB HL)
一级	≥90	极重度	≥81
二级	81～90	重度	61～80
三级	61～80	中度	41～60
四级	41～60	轻度	26～40

根据中国听力残疾评定标准,双耳中好耳听力损失在 40 dB HL 以上的即为听力残疾。我国第二次全国残疾人抽样调查结果发现,在 0～14 岁的听力障碍儿童中,一至四级听力残疾的比例分别为 50%、13%、19%和 18%。听觉康复的主要对象为一级、二级和三级听力残疾患者,四级听力残疾患者配上适合的助听器一般能在自然的沟通交流中取得较大的进步。

(二)根据起病时间划分

根据起病时间,听力损失可以分为语前聋、语后聋和语中聋。语前聋是指在获得口语能力之前就有听力损失。虽然目前还没有明确的划分语前聋的年龄界限,但一般称在 2 岁以前发生听力损失为语前聋。语后聋是指听力损失发生在语言获得之后,一般是在 5 岁左右。听力损失发生在两者之间的称语中聋。一般语前聋和语中聋的患者需要经过专门的听觉康复。

(三)根据听力损失性质划分

根据听力损失性质,可将听力损失分为传导性耳聋、感音性耳聋和混合性耳聋。

1. 传导性耳聋

传导性耳聋指因外耳、中耳及前庭窗或圆窗中任一部位受损,阻碍声波传入内耳而导致的耳聋。外耳道阻塞,如耵聍栓塞、先天性或后天性的外耳道畸形,中耳的炎性疾病,如鼓膜的炎性缺损、听小骨粘连和缺损、听骨固定及鼓室硬化症等均能影响声音的传导而导致传导性耳聋。针对传导性耳聋一般首先考虑治疗。如治疗后听力仍无法恢复,则需要配戴助听器,如果是语前聋,配戴助听器之后还需要进行专业的听觉、言语、语言康复训练,如果是语后聋则需要一段时间的适应性训练。

2. 感音性耳聋

感音性耳聋指因感音器官及神经传导通路(内耳淋巴液、基底膜、柯蒂氏器、听神经、中继站、神经通路、各级中枢)受损,使耳不能或难以感受到声音而导致的耳聋。依据病变发生的部位,可分为耳蜗性耳聋(多为听毛细胞病变致聋)、神经性耳聋(蜗神经病变致聋)、脑干性耳聋(脑干的病变致聋)、皮质性耳聋(只有当两侧的听皮质都受损时才会出现)。感音神经性聋非常复杂,听力检查时,不论是气导还是骨导都同步受到影响。如果是耳蜗性耳聋,轻中度可以配戴助听器,重度的可以植入人工耳蜗重建听力,然后进行听觉、言语、语言康复训练。语后聋也需要一段时间的适应训练才可重新获得听力。对神经性耳聋、脑干性耳聋和皮质性聋目前还没有特别的办法,可通过学习手语、唇读、文字等手段进行交流,儿童则需进入专门的特殊教育学校学习。

3. 混合性耳聋

因传导器官、感音器官都受损而导致的耳聋,称为混合性耳聋。混合性耳聋的发病率很高,部分混合性耳聋是由两个不相关的病因所引起的,如老年性聋同时伴患有中耳疾病。部分最初只有一个病因,之后影响了传导和感音两部分器官,如晚期耳硬化症。听力测查时,气导骨导都受影响,但影响的情况较为复杂。针对混合性耳聋需要采取以上相关方法进行综合治疗与康复。

(四)根据助听效果划分

按助听效果分的听力语言康复评估标准与听觉康复对象联系最为紧密。该标准根据频率补偿范围是否在言语香蕉图或SS线之内将助听效果分为最适、适合、较适、看话4个层级(见表2-2-2)。一般而言,助听效果在较适层级以上患者的听觉康复效果较为明显,而助听效果为看话者的听觉康复效果较差,建议充分发展他们的读写能力。

表2-2-2 听力语言康复评估标准

听力补偿/Hz	言语最大识别率/(%)	助听效果	康复级别
250~4000	≥90	最适	一级
250~3000	≥80	适合	二级
250~2000	≥70	较适	三级
250~1000	≥44	看话	四级

(五)听力障碍的临床表现

听力是儿童学习有声语言的前提。听力受损会导致听障儿童听觉、言语、语言、沟通交流、社会参与和学习生活受到严重影响。不同听力损失程度的影响如表2-2-3所示。

表 2-2-3　不同程度的听力损失对生活的影响

分级	听力损失程度（好耳）/dB HL	特点
一级	>90	听觉系统的结构和功能重度损伤,在无助听设备的帮助下,不能依靠听觉进行言语交流,在理解和交流等活动上极度受限,在参与社会生活方面存在极严重的障碍
二级	81~90	听觉系统的结构和功能重度损伤,在无助听设备的帮助下,在理解和交流等活动上重度受限,在参与社会生活方面存在严重障碍
三级	61~80	听觉系统的结构和功能中度损伤,在无助听设备的帮助下,在理解和交流等活动上中度受限,在参与社会生活方面存在中度障碍
四级	41~60	听觉系统的结构和功能中度损伤,在无助听设备的帮助下,在理解和交流等活动上轻度受限,在参与社会生活方面存在轻度障碍

从表 2-2-3 中可以看出,听力损失不仅造成了患者听觉方面的损伤,而且引起了很多继发性的问题,如言语障碍、语言障碍等。

在听觉方面,听力障碍儿童难以听到声音,或者听到的声音不清楚、不完整,常误解他人的意思。

在言语方面,听力障碍者往往出现以下问题:声母歪曲、遗漏、替代,元音延长、元音发音不准确等现象。此外,在嗓音方面可能出现鼻音功能亢进或低下的问题。在发音过程中还会出现音调单一、音调过高、音域过窄等现象。整体语速方面也会存在过快或过慢的问题。

在语言方面,听障儿童句子简单、句式少、句长短,理解或使用长句有困难,在理解代词、比喻等抽象内容方面存在困难。此外,此类儿童还存在阅读理解困难。

研究与实践表明:智力发育迟缓、脑性瘫痪、自闭症、语言发育迟缓等其他类型的特殊儿童也可能存在不同程度听力障碍,在康复训练中应注意上述儿童是否存在听力问题。

三、新生儿听力筛查与诊断

(一)新生儿听力筛查

新生儿听力筛查,是通过耳声发射或自动听性脑干反应等电生理学检测设备,在新生儿出生后自然睡眠或安静的状态下进行的客观、快速和无创的检查。国内外报道表明,正常新生儿和高危因素新生儿听力损失发病率的差异较大,正常新生儿约为 0.1%~0.3%,高危因素新生儿约为 2%~4%。

听力损失如不能被及时发现,不但影响儿童自身(言语和认知发育、教育、就业、婚育)及其家庭(沟通障碍、心理、经济负担),而且还会成为社会沉重的负担,影响社会经济发展。现代科学技术已经可以对新生儿及婴幼儿进行早期听力筛查和诊断,如能在出生 6 个月内可明确诊断为永久性听力损失的婴幼儿进行科学干预和康复训练,他们中绝大多数可以回归主流社会。

新生儿及婴幼儿听力早期筛查及干预项目包括听力筛查、诊断、干预、随访、康复训练及效果评估,是一项系统化和社会化的优生工程,需要严格地控制质量。

新生儿听力筛查时间分为两个阶段:

(1)初步筛查过程(初筛)。即新生儿生后 3~5 天住院期间的听力筛查。

(2)第二次筛查过程(复筛)。即出生 42 天内的婴儿初筛没"通过";或初筛"可疑"甚至初筛已经"通过",但属于听力损失高危儿如重症监护病房患儿,需要进行听力复筛。

(二) 新生儿听力障碍的诊断

如果新生儿未通过听力筛查环节,则需要立即到医院进行听力障碍的诊断工作。对于那些筛查通过的儿童,但在成长过程中听力行为可疑、反应异常的也应立即到医院确诊。

听力诊断的流程如图 2-2-3 所示。

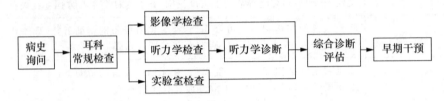

图 2-2-3 婴幼儿听力障碍诊断程序

首先应到正规医院的耳科或听力中心挂号就诊。在就医时,医生会询问患者相关病史情况,包括临床病史、家族史,并且进行耳鼻喉常规体检。

接下来医生将进行听力学综合评估。除了开具前面提到的几种测试方法外,还会根据情况进行影像学和实验室(耳聋基因)检查。影像学检查包括颞部 CT 和核磁共振(MRI),前者主要观察内耳的发育情况,检查有无耳蜗畸形的情况存在;后者主要用于检查听神经及大脑皮层的病变。对于计划生二胎的听障儿童家长,进行耳聋基因检查也是非常有必要的,这除了有利于医生了解病因,也为孩子的将来留下重要的基因档案。

等到所有检查结果报告出来后,医生依据上述报告给小孩做出综合诊断,并提出医学上及听力学上的干预方案。

四、听力康复的主要助听装置

随着人们生活水平和健康意识的提高,传导性听力损失的发病率在我国逐年下降,耳科学的发展又使得绝大多数的传导性听力损失可以通过药物或手术的方式得以治愈,并在一定程度上保留或提高听力。但对于感音神经性耳聋及混合性耳聋中感音神经器官存在缺损的部分,目前尚无明确可靠的药物和手术可以进行治疗,只有通过配戴助听器或者植入人工耳蜗这两种康复手段,听力才可能恢复。下面将对这两种助听装置分别予以介绍。

(一) 助听器

助听器(Hearing Aid)是一种可以将声音信号进行不同程度的放大,使听力障碍者能有效利用其残余听力,获得听力补偿的电子装置。助听器本质是一个声音放大器,主要由传声器(麦克风)、放大器及受话器组成。

最初,人类采用集声装置来改善听力,比如靠增大耳廓面积提高声音强度的号角状集声装置(如图 2-2-4 所示),或是通过管道传声的声管。20 世纪初,随着电话的发明,电子管助听器、晶体管助听器和数字助听器先后诞生,并且其性能产生了质的飞跃。助听器的发展始终贯穿两条主线:① 小型化。由最初无法携带的桌面扩音器(如图 2-2-5),到可随身携带的盒式助听器,再到戴在耳后的耳背式以及戴在耳内的耳内式助听器。如今,体积最小的深耳道式助听器,从外观上已经基本看不出来配戴痕迹,配戴既美观又便捷(如图 2-2-6)。② 智能化。为了满足不同种类和程度听力障碍患者在不同场合下的听力补偿需求,新的助听技术也层出不穷,比如压缩技术、多通道技术、反馈抑制技术、多麦克风技术等等,为患者提供了多种选择。如今,全数字智能助听器已成为当今助听器技术与市场的主流。

图 2-2-4 早期号角状集声装置

图 2-2-5 20 世纪初英国聋校使用的碳精助听器

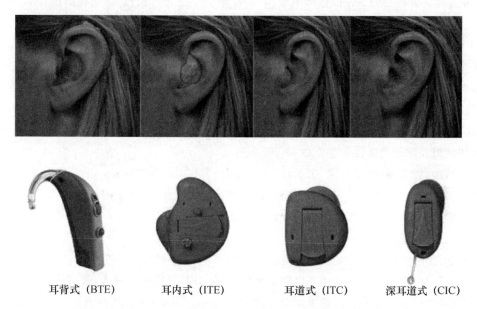

耳背式(BTE)　　　耳内式(ITE)　　　耳道式(ITC)　　　深耳道式(CIC)

图 2-2-6 当今各种助听器的外形及配戴外观

助听器适用于经过临床治疗无效的传导性、混合性听力损失患者,以及医学无法治疗的感音神经性听力损失患者,或者说无论哪一种听力损失类型,只要尚有残余听力,就能够通过配戴助听器提高听力水平。平均听力损失在 41~80 dB HL 的听障者,通过助听器验配一般可获得满意的助听效果;平均听力损失在 80~90 dB HL 的听障者,通过助听器验配也可获得较为满意的助听效果;平均听力损失大于 90 dB HL 的听障者,应首选人工耳蜗植入,如手术条件暂时不具备,应及时选配特大功率助听器,其听觉也能得到一定帮助。

此外,一侧耳听力正常,另一侧存在听力损失也可以配戴助听器以获得双耳听力。双耳聆听可以提供平衡感和声源定位能力,进一步提高言语识别率,并且能防止由于缺乏声音刺激,听觉神经通路活化不足,从而导致迟发性听力剥夺和残余听力的进一步减退的问题。

总之,永久性听力损失患者应该做到早期发现、早期验配和坚持配戴助听器。婴幼儿听力损失者早期配戴助听器并经过科学的听觉言语与语言训练可以做到聋而不哑,回归主流社会;成年听力损失者及时验配助听器并坚持配戴可以有效防止听觉功能下降,改善和提高生活质量。

助听器跟普通商品不一样。助听器验配是一项专业性很强的工作,需由具备一定康复听力学专业资质的专业人员,使用相应的听力学评估、测试、诊断设备,在测听室等特定的声学环境中完成。

助听器验配程序包括前期准备、助听器预选、助听器验配和适应性训练、助听器效果评估四个阶段。

1. 前期准备

(1) 病史采集。详细询问发现耳聋的时间,耳聋症状是否继续加重,以及对生活中各种声音的反应。另包括母孕期的感染史和用药史、小儿既往疾病史、用药史、生长发育史、家族史等,询问病史时应同时注意观察小儿的生长发育情况。

(2) 进行耳科常规检查。先检查鼻咽部、咽鼓管和中耳腔的病变,这些部位的病变常可导致听力的波动,尤其中耳病变将影响助听器选配。然后进行听力测试,根据年龄不同,选择适当的行为测听方法,如听觉行为反应法、视觉强化测听法、游戏测听法、纯音测听法。大龄听障儿童及成人听障者除了测定气导听阈外,应同时检查骨导听阈和不适阈,这些对于助听器的选择十分重要。对一些情况复杂的听障者或小龄听障儿童,很难从一种听力测试中得到确切结果,除行为测试外,常需结合声导抗测试、听性脑干反应、多频稳态诱发电位、40 Hz 相关电位、耳声发射等客观测试方法共同确定其听阈值。根据听力测试结果并结合病史初步判断耳聋的性质及耳聋程度,并向听障者本人或家长详细解释听力测试结果及配戴助听器的必要性和重要性。

对疑有脑瘫、智力低下、孤独症、多动症、交往障碍、发育迟缓等疾患的小龄听障儿童,要请求神经科和精神科医生的帮助,进行学习能力测验及相关精神智力检查,排除非听力性言语障碍。若怀疑内耳及相关结构的异常,可建议听障者进行影象学检查(如 CT 和 MRI)。若怀疑耳聋与自身基因有关时,应建议其进行相应的实验室检查。

(3) 在完成听力诊断后,还需取制耳模以完成准备阶段的工作。耳模不但具有将经助听器放大后的声音导入外耳道的作用,而且还可以固定助听器,使得助听器配戴舒适,密闭外耳道,防止反馈啸叫,更重要的是可以在一定范围内改善助听器的声学效果。因此,凡是选配盒式和耳背式助听器时,必须制作相应的耳模。由于小龄听障儿童的耳郭和外耳道的不断发育,一段时间后,密封性降低,对于听力损失较重者,会出现反馈啸叫,影响助听效果。因此,耳模还需定期更换。

2. 助听器预选

根据听障者听力、期望值以及经济情况,在验配助听器之前选择合适功率、功能及价位的助听器以适应患者的需要,一般可根据情况同时预选 2~3 种助听器进行比较。助听器的最大声输出应与听力损失相适应。一般轻度聋选择最大声输出小于 105 dB(SPL)的助听器;中度聋选择最大声输出为 115~124 dB(SPL)的助听器;重度聋选择最大声输出为 125~135 dB(SPL)的助听器;极重度聋选择最大声输出为 135 dB(SPL)以上的助听器。对于听力损失呈渐进性下降的小龄儿童,所选助听器的输出应适当放宽一些。听力图和年龄因素不同,选择的验配公式也不同。如成人一般采用 NAL 公式,而小龄听障儿童则采用 DSL 公式。

3. 助听器验配和适应性训练

首先对助听器进行编程并初步评估,目前国内临床用得较多的是真耳介入增益和助听听阈测试法,例如用声场中所测得的助听听阈和目标曲线进行比较。将测得的助听听阈结果和言语香蕉图进行对比,如不理想,重新编程以调节音调、增益及改变耳模、耳钩的声学特性,如效果仍不理想,可考虑换另一种品牌或型号的助听器。

对于首次配戴助听器的患者,验配完成后,助听器也不能帮助他们立即达到最佳聆听效果。无论成人还是儿童听障者,配戴助听器后都需经过一段时间的适应。由无声到有声,有的听障儿童还会产生恐惧感。因此,在此期间,助听器音量调节应由小到大逐渐调到处方公式要求;配戴时间应由短到长,开始每天可配戴 2~3 小时,逐步过渡到全天配戴;训练地点由安静到较吵闹的自然环境。适应阶段一般为 1~2 周,训练听障儿童学会听测试音,并能做出反应,小龄听障儿童与老年听障者这一阶段会长一些,大约需要一至数月才能完成。

4. 助听器效果评估

助听器效果评估对助听器验配人员和听障者均有很大的帮助。助听器验配人员可通过评估结果了解助听器在听障者学习、生活中的作用,从而判断配戴的助听器是否达到优化,还可以通过评估结果帮助听力语言康复教师确定下一步康复计划。助听器效果可通过几方面进行评价,如听阈改善情况的数量评估、言语辨别能力的功能评估、助听效果满意度问卷调查等。

在完成上述流程后,还需对患者进行长期跟踪随访。随访内容为检查助听器性能,评估助听器效果,复查听力以监测听障患者听力的进展情况,必要时指导听障患者正确使用助听器,或根据需要再次调整助听器音质和音量。一般在配戴助听器第一年应每三个月复查一次,以后每半年一次。如果患者就诊不便,助听器验配人员也应定期以问卷或电话回答等形式进行随访。

(二) 人工耳蜗

人工耳蜗英文为 Cochlear Implant,又称电子耳蜗或耳蜗植入。它是一种为重度、极重度或全聋的小儿或成人听障患者重建听力的电子装置。经过 30 年的发展,现在全世界已把人工耳蜗作为治疗耳聋的常规方法。

大部分感音神经性听力障碍都是源于毛细胞的缺损,造成不同程度的听力损失。对于轻度、中度和一部分重度听力障碍患者来说,助听器能够起效,但是对于一部分重度、极重度及全聋患者来说,助听器就无能为力了。这类患者虽然毛细胞存在病变,但听神经纤维和螺旋神经节细胞依然完整。因此,通过植入人工耳蜗,用电极代替毛细胞的作用,把声音信号通过编码转变为电信号后直接刺激听神经纤维,从而帮助他们重获听力。

1. 人工耳蜗由体外装置和植入体两部分组成

如图 2-2-7 所示,体外装置上的麦克风把声音转换成电子信号,再通过语言处理器将电子信号进行放大、过滤和编码,然后通过传送器将信号传送到植入到头部皮肤下的接收装置(如图 2-2-8),最后刺激器产生电刺激序列,通过植入耳蜗内的电极直接刺激听神经。

 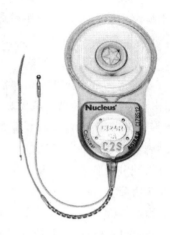

图 2-2-7　人工耳蜗体外装置　　　　图 2-2-8　人工耳蜗植入体

虽然人工耳蜗的历史不长,但是人类探索电刺激产生听觉的历史最早可以追溯到 1880 年。当时,意大利科学家亚历山德罗·伏特(图 2-2-9)在发明电池以后,尝试了解电刺激对人体听、视、嗅、味和触觉所产生的直接反应。在听觉感知实验中,他将通电的金属棒插入耳道时产生了听觉,他描述这感觉是"头中的隆隆声"。

2. 人工耳蜗植入术

真正人工耳蜗植入走向临床的起点时间应该是 1957 年。法国科学家 Djourno 和 Eyries 首次将电极植入一全聋病人的耳蜗内(如图 2-2-10),三天后,通过感应线圈外部传输信号,该病人能够感知环境声,获得音感,可听到音调变化,并能区分简单的语音。

 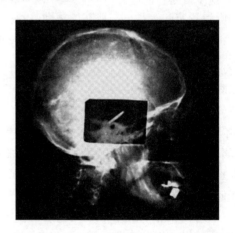

图 2-2-9　亚历山德罗·伏特　　　　图 2-2-10　1957 年首次植入电极时的 X 光片

20 世纪 60 年代,美国的豪斯(House)耳科研究所、斯坦福大学及加州大学的科学家们陆续尝试在临床上为患者植入单导和多导电极。20 世纪 70 年代,3M 公司开始生产单导人工耳蜗,成为世界上第一个进入市场且得到美国 FDA 认证的人工耳蜗。1982 年,澳大利亚 Nucleus22 型人工耳蜗问世,成为全世界首先在临床上使用的多通道耳蜗装置。至今,全世界有超过 30 万听障患者通过植入人工耳蜗重获听力,其中半数以上是儿童。由于人工耳蜗的发明和应用为万千听障患者带来福音,人工耳蜗的三位发明人澳大利亚墨尔本大学的格雷姆·克拉克教授、奥地利 MED-EL 人工耳蜗公司的英格伯格·霍克迈尔及美国杜克大学的布雷克·威尔逊教授获得了 2013 年度的拉斯克临床医学奖。

我国自 1995 年开始开展多导人工耳蜗植入手术,1997 年第一位儿童植入者在 3 岁时接受了手术。随着二十多年来工程及手术技术的高速发展,植入病例数量不断增加。如今,我国接受人工耳蜗植入手术的患者超过 3 万人,绝大部分为学龄前儿童。

人类获得正常的语言不仅需要正常的听力,还需要听觉语言中枢的正常发育,这就是为什么成人语前聋患者即使植入了人工耳蜗,也只能听到声音,却不能听懂语言并开口说话。研究表明,人类的听觉语言中枢在 7 岁左右就发育完成,成人语前聋患者在语言发育前就发生了耳聋,失去了听觉语言中枢正常发育的机会,随着神经发育完成听觉语言中枢逐渐失去了正常功能,这些患者即使接受了人工耳蜗植入,也仅能够听到声音,无法获得正常的语言。因此,对于语前聋患者的最佳植入年龄是 7 岁之前。

对于成人语后聋患者,他们的耳聋原因可能是突发性耳聋、药物性耳聋或先天性内耳畸形基础上的遗传性迟发性耳聋(例如大前庭导水管综合征)等。这些成年耳聋患者在耳聋之前曾经有正常的听力,并且获得了正常的语言,其听觉语言中枢得到了充分的发育,因此称这些耳聋患者为成人语后聋患者。成人语后聋患者是最佳的人工耳蜗植入适应证之一,这类耳聋患者听觉语言中枢在耳聋之前得到了正常的发育,他们在接受了人工耳蜗植入后,重新获得了听力,声音能够唤起他们过去对语言的记忆,因此这类患者能够在较短时间内恢复语言能力。对于成人语后聋患者来说,在耳聋后尽早植入人工耳蜗十分重要,这会很快唤起他们过去对语言的记忆,获得更好的语言效果。如果耳聋时间很长,患者对过去语言的记忆会淡忘,导致人工耳蜗植入效果下降。

目前老年耳聋患者的人工耳蜗植入问题越来越受到关注,老年耳聋患者多数为语后聋患者,他们耳聋的原因除上述原因外,更多的是由于老年性的渐进性听力衰退所导致的,助听器对他们来说效果甚微。随着社会经济的发展,人口寿命的延长,老年人的生活质量也更多的受到家庭、社会的关注。恢复老年人的听觉语言能力,能增进他们的语言交流能力,改善他们的心理状态,使老年人获得自信,大大提高他们的生活质量。老年耳聋患者在接受人工耳蜗植入后,能够获得很好的听力语言效果。事实上这项工作在美国和欧洲早已开展,例如在美国爱荷华大学医院人工耳蜗中心,相当一部分人工耳蜗植入者是老年耳聋患者,这些老年人工耳蜗植入者的生活自理能力、交流能力得到了极大提高,例如没有植入人工耳蜗前,他们不敢开车,而植入人工耳蜗之后,他们能独自开车去往超市、医院等公共处所。

(三) 辅助听觉设备

辅助听觉设备(Assistive Listening Devices,ALD)一般泛指除了助听器和植入装置以外的助听设备。辅助听觉设备的主要功能是帮助听障患者提高独立生活的能力,以及帮助听障者与人沟通。

辅助听觉设备按照其作用可分为感官性辅助设备和信噪比提升设备两大类。

1. 感官性辅助设备

感官性辅助设备(Sensory Aid)以将声音转换成触觉、震动觉或视觉的感官方式,提醒患者某些声音的出现。传统的感官性辅助设备有振动门铃、振动闹钟以及灯光电话提醒设备等产品,为听障人群的日常生活带来便利(如图 2-2-11 和 2-2-12)。

图 2-2-11　无线振动闪光门铃　　　　图 2-2-12　振动闹钟

此外,在 20 世纪八九十年代的美国,还有针对聋人的电话辅助与电视辅助设备,即利用自动语音识别技术,将语音转化为文本字幕,以方便聋人接听电话或观看电视节目。由于在当时此技术尚不完善,识别率有限,且需要电话公司与电视台的支持,成本较高,因此未能普及。

自动语音识别的研究始于 20 世纪 50 年代初,当时电子信号频谱分析仪器开始被用于从语音信号中识别简单、少量的音节和音素。随着计算机技术的飞速发展,进入 20 世纪 90 年代后,语音识别的研究进一步发展,除了连续语音听写机之外,还出现了诸多实用化的研究方向。IBM 公司率先推出的 Via Voice 标志着大词汇量、非特定人、连续语音识别技术正趋于成熟,不仅大部分能实现识别英语、日语和汉语等不同国家的语言,有的还能识别某些地区的方言,如粤语。

随着智能移动时代的来临,智能手机的普及为听障者带来了福音,几乎所有的智能手机都能通过软件实现自动语音识别技术,语音可以方便高效地被转化为文字,并且识别率也有了大幅提高。如由美国 Google 公司开发的安卓智能手机系统里就自带了语音至文本转换接口,应用软件开发人员可以很方便地调用以实现自动语音识别的功能,将语音信息快捷方便地转换为文本,使得聋人也能方便快捷地和他人进行沟通交流。最新的智能手机应用程序可以实时将谈话翻译成文字并显示在智能手机上,并与多个移动电话相连接,激活其麦克风,从而精确地捕捉周围人们的谈话,语音识别系统可以检测每个人的语音,并将其在智能手机显示屏上对应显示为不同颜色,便于使用者分辨正在说话的是哪个人。

2. 信噪比提升设备

这是另一类辅助听觉设备,即将声音直接传递给听障者以减小空间因素的影响。对于听障人群而言,尽管在配戴助听器或者植入人工耳蜗以后重新获得了一部分听力,但其聆听效果依然会受到空间因素的巨大影响。所谓空间因素对听障者的影响,主要包括以下三个方面。

(1) 声源与听障者之间的距离问题。根据反平方定律,对于自由声场中的球面波,离声源的距离每增加一倍,声强级衰减 6 dB,距离会让声源的强度迅速衰减。此外,助听器或人工耳蜗由于体积原因和对灵敏度的要求,均采用小功率的驻极体麦克风,对声音的接收范围有限,一般来说,助听器及人工耳蜗的有效使用距离为离声源 3 m,理想使用距离为 1 m 左右,一旦超过上述距离,声源信号衰减过大,助听设备的配戴效果将受到严重影响。

(2) 空间混响(Reverb)是另一种影响因素。在面积大而空旷,墙体表面平滑的房间里就会因声波的反射而产生混响现象,严重影响听障患者的聆听。

(3) 环境噪声的干扰问题。在噪声环境下的听取能力低下一直是听障患者生活中的困扰。

信噪比提升类的听觉辅助设备,其主要工作原理是直接将声音从声源传递给听障者,以减少二者之间距离的作用,改善信噪比。目前比较常见的技术解决方案有感应线圈系统、FM 系统、红外线传输和蓝牙音频传输等。

① 感应线圈系统是目前使用的辅助听觉设备中最老的产品,利用电磁感应的原理实现其功能。现有助听器普遍都配备的 T 档(Tele-coil)功能,即为感应线圈系统帮助听障患者扩大聆听范围的典型应用,例如接听电话。并且,在聋校、剧院、公交车、机场等公共场所铺设感应线圈系统也是无障碍设施建设的重要组成部分。感应线圈系统应用广,成本低,但也存在受干扰大、音质不佳等缺点。

② FM 调频系统的应用弥补了上述缺点。FM 系统类似于舞台上的无线麦克风,讲话者将麦克风别在衣领上,语音信号通过随身配戴的 FM 发射器在约 100 m 左右的范围内以调频广播的方式发射,儿童随身配戴的 FM 接收器将语音接收后,送入助听设备的音频输入端,这样保证了儿童即使在户外也能无线地接收到清晰的语音,非常适合在聋童教育中使用。

③ 此外,2.4GHz 与蓝牙等无线传输技术已开始逐渐开始应用于辅助听觉设备,为听障患者聆听远距离声源提供了多种解决方案,有利于提高其生活质量。

第三节　听觉障碍的康复训练

一、听觉障碍的常用训练方法

对于语前聋的听障儿童来说,在配戴助听器后植入人工耳蜗之后,重获了听力,但听觉功能、言语功能及语言能力尚未恢复。为了使听障儿童在听力补偿或重建后,能够理解和表达语言,发展与他人沟通交流的能力,还需要进行长时间的康复训练。这些训练包括以下 6 个方面。

(一)听觉训练

听觉训练是指帮助听觉障碍患者听清由人工耳蜗或助听器放大的声音、识别声音的意义、区分不同的声音的过程。听觉训练的方式有助听器适应课程、桌面听觉训练系统、调频听觉训练系统等。

教室中的环境声或者噪音的强度通常为 60 分贝左右。目标声音(一般是教师的声音)与背景噪音之间的信噪比通常为负值。也就是说,由于背景噪音的原因,教师的声音无法被很好地听到。当这种情况发生时,学生就会放弃训练或者走神。

对于听障儿童的训练目标包括区分环境声音、区分语音和语词对以及区分短语和句子。因此,在听觉训练中运用多模式的方法,如镜子、图片、图表以及触摸喉咙和嘴唇的触觉线索等十分有必要。

(二)唇读训练

唇读训练是指通过观察说话者的面部运动和视觉线索来识别、辨认说话者发出的语音,从而理解说话者要表达的内容。

在唇读的过程中,听话者需要观察说话者嘴唇、下颚、舌头的运动,以及嘴唇和嘴巴的形状。同时,说话者的手势、手部运动和面部表情对于理解他们要表达的内容也十分重要。

唇读训练的效果有一定的限度。例如在英语中,只有 30% 的声音可以从面部表现出来,另外一些唇音(比如 v,f,又如 m,p,b)在发音动作上是相同的,也就是说它们看起来是一样的,很容易混淆。这些声音则很难从说话者的面部读出来。一般情况下,唇读需要与其他的交流方式加以配合、一同使用。

(三) 提示性言语

提示性言语通常用来辅助唇读。它利用手形和手的位置来帮助听觉障碍患者更清楚地加工语音。提示性言语与符号性语言不同。提示性言语包含了8种符号或者手形来表示特定的辅音,4种符号或手形来表示特定的元音。

研究证明,当说话者配合使用提示性线索时,听觉障碍患者对言语的编码和解码效率会得到很大提升。Nicholls 和 Ling(1982)的研究表明,没有使用提示性线索时,听障患者对于音节识别的正确率只有30%,使用提示性线索后,听障患者对于音节识别的正确率提升到84%。

值得注意的是,使用提示性言语对于说话者来说是一个挑战,因为它要求说话者在说话的同时使用不同手势。

(四) 口语训练

前面介绍的三种方法能够帮助听障患者理解其他人的言语。但是,良好的交流不仅意味着能听懂他人的话,而且能更好地表达自己。成功的表达也需要训练。这就需要对听障患者进行口语训练。

口语训练越早开始对于儿童越有利。因此,不仅在诊所和教育机构中需要开设语言刺激项目,在家庭中也应尽可能地开设该项目。语言刺激项目应该由听力师、家庭成员、言语-语言病理学家和教育工作者共同组成的团队来执行。

耳聋婴儿的父母应该尽可能多地对婴儿说话,谈论周围的事物。同时,在对耳聋的婴儿说话时应将视觉和听觉刺激整合起来,比如边呈现物品边说出物品的名称,并且在描述物品的时候辅以动作。

开始口语训练时,最好选择听障患者在日常生活中常常能用到的功能性词语来教学。逐渐地,儿童就能够通过短语和句子结构的教学来更加完整地表达他们的想法和需求。

康复教师也要关注对于听障患者来说特别难的结构和概念,它们包括:语法形态(如过去时或复数形式);多义词(如"门槛""包袱""水分"等);反义词(如"上—下""明亮的—黑暗的")和近义词("开心—愉快");谚语(如"魔高一尺,道高一丈");抽象词汇(如"漫不经心""脆弱的")。

听障儿童在实用技能的习得方面存在困难。因此,康复教师必须对他们提供特殊技能的训练。这些特殊技能包括轮流讲话、发起话题、维持话题、眼神交流等。

在康复过程中,对于视觉线索的利用至关重要。视觉线索可以包括手势、面部表情、玩具、图片、识字卡片、书等,它们是听觉刺激的补充。

(五) 言语、韵律和嗓音训练

在进行言语发声的教学中,同时呈现多种视觉线索是十分关键的。康复教师可以利用图表、图片等视觉线索来帮助儿童纠正发音。

康复教师需要注意塞音和塞擦音、擦音,这些音对于听障儿童来说是比较难发的。

在听障儿童的学习中,对于清辅音和浊辅音的区分也至关重要。例如,康复教师可以通过视觉或者触觉教学(触摸声带)的方法帮助儿童区分辅音时/p/和/b/。

康复教师需要在听障儿童的康复训练中及时指出儿童的嗓音异常状况,例如嘶哑、刺耳、高音调和音调单一的声音。通过训练,患者应该能够使用适当的音量讲话,尤其是要避免出现说话响度过高的问题。要达到这一目标,要帮助儿童做到适当的呼吸支持。

对于听障儿童来说,共鸣问题也是普遍存在的现象,例如鼻音过多和鼻音过少,这也需要康复教师加以重视,帮助患者平衡口腔与鼻腔共鸣。

人工耳蜗植入儿童在韵律方面也会有所缺失,因此,在韵律上的训练目标包括帮助听障患者学会正常的声调、发出平稳的语音流、调节位置不当的停顿以及避免过长或过短的停顿。

(六) 手语训练

手语一般有手势语和手指语之分。

1. 手势语

手势语是以手的动作和面部表情表达思想、进行交际的手段。使用时,多半有上肢和身体的动作,在表达体系上有两类:① 不完全遵循有声语言的语言规律,表达过程无严密的顺序。② 完全遵循有声语言的语法规律,表达过程与口语、书面语一致。因手的表现力有限,概念表达不如有声语言准确,且难以表示抽象概念。

2. 手指语

手指语,也称"指拼法",即用手指的指式变化代表字母,按拼音顺序依次拼出词语的一种语言表达形式。手指语有单手指语和双手指语之分。我国大陆在1963年法定使用单手指语,但也在部分学校试用双手指语。手指语的特点是可表达任何词句,与有声语言的表达顺序完全一致;指式数量不多,易学易记;但拼打速度比口语慢,表达的感情色彩较少,且不能形象地表示具体事物。在手语训练或教学中,往往将手势语和手指语结合使用。

以上简要介绍了几种常用的听障儿童康复训练方法。目前对于听障儿童的训练,大多采用全沟通式的训练模式,全沟通训练模式既包括言语交流方式,又包括非言语的交流方式。虽然有人认为让儿童同时学习口语、唇读、其他非语言符号并不现实,但对于重度和极重度听障患者,全沟通式的训练方法仍然是非常流行的一种听觉训练模式。

二、听觉能力发展四阶段的评估与训练

听觉能力评估与训练是教育康复中的重要环节,尤其在听障儿童康复过程中起着举足轻重的作用。听觉能力评估与训练体系源于听觉发展的阶段理论。本部分内容将从听觉发展的阶段理论出发,对常见的听觉能力评估与训练方法进行介绍。

(一) 听觉发展的阶段理论

听觉能力发展阶段有各种不同的提法,其中 Erber(1982)、Ling(1988) 及 Romanik(1990) 提出的听觉能力发展四阶段理论在国内外听觉康复领域较为通行。这四个阶段分别是听觉察知、听觉分辨、听觉识别和听觉理解,具体如图 2-3-1 所示。其中,听觉察知能力是指判断声音有或没有的能力;听觉

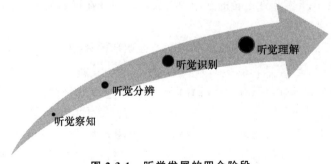

图 2-3-1 听觉发展的四个阶段

分辨能力是指判断声音相同还是不同的能力;听觉识别能力是指把握声音主要特性(如时长、频率、强度等)的能力;听觉理解能力是指将语音和语义结合的能力。听觉发展的四个阶段是紧密相关、环环相扣、相辅相成的。一方面,四阶段的能力是递进的,前者是后者发展的基础,后者是前者的延续。另一方面,高水平能力的发展又可带动低水平能力的发展,如听觉识别能力的发展会促进听觉察知与听觉分辨能力的发展。因此,在进行听觉康复训练时,虽然整体上要求遵循循序渐进的原则,但由于这四种能力的发展是交织在一起的,所以听觉康复训练可以整体提高受训者的听觉能力。

听觉康复的对象是所有听觉功能障碍个体,包括听力障碍患者以及由于智力发育迟缓、脑性瘫痪、自闭症、语言发育迟缓等原因所导致的听觉功能障碍患者。

(二)听觉功能的评估

1. 评估的目的

评估可以确定患者的听觉障碍类型、性质及程度等,为制订合理的康复方案提供依据。除听觉康复前需要评估外,康复过程中还需要定期进行评估,其目的在于监控康复疗效,进一步调整和改善康复训练方案。

2. 听觉察知能力的评估

听觉察知能力评估主要是考察患者关注声音意识的能力。具体包括两方面的评估:

1)无意察知能力评估。

无意察知是听者聆听意识形成的前期阶段。在听的过程中,听者事先没有目的,也不需要任何意志努力的参与。该阶段评估主要以评估者的观察为主。一般是在患者不经意的状态下给出声音刺激,观察其是否能察觉到声音。声音刺激主要包括低频音、中频音和高频音的乐器声、主频明确的滤波复合音、窄带噪声等。滤波复合音是指通过滤波器对复合音进行处理,保留该声音最主要的频段,以达到既能突出声音的频率特性,又能保留原有声音特征的目的。窄带噪声是指将白噪声(所有频率具有相同能量的随机噪声)经过带通滤波器滤波后形成的某一频段的噪声。

无意察知能力的评估工具有两类:① 主频明确的乐器,涵盖低、中、高各频段,如鼓(250～500 Hz)、双响筒(1000～2000 Hz)、锣(3000～4000 Hz)等;② 可以改变声音强度的专用工具,如便携式听觉评估仪,该仪器的频响范围涵盖了 0.5、1.0、2.0、4.0 kHz,其声音强度范围一般为 20～110 dB HL/SPL,可以根据评估要求及听者的反应进行调整。

2)有意察知能力评估。

有意察知是听者初步具有聆听意识的表现,听者事先有预定的目的,并需要一定的意志努力的参与。该阶段评估主要是在听者和评估者的互动中完成。评估者在提醒患者注意的情况下给出声音刺激,观察其是否能察觉到声音。

有意察知能力的评估工具主要有两类:① 主频特征明确的林氏六音 m、u、α、i、sh、s 及卡片;② 可以控制声音强度的专用设备,如便携式听觉评估仪、听觉评估导航仪。其中采用的声音主要包括啭音、窄带噪声和滤波符合音三种。啭音是指纯音信号在某一中心频率处发生音调高低的连续周期性变化的调频音,听起来像警车的声音。应用啭音有以下优点:一是啭音有较好的频率特性;二是啭音更能引人注意,能提高儿童对声音的兴趣;三是啭音可减少驻波的产生,降低环境对测试的影响。

一般而言,在进行听觉察知能力评估时,如果听者对声音没有明显的反应,则从无意察知开始;如果听者对声音有一定的反应,则从有意察知开始。

3. 听觉分辨能力的评估

听觉分辨能力评估主要是考察听者能否分辨不同的声音，即分辨声音声学特性的能力。进行评估时，通常由评估者给出两个具有相同或不同声学特性（如时长、强度、频率、语速等）的声音，要求听者判断声音相同还是不同。一般情况下，对听障者而言，时长最易分辨，其次是语速，最后是强度和频率。

听觉分辨能力的评估工具主要有两类：一是纸质评估卡片（表示"相同"和"不同"），由评估者拿着评估卡片并发出两种声音，让听者根据声音指出对应的卡片；二是计算机软件，由系统给出标准音，然后让听者指出机屏幕上与标准音对应的图片。

无论纸质版还是计算机版，都包括听者对时长、语速、强度、频率四方面感知的评估；时长评估包括不同时长的单元音和不同音节的词语，其中单元音主要选择不同时长的/ɑ/，词语则选择单音节、双音节和三音节等不同音节数的词语；语速评估也包括单元音和词语，单元音同样选择/ɑ/，词语则选择儿童易理解的名词或动词；强度评估同样包括单元音和词语，图片中物体形状的大小与声音强度的大小相对应，如大猫和小猫分别表示大声和小声等，听者需要根据声音的强度指出相应的图片；频率评估包括音调、语调和声调三部分，其中音调包括升调、降调和平调以及不同的音高，语调主要包括高兴和不高兴两种，声调则包括汉语的4个声调。

4. 听觉识别能力的评估

听觉识别能力评估主要是考察听者把握声音的整体特征并识别出声音的能力。进行该项评估时，一般是由评估者给出一种声音刺激，要求患者在多个图片或实物选项中挑出与目标音对应的选项。在听觉识别能力评估中，包括语音均衡式识别和最小音位对立识别能力评估两部分。

1) 语音均衡式识别能力评估是考察患者识别日常生活中常用词语的能力

汉语普通话系统中常用的语音均衡式识别能力评估工具是由中国聋儿康复研究中心孙喜斌等研发的《儿童语音均衡式识别能力评估》词表。该词表中语音出现的概率与日常生活中出现的概率一致，经多年临床实践证明，该词表是一套科学而实用的词表。该评估工具有两种形式：一是纸质评估卡片，由评估者出示卡片并发音，让听者指出与目标音对应的卡片或复述目标音；二是计算机软件，由系统给出标准音并让听者指认计算机屏幕上对应的图片或复述。

2) 最小音位对比识别能力是评估听者识别仅有一个维度差异的汉语音位对的能力

汉语普通话系统中常用的最小音位对比识别能力评估工具为华东师范大学刘巧云等研发的《儿童音位对比式识别能力评估》词表。该词表将仅存在单维度差异的声母音位对（共87对）和韵母音位对（共92对）作为识别材料，可全面细致地考察听者音位对立的识别能力。为了较快捷地反映听者最小音位对立识别能力在训练过程中的变化情况，刘巧云等从上述179对音位对中筛选出10对最具鉴别力的音位对，组成了《听障儿童音位对立识别能力监控词表》。音位对比识别能力评估工具有两种形式：一是纸质评估卡片，由评估者出示卡片并发音，让听者指出与目标音对应的卡片或复述目标音；二是计算机软件，由系统给出标准音并让听者在计算机屏幕上指认与标准音对应的图片或复述标准音。

5. 听觉理解能力评估

听觉理解能力评估主要是考察听者将音和义结合起来的能力，即听者是否理解声音的意义。听觉理解能力评估分为词语理解和短文理解两个部分，其中词语理解已有比较成熟的评估工具，而短文理解由于其复杂性，目前暂无统一的评估工具。下面仅对词语理解的评估工具进行简要介绍。

目前,词语理解能力的评估主要采用《儿童听觉理解能力评估词表》。该词表包括无条件词语、单条件和双条件短语。无条件词语是指不具有其他修饰或说明意义的单独词语,如眼睛、苹果等。训练中选用的词语主要为日常生活中常见的名词、动词和形容词;单条件短语是指在短语中具有一个修饰或说明意义的词语,如红色的苹果(红苹果)等,其中,红色的是形容词,起到说明与修饰苹果的作用;双条件短语是指在短语中具有两个修饰或说明意义的词语,如红色的大苹果等。其中,"红色的"与"大"均是修饰语,起到说明与修饰苹果的作用。

听觉理解能力评估工具主要有两类:一是纸质评估卡片,由评估者出示卡片并发音,让听者指出与目标音对应的卡片;二是计算机软件,由系统给出目标音并让听者在计算机屏幕上指认与目标音对应的图片。无论纸质版还是计算机版,都包括如下内容:无条件词语包括了从易到难的五类词语,每类8题,共40题;单条件短语包含并列、动宾、主谓、偏正和介宾五类词语,每类词语有8题,共40题;双条件短语与单条件一样,共40题。

6. 其他主观评估方法

上述一些评估方法均涉及评估仪器与设备,在条件有所限制的情况下,也可采用其他一些主观评估方法,如听声指图法。听声指图法是指评估者给出目标音后,要求听者指出相应的图片。这种方法是听觉能力评估中最常用的一种方法,听觉分辨、听觉识别和听觉理解能力评估中都会用到。这种方法需要先示范,待听者理解评估材料和反应规则后才能正式施测;又如听声复述法。听声复述法是指评估者给出目标音后,要求听者复述目标音。这种方式也可以用于听觉分辨、听觉识别和听觉理解能力的评估,但前提是听者需具备一定的语言能力。为了提高听者的配合度,可以交叉使用听声复述法和听声指图法。

(三) 听觉能力的训练

1. 听觉察知能力训练

听觉察知能力训练的目标是帮助患者感知声音的有无,培养有意识的聆听习惯。具体包括:激发患者对声音产生兴趣;培养患者对各种频率和强度声音的有无做出适当反应的能力;培养患者良好的聆听习惯;促进患者将听觉察知能力逐步向分辨、识别和理解过度。该训练目标主要通过无意察知和有意察知的训练来实现。

2. 听觉分辨能力训练

听觉分辨能力训练的总体目标是提高患者区分不同维度差异声音的能力,为后续听觉识别能力的训练奠定基础。具体目标分为以下几方面:巩固患者关注声音有无的意识和能力;提高患者区分多维度差异声音的能力;提高患者区分单维度差异声音的能力。以上目标主要通过综合分辨和精细分辨的训练来实现。

3. 听觉识别能力训练

听觉识别能力要求患者能分析声音的差异,并整合为整体的特征,其训练目标主要是提高患者识别的准确性和熟练度。具体包括以下几方面:巩固听觉分辨能力;提高对日常生活中常见语音的识别能力;增强识别细微差异语音的能力;逐渐过渡到听觉理解阶段。以上目标主要通过词语识别和音位识别的训练实现。

4. 听觉理解能力训练

听觉理解能力训练的目标是提高患者将音和义结合的能力,使其听懂声音的意义。具体包括以下几方面:巩固听觉识别能力;提高对日常生活中常见词语、短语的理解能力;培养整体把握短文内容,理解短文意义的能力;提高对话交流中的聆听能力。以上目标主要通过词语理解和短文理解的训练来实现。

(四)听觉训练案例

听觉识别一直是听觉训练中的重点环节和内容,是反映个体听觉功能的主要依据,而声母最小音位对比式识别能力训练是听觉识别训练的重要组成部分,通过对比可使音位不同的部分更突出,提高儿童的言语识别能力。这种方法可帮助听障者对言语的声学特性进行识别。对于汉语普通话而言,声母音位对比的内容非常丰富,共有87对,数量庞大,并且各音位对难度存在较大差异。因此,在实际的康复训练过程中,如何根据听障儿童的特点安排训练内容,进行分层教学,一直是一个难点。

本部分内容以一名听障儿童为例,针对其情况设计个别化的分层训练方案,并验证该训练方案对快速提高听障儿童声母最小音位对比式识别能力的有效性。

1. 康复对象

陈某,女,2003年12月出生,新生儿听力筛查未通过,3个月、6个月时分别进行脑干诱发电位(ABR)测试,测得左耳听力损失为90 dB nHL,右耳听力损失为110 dBnHL。2006年6月,双耳配戴助听器。2007年11月,到上海市小小虎幼稚园门诊接受康复训练。

初入门诊时其听觉评估结果为:能够准确地察知声音,不能够分辨声音的超音段特性。语音均衡式识别能力评估中,韵母识别得分为40%,声母无法完成。进入门诊后,按照分解式听觉技能训练模式对该患儿进行听觉察知、听觉分辨、听觉识别和听觉理解技能训练。康复训练6个月后,再次进行听觉能力评估,该儿童通过了语音均衡式识别能力以及最小音位对比式的韵母识别评估,声母最小音位对比式识别能力评估得分62.1%,未达到同龄健听儿童参考标准。

2. 评估方法

训练前后的评估指标是声母最小音位对比式识别能力评估,该词表涵盖了所有的87个声母音位对,能够准确评估儿童的声母识别能力。训练前,该儿童的声母最小音位对比式识别能力评估得分为康复训练6个月后的评估成绩,即前文提到的62.1%。

评估指标为声母最小音位对比式识别能力评估A监控词表的得分。该词表是根据难度和鉴别力从声母最小音位对比式识别能力评估词表中挑选出的,仅包含10个具有代表性的音位对,测试时间为3~5分钟。

3. 训练内容和方法

训练内容借鉴了刘巧云提出的声母最小音位对比康复教学步骤,将训练内容分为容易、稍难、较难和最难4组,内容为评估中出现两次及以上错误的音位对。训练步骤分为4步,内容和训练次数如表2-3-1所示。

表2-3-1 声母最小音位对比识别的训练安排

步骤	组别	内容	训练次数
第一步	"容易组"	3对:m/b、h/j、sh/h;	1次
第二步	"稍难组"	9对:z/r、z/l、g/k、ch/sh、t/sh、sh/x、c/q、z/j、ch/q;	3次
第三步	"较难组"	15对:zh/r、n/d、zh/l、n/z、n/zh、d/z、ch/s、c/sh、q/x、t/s、g/h、b/f、n/r、b/g、m/n;	9次
第四步	"最难组"	10对:m/t、c/s、t/zh、t/c、t/ch、n/l、r/l、f/sh、zh/z、ch/c;	4次

由于"容易组"内容简单,因此仅安排 1 次训练快速带过;"稍难组"内容难度有所提高,需要强化训练,但经过训练,该儿童能较快地掌握;"较难组"内容较多,共 15 对音位对比,故安排了 9 次训练课;"最难组"内容难度很高,其中部分内容经过强化该儿童可以掌握,但受放大设备信号处理的局限,部分内容该儿童掌握起来很困难。训练过程主要采用听说复述及听话识图的方法进行。

4. 训练结果

经过 6 周声母最小音位对比式识别能力的训练,该儿童的声母识别能力有大幅度提高,得分从训练前的 62.1% 上升到 93.3%,超过了同龄健听儿童的参考标准(90%),进一步证明了训练方案对该儿童的有效性。这提示治疗师可以根据儿童的接受情况进行下一步的训练。

5. 讨论

在听障儿童得到较好听力补偿或重建后,康复训练的科学性是影响康复效果的重要因素。听觉识别一直是听觉训练中的重点环节和关键内容。在实际教学中,康复教师一般是根据个人的经验或主观判断来确定训练顺序,他们觉得哪些音辨识比较困难或哪些音位对容易混淆,就将其安排在后期进行针对性的训练。这样制订的训练方案缺乏充分的科学依据,很难准确把握训练的重点和难点,从而导致训练效果欠佳、周期较长。

如果将声母最小音位对的训练内容分为 4 个难度级别,训练时从易到难逐步递进,同时根据不同难度级别和目标要求,分配不同的训练时间。在这样的分层训练方案下,该听障儿童的声母最小音位对比式识别能力得分在短期内有了大幅度提高。另外,带班老师和家长也反映,音位对比识别训练前,该儿童对声音的反应时间比较长、非常犹豫、不自信,训练后反应速率明显加快,并且在复述儿歌方面,同样的儿歌,训练后较训练前出现漏字的情况要少。由于听觉能力的提高,幼儿自主表达的欲望也很强烈。因此,分层训练方案是十分有效的,能够在短期内提高声母最小音位对比识别能力,可以在听力语言康复训练中借鉴使用。

思考题

1. 简述听觉和听力两个概念的差异。
2. 简述 WHO 听力损失分级和我国听力残疾分级标准的差异。
3. 简述助听器验配的程序。
4. 简述人工耳蜗的适应证。
5. 简述听觉发展的阶段理论。

主要参考文献

1. 韩东一,翟所强,韩维举. 临床听力学[M]. 北京:中国协和医科大学出版社,2008.
2. 王树峰,郗昕. 助听器验配师(基础知识)[M]. 北京:中国劳动社会保障出版社,2009.
3. 韩德民,许时昂. 听力学基础与临床[M]. 北京:科学技术文献出版社,2005.
4. 谢鼎华,卜行宽. 听力保健与耳聋防控技术纲要[M]. 北京:中国妇女出版社,2013.
5. 王永华. 实用助听器学[M]. 杭州:浙江科学技术出版社,2011.
6. 韩德民. 人工耳蜗[M]. 北京:人民卫生出版社,2003.
7. 刘巧云. 听觉康复的原理与方法[M]. 上海:华东师范大学出版社,2011.

第三章 言语障碍的评估与训练

> **本章目标**
>
> 1. 掌握言语与语言的区别和联系。
> 2. 熟悉言语产生的过程。
> 3. 了解言语康复的目标、原则及流程。
> 4. 熟悉言语功能评估的目的和主要内容。
> 5. 了解言语康复的常用评估工具。
> 6. 熟悉言语障碍治疗的主要内容。

2006年中国残疾人联合会全国第二次残疾人抽样调查(全国总人口按130948万算)结果表明：全国残疾人总数为8296万人，而言语残疾(含多重残疾)总人数700万人，占残疾总人数的8.44%。其中，单纯言语残疾总人数为127万人，占残疾人总数的1.53%，0～17岁言语残疾(包括多重残疾，3岁以下不定残)总人数为148万人，占言语残疾人总数的21.13%，占残疾人总数的1.78%，其中0～17岁单纯言语残疾总人数38万，占言语残疾人总数的5.43%，占残疾人总数的0.46%。目前我国言语矫治专业从业人员总计不足10000人，且普遍存在学历偏低、专业化程度不高的问题，而2011年美国已获得言语矫治师资格证书(CCC-SLP)的人员为13.0997万人，按照同年底美国31160万的总人口数计算，其康复服务需求比为1：2379。结合我国的国情，按照2017年1月国家统计局发布的我国总人口数138271万和康复服务需求比1：10000推算，我国尚缺言语矫治专业人员至少12.8万人。因此，我国言语矫治专业领域发展前景巨大、人才需求旺盛。本章将对言语康复的定义、言语功能评估、言语障碍康复方法等进行介绍。

第一节 言语康复概述

本节将对言语和语言的含义、言语康复的理论、目标、原则以及流程进行简要介绍。

一、言语和语言

(一) 言语与语言的含义

在日常生活中，人们往往将言语和语言两个词混用，但从心理学、言语病理学以及康复医学的角度来说，两者既有区别，也有联系。正确区分"言语"和"语言"，有利于理解各种言语与语言障碍，从而进行有效的康复治疗。

言语(speech)是在中枢神经系统控制下，通过外周发音器官复杂而精确的运动而产生的语音。与言语活动密切相关的大脑功能区域是布罗卡言语区(44区与45区，Broca area)，其功能主要是控制与协调下颌、唇、舌、软腭等构音器官的肌肉运动。在人们说话和唱歌时，需要有与言语产生相关的神经和肌肉参与,当其发生病变或出现功能异常时,就会出现发音费力、语音不清,甚至发不出声音等现象,即言语障碍。典型的言语障碍有运动性言语障碍(motor speech disoder)、嗓音障碍(voice disorder)以及口吃(stutter)。

语言(language)是人类社会中约定俗成的符号系统,它是一个以语音或字形为物质外壳(形态),以词汇为构建材料,以语法为结构而形成的信号系统。产生语言的关键是大脑的语言中枢。按其功能的不同,语言中枢可分为四类:① 运动性语言中枢(言语中枢),② 听性语言中枢(感觉中枢),③ 视运动性语言中枢(书写中枢)和④ 视感觉性语言中枢(阅读中枢)。外界各种信号或刺激经过眼、耳等器官传递到大脑的语言中枢;语言中枢对传入的信号或刺激进行综合分析后,经由神经系统,将分析的结果传递到语言表达器官(主要指发音器官),从而发出声音。语言能力包括对信息的接受(理解)和运用(表达)的能力,表达的方式包括口头语言、书写、肢体语言和内部语言等。代表性的语言障碍为失语症(aphasia)和语言发育迟缓(delayed language development)。

综上可见,语言包括了言语,即言语是语言的一部分。言语主要与相应中枢与发音器官的生理功能有关;而语言还需要大脑高级神经活动(如认知能力)的参与。

(二)言语康复的含义

言语康复也称言语矫治(Speech Therapy),是指对患者的呼吸、发声、共鸣、构音和语音功能进行评估和训练的过程。通过言语矫治,可以提高患者的呼吸、发声、共鸣、构音和语音功能,促进言语功能的发展,提高日常交流能力和社会适应能力。

二、言语的产生及功能

(一)言语产生的过程

言语的产生过程涉及三大系统及五大功能模块。三大系统是指呼吸系统、发声系统和共鸣系统,如图 3-1-1 所示。

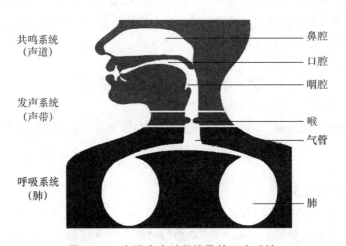

图 3-1-1　言语产生过程涉及的三大系统

呼吸系统是言语产生的动力源,主要器官是肺。在言语产生的过程中,需要瞬间吸入适量的气体并维持平稳的呼气,用部分气流维持足够的声门下压,这种呼吸调节过程要求呼气与吸气运动相互协同与拮抗,即为呼吸支持。呼吸支持是言语产生的基础。

发声系统是言语产生的振动源,主要器官是声带。呼出的气流作用于声带,声带产生振动,从而发出声音。因此,声带振动是言语产生的振动源。声带振动受到其特性(如位置、形状、大小和粘弹性等)以及喉部发声肌群及附属结构的影响。从声学角度看,声带有下述两个主要功能:把直流气流转换成交流气流,把气流的动能转变成声学能量。

共鸣系统是言语产生的共鸣腔,主要包括咽腔、口腔和鼻腔。声带振动产生的声波通过咽腔、口腔、鼻腔时,会产生不同的共鸣。由于共鸣腔的形状不同,从而形成不同的音色。

在言语产生过程中,可利用物理测量的方法记录言语的各种波形及其声学特征。如当气流到达声门时,可被转变成一系列的脉冲信号,即声门波。最终产生的言语信号可转换成具有一定声学特性的声波。

(二) 言语产生的 RPRAP 功能模块

综上所述,言语产生涉及三大系统,即呼吸系统、发声系统和共鸣系统。而这三大系统具有言语的五大功能,即呼吸(Respiration)功能、发声(Phonation)功能、共鸣(Resonance)功能、构音(Articulation)功能和语音(Phonetics)功能。

从另一个角度上讲,言语的产生是气流自下而上运动的结果。呼吸、发声和共鸣是气流运动过程中的前三个环节,是言语产生的重要条件。当气流进入口腔后,又要通过构音和语音的作用才能产生真正意义上的语言。下颌、唇、舌、软腭是最主要的构音器官,只有当各个构音器官的运动在时间上同步、在位置上精确,才能保证形成准确的语音,发出的语音可以是单音,如单纯的元音和辅音;也可以是连续的语音。若干单音经过不同的组合,具有不同的韵律与语法特征,从而形成了具有语言意义的语言系统。

三、言语障碍的分类

因言语障碍与语言障碍间联系过于紧密,语言障碍者多同时伴有言语障碍。因此部分学者未将言语障碍与语言障碍分别归类,而是采用了其他分类标准,如依障碍发生的时间,分为发展性语言障碍和获得性语言障碍。但也有学者将言语障碍进行独立分类,主要有以下三种分类。

(一) 按照功能障碍模块分类

言语的产生主要涉及呼吸、发声、共鸣、构音和语音五大功能模块,根据言语障碍患者主要功能障碍模块的不同,将言语障碍分为呼吸功能障碍、发声功能障碍、共鸣功能障碍、构音功能障碍和语音功能障碍。其中,呼吸功能障碍主要表现为发音或说话时气短、吃力、异常停顿、吸气时发音等;发声功能障碍主要表现为音调异常、响度异常和音质异常;共鸣功能障碍主要表现为前位聚焦(说话时舌部过度向前伸展)、后位聚焦(说话时舌位过于靠后)与喉位聚焦(说话时舌位过于靠下)、鼻音功能亢进、鼻音功能低下等;构音功能障碍主要表现为发音不清和声韵调的异常;而语音障碍主要表现为语调和语音流畅性的异常。

(二) 按照成因分类

根据形成原因的不同,言语障碍可分为器质性、运动性和功能性言语障碍三类。器质性言语障碍是由于言语产生器官形态结构异常导致的言语功能异常,主要病因有言语产生器官的炎症、外伤、肿瘤和畸形等,如腭裂、牙列不齐、鼻腺样体肥大等;运动性言语障碍是由于神经病变以及与言语产生有关肌肉的功能异常（如麻痹、收缩力减弱或运动不协调）所致的言语功能异常，主要病因有脑外伤、脑血管病变、脑瘫、多发性硬化、肿瘤压迫、神经元损伤（三叉神经、面神经、舌咽神经和迷走神经）、咽部软腭麻痹、神经肌腱障碍等；功能性言语障碍是指言语产生器官不存在任何器质性或运动性损伤而依旧存在的言语功能异常，多见于学龄前儿童，如儿童未理解目标音位的发音特征所产生的发音不清晰和声调异常等。

（三）按照临床表现分类

从主要临床表现的不同，言语障碍可主要分为四类：构音语音障碍、口吃、嗓音障碍和听力言语障碍。其中，构音语音障碍是指由于构音器官神经肌肉病变、形态结构异常或构音器官的运动异常以及协调运动障碍而导致患者在发出有意义言语的过程中出现的构音不清和声韵调异常等现象，从而影响言语的可懂度。口吃（stuttering）属于言语的流畅性障碍（fluency disorder）。口吃的确切原因目前还不十分清楚，部分患者是在言语发育过程中不慎习得了口吃，或与遗传以及心理障碍等因素有关。口吃可表现为重复说初始的单词或语音、停顿、拖音等。部分患者可随着成长而自愈；没有自愈的口吃常常伴随其至成年或终生，但通过训练大多数可以得到改善。发声（phonation）是指由喉头（声门部）发出声波，通过喉头以上的共鸣腔产生声音，这里所指的"声"是指嗓音（voice）。多数情况下，嗓音障碍是由于声带和声道（即共鸣腔）的器质性（organic）、功能性（functional）或神经性（neurogenic）异常引起的，如喉癌、声带小结、声带麻痹、鼻息肉等。而听力言语障碍是由于患者因为听不到或听不清声音而不能很好地建立起"听-说"反馈链，进而产生的言语障碍。儿童一般在7岁左右言语即发育完成，这时可以称之获得言语，获得言语之后的听觉障碍的处理只是听力补偿问题；获得言语之前特别是婴幼儿时期因中度以上听力障碍所导致的言语障碍（hearing impaired speech disorder），如不经过听觉言语康复治疗，获得言语会很困难。

四、言语康复的目标及原则

（一）言语康复的目标

根据患者言语功能的评估结果，选择并实施针对性的治疗方法，以期能建立正常的言语呼吸，提高言语呼吸支持能力；建立正常的音调、响度，提高嗓音音质；建立正常的口腔、鼻腔共鸣，提高共鸣音质；提高声、韵、调的清晰度；促进语调正常化，提高语音流畅性。

（二）言语康复的原则

为提高言语康复的效果，根据相关理论以及多年的实践，笔者提出如下言语康复训练的原则。

1. 制订康复目标，实施综合康复

言语障碍包括呼吸、发声、共鸣、构音、语音五类障碍。一般情况下，同一名患者会同时存在上述多种障碍。这就要求在康复过程中，根据评估结果，制订多个阶段性目标，循序渐进地实施综合康复，这样才能保证康复的进度与效果。

2. 增加趣味性，提高参与度

由于言语矫治过程比较枯燥，有时短期内难以见到成效。因此，在设计治疗方案时，应尽可能根据患者的心理特点、兴趣爱好选择训练材料或活动方式，提高患者的参与度。

3. 创设交流环境，巩固康复效果

言语矫治的目的是使患者能无障碍地与他人交流。因此，除了在治疗室接受康复外，还要在日常生活中创设良好的语言交流环境,让患者在实际语言交流中不断巩固言语矫治的效果。

4. 坚定信心,持之以恒

言语康复是一个系统工程,康复效果与患者障碍类型、障碍程度、心理状态、康复条件等密切相关。一般情况下,患者需要经过较长时间的言语矫治才能取得理想的康复效果。这就需要康复师、患者及其家属坚定信心、持之以恒,积极进行康复。

五、言语康复的流程

言语矫治是一个连续的过程,主要包括四个步骤,即个人信息搜集、言语功能评估、言语障碍矫治、言语矫治效果的临控。

(一)个人信息搜集

言语康复的第一步是患者基本信息的搜集,包括姓名、性别、年龄、有关病史、目前存在的主要问题等。可将这些信息输入计算机予以保存。

(二)言语功能评估

根据上述言语康复的理论,言语功能障碍的评估(assessment)包括对呼吸、发声(嗓音)、共鸣、构音和语音五项功能的评估。评估方式为定量评估与定性评估相结合。定量评估主要是通过计算机多媒体技术和语音信号处理技术,测得每项功能的相应参数,并将其与对应的参考标准进行比较,以确定各参数是否落在正常范围内,以及与正常值的差距。根据参数分析结果,结合定性评估结果,判断其言语障碍的性质及严重程度。

(三)言语障碍矫治

根据患者言语障碍的类型、程度和成因制订具有针对性的个别化康复训练方案,具体包括治疗的预期目标、主要内容、方法与手段、治疗频率和监控指标等。促进治疗法主要用来解决呼吸障碍、发声障碍和共鸣障碍;构音障碍和语音障碍的矫治(therapy)方法主要包括口部运动治疗法、构音运动法等。在康复训练过程中,要最大限度地利用现代化康复设备,以提高训练效果;根据患者的实际情况,有机整合各种训练方法,以求获得最佳康复效果。

(四)言语矫治效果的监控

言语矫治效果的监控(monitoring)包括实时监控与终结性监控。实时监控是指在每一次训练过程中的监控,目的在于评价训练的即时效果,调整与完善训练方案;终结性监控是指在一个阶段训练或整个训练结束后的监控,目的在于对训练情况做出整体评价,总结经验。评价可利用相应的仪器设备,选择具有代表性的参数作为监控指标,若检测发现参数与标准值之间差距逐渐缩小则说明治疗有效。

六、言语康复的常用工具

随着电子计算机技术的飞速发展,将计算机语音信号数字处理技术运用到言语评估与矫治中已成为现实。由于实现了言语功能的定量评估、言语矫治过程中的实时反馈监控,言语功能评估与训练的科学性、操作性以及有效性有了明显的提高。

(一)言语测量评估设备

1. 言语障碍测量仪

该仪器可通过对言语呼吸、发声、共鸣、构音、语音和电声门图信号的实时测量、言语感知过程中语音自反馈的实时测量、声门波动态显示及其测量、喉镜图像信号的声带振动动态显示及其定量分析,对言语语言障碍、言语听觉障碍等患者进行诊断评估,并提供在线康复指导、在线培训和远程康复以及个别化言语康复训练方案与建议,采用实时言语多维建模与单一被试实验技术对训练效果进行动态评估和全程监控。

2. 构音障碍测量仪

该仪器可通过电声门图信号测量、实时鼻音功能测量、语音类型动态显示及定量分析,以及声道形状动态显示及定量分析,对口部运动功能、构音运动功能、构音语音能力、构音清晰度等进行定量评估与诊断;提供在线康复指导、在线培训和远程康复;进行集体教学和个别化康复方案的制订和推荐;采用实时构音多维模型、实时声道形状修正和单一被试实验技术对构音康复训练效果进行全程监控。

3. 语音障碍测量仪

该仪器可通过电声门图信号测量、实时鼻音功能测量,对语音障碍、超音段音位(根据音高、音强、音长特征归纳出来的功能差别单位,主要指声调、轻重音、长短元音)障碍、音段音位(从音质辨义的角度归纳出来的音位,主要指元音音位、辅音音位)障碍、言语听觉障碍、失语症等患者进行诊断及评估;对语音清晰度及语音流畅性进行评估;提供在线康复指导、在线培训和远程康复;提供集体教学和个别化康复方案;采用实时语音多维建模、实时音位矩阵切换轮替和单一被试实验技术对语音康复训练效果进行全程监控。

4. 鼻音测量与训练仪

该仪器可通过对鼻音、电声门图信号进行基频、谐波、FFT(利用计算机计算离散傅里叶变换(DFT)的高效、快速计算方法的统称,简称FFT)、LPC(主要用于音频信号处理与语音处理中根据线性预测模型的信息用压缩形式表示数字语音信号谱包络的工具,简称LPC)、语谱图(是用来反映语音信号动态频谱特性的时频图,其横坐标表示时间,纵坐标表示频率,而每一像素灰度值的大小反映相应时刻和相应频率的信号能量密度)的检测与处理,对鼻音障碍患者进行评估与训练。主要用于鼻腔共鸣异常的测量与矫正,腭裂患者修复术后的发音训练以及鼻构音功能障碍的矫治。

5. 嗓音功能检测仪

该仪器通过对实时喉功能、言语嗓音、电声门图信号进行基频、谐波、FFT、LPC、语谱图的检测与处理,为喉功能、言语嗓音障碍患者的诊断和训练提供相关信息。

6. 电声门图仪

电声门图仪是临床上常用的一种采用电极法采集声门运动信息的无损伤的检测手段,是常用的发声训练手段。该仪器由电声门图仪、声门图电极、音频输出线、转接插头组成,可进行言语声的检测与采样分析。主要用于电声门图显示、发声训练、言语嗓音及喉功能障碍的评估。

(二)言语矫治专用设备

1. 言语障碍矫治仪

该仪器通过言语呼吸、发声、共鸣实时视听反馈和促进技术,对言语语言障碍、言语听觉障碍等患者进行康复训练。其主要功能包括:进行言语实时视听反馈和促进治疗;采用电声门图信号与声带接触式的发声训练,对音质嘶哑、粗糙、气息异常患者进行嗓音治疗;提供个别化的言语康复方案;提供在线康复指导、在线培训和远程康复;采用实时言语多维建模与单一被试实验技术对言语康复训练效果进行动态评估和全程监控。

2. 构音障碍康复训练仪

该仪器主要用于：口部运动治疗、构音运动训练、实时构音音位和语音自反馈训练、电声门图信号发声训练、共鸣（鼻音）障碍的实时矫治与康复训练；提供在线康复指导、在线培训和远程康复；根据言语构音功能评估标准提供个性化的言语康复方案；采用实时构音多维模型、实时声道形状修正和单一被试实验技术对构音康复训练效果进行全程监控。

3. 语音障碍康复训练仪

该仪器主要用于：语音障碍、超音段音位障碍、音段音位障碍、共鸣（鼻音）障碍、言语听觉障碍及失语症等患者的诊断与康复训练；提供在线康复指导、在线培训和远程康复；根据言语语音功能评估标准提供个别化的言语康复方案；采用实时语音多维建模、实时音位矩阵切换轮替和单一被试实验技术对语音康复训练效果进行全程监控。

4. 言语重读干预仪

该仪器可通过言语语言韵律多维功能测量，进行慢板、行板、快板节奏训练和电声门图信号以及词、句、段重读实时视听反馈训练，对言语韵律障碍、言语语言韵律障碍、言语听觉障碍等患者进行康复训练；提供在线康复指导、在线培训和远程康复；根据言语语言韵律功能评估标准提供个别化的言语康复方案；采用实时韵律多维模型、单一被试实验技术对言语语言韵律康复训练效果进行动态评估和全程监控。

第二节　言语功能的评估

本节主要对言语功能评估的目的、内容及举例进行概述。

一、评估目的

通过评估，可以确定患者言语障碍的类型、性质及程度等，为制订合理的矫治方案提供依据。除康复训练前需要进行言语功能评估外，言语康复过程中还需要定期进行评估，其目的在于监控康复效果，以便进一步调整和完善康复方案。

二、评估内容

言语功能的评估方法包含主观评估和客观评估，只有将这两种方法结合起来，做到定性和定量评估有机统一，才能达到高效、准确、全面的评估目的。

（一）呼吸功能评估的内容

呼吸障碍是言语障碍的主要类型之一，与呼吸系统相关的神经或肌肉的损伤、结构异常以及不良呼吸方式与习惯都会导致呼吸障碍，其主要临床表现为：发音或说话时气短、吃力、异常停顿、吸气时发音、硬起音[1]和软起音[2]等。要科学、有效地进行呼吸障碍的矫治，正确、全面的呼吸功能评估是前提。

在临床上，呼吸功能评估包括主观评估和客观测量两部分，主观评估需要治疗师通过自身的视觉、触觉、听觉等感官来感受患者呼吸时胸、腹的运动状况和发声时的起音状况等，从而判定患者的呼

---

[1] 在声带从不振动到开始稳定振动之前的过程中，声门关闭早于呼气运动而产生的音色效果。
[2] 在声带从不振动到开始稳定振动之前的过程中，声门关闭晚于呼气运动而产生的音色效果。

吸方式,并对其是否存在呼吸功能减弱、起音方式异常等问题及问题的严重程度作出初步的判断。客观测量是在主观评估的基础上,选择相应的客观测量指标来验证治疗师的主观判断,并能发现一些主观评估不能反映的问题,可用于监控整个康复效果。呼吸功能评估的整体流程图如图3-2-1所示:

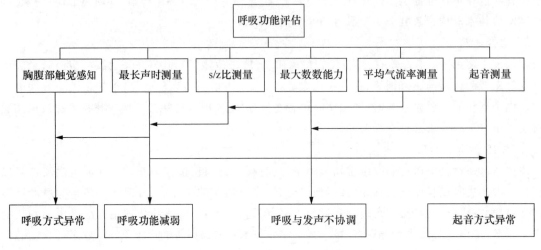

图3-2-1 呼吸功能评估的流程图

该流程图显示:

① 最长声时测量与手部触摸胸腹部的方法相结合,有助于诊断呼吸方式是否异常。

② 最长声时和s/z比(指一个人在深吸气后,分别持续发/s/音和/z/音(英语发音),并求得两者最长发声时间的比值)的测量能综合反映呼吸功能是否减弱。

③ 最长声时、平均气流率(是指发声时每秒通过声门的空气量,单位是毫升/秒)和s/z比的测量,有助于诊断嗓音功能异常所导致的言语呼吸功能减弱。

④ 如果测得的最长声时值正常,而最大数数能力(指一个人在深吸气后,一口气连续说1或5的最长时间)的测量值低于参考标准,则应结合起音斜率[是指在声波显示中,绿柱第一个峰与红柱第一个峰之间的连线在垂直轴上的投影(y)与其在水平轴上的投影(x)之比,单位是(%)·s^{-1}]来评估整个言语过程中呼吸和发声运动之间的协调性,以判断协调性异常的类型和严重程度。

⑤ 最长声时与起音斜率的测量,可以反映前发声阶段的呼气运动与声门闭合的协调程度,即起音方式是否异常。

以下以最长声时为例对呼吸功能的客观测量进行简要介绍。

最长声时(Maximum Phonation Time,简称 MPT)是指一个人在深吸气后,持续发单韵母/ɑ/的最长时间。它反映了人在深吸气后的最大发声能力,是衡量言语呼吸能力的常用指标之一。最长声时的测量要求是:① 发声时间尽可能长;② 气息均匀;③ 响度均匀;④ 音调必须在正确的频率范围之内。图3-2-2是通过实时言语测量仪(Dr. Speech™)测得的声波图。

将最长声时的测量结果与相应年龄和性别组的最长声时参考标准进行比较,判断该最长声时是否在正常值范围内。如果最长声时没有达到参考标准,则可能存在以下几种异常情况:呼吸方式异常(例如胸式呼吸)、呼吸功能减弱(例如肺活量下降)、呼吸与发声不协调(例如吸气时发音)、起音方式异常(例如硬起音或软起音)。

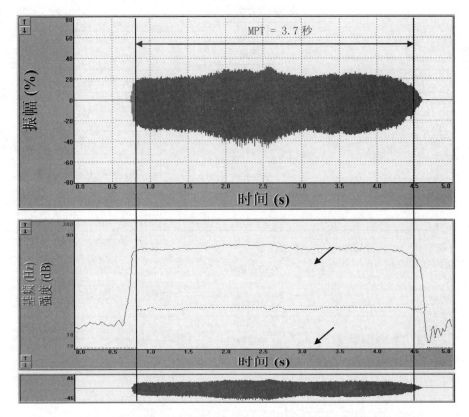

图 3-2-2　测量最长声时的声波、强度和基频曲线（基频正常）

（Real SpeechTM，Dr. SpeechTM，上海泰亿格康复医疗科技股份有限公司授权使用）

（二）发声功能评估的内容

发声障碍是言语障碍的主要类型之一，发声系统相关的神经或肌肉损伤、结构异常、不良发声习惯都会导致发声障碍，发声障碍常见的临床表现有音调异常、响度异常和音质异常。音调异常包括音调偏低、音调偏高、音调变化单一和音调变化过大等；响度异常包括响度过小、响度过大、响度变化单一和响度变化过大等；音质异常具体表现为声音嘶哑、粗糙、有气息声等。要科学、有效地进行发声障碍的矫治，正确、全面的发声功能评估是前提。

发声即嗓音的产生过程，而嗓音又是一个多维概念，可以从音调、响度和音质三个方面来对其进行描述，而且这三个方面都能通过主观和客观的方法进行评估，发声功能评估的整体流程如图 3-2-3 所示。

在主观方面，音调、响度和音质均可以通过听觉感知的方法来进行评估。在客观方面，音调、响度和音质的测量均可借助于相应的测量设备来进行，目前最常用的设备包括实时言语测量仪（Dr. Speech™）、喉功能检测仪（Dr. Speech™）、电声门图仪（Dr. Speech™）、喉内窥镜诊察仪（Scope-View™，Dr. Speech™）等。音调主要通过基频相关数据来反映，响度主要通过强度的相关数据来反映，音质主要通过嗓音声学及电声门图的相关数据来反映。将发声功能的主观评估与客观测量有机地结合起来，可以提高发声功能评估的有效性。通过上述评估，我们就可以判断患者是否存在音调异

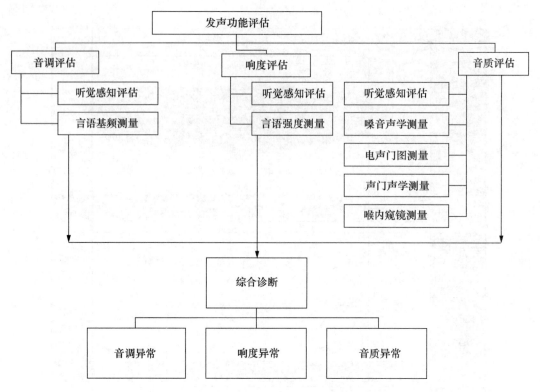

图 3-2-3　发声功能评估的流程图

常、响度异常或音质异常等发声障碍。下面以基频为例对发声功能的客观测量进行简要介绍。

从声学角度来看,基频(F_0)是一个物理测量;从生理学角度来看,基频(F_0)对应于每秒声带振动的次数,也就是说,当 F_0 为 120 Hz 时,声带每秒振动 120 次,当 F_0 为 160 Hz 时,声带每秒振动 160 次。当声带振动频率增加时,声带的长度将会增加,厚度变薄。

音调的客观测量过程也就是评估者利用实时言语测量仪(Dr. Speech™)记录下患者的声波文件,并实时地对声波和声波的基频特征进行分析的过程,如图 3-2-4 所示。借助声学手段来完成对声带振动频率的测量,主要参数包括声带振动的平均基频、基频标准差、最大基频、最小基频以及基频范围。基频的测量可以通过交谈、阅读和数数来完成。比较常用的方法是在交谈时,通过要求患者回答"姓名及年龄"等问题来完成测量。

将基频的测量结果与相应年龄和性别组的基频参考标准进行比较,判断该基频是否在正常值范围内。如果基频没有达到参考标准,则可能存在以下两种异常:如果测得的平均言语基频值高于同年龄、同性别参考值的上限,说明患者存在音调过高的可能性;如果测得的平均言语基频值低于同年龄、同性别参考值的下限,说明患者存在音调过低的可能性。

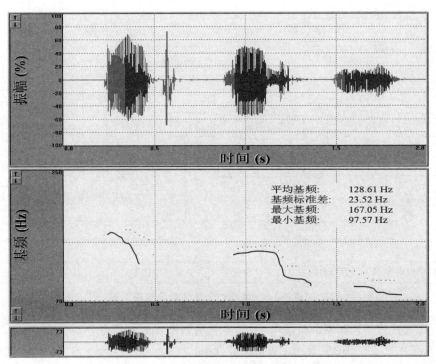

图 3-2-4　声波和基频的客观测量(会话)

(平均值 128.61 Hz、标准差 23.52 Hz、最大值 167.05 Hz、最小值 97.57 Hz)

(Real Speech™，Dr.Speech™，上海泰亿格康复医疗科技股份有限公司授权使用)

(三) 共鸣功能评估的内容

共鸣障碍是言语障碍的主要类型之一,共鸣系统相关的神经或肌肉损伤、结构异常,不良发声习惯都会导致共鸣障碍。共鸣障碍主要包括口腔、鼻腔共鸣障碍。在临床上,口腔共鸣障碍通常表现为前位聚焦、后位聚焦与喉位聚焦;鼻腔共鸣障碍主要表现为鼻音功能亢进、鼻音功能低下等。要科学有效地进行发声障碍的矫治,正确、全面的共鸣功能评估是前提。共鸣功能评估包括口腔共鸣功能评估和鼻腔共鸣功能评估,流程如图 3-2-5 所示。

口腔共鸣功能的评估由主观评估和客观测量组成。主观评估是指康复师对患者发音时包括韵母音位、声母音位的主观听觉感知评估;客观测量指利用专门仪器设备对汉语核心单韵母的共振峰进行测量,即对三个核心韵母(/ɑ/、/u/、/i/)的第一共振峰 F1 和第二共振峰 F2 的频率和幅值进行测量(简称 F1-F2 测量)。第一共振峰反映咽腔的形状和大小,与下颌的位置和舌的垂直位置有关,通过第一共振峰的测量可以判断患者是否存在喉位聚焦的现象。第二共振峰反映口腔的形状和大小,与舌的水平位置有关,通过第二共振峰的测量可以判断患者是否存在前位或后位聚焦的现象。

鼻腔共鸣功能的评估也包括主观评估和客观测量两部分。主观评估也是通过康复师的听觉感知对患者的鼻音功能进行评价。客观测量包括鼻流量[1]检测、口鼻共振峰[2]测量、口鼻能量集

---

[1] 是指鼻腔声压级(n)和输出声压级的比值,输出声压级是口腔声压级(o)与鼻腔声压级(n)之和。

[2] 噪音经过声道时,由于声道的形状和大小不同会对某些频率成分进行加强,由这些被加强的频率所组成的包络就称为共振峰。其中,噪音经过咽腔和口腔的共鸣作用形成了口腔共振峰,经过咽腔和鼻腔的共鸣作用形成了鼻腔共振峰。

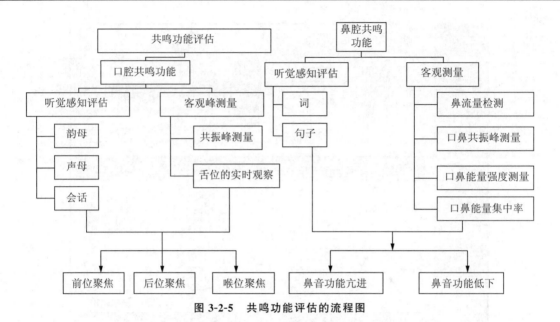

图 3-2-5　共鸣功能评估的流程图

中率。① 结合主观评估和客观测量的结果,可以清楚地判断患者是否存在鼻音功能异常的现象。下面以共振峰为例对共鸣功能的客观测量进行简要介绍。

共振峰是指当共鸣器官的形状和大小改变时,声音频谱中的一些共振频率得到加强,而另一些被削弱,这些被加强的共振频率就称为共振峰。共振峰的测量是一项重要的评价口腔共鸣功能的客观测量方法。线性预测谱是测量共振峰的常用方法。通过分别测量 /ɑ/、/u/、/i/ 三个核心韵母的两个共振峰 $F1$ 和 $F2$,可以定量分析言语的聚焦问题。

测试时,让患者以舒适的方式发音,将采集的声波文件导入"实时言语测量仪"(Dr. Speech™)进行线性预测谱分析,可以获得不同元音的共振峰数值($F1$ 和 $F2$)。测得的共振频率如图 3-2-6 所示,共振频率的单位为 Hz(赫[兹])。

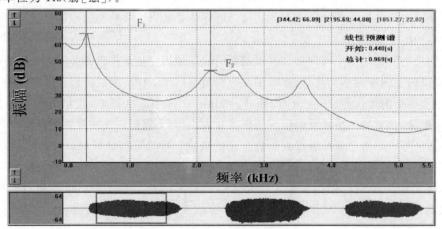

图 3-2-6　通过线性预测谱进行单韵母 /i/ 共振峰的测量($F1=344$ Hz, $F2=2195$ Hz)

(Real Speech™, Dr. Speech™,上海泰亿格康复医疗科技股份有限公司授权使用)

---

① 是指口腔或鼻腔内所选频率范围内能量占总能量的百分比的测量等。

将测得的 $F1$ 和 $F2$ 的值与相应年龄及性别的参考标准值进行比较,判断是否位于正常参考范围内,就可知道存在言语聚焦的问题。同时结合共鸣主观评估的结果,可以确定口腔共鸣异常的性质与程度。如果共振峰没有达到参考标准,可能存在以下几种异常:如/a/的 $F1$ 值大于参考标准值的上限($m+2\sigma$),即为喉位聚焦;如/u/的 $F2$ 值大于参考标准值的上限($m+2\sigma$),即为前位聚焦;如/i/的 $F2$ 值小于参考标准值的下限($m-2\sigma$),即为后位聚焦。

(四) 构音功能评估的内容

构音障碍是指由于构音器官的运动异常、协调运动障碍,或未能理解及掌握构音音位所需的特定运动,而导致构音不清(即声韵调异常)的现象,构音障碍会影响言语的可懂度。构音障碍主要体现为韵母音位构音异常和声母音位构音异常。韵母音位构音异常主要表现在:元音鼻音化,如发 i、u 时有鼻音;元音中位化,如发 i 时舌位靠后,而发 u 时舌位靠前;元音替代,如 ang→an;元音遗漏,如 iao→ia。声母音位构音异常主要表现在:声母遗漏,如 gu→u、zhu→u;声母歪曲,如 zh 发音扭曲;声母替代,声母音位构音异常最主要的错误走向之一,包括部位替代和方式替代,常见的部位替代有双唇替代唇齿,如 fei→bei、舌尖替代舌面、舌后部,如 qi→ti、ga→da,常见的方式替代有塞音替代擦音、擦音替代塞擦音、不送气音替代送气音等,如 fa→ba、ji→xi、pao→bao。

构音障碍是导致言语清晰度下降的主要原因。解决患者的构音障碍,首先应对患者的构音功能进行评估,评估内容包括口部运动功能评估和构音语音能力评估两部分,评估框架如图 3-2-7 所示。对评估结果进行综合分析,然后进行有针对性的矫治,通过建立下颌、唇、舌、软腭的正确与协调运动,最终形成清晰的言语(语音)。

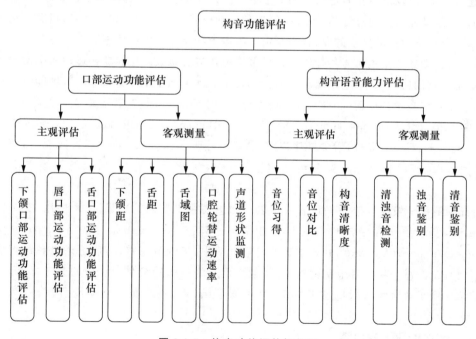

图 3-2-7 构音功能评估框架图

构音功能评估包括口部运动功能评估和构音语音能力评估两部分,每部分又包括主观评估和客观测量。口部运动功能评估除口部运动功能的主观评估外,其客观测量主要有下颌距、舌距、舌域图、口腔轮替运动速率和声道形状监测等。构音语音能力评估除了构音语音能力的主观评估外,还包括清浊音检测、浊音鉴别、清音鉴别等构音语音的客观测量。下面以下颌口部运动功能评估和口腔轮替运动速率测量为例对构音功能评估进行简要介绍。

下颌口部运动功能评估主要是检查患者的下颌运动能力和感知觉能力。评估时由检测者给出指导语,并做示范动作,被评者模仿,下颌口部运动功能评估内容见图3-2-8。

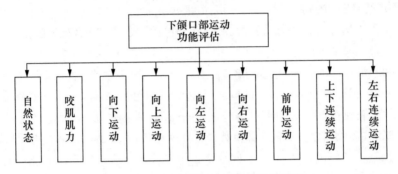

图3-2-8 下颌口部运动功能评估框架图

下颌在自然状态下的评估是指在被评者不讲话、不进食、不做口部运动时观察下颌的位置和肌张力,即判断下颌在放松状态下颞颌关节的紧张程度、下颌的控制能力、下颌的肌张力。在模仿口部运动的状态下,对下颌的评估包括咬肌肌力检查、下颌向下运动、向上运动、向左运动、向右运动、前伸运动、上下连续运动,以及下颌左右连续运动8个单项,前六项是检测下颌的单项运动能力,后两项是检测下颌的连续运动能力。通过评估,评价下颌各种运动模式是否正常。如有障碍,则需诊断下颌运动的障碍类型,分析下颌运动异常的原因,为制定下颌运动治疗方案提供依据。

口腔轮替运动速率是指每4秒钟能发出最多特定音节的总数。口腔轮替运动速率反映了舌的运动状态、口部肌群的协同水平,它是衡量言语清晰度的一个重要指标,例如每4秒钟能发出最多/pɑ/音节的总数就是口腔轮替运动/pɑ/的速率,这里记为DR(pɑ)。口腔轮替运动速率包括七个指标,即DR(pɑ)、DR(tɑ)、DR(kɑ)、DR(pɑtɑkɑ)、DR(pɑtɑ)、DR(pɑkɑ)以及DR(kɑtɑ)。发/pɑ/音时,双唇紧闭,然后口腔张开;发/tɑ/音时,舌尖抵住齿龈,然后口腔张开;发/kɑ/音时,舌根隆起与软腭接触,随后口腔张开;其他四项是这三个音节组合的轮替,主要考察发音时唇、舌以及下颌交替运动的灵活性。

进行此项测试一般仅需要一只秒表或手表。如想要获得精确的结果,需要使用"实时言语测量仪"。测试时,要求被试深吸一口气后尽可能快地一口气连续发出指定的音节/pɑ/、/tɑ/、/kɑ/、/pɑtɑkɑ/、/pɑtɑ/、/pɑkɑ/及/kɑtɑ/,并要求音调与响度适中、各音节完整,然后记录患者每4秒钟发出指定音节的数量。每一特定音节测两次,记录较大值。将测试的结果与相应的参考标准进行比较,如果测试结果低于对应年龄段的参考标准,则说明下颌、舌、唇的交替运动灵活性差,反之则灵活性佳。

(五)语音功能评估的内容

语音是在构音的基础上,将单个音节按照特定的次序或组合连接起来,形成有意义的句子,训练并提高患者在句中连续而清晰地发音的能力,是语言发展的坚实基础。语音的产生是以构音清晰、准确为前提的,构音器官各自的灵活运动及之间的运动协调是产生连续语音的必要条件。语音功能的评估一般是指利用特定的材料,对患者发出连续语音的清晰度进行评价。黄昭鸣、刘巧云等综合国内外连续语音评估方面的研究成果,根据汉语语音的特点,研发了一套汉语连续语音能力评估工具,其评估素材由四篇小短文组成。以下以其中一篇短文为例对语音功能的评估进行简要介绍。

早晨,妹妹起来后,先在卧室浇兰花。然后,来到客厅吃早餐。妈妈准备了牛奶和面包。吃完饭,妹妹急忙换上裙子,穿上袜子和皮鞋,还在头上系了漂亮的丝带。妹妹放好文具,拿起书包,高高兴兴地上学去了。

上述短文中目标语音(即需要评估正误的语音)出现的概率与日常生活中语音出现的概率相一致。因此,该短文具有一定的实际应用价值,加上其符合儿童兴趣、情节完整且综合性强,故可作为患者连续语音能力评估的材料。

在评估中,让患者复述上述短文,治疗师既要录制单个目标音的声音,又要记录每个句子的声音,然后对患者复述的语音进行判分,判分也包括单个目标音的判分和句中目标音的判分两个部分。接着对判分结果进行统计、计算得到三个指标:字清晰度、句清晰度和连续语音清晰度。三者的计算公式分别为:

$$字清晰度=(单字目标音正确个数/目标音总个数)\times 100\%$$
$$句清晰度=(句中目标音正确个数/目标音总个数)\times 100\%$$
$$连续语音清晰度=(句清晰度/字清晰度)\times 100\%。$$

第三节 言语障碍的治疗

根据言语功能评估的结果,可以判断患者言语障碍的主要原因及其严重程度,从而制订具有针对性的言语矫治方案。本节将对言语障碍的五大类型,即呼吸、发声、共鸣、构音及语音障碍的训练内容进行简要介绍。

一、呼吸障碍的治疗

呼吸系统是言语产生的动力源,是言语产生的必要条件。在说话时,言语呼吸往往需要瞬间吸入更多的气体,来提供更多的呼吸支持,以维持足够的声门下压,从而获得言语的自然音调、响度、共鸣以及丰富的语调变化。因此,呼吸功能是决定正确发音的关键因素。但是,当呼吸方式、呼吸功能、呼吸与发声的协调性出现异常时,就会导致与呼吸障碍相关的临床表现。

呼吸障碍的矫治包括呼吸方式异常的矫治、呼吸支持不足的矫治和呼吸与发声不协调的矫治,如图3-3-1所示。其中,呼吸放松训练是呼吸方式异常与呼吸支持不足训练的基础训练。呼吸方式异常的针对性训练方法主要包括生理腹式呼吸训练、"嗯哼"法、拟声法和数数法4种。呼吸支持不足的针对性训练方法主要包括,快速用力呼气法、缓慢平稳呼气法和逐字增加句长法3种。针对性解决呼吸与发声不协调的主要方法有,唱音法、啭音法、气息式发音法和甩臂后推法4种。

下面以呼吸方式异常的针对性训练为例对呼吸功能的治疗方法进行简要介绍(其他训练方法可参见由华东师范大学出版社出版的《言语矫治的促进治疗法》一书)。

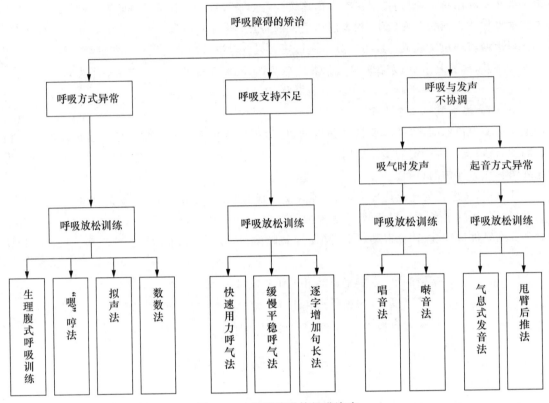

图 3-3-1 呼吸障碍的促进治疗

(一) 生理腹式呼吸训练

呼吸有两种方式,即胸式呼吸与腹式呼吸,一般而言,这两种方式是交替进行的。从生理学角度讲,膈肌将胸腔与腹腔隔离开来,当吸气时,膈肌收缩,向下施压,同时胸腔扩大,腹压增加,腹部向外隆起;呼气时,膈肌放松,向上隆起,同时胸腔缩小,腹压减小,腹部向内回缩。呼吸方式与言语产生的关系十分密切,许多障碍儿童习惯于胸式呼吸,而不会腹式呼吸,由此导致肺活量不足,说话急促,断断续续,语言不流畅。因此,"生理腹式呼吸训练"的目的就是要使障碍儿童学会正常的腹式呼吸,解决其呼吸支持不足的问题。

对正常人而言,呼吸是一个连续的过程,吸气和呼气之间是没有暂停的。但在生理腹式呼吸训练的过程中,应该首先让患者分别体验呼气与吸气的过程,如在呼气的过程中,感觉到呼出的气流是由强逐渐变弱的,体验伴随呼气结束的一个"暂停"的过程,从而产生一种轻松感。具体来说,训练是通过不同的体位来让患者体验呼吸"暂停"的过程,帮助患者逐渐建立正确的生理腹式呼吸方式,使患者能够充分利用呼出气流进行有效的发音。生理呼吸训练既可以从呼气开始,也可以从吸气开始,以患者感觉自然舒适为宜。

生理呼吸训练要在一种舒适的状态下进行。让患者仰卧在一张诊疗台上,在其颈部和膝部的下方各垫一个小枕头,以增加其舒适感。对于年长并患有关节炎的患者,也可以让其坐在有直立靠背的椅上进行训练。治疗时,言语治疗师可以通过亲切随意的谈话来取得患者的信赖,帮助患者完全放松。柔和的背景音乐也有助于营造一种轻松的氛围。生理呼吸训练共分四节七个步骤:第一节为仰位训练,包括四个步骤,即闭目静心、腹部感觉、胸腹同感、口腹同感;第二节为侧位训练;第三节为坐位训练;第四节为站位训练,具体如图 3-3-2 所示。

第一步　闭目静心	第二步　腹部感觉

仰躺在诊疗台或床上，双手臂自然地平放于身体两侧，全身放松，闭眼，保持该姿势数分钟。	观察呼吸情况，将一只手放在腹部，感觉这只手是如何随着呼吸而上下起伏的，保持该姿势数分钟。
第三步　胸腹同感	第四步　口腹同感

将一只手放在腹部，另一只手放在胸部。只有放在腹部的手随着呼吸上下运动。如果双手都在上下运动，应重新进行第一步的训练。	收紧双唇发/p/音，放在口前的手能感觉气流喷出，同时应能听见一种如同噪声的气流声。此时，腹肌应该主动参与呼吸运动。
第五步　侧位训练	第六步　坐位训练

取侧卧位，一只手放在腹部，感觉呼吸时是否只有膈肌或腹肌在运动。如果没有，应重新进行第二步训练。	挺直腰板坐在小凳上，一手放于腹部，感觉呼吸时的腹部运动。
第七步　站位训练	

取站立位，双脚左右稍许分开，前后分开10厘米，深呼吸，感觉到腹壁向前运动。通过腹肌运动将空气挤出肺部，试着想象在吹一朵"蒲公英"。在吸气与呼气之间没有停顿，这一点很重要。照镜子观察身体运动，吸气时身体应稍许向前运动，呼气时身体应稍许向后运动。	

图 3-3-2　生理腹式呼吸训练示意图

在训练过程中,言语治疗师应仔细观察患者,并记下腹式呼吸开始的时间。如果有一项无法完成,则需返回至前一项重新做起。例如,患者意识到自己是胸式呼吸,则必须从头开始。如果患者未能获得正确的生理呼吸,言语治疗师可将患者的手放在自己的腹部,或将自己的手轻轻放在患者的腹部,掌心朝外,试着帮助患者建立正确的呼吸方式。言语治疗师的呼吸节律应适应于患者的呼吸节律,而不是让患者来适应言语治疗师的节律。如果患者呼吸节律过快或过慢,言语治疗师可以通过其手部运动来对患者的腹部施加压力,以此来调节患者的呼吸节律。如此反复训练,直到患者建立自然舒适的腹式呼吸运动为止。

(二)"嗯哼"法

"嗯哼"法是通过有节奏地移动步伐来控制呼吸并发出"嗯哼"的声音,从而促使从生理呼吸到言语呼吸的过渡。生理呼吸是指在无言语状态下的呼吸;言语呼吸主要是指呼吸与发声之间的协调配合。"嗯哼"法便是训练其协调配合能力的一种很好的方法,其训练步骤为:

1. 体会动作要领

学习边移动步伐边有节奏地控制呼吸并发出"嗯哼"的声音。

2. 正式训练

逐渐增加脚步数,延长发声时间,直到习得比较自然的发声为止。

(1)准备动作。患者把右手平放于腹部的位置,保持身体放松。并在以下训练的同时感知吸气时腹部隆起,发声时腹部回缩。

(2)一步"嗯哼"。向后退一步时深吸一口气,同时手背感觉腹部隆起;当腿向前迈出第一步时发"嗯哼"的音,同时手背感觉腹部回缩。重复数次,直到发声和呼吸比较自然为止。

(3)两步"嗯哼"。以同样的方式,向后退一步时深吸一口气,腹部隆起;接着向前走两步,当腿向前迈出第一步时发"嗯哼"的音,向前迈第二步时再发"嗯哼"的音,两次发声必须一口气完成,体会腹式呼吸和发声的协调性。重复数次,直到发声比较自然为止。

(4)多步"嗯哼"。以同样的方式,退一步吸气,向前走三步,一口气发三个"嗯哼"的音。以此类推,但始终都要注意是用腹式呼吸进行发声,以达到巩固言语腹式呼吸的目的。

(三)数数法

"数数法"指通过有节奏地移动步伐来控制呼吸并同时进行数数,从而促进生理呼吸到言语呼吸的协调过渡。其训练步骤为:

1. 动作要领的感知

学习边移动步伐边有节奏地控制呼吸进行数数。

2. 正式训练

数数字的数量逐渐由少至多。向前走一步,同时慢慢地吸一口气。

(1)准备动作。患者把右手平放于腹部的位置,保持身体放松。并在以下训练的同时感知吸气时腹部隆起,数数时腹部回缩。

(2)数"1"训练。向后退一步时深吸一口气,同时手背感觉腹部隆起;当腿向前迈出第一步时发"1"的音,延续到呼气末,同时手背感觉腹部回缩。然后进入下一个循环,重复数次,直到发声比较自然为止。

（3）数"1,2"训练。向后退一步时深吸一口气,同时手背感觉腹部隆起;接着向前走两步,当腿向前迈出第一步时,开始数"1",迈出第二步时数"2",一口气内完成,连续数数直到呼气末,同时手背感觉腹部回缩。重复数次。

（4）尽可能多数数训练。依此类推,向后退一步时吸气,向前迈步时发声。迈出第一步时数"1",迈出第二步时数"2",迈出第三步时数"3",并尽可能多地进行数数,直至一口气结束。然后进入下一个循环,直到发声比较自然为止。多次练习,一口气能数的数字越多越好。

(四) 拟声法

"拟声法"通过让患者模拟环境声、动物声等自然界的声音,促进其呼吸与发声过程的协调,为建立协调自然的言语呼吸奠定良好的基础,其训练步骤为：

1. 动作要领的感知

根据出现的动物或场景,模仿相应的声音。

2. 正式训练

包括各种不同内容的拟声练习。言语治疗师可以根据患者发音能力和兴趣的不同,选择以下拟声练习的内容。也可以根据身边环境和条件,创造更多符合逻辑并能够使用的拟声训练素材。

（1）做开火车的游戏,同时发出"u ——"的声音。
（2）做骑马的游戏,同时发出"da da da da"的声音。
（3）模拟乌鸦飞,边飞边发出"wa wa wa wa"的声音。
（4）模拟小鸭的叫声"ga ga ga ga"的声音。
（5）模拟小鸡的叫声"ji ji ji ji"的声音。
（6）模拟小猫的叫声"miao miao miao miao"的声音。
（7）模拟小狗的叫声"wang wang wang wang"的声音。
（8）模拟秒针走动的声音"dida dida dida dida"的声音。

二、发声障碍的治疗

呼吸时产生的气流作用于声带,声带振动从而发出声音,这一过程即为发声。发声时声带振动是言语产生的振动源。当音调、响度、音质等方面出现异常时,就会出现与发声障碍相关的临床表现。

发声障碍的矫治包括音调异常的矫治、响度异常的矫治和音质异常的矫治,如图 3-3-3 所示。

其中,发声放松训练为基础训练,它是三类针对性训练的基础,也被称为"热身运动",针对性训练只有在此基础上,才可以获得较好的矫治效果。音调异常的针对性训练方法主要有手指按压法、乐调匹配训练和音调梯度训练 3 种方法;响度异常的针对性训练方法主要包括用力搬椅法、掩蔽法、碰撞法和响度梯度训练法 4 种;音质异常的针对性训练主要有喉部按摩、半吞咽法等 7 种方法。下面以音调异常的针对性训练为例对发声功能的治疗方法进行简要介绍（更多的训练方法可参见由华东师范大学出版社出版的《言语矫治的促进治疗法》一书）。

(一) 手指按压法

"手指按压法"涉及一些简单的喉部解剖知识,喉部的基本结构如图 3-3-4 所示：

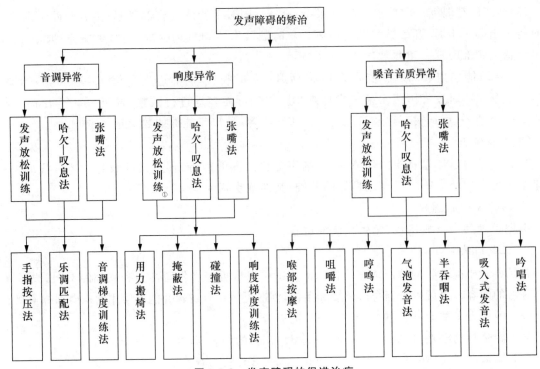

图 3-3-3 发声障碍的促进治疗

"手指按压法"是指治疗师以手指按压于患者喉部某处,改变喉软骨的位置,以提高或降低患者音调的一种治疗方法,主要用适用于音调障碍患者,针对不同的音调异常类型,有不同的按压手法。

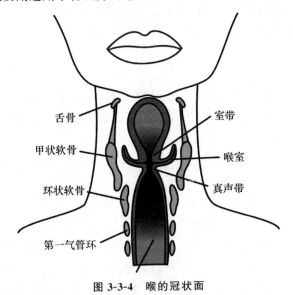

图 3-3-4 喉的冠状面

---

① 张磊,丁迎春,黄昭鸣,杜晓新.《言语矫治手册呼吸障碍的促进治疗》.上海:华东师范大学出版社.2011年.

1. 对于音调过高的手指按压步骤

1) 下压甲状软骨时发元音

患者面对治疗师坐于凳子上,要求患者发一个拉长的元音/α/或/i/,同时治疗师以右手食指放于患者甲状软骨切迹上,拇指和中指分别固定于两侧的甲状软骨板,食指用力,将甲状软骨向后向下推,同时让患者发/α/或/i/,此时患者的音调会立刻降低。

2) 保持较低音调过渡到发其他音

治疗师移开手指,让患者自己把拇指和食指轻轻地按压在甲状软骨上进行发声,体会并记住低音调发声时喉的位置。然后移开手指,仍然维持这种喉的位置和音调进行发声。逐步过渡到发其他音并在平常说话中以此音调发音。

2. 音调过低的手指按压步骤

1) 上推甲状软骨时发元音

患者面对治疗师坐于凳子上,要求患者发一个拉长的元音/α/或/i/,治疗师以右手食指放于患者甲状软骨切迹上,拇指和中指分别固定于两侧的甲状软骨板,拇指和中指用力,将甲状软骨向上推,同时让患者发/α/或/i/,此时患者的音调会立刻升高。

2) 保持较高音调过渡到发其他音

治疗师移开手指,让患者自己把拇指和食指轻轻地按压在甲状软骨上进行发声,体会并记住较高音调发声时喉的位置。然后移开手指,仍然维持这种喉的位置和音调进行发声。逐步过渡到发其他音并在平常说话中以此音调发音。

3. 音调变化过大的手指按压步骤

1) 体会喉的纵向运动

让患者将食指和中指的指腹放在甲状软骨上,发一个中等音调的音,依次降低一个音级,直到最低,通过指腹感觉喉的下降运动;然后再依次上升一个音级,直到最高(防止出现假声),通过指腹感觉喉的上升运动。

2) 指导患者发声

要求患者用食指和中指将甲状软骨固定在适当的位置(这时的发声音调是患者的自然音调)上,并限制喉的移动幅度,通过大量朗读或交流来强化这种发声方式,直至不需要手指的辅助力量也可以做到发声。这时候纵向移动幅度很小,声带的振动耗能较少,嗓音是放松、自然的。

(二) 乐调匹配法

"乐调匹配法"指利用乐器的不同音调,诱导患者模仿相应的音调进行发音,进而帮助患者建立新的音调,提高其音调控制的能力,主要适用于各种原因引起的音调异常问题。其训练步骤如下:

1) 哼唱音乐

让患者听治疗师弹奏乐器,并跟随音乐哼唱,掌握乐调所对应音调。

2) 唱音后数数

让患者先唱音,然后在最末一个音调水平上数数。例如:先唱 do-re-mi,然后在 mi 的音调水平上从 1 数到 5。

3) 唱音后发单元音

让患者唱音后发单元音。例如：先唱 do-re-mi,然后在 mi 的音调发/ɑ,o,e,i,u,ü/。

4) 歌唱式发单元音

用唱歌形式将韵母/ɑ,o,e,i,u,ü/配上某种音调唱出,再在每个韵母前加/h/音,分别用高、中、低调唱出。

5) 唱音后说词语

让患者先唱音,然后在最末一个音调水平上说词语、短句等。例如：先唱 do-re-mi,然后用唱 mi 时的音调说词语"红花"。

6) 歌唱式说词语

用唱歌形式将词语、短句等配上某种音调唱出。

(三) 音调梯度训练法

"音调梯度训练法"指通过阶梯式音调上升或/和下降的训练,使患者建立正常音调以提高其音调的控制能力,主要适用于由于各种原因引起的音调异常问题。以下仅以矫治低音调为例介绍其训练步骤。

1. 变调训练

1) 提高音调

(1) 先让患者体验音调的逐步升高,即从低音慢慢上升至高音,然后,用梯度上升法练习升高音调,如图 3-3-5 所示。

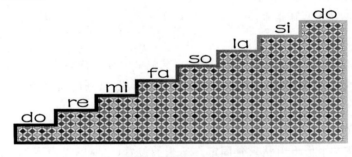

图 3-3-5　认识音调

(2) 用升调来哼音调,但在某个音调处停顿。在停顿的音调处,使用对应音符的音调从 1 数到 5,要求数数时音调尽可能地稳定在同一音符上,如图 3-3-6 所示。

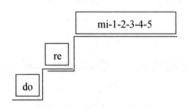

图 3-3-6　哼唱升调并数数

(3) 用唱歌形式将韵母/a/、/o/、/e/、/i/、/u/、/ü/配上某种音调以升调的形式唱出,然后在停顿的音调处,用对应音符的音调分别唱出六个韵母,并用最后的那个音调说出韵母,如图3-3-7所示。

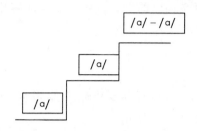

图 3-3-7　哼唱升调并发单韵母

(4) 分别用韵母/a/、/e/、/u/发音,在每个韵母前加"h"音,从低音调开始,逐渐上升到高音调。发声应该舒适、松弛、柔和,如图3-3-8所示。

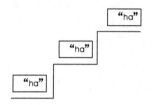

图 3-3-8　哼唱升调并发"h"+单韵母

(5) 分别用单、双、三音节词进行升调练习,如图3-3-9所示。

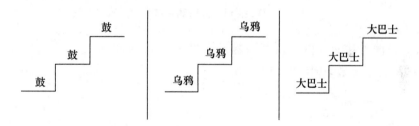

图 3-3-9　哼唱升调并发单、双、三音节

(6) 通过每说一个字增加一个音调的方式,将说话的音调由低逐渐抬高。注意两个字之间言语基频的上升幅度不宜过大,应逐渐地提高,以说完整个句子,如图3-3-10所示。

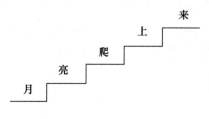

图 3-3-10　哼唱升调说句子

2）建立目标音调

使音调升高到最高音调之后,将音调降低 2~3 个音级,便是患者合适的目标音调。然后,用目标音调进行无意义音节和有意义词语的发音训练。要求能够比较自然地运用目标音调,从连续发较短的音直到发较长的音。

2. 转调训练

1）增加音调的变化

（1）以目标音调为基准,用 mi、bi 进行逐步升调、逐步降调,以及逐步升降调训练。在训练的过程中,逐渐增加音节个数,如图 3-3-11 所示。

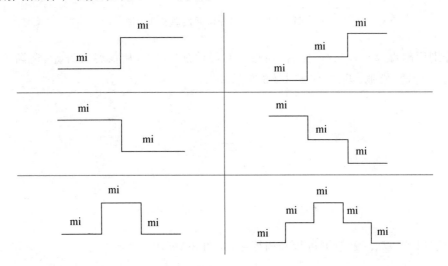

图 3-3-11　升降调训练

（2）以目标音调为基准,用 mi、bi 进行逐步降调、逐步升调,以及逐步降升调训练。在训练的过程中,逐渐增加音节个数,如图 3-3-12 所示。

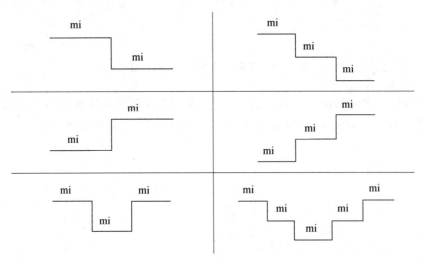

图 3-3-12　降升调训练

2) 提高音调连续变化能力

(1) 用词语进行抬高语调的训练。边发声边用上扬的手势伴随训练,如图 3-3-13 所示。

图 3-3-13　抬高语调训练

(2) 用词语进行降低语调的训练。边发声边用下降的手势伴随训练,如图 3-3-14 所示。

图 3-3-14　降低语调训练

(3) 进行双重转换语调的训练,一个上升的语调紧跟着一个降调,用词语辅以先上后下的手势进行训练,如图 3-3-15 所示。

图 3-3-15　双重转换语调训练

三、共鸣障碍的治疗

咽腔、口腔和鼻腔构成了声道,它们是重要的共鸣器官。喉部发出的声音通过咽腔,然后进入口腔或鼻腔,根据这三个腔体的形状和大小,调整声音的共振峰,改变了声音的声学特性,并输出声波,从而形成不同音色的言语声。当口、鼻腔共鸣等方面出现异常时,就会出现与共鸣障碍相关的临床表现,从而会严重影响发音的质量。

共鸣障碍的矫治包括口腔共鸣异常的矫治、鼻腔共鸣异常的矫治和共鸣音质异常的矫治,如图 3-3-16 所示。

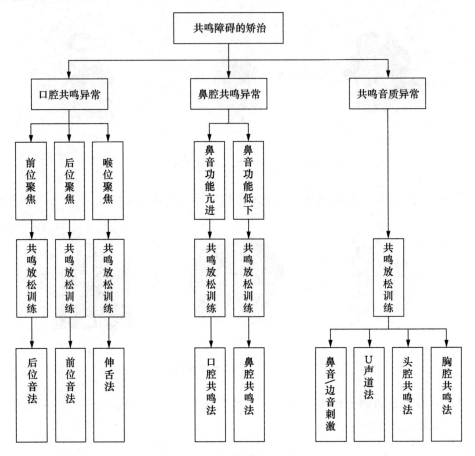

图 3-3-16　共鸣障碍的促进治疗

无论是何种类型的共鸣障碍,都应当首先进行口腔放松训练和鼻腔放松训练等基础训练,以提高口腔和鼻腔构音器官的灵活性,为进一步进行矫治奠定生理基础。口腔共鸣异常的针对性训练方法主要有前位音法、后位音法和伸舌法 3 种。鼻腔共鸣异常的针对性训练方法主要包括口腔共鸣法和鼻腔共鸣法 2 种。共鸣音质异常的针对性训练主要有 U 声道法、胸腔共鸣法、头腔共鸣法、鼻音/边音刺激法 4 种。下面以口腔共鸣异常为例对共鸣功能的治疗方法进行简要介绍(更多的训练方法可参见由华东师范大学出版社出版的《言语矫治的促进治疗法》一书)。

(一) 后位音法

"后位音法"通过发一些发音部位靠后的音来体会发音时舌位靠后的感觉,帮助减少发音时舌位靠前的现象,从而达到治疗前位聚焦的目的,主要适用于由各种原因引起的前位聚焦问题。其训练步骤如下:

(1) 让患者夸张地发 k、g 本音,并利用视觉提示方式,帮助其体验发音时舌位靠后的感觉。

(2) 练习发以 k 或 g 开头的词语,同时符合"声母 k,g+韵母 u,ou,e 的集合体"原则。因为发 k 和 g 时,舌尖向下,舌根抬起抵住软腭,所发均为口腔后位音。用夸张的方式发出这些声母,有助于矫正发音的前位聚焦问题。

哭 哭 哭 苦 苦 苦
口 口 口 壳 壳 壳
鼓 鼓 鼓 骨 骨 骨

(3) 发下面以 k 和 g 开头的词语,并延长其中的元音部分,同时体验嗓音的后位聚焦。

哭 苦 酷 裤 口
鼓 骨 狗 钩 割
开口 慷慨 可靠 看看 口渴
广告 哥哥 改革 公公 骨干
开关 苦瓜 客观 跨国 考古
公开 港口 高考 功课 干咳

(4) 接着练习朗读有以 k 和 g 开头词语的句子,使嗓音向后位转移,同时录下朗读的情况。

公公的裤子很长。

哥哥的肚子鼓鼓的。

姑姑口很渴。

鼓声重重地划过天空。

哥哥渴了,想喝可口可乐。

高高的鼓楼上挂着火红的灯笼。

快活的海鸥鼓动着翅膀,追赶着海浪。

(5) 仔细听录音,如发现言语的前位聚焦有所好转,尝试着用矫治前的言语朗读几个句子,接着再用正确聚焦的言语朗读几个句子,体验其中的差别。

(6) 如果按以上步骤训练下来,前位聚焦没有明显好转,则必须将音调降低一个音阶重新开始,这有助于缓解前位聚焦的问题。

(二) 前位音法

"前位音法"指通过发一些发音部位靠前的音来体验发音时舌位靠前的感觉,帮助减少发音时舌位靠后的现象,从而达到治疗后位聚焦的目的,主要适用于由各种原因引起的后位聚焦问题。其训练步骤如下。

(1) 用爆破式的耳语声练习发以 p 开头的词语(勿用嗓音或自然言语声)。

婆婆 爬坡 胖胖 枇杷
批评 匹配 乒乓 琵琶

(2) 用爆破式的耳语声练习发以 b 开头的词语(勿用嗓音或自然言语声)。

宝宝 伯伯 爸爸 白布 宝贝
棒冰 北部 保镖 冰雹

(3) 先采用耳语声朗读以上词语,这时的言语听起来应该更加靠前,接着换用自然言语声发音。

(4) 练习发以 p 或 b 开头的词语,同时符合"声母 p,b + 韵母 i 的集合体"原则。发 p 和 b

时,要求嘴唇噘起,双颊鼓起,然后突然释放出气体。用这种夸张的方式发这些声母,有助于矫正后位聚焦问题。

  劈 劈 劈 皮 皮 皮
  屁 屁 屁 鼻 鼻 鼻
  笔 笔 笔 臂 臂 臂

(5) 发下面以 p 和 b 开头的词语,并延长词语中的元音部分,同时应体会到言语的前位聚焦。

  劈 皮 屁 鼻 笔 臂
  枇杷 胖胖 婆婆 乒乓
  宝贝 爸爸 宝宝 冰雹
  跑步 皮包 皮鞭 瀑布
  奔跑 爆破 鞭炮 补品

(6) 练习发以 m 开头的词语,同时符合"声母 m+韵母 i 的集合体"原则。然后,延长下面以 m 开头词语中的元音部分。发这些音时,应体会到言语的前位聚焦。

  米 米 米
  蜜 蜜 蜜
  迷 迷 迷

(7) 练习发以 s 开头的词语,同时符合"声母 s+韵母 i 的集合体"原则。发 s 时,将舌尖置于上前牙的后方,以形成呼出气流的阻力部位。然后,延长下面以 s 开头词语中的元音部分。发这些音时,应体会到言语的前位聚焦。

  四 四 四
  丝 丝 丝
  死 死 死

(8) 如果按以上步骤训练之后,后位聚焦仍没有明显好转,则需将音调升高一个音阶。朗读下面的句子,同时录音。

  皮衣是爸爸的。
  爸爸的脾气比较小。
  弟弟没有理解爸爸的意思,错拿了雨衣。
  于明听见鸡鸣声。
  暴雨之后,场地变成了烂泥地。

(9) 仔细听录音,可以体验到读这些句子时,舌位靠前,而不是缩在口腔后部。

(三) 伸舌法

"伸舌法"通过将舌伸出口外用高音调发前位音,扩张口咽腔,体会发音时口咽腔放松的感觉,从而治疗因咽腔和喉部过于紧张而导致的喉位聚焦和后位聚焦,主要适用于喉位聚焦,也适用于后位聚焦。其训练步骤如下。

1) 伸舌发音

  让患者伸出舌头发元音 i,如患者不能自己完成,治疗师可用食指抵住患者的下颌,帮其微微张开嘴,伸出舌头,如图 3-3-17 所示。

图 3-3-17 伸舌法示意图

训练时,可让患者用不同的音调进行发音,并保持最佳音质,然后再进行后续的训练。

2)回缩舌体时发音

要求患者伸舌后慢慢将舌体回缩,同时发"iiiiii"或"mimimimimimi",舌缩回至口腔后,过渡到发以声母 y 或 m,b,p 开头的单音节词,如图 3-3-18 所示。

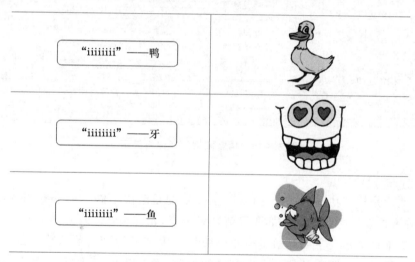

图 3-3-18 回缩舌体时发音

舌回缩至口腔后,可换气后再发音,注意保持发 i 时的发音状态。

3)正常地发前位音

先用正常嗓音发 i---或 mi---,逐渐过渡到发以 y 或 m,b,p 开头的单音节词,注意保持发 i 或 mi---时的发音状态。

4)与慢板节奏结合训练

结合重读治疗法中的慢板节奏进行步骤 3 中词的发音训练。

四、构音障碍的治疗

构音系统由口腔、鼻腔、咽腔及其附属器官所组成,其中最主要的构音器官是下颌、唇、舌、软腭,上述器官灵活及协调的运动是产生清晰言语语音的必要条件。舌、软腭等构音器官的运动,改变了声道的形状大小,从而发出不同的元音和辅音,使单纯的声音向复杂的构音转化。下颌、唇、舌等构音器官的运动异常是导致产生构音不清的主要原因,所以构音障碍矫治主要包括口部运动治疗、构音运动治疗和构音语音训练三个部分,在进行构音障碍矫治时,必须以构音语音训练为主线,根据患者的实际需要加入必要的口部运动治疗和构音运动治疗,最终使患者掌握目标音位。具体如图 3-3-19 所示。

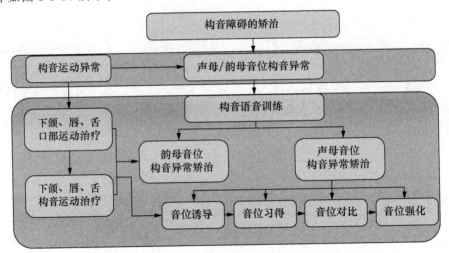

图 3-3-19 构音障碍的矫治框架图

(一) 口部运动治疗

口部运动治疗是构音功能训练的起点,其主要目的是解决下颌、唇、舌等构音器官的运动障碍,为掌握准确音位奠定生理基础。如要发清楚某个音,相应构音器官必须协调完成发这个音所需要的运动。口部运动治疗主要是通过触觉刺激技术提高下颌、唇、舌的感知觉;通过本体感觉刺激技术提高下颌、唇、舌肌力及促进舌后侧缘的稳定;通过辅助运动、自主运动、自反馈运动训练提高下颌、唇、舌运动的灵活、稳定与协调性,从而建立正常的口部运动模式。具体的训练方法包括:① 建立正常的下颌运动模式,即增强下颌感知力,提高咬肌肌力及下颌运动能力;② 建立正常的唇部运动模式,即增加唇的感知觉,提高唇肌肌力及促进唇的各种运动能力;③ 建立正常的舌部运动模式,即提高舌的感知觉及舌肌肌力,促进舌后侧缘的稳定。

(二) 构音运动治疗

构音运动治疗是在口部运动治疗的基础上,促进将已经建立的口部运动准确地应用于构音,进一步强化下颌、唇、舌的各种构音运动模式,促进口部运动与构音运动的统一,为准确的构音奠定良好基础。具体的训练方法包括:① 下颌构音运动训练:下颌构音运动主要体现在发各种不同的下颌韵母音的过程中,如下颌上位运动(发 i、u 音)、下颌下位运动(发 a 音)、下颌半开位运动(发 o、e 音)和下颌转换运动(发 ia、ei 音);② 唇构音运动训练:唇构音运动主要体现在发各种不同唇韵母和唇声母的过程中,如圆唇运动(发 o、u 音)、展唇运动(发 i、e 音)、圆展转换运动(发 i—u、iu 音)、唇闭合与圆唇构音运动(发 bu、pu 音)、唇闭合与展唇构音运动(发 mi、pi 音)、唇闭合与展圆构音运动(发 miu、biao 音)、唇齿接触与圆/展构音运动(发 fu、fe 音)等;3. 舌构音运动训练:舌构音运动主要体现在发各种不同舌韵母和舌声母的过程中,如舌前位构音运动(发 i、ü 音)、舌后位构音运动(发 u、e 音)、舌前后转换构音运动(发 ie、üe 音)、舌马蹄形上抬构音运动(发 d、t、n 音)、舌根部上抬构音运动(发 g、k、h 音)、舌尖上抬下降构音运动(发 l 音)、舌前部上抬构音运动(发 j、q、x 音)、舌两侧缘上抬构音运动(发 zh、ch、sh 音)、舌叶轻微上抬构音运动(发 z、c、s 音)等。

(三)构音语音训练

构音语音训练是在口部运动治疗和构音运动治疗的基础上,进一步促进形成有意义语音的训练,其目的就是让患者掌握韵母音位和声母音位的正确构音。构音语音训练主要包括声母音位构音异常的矫治和韵母音位构音异常的矫治。由于韵母音位的发音较为简单,除了鼻韵母外,其余的韵母皆为单纯的元音,发音时声道不会受到阻碍,仅涉及下颌、唇与舌不同的位置及其转换,因此通过前面介绍的口部运动治疗和构音运动治疗,就能基本解决韵母音位的构音问题。下面将简要介绍声母音位构音异常的矫治。

相对而言,声母音位的发音较为复杂,需要在两个不同部位形成不同程度的阻塞或约束,例如,在发/p/时,患者首先必须明确是双唇形成阻塞,其次必须能理解、掌控双唇是如何通过特定的运动形成阻塞的,因此,仅通过口部运动治疗和构音运动治疗不能完全解决声母音位的构音异常,必须对患者进行系统有序的引导和训练。声母音位构音异常的矫治,包括音位诱导、音位习得、音位对比和音位强化四个主要环节。同时,可根据患者的实际情况,施以相应的口部运动治疗和构音运动治疗。

音位诱导训练是声母构音语音训练中最为重要的一个阶段,其主要目的是帮助患者诱导出被遗漏、替代或者歪曲的目标声母音位,这是一个从无到有的过程。音位习得训练在音位诱导训练的基础上,通过大量的练习来巩固发音,将诱导出的音位进行类化,使患者不仅能发出目标音位的呼读音(是指由于普通话语音声母的本音不响亮,为了称说和教学的需要,《汉语拼音方案》根据注音字母传统的读音在声母的后面加上一个响亮的元音来呼读,这就是声母的呼读音)或者一至两个含有该目标音位的单音节音,而且能够发出更多有意义的声韵组合,使目标音位位于任意位置时,患者都能够正确发出。音位对比训练是为了将容易混淆的一对声母专门提取出来进行的成对发音训练,用来进一步强化与巩固新习得的声母音位。音位强化训练通过模拟各种日常情景,加强患者对于相关音位的灵活运用。

五、语音障碍的治疗

语音是人类发音器官发出的各种不同意义的声音,包括超音段音位和音段音位,将言语与语言连接起来。语音障碍是指说话者能够清楚地发出单个音节,但在连字成句需要协同构音时则发生困难,临床上通常表现为说话断续或不清晰,这会严重影响患者言语的可懂度。语音障碍矫治的目的是提高患者语音协调及连续发音的能力。黄昭鸣、刘巧云等首次提出语音障碍矫治的"CRSD"策略,即语音巩固(Consolidation)、语音重复(Repetition)、语音切换(Switch)和语音轮替(Diadochokinesia)。

语音巩固训练与构音语音训练有密切的联系,它既巩固了构音语音的训练效果,又为连续语音的训练奠定了基础。语音巩固以声母习得的五阶段理论(普通儿童声母音位习得顺序)为主体框架,语音重复训练同样以声母习得五阶段理论为框架,训练体现了从词语到句子的过渡,既包含了重复同一声母的大量词语,又涵盖了丰富的经过专门设计的句子。语音切换训练以 23 对最小声母音位对为主体框架,具体如图 3-3-20 所示:

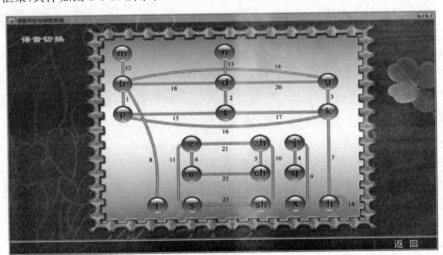

图 3-3-20 语音切换主界面

(Phonetic System™,Dr. Speech™,上海泰亿格康复医疗科技股份有限公司授权使用)

该部分的训练也包括词语和句子两部分。词语部分,每个词语都包含了一对音位对,与构音语音训练中的音位对比训练密切配合,而在句子部分,每句话中的目标声母音位对至少出现一次,专门训练患者的连续语音切换能力。语音轮替训练包含大量句子,旨在训练患者说出句中轮替出现的同一发音部位、不同发声方式的声母(如唇声母 b/p/m/f)或同一发声方式、不同发音部位的声母(如鼻音 m/n)的能力。

六、言语障碍康复训练案例

下面将简要介绍一个言语康复临床案例,以帮助读者更清楚地了解如何开展言语障碍康复训练。

(一)患者基本情况

患者张某某,男,系足月儿,出生时因窒息抢救,1 岁左右才出现爬的动作,2 岁左右仅会说简单的叠词,期间因父母工作繁忙,未带其进行言语康复,直至 2008 年 3 月就诊于上海儿童医院,经检查(具体检查项目不明)诊断为运动发育迟缓、语言发育迟缓。同年 5 月,就诊于闸北区宝华门诊部(华东师范大学《言语听觉科学教育部重点实验室》实验基地)。患儿 5 岁 1 个月,体型瘦弱,平静状态下,胸式呼吸明显,言语状态时,有明显抬肩动作,说话断断续续,发音经常有错误,无法一口气完成 3 字句的发音。由此决定在门诊部进行言语语言康复治疗。

(二) 康复前评估

医生对患者进行各项言语功能评估,结果表明该患者存在多项言语功能障碍,其中与呼吸障碍相关的测量结果如表 3-3-1 和图 3-3-21 所示:

表 3-3-1　言语功能主观评估与客观测量结果

主观评估			
平静状态下,患儿呼吸规则,以胸式呼吸为主,不能自主调节呼吸方式,言语时,呼吸明显不充分,句长小于 3 个字。			
客观测量			
测量参数	测量工具	测量结果	正常与否
最长声时	实时言语测量仪	0.716s	否
最大数数能力	言语矫治仪	无法测得	否

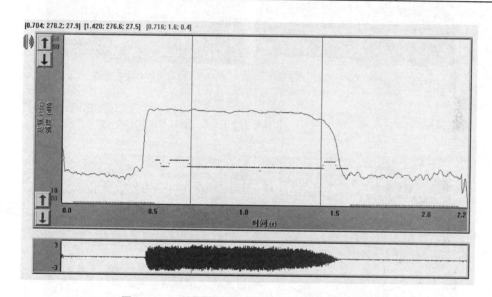

图 3-3-21　测量最长声时的声波、强度和基频曲线

(Dr. Speech™,上海泰亿格康复医疗科技股份有限公司授权使用)

将其最长声时和最大数数能力的测量结果与相应年龄和性别组的最长声时参考标准(最长声时介于 4.1~6.5 秒之间,最大数数能力介于 3~5 秒之间)进行比较,可以得出以下关于言语呼吸功能的判断:患者存在显著的呼吸方式异常和呼吸支持不足。

(三) 康复训练方案

依据患儿的评估结果,应首先解决其呼吸方式异常和呼吸支持不足的问题。因此,拟定了为期一个月的干预计划,其中训练时间为:每周 3 次,每次 40 分钟,以下所示为其中一次训练的主要内容。

1. 呼吸放松训练

治疗师与患者一起做放松训练操,放松呼吸肌群,为进行更好的言语呼吸训练做准备。训练时间约 10~15 分钟。训练操作步骤详见"呼吸障碍的促进治疗法——呼吸放松训练"。

2. 生理腹式呼吸训练

在治疗师指导下进行生理腹式呼吸训练,治疗师先让患儿感知腹式呼吸的动作,然后用手辅助,让患儿学习腹式呼吸动作,反复练习,并在练习过程中配合发音,为建立正确的言语呼吸做准备。训练时间约为 20～25 分钟。训练操作步骤详见本章第三节。

在生理腹式呼吸训练的过程中,治疗师可以结合"言语矫治仪",选用认识模块中的声音游戏——"木桶狗"和训练模块中的最大发声时长游戏——"买蛋糕",让患儿将手置于腹部,感知自己呼吸时腹部的变化,然后,深吸气后短暂或持续发音,同时体验腹部的变化。通过视听反馈游戏,可增加患儿学习的积极性,有效掌握腹式呼吸的方法。训练示范界面如图 3-3-22、图 3-3-23 所示。

(a) 无声状态　　　　　　　　　　(b) 发声时,小狗在跑

图 3-3-22　木桶狗游戏

(Speech Therapy™,Dr. Speech™,上海泰亿格康复医疗科技股份有限公司授权使用)

(a) 发声时间决定小猫能否买到蛋糕

(b) 游戏成功　　　　　　　　　　(c) 游戏失败

图 3-3-23　买蛋糕游戏(最长声时训练:2 秒)

(Speech Therapy™,Dr. Speech™,上海泰亿格康复医疗科技股份有限公司授权使用)

(四) 康复效果监控

治疗一个月后，对患儿再次进行评估，评估结果如表 3-3-2 和图 3-3-24 所示：

表 3-3-2　言语功能主观评估与客观测量结果

主观评估			
平静状态下，患儿呼吸规则，以腹式呼吸为主，但不能自主调节呼吸方式，言语时，呼吸偶有不充分，句长约为3～4个字。			
客观测量			
测量参数	测量工具	测量结果	正常与否
最长声时	实时言语测量仪	1.575s	否
最大数数能力	言语矫治仪	无法测得	否

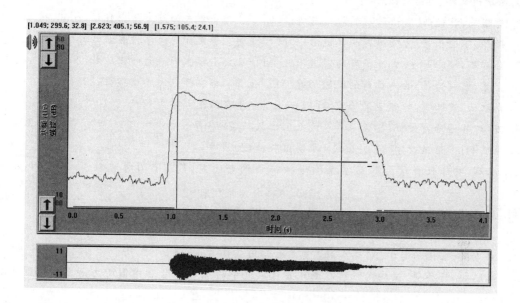

图 3-3-24　测量最长声时的声波、强度和基频曲线

(Real Speech™, Dr. Speech™, 上海泰亿格康复医疗科技股份有限公司授权使用)

训练前后的评估结果比较显示：在平静状态下，患者已从以胸式呼吸为主的呼吸方式过渡到以腹式呼吸为主的呼吸方式；在言语状态下，呼吸不充分的现象得到改善，交流时的句长有所增加；虽然最长声时仍未达到正常值，但较前有所提高。患儿经过一个月的训练，已建立起正确的生理腹式呼吸方式，呼吸支持能力明显提高，为后续各项言语与语言障碍的矫治奠定了良好的基础。

思考题

1. 简述言语和语言的区别。
2. 简述言语产生的过程。

3. 简述言语康复的基本流程。
4. 简述如何进行言语呼吸功能的评估与矫治。
5. 简述如何进行言语发声功能的评估与矫治。
6. 简述如何进行共鸣发声功能的评估与矫治。
7. 简述如何进行构音发声功能的评估与矫治。
8. 简述如何进行语音发声功能的评估与矫治。

主要参考文献

1. 2006年第二次全国残疾人抽样调查主要数据公报[J]. 中国康复理疗与实践,2006年第12期:1013.
2. 李胜利,王贞,张庆苏. 中国0~17岁儿童言语残疾的数据分析和对策研究[J]. 第三届北京国际康复论坛论文集:441—452.
3. 黄昭鸣,杜晓新. 言语障碍的评估与矫治[M]. 上海:华东师范大学出版社,2006年.
4. 张磊,丁迎春等. 呼吸障碍的促进治疗[M]. 上海:华东师范大学出版社,2011年.
5. 孙鞡郡,施雅丹等. 发声障碍的促进治疗[M]. 上海:华东师范大学出版社,2011年.
6. 金星,朱群怡等. 共鸣障碍的促进治疗[M]. 上海:华东师范大学出版社,2011年.
7. 卢红云,黄昭鸣. 口部运动治疗学[M]. 上海:华东师范大学出版社,2010年.
8. 万萍. 言语治疗学[M]. 北京:人民卫生出版社,2012年.
9. 李胜利. 言语治疗学[M]. 北京:华夏出版社,2004年.
10. 王辉. 特殊教育学校脑瘫学生障碍特征的调查研究[J]. 中国特殊教育,2008年第3期:3—10.
11. 汤盛钦. 特殊儿童康复与训练[M]. 大连:辽宁师范大学出版社,2002年.
12. 吴海生,蔡来舟. 实用语言治疗学[M]. 北京:人民军医出版社,1995年.
13. 牟志伟. 言语治疗学[M]. 上海:复旦大学出版社,2009年.
14. 黄昭鸣,万萍等. 论胸式呼吸在聋儿言语康复中的危害性[J]. 中国听力语言科学康复杂志,2005(4):30—32.
15. 胜利,张庆苏. 构音障碍的发音、言语表现与治疗[J]. 中国康复理论与实践,2003,9(1):62—64.

第四章　语言能力的评估与训练

> **本章目标**
>
> 1. 明确语言与沟通之间的关系。
> 2. 了解语言能力训练的相关理论。
> 3. 了解特殊儿童语言能力训练的原则。
> 4. 了解特殊儿童语言能力训练的流程。
> 5. 了解语言能力评估的内容及方法。
> 6. 了解语言能力训练的内容与方法。

语言是人类学习和交流的工具,语言能力是人们生存的基本能力。普通儿童在正常的教育与生活环境中,能自然习得母语的词汇、意义、结构和规则等。但是,许多特殊儿童在语言理解与表达上存在不同程度的障碍,需要对其实施语言能力的教育与康复训练,以促进其语言能力的提升,满足生活与学习需要。本章将从语言能力训练概述、语言能力的评估、语言能力的训练这几个方面进行简要介绍。

第一节　语言能力训练概述

语言能力训练是综合教育康复体系中的重要组成部分。如何针对特殊儿童的语言能力进行康复与教育已成为教育康复工作者必须面对的问题。2002年,耶鲁大学言语语言病理学家Paul经调查得出,美国学校语言治疗师发现在其所服务的各种患有沟通问题的对象中,需提升语言能力的占42%,需要接受构音语音治疗的占28%,需要认知训练介入的占13%,需要听处理干预的占5%,需要辅助沟通训练或教学的占4%,儿童失语症患者占1%……可见,对特殊儿童而言,语言能力评估和训练是非常必要的。本节将对语言的内涵、儿童语言能力的发展规律、语言能力训练的对象,语言能力训练的相关理论、目标和原则以及训练流程进行介绍。

一、语言与沟通

语言是一种作为社会交际工具的符号系统。所谓符号系统,是指语言的各种要素及语言单位按照一定的组合规律和内部联系形成的结构整体。语言符号系统包含语音、语汇、语法等,形式包括口语、书面语、手语等。每种语言都有自己独特的语音、语汇和语法体系。

沟通是利用各种语言形式(不限于口语)与各种媒介(如符号、姿势、表情、动作、手势、图画、标志等)来进行信息交换的过程。信息交换主要是指人际之间的信息交换、情感交流、思想或经验分享以及需求的表达。沟通可以是多渠道的,主要有语言与非语言两种沟通方式。语言是人们在日常生活中进行人际沟通、社会交往的最主要工具;非语言沟通主要指手势、身体动作、身体姿势、面部表情、眼神接触等。非语言沟通在特定时候可替代语言沟通,如生病时嗓子哑得说不出话,可用眼神表示自己想要的东西。在日常生活中,人们往往同时采用语言与非语言的形式进行沟通交流,通过非语言沟通可以渲染气氛,增强语言沟通的效能。例如,有人在演讲时,说到慷慨激昂处,往往手舞足蹈。

二、儿童语言能力的发展规律

要对特殊儿童进行语言能力训练,必须了解正常儿童语言发展的一般规律。以下依据普通儿童语言能力的发展阶段,对相应发展阶段的语言特点予以简要介绍。

1) 无意识交流阶段(0～4个月)

该阶段婴儿用哭声表达自己的不适或需求。父母根据经验理解婴儿的哭声或咕咕声所表达的含义,但婴儿并未意识到哭声对父母行为的影响。该阶段婴儿能辨别男声和女声,对熟悉的声音敏感,还能发出一些无意义的简单音节,如 a、e 等。

2) 有意识交流阶段(4～9个月)

4个月的婴儿能用眼睛盯着父母所指的事物,能与父母的眼光共同落在同一事物上;9个月的婴儿可有交流性的目光注视,他们不但注视着事物,还会将目光转向父母,注意父母的反应;能辨别一些语调、语气和音色的变化,可理解一些简单的词(如"球、狗"等)与手势;为引起他人的关注,常会发出一些连续的音节,如 da-da-da 等。

3) 单词句阶段(9～18个月)

该阶段儿童语言理解能力大为增强,能发出50个左右的单音节词或双音节叠词。此时,儿童往往用一个单词表示多种意思,如"妈妈"既可表示"妈妈抱",也可表示"妈妈我要吃"或"妈妈我要玩"等。

4) 双词句阶段(1岁半～2岁)

该阶段儿童出现"词语爆炸"现象,能表达300左右的单词,并能说出由两个单词组成的句子,即双词句,如"爸爸班班""苹果削削"等。

5) 早期造句阶段(2～3岁)

该阶段儿童初步掌握了简单的句子结构,如用名词加上动词进行表达,也能用3～5个词的句子进行日常交流。至3岁左右,儿童已掌握了基本的语法,能完整造句,开始形成语感。

6) 句子掌握阶段(3～5岁)

该阶段儿童掌握了大部分的语法结构,可以使用简单句和较复杂的句子,而且能够在一定程度上理解词语之间的抽象关系。

7) 完整语法阶段(5岁后～成人)

5岁是儿童语言发育的一个分水岭,在建立了基本语法体系之后,儿童不断扩充自己的词汇量,并在各种环境中应用完善,逐步向更高级的水平发展。同时,读写能力也在此基础上逐步完善与提高。

三、语言能力训练的主要对象

语言能力训练的主要对象为语言障碍者。1993年,美国言语语言病理与听力学协会(ASHA)将语言障碍定义为在理解或使用口语、书面语或是其他符号时有损伤。这些损伤使儿童语言能力与环境或对应年龄的期望有显著差异。患有语言障碍的儿童常表现出以下方面的不足[①](Hegde & Maul,

---

① 转引自 Celeste Roseberry-Mckibbin & M. N. Hegde. An Advanced Review of Speech-Language Pathology[M],PRO-ED. 4. 150

2006;Nelson,2010;Roseberry-McKibbin,2007)：① 语言数量少,学到的语言和理解的语言数量明显不足,这是语言障碍儿童存在的普遍且主要的特征。② 语法有缺陷,对句法结构、词态等语法的学习和使用在一般情况下都很困难。③ 社交沟通不足或不当,社交沟通不足常被描述为语用方面的不足,这也是构成语言障碍的重要组成部分。例如,不能主动发起沟通以及不恰当地打断别人讲话。④ 非语言沟通技巧缺乏,很少使用手势、面部表情等。⑤ 读写技能不足,语言学习障碍儿童在学校常有学业困难,如存在阅读、书写、拼写困难等。

语言障碍可分为狭义的语言障碍与广义的语言障碍。狭义的语言障碍是指各方面发展正常,但语言发展迟缓或出现缺陷的特定型语言障碍,即其语言学习困难并非源自智能缺陷、感官缺陷、明显的神经损伤以及严重的情绪或行为问题。广义的语言障碍不仅包括特定型语言障碍,还包括患有智力障碍、听力障碍、自闭症等儿童伴有的语言障碍。因此,语言能力训练的主要对象既包括特定型语言障碍儿童,也包括患有智力落后、听力障碍、自闭症等的儿童。

以上给出了语言障碍的一般定义及特点,然而在实际的语言康复训练中,还需了解不同类型特殊儿童语言障碍的主要特点下。

(一) 智力落后儿童

认知能力发展落后是制约智障儿童语言能力发展的主要原因。智障儿童语言障碍主要有如下特点：① 语音感知和产生能力差。② 词汇量较少,仅涉及生活中常见事物。③ 以简单句为主,如句长短、句式简单等。④ 在话题开启、话题维持与话题补充等方面的技能较差。⑤ 在叙事时,往往内容简短,结构不完整等。在对智力落后儿童进行语言训练时,要特别注重感知能力以及基本认知能力的训练。

(二) 听觉障碍儿童

听觉系统不同程度的障碍是导致听障儿童语言能力低下的主要原因,其语言障碍主要有如下特点：① 语音感知和产生能力差。② 词汇量少,理解和表达抽象概念能力差。③ 经常出现语法错误,理解和表达复合句的能力较差。④ 沟通交往困难,难以完整地讲述事件或故事。在对听觉障碍儿童进行语言训练时,要在适当的听力补偿的基础上,加强听觉功能的基本训练、言语训练以及认知能力训练。

(三) 自闭症儿童

感知觉异常、情绪异常、行为刻板、交流障碍等严重制约了自闭症儿童语言能力的发展,其语言障碍主要有如下特点：① 语音感知和产生能力差。② 理解和运用词语能力差,存在自创式或刻板式词语。③ 难以理解成语、隐喻等复杂的词句,句子表达经常出现语法错误。④ 缺乏语言的组织和运用能力,难以发起和维持谈话;存在刻板语言。在对自闭症儿童进行语言训练时,要加强感知觉训练、情绪行为干预以及认知能力训练等;并为其创设合适的交往环境。

(四) 特定型语言障碍

特定型语言障碍儿童的语言有以下特点：① 第一批词产生晚、动词运用率极低、理解和运用词语的能力差。② 难以理解句子类型及句子成分,句子使用存在错误。③ 语用技能差,如在交流中,难以开启话题、维持话题等。在对特定型语言障碍儿童进行语言训练时,要注重创设各种适合的交往环境,利用家庭、学校、社区以及社会的各种有利资源,鼓励儿童主动与人交流,逐步克服语言障碍。

四、语言能力训练的相关理论

近几十年来,语言能力训练主要受行为主义、转换生成语法理论、认知建构主义以及信息加工理论等的影响,并由此构成了语言障碍康复的理论基础。

(一) 行为主义理论

斯金纳(B. F. Skinner,1957)是新行为主义学派(behavioral theory)的主要代表人物。该学派认为语言即语言行为(Verbal Behavior),语言行为是社会行为的一种。语言行为并非与生俱来,而与其他行为一样是在刺激、反应和强化过程中习得的。在刺激-反应过程中,如果适宜的刺激与语言行为反应反复结合,同时又得到不断的正强化,那么这种言语行为就会逐渐固定下来;反之,如果得到的是负强化或被忽略,那么这种语言行为就会逐渐消退或消失。例如:当儿童发出一个音似"鸭"的词时,母亲立即说:"哦,你想要小鸭?给你!"这样,母亲强化了其说"鸭"的语言行为;而如果忽视或惩罚该行为,则儿童以后再说的可能就比较小。根据行为主义理论,语言能力训练可以通过操控相关刺激物、被试反应以及各种强化来完成。

(二) 转换生成语法理论

行为主义理论在20世纪50年代受到著名语言学家乔姆斯基(Noam Chomsky,1957)的激烈批评。他指出,在现实生活中,要确认对儿童语言的强化是极端困难的,甚至是不可能的,儿童可以说出许多他们以前没有听到过的话,这更无法用强化的原理来说明。他强调,语言是按一定语法规则组织起来的,并提出转换生成语法理论(transformational-generative grammar)。该理论认为,句子有表层结构和深层结构,表层结构涉及句子的形式,深层结构涉及句子的意义。在深层结构中存在着所有语言都共同的因素,它们反映着人的认知,包括语言的学习和生成的天生的组织原则。在有些情况下,一个句子可以有两种含义,即两种深层结构共有一种表层结构;还有一种情况,两个句子所表达的意义是一样的,即一个深层结构可有不同的表层结构。例如,有这样两个句子,"狼吃了小羊""小羊被狼吃了",其意思是相同的,只是两者的形式不同,一个是主动句,另一个是被动句。

转换生成语法理论认为,转换可使一种结构转换为另一种结构,即通过语法转换将表层结构和深层结构联系起来。语法转换的规则分单一转换与复合转换。单一转换有三种,即被动转换(P)、否定转换(N)和疑问转换(Q)。复合转换是指在转换时,同时用到了几种单一转换,如P+N、N+Q、P+N+Q等。根据转换语法理论,被动句可由主动句经被动转换而来,这只需要将两个名词(狼、小羊)调换位置,再将动词的主动态改为被动态即可。

乔姆斯基转换生成语法理论对语言障碍儿童进行语言康复训练具有重要启示作用:① 在进行句子理解训练时,首先必须让学生理解词(如名词、动词、形容词等)与短语(如名词短语、动词短语)。② 帮助学生利用语法转换的规则,正确理解句子的意义,如给出一个目标句,通过被动转换、否定转换和疑问转换的训练使儿童理解不同的句式及其所代表的不同含义。

(三) 认知建构主义理论

认知建构主义理论(cognitive construction theory)的最早提出者可追溯至瑞士的心理学家皮亚杰(J. Piaget)。他坚持从内因和外因相互作用的观点来研究儿童的认知发展。他认为,儿童在与周围环境相互作用的过程中逐步建构起关于外部世界的知识,从而使自身认知结构得到发展。儿童与环境的相互作用涉及"同化"与"顺应"两个基本过程。"同化"是指个体把外界刺激所提供的信息整合到自己原有认知结构(也称"图式")内的过程;"顺应"是指外部环境发生变化,而原有认知结构无法同化新环境提供的信息时所引起的儿童认知结构重组与改造的过程。

可见,同化是认知结构数量的扩充,而顺应则是认知结构性质的改变。儿童就是通过同化与顺应这两种形式来达到与周围环境的平衡:当儿童能用现有图式去同化新信息时,处于一种平衡的认知状态;而当现有图式不能同化新信息时,平衡即被破坏,而修改或创造新图式(即顺应)的过程就是寻找新的平衡的过程。儿童的认知结构就是通过同化与顺应过程逐步建构起来,并在"平衡—不平衡—新的平衡"的循环中得到不断的丰富、提高和发展。

以认知建构主义理论为基础的教学设计原则,如强调以学生为中心、强调"情境"对意义建构的重要作用、强调"协作学习"对意义建构的关键作用、强调对学习环境的设计等,均对进行特殊儿童语言教学与康复训练具有重要的指导意义。

(四)认知信息加工理论

1974 年,根据现代信息加工理论,美国教育心理学家加涅(K. M. Gagne)提出了学习过程的基本模式,即环境中的刺激(信息)作用于学习者的感受器,通过感觉登记进入短时记忆,信息在短时记忆中保持的时间很短,但如果采用复述、精致化、组织等策略,信息可以被转移到长时记忆中储存,储存于长记忆中的信息在需要时可被"提取"。

按照信息加工的学习理论,学习过程具有如下特点:① 学习过程有大量心理活动参与,如对已有知识进行分类,将新知识整合到已有的知识结构中或智力模型中。② 意义学习是有目标导向的,需要应用元认知策略不断地进行自我评价、自我监控与自我调整,使学习过程不断接近及达到最终目标。③ 学习有情境性,需要学习者将已习得的知识或技能有效地迁移到其他情境中去。

认知信息加工理论(cognitive Information processing theory)对特殊儿童语言教学与康复训练具有重要的理论与实践意义。

(1) 在特殊儿童语言学习中要加强各项认知能力的训练,要注意将具体认知能力训练与元认知能力训练相结合;要努力创设各种有利的学习情景,鼓励儿童运用所学的语言知识与策略,并将其有效迁移到相似的情境中去。

(2) 要注意将认知信息加工理论与实践的最新研究成果与语言障碍儿童的康复训练结合起来。近期有大量文献在讨论信息处理和语言障碍之间的关系。① 研究认为,语言障碍与语音加工和听觉时域处理有关。语音加工涉及词的押韵、词的分割和词的音节划分等;听觉时域处理指感知并追踪包含在他人言语声中快速变化的声学特征的差异。听觉时域处理涉及处理能力和处理速度两方面。例如,当要求被试聆听后报告"5-9-3-6-2"数字串时,有些被试报告较长数字串时会出现困难;又如,有些被试在聆听、记住并执行复杂指令尤其是指令过快时,也会出现报告困难。

基于上述研究,目前许多言语语言病理学家对语言障碍儿童进行听处理训练,训练内容主要有:① 听觉分辨,如分辨 cat-bat 异同;② 听觉注意训练,其目的在于使儿童忽略不相关的声音刺激,而将注意集中在重要的信息方面;③ 听觉记忆训练,其目的在于提高被试对言语、语言语音信息存储能力;④ 听觉处理速率训练,其目的在于提高被试对不同速度语音的听处理能力;⑤ 听觉顺序训练,其目的在于提高被试识别时间顺序的能力。

(五)社会互动理论

"社会互动"是指在一定的社会关系背景下,人与人、人与群体、群体与群体在心理、行为上相互影

---

① 转引自 Celeste Roseberry-Mckibbin & M. N. Hegde. An Advanced Review of Speech-Language Pathology[M],PRO-ED. 4. 135

响与相互作用的过程,它的一个重要理论来源是苏联心理学家维果茨基①(1962)的社会互动理论(Social Interaction Theory)。该理论认为,社会互动是智力产生和发展的源泉,个体身上表现出来的特定结构与过程可追溯到与他人的互动上。学习和认知发展就是通过参与社会活动来吸取适当的文化经验的过程。语言既是社会互动的主要工具,也是在社会互动中产生的。维果茨基(1962)强调,在儿童语言发展中,成人语言的样板与引导作用十分重要。他认为,儿童的对话伙伴(包括父母)是儿童语言获得与发展的重要促进者,他们为儿童提供了语言学习的支持,帮助儿童利用有限的沟通技能来完成与他人的互动。

社会互动理论对儿童语言能力训练的重要启示在于,要努力创设各种有利环境,促使儿童积极地与他人互动;要激发儿童沟通的动机,鼓励儿童用语言去表达自己的意愿;要发挥父母在儿童语言发展中的关键作用,儿童学习的语言要适合儿童现有发展水平,对儿童偶然发生的语言要予以及时回应,例如,拿着装有泡泡的漂亮瓶子引诱儿童但不给他,直到他说"我要泡泡"等。

以上五种理论是对语言障碍儿童进行训练的理论基础,对语言教学与康复实践具有重要的指导意义。在具体实践中,大多数教育与康复方法并不是仅基于其中的一种理论,而是在综合这些理论的基础上提出并发展起来的。

五、语言能力训练的目标及原则

语言能力训练是通过科学系统的训练干预方法,预防、调整和改善不符合期望和不被接受的语言沟通行为。具体的训练目标为:① 习得新的语言沟通知识、技能。② 使用与维持已习得的语言、沟通知识与技能。③ 增强非语言技能对语言能力的补充和配合。④ 最大限度地降低语言障碍对儿童生活的影响。为更好地达到语言障碍儿童的训练目标,在训练过程中应遵循如下原则。

(一)早发现、早干预原则

0~6岁是儿童语言发展的关键期,也是语言障碍儿童康复的关键期,尽早对语言障碍儿童进行有效的教育康复将获得事半功倍的效果。依据生物学"脑的可塑性理论"进行早期语言康复教育能刺激并促进儿童大脑语言中枢的成熟,为大脑潜能的开发提供生理基础,而大脑语言中枢的成熟,又能促进儿童语言能力的发展。① 因此,家长与教育康复工作者应及早地给予儿童充分的语言刺激,注意观察儿童的语言表现,如发现其水平明显低于同龄儿童,应及时咨询儿保科医生或相关专家。此外,在儿保科的定期检查中,也应主动咨询医生儿童是否存在相应问题。对于已在普通学校就读的语言障碍儿童,教师应随时观察并在有问题时及时转介给相应的机构。在儿童发育发展过程中,尤其应警惕"贵人语迟"的说法,对于有语言障碍的儿童千万不要错过语言康复的最佳时机。

(二)多通道强化康复原则

多通道是指人接受外界信息的多种感觉通道,如听觉、视觉、味觉、嗅觉等。在进行语言康复训练时应充分调用多种感觉通道,使语言信息(主要来自听觉与视觉通道)与各种其他信息之间逐步建立起稳定的联系,从而提高儿童对语言的认识与理解。例如,在教儿童学习词语"猫"时,除了让他们学习"猫"的字形与发音以及各种"猫"的图片以外,最好还能让他们看到真实的猫、听到猫的叫声、体验

---

① 彭聃龄,陈宝国. 汉语儿童语言发展与促进[M]. 北京:人民教育出版社. 370页.

抚摸猫的感觉等。训练中也可借助计算机进行辅助教学，通过吸引儿童的注意，丰富儿童的表象，提高语言训练的效果。

（三）多组织形式结合原则

由于语言是一种社会交际的工具，语言能力训练最终的目标是最大限度地提升儿童与社会进行沟通的能力。因此，在设定康复目标时就需要考虑儿童沟通的对象及内容，这涉及训练组织形式。常用的组织形式为"1＋X＋Y"："1"为集体康复，即在班级团体中进行康复训练；"X"为个别化康复，既可以是一对一，也可以是小组康复；"Y"是家庭和社区康复。在康复过程中，应综合采用三种组织形式，使其相互配合，共同发挥作用。例如，对于在集体康复中发现的问题，可在个别化康复中集中解决，并通过家庭和社区康复进一步巩固与拓展成果。其中应特别注意的是，在语言康复中，家长是最重要的参与者，应指导家长学习基本的语言康复理论与方法，并将其应用于儿童日常语言能力的训练中。

（四）小步子、多反复原则

为了更好地提高语言障碍者学习语言的效率，在语言康复中应采取"小步子、多反复"的原则。"小步子"强调要分阶段设定目标，对目标要有明确规定和表述。根据需要，每一个目标还可分解成更小的目标，目标内容应符合儿童的实际能力，在儿童完成每一目标后，都应及时予以强化。"多反复"是指应在不同场景、适当时间反复进行训练，以达到巩固的目的。

（五）全语言康复教学原则

全语言教学主张语言学习应该回归到现实生活中，即在日常生活与学习中，要给儿童提供充分的学习与使用语言的机会，如通过提问、聆听、回答问题等方法全方位地学习语言。因此，在特殊儿童语言康复教育中，应尽量创设需要反复运用语言的情景与环境，将儿童已有的生活经验与学习内容结合起来，将语言学习与生活情景结合起来。如尽量以儿童日常生活中经常出现且必须掌握的内容为学习材料，鼓励并要求儿童在生活情景中反复运用，不断巩固，将初步习得的语言逐渐迁移到其他情景中去。父母与家人在儿童语言学习中扮演着重要角色，应关注儿童在生长发育过程中其语言能力的发展状况，积极创设语言学习环境，调动儿童身边的所有人与儿童进行语言沟通。另外，现代电子产品（如电视、手机、Ipad等）已大量进入家庭，它们虽然对儿童的语言学习有所帮助，但由于缺乏人际互动，且长时间关注会影响儿童视力，所以家长应予以适当控制。

六、语言能力训练的流程

特殊儿童语言能力训练是一个完整的过程，具体可包括五个部分：个人信息搜集、语言能力评估、训练方案制订、训练方案实施与训练效果监控。

（一）个人信息搜集

个人信息的完整与详尽是进行有效语言教育康复的重要前提。家长、教师或主要看护者是儿童个人信息的主要来源。个人信息主要包括年龄、性别、发育史、疾病史、智力情况、个性心理特征、主要临床表现、语言康复训练史等。在个人信息采集过程中，要特别关注儿童语言发展过程的信息、家庭沟通模式以及家长对儿童康复的期望等。对学龄段儿童，还应了解儿童的学业成绩、语言发展的主要问题等。通过对这些信息的了解与初步分析，可以大致判断儿童语言障碍的原因、目前的发展水平以及心理行为特点等，为进一步实施针对性的测量评估和康复计划奠定基础。

（二）语言能力评估

对特殊儿童进行语言能力评估可选用标准化的量表，也可以通过观察自然情景中的语言表现来实现。具体可参照本章第二节。评估需全面具体掌握儿童语言障碍的问题，结合儿童基本信息做出综合判断。如明确儿童语言障碍的类型与障碍程度、分析与判断其语言发展的优势与弱势等，为后续的语言康复训练提供依据。

（三）语言康复训练计划制订

在综合上述分析的基础上，制订系统与有针对性的训练计划。计划应主要包括训练目标、内容与形式。训练目标应包括：短期、中期与长期目标。训练内容可根据儿童的年龄与目前的认知发展水平选用不同的语言训练内容，如对学前与低年级的特殊儿童可进行词语、句子和简单的口语对话训练；对中高年级的听障儿童或特定性语言障碍儿童可进行阅读策略的训练；对自闭症儿童则需激发其沟通动机、鼓励其使用语言进行沟通。训练的形式可分为集体训练、个别化训练与家庭训练。训练要依据当前目标，采用"小步子多反复"，循序渐进的方式进行。

（四）语言康复训练实施

特殊儿童语言的教育与康复主要通过集体教学与个别化训练来实现。在集体教学中，要依据儿童平均语言水平制订康复计划，选择康复内容。由于特殊儿童个体差异较大，即使在集体教学中，教师也应考虑实施分层教学。在个别化康复训练中，要依据儿童在集体教学中的主要问题以及测量评估结果制订个别化康复训练计划，确定适合其语言发展水平的训练目标以及训练内容，训练内容尽可能与集体教学内容相联系。承担集体教学与个别化康复训练的教师要加强联系，互通信息，使集体教学与个别化康复训练有机融合，共同促进特殊儿童语言能力的提高。另外，在语言康复训练过程中，应将集体教学、个别化训练与家庭康复结合起来。

（五）疗效监控

在特殊儿童语言教育与康复训练过程中，应及时评估监控教学与康复训练的效果，根据评估结果，调整与完善教学或康复训练方案。评估监控是一个循环反复的过程，其目的就是要使语言教学与康复训练效果最优化。

七、语言康复的常用工具

（一）言语语言综合训练仪

该仪器通过对实时语言（构音、语音、鼻音、失语）、电声门图信号进行基频、谐波、FFT、LPC、语谱图的检测与处理，为言语语言障碍的功能评估与康复训练提供相关信息。具体功能有：提供非语言能力的评估、言语功能的实时测量、语言能力的评估，如对词、词组、句子、短文的理解与表达能力的评估；提供非语言能力、前语言能力以及语言综合能力实时视听自反馈康复训练、语言理解与表达能力训练、言语语言电声门图实时评估和康复训练。

（二）主题教育系统

该系统为语言障碍患者提供主题教育康复训练。具体分为启蒙篇（上、下）、基础篇（上、下）和提高篇（上、下），每篇含若干主题，共6篇，18个单元主题。

（三）辅助沟通训练仪

该仪器其主要功能有：提供肢体和感觉功能评估、认知和语言能力评估；提供前语言阶段中的非语言沟通能力的康复训练、语言阶段的辅助沟通能力训练并具有沟通活动管理的功能。

(四) 早期语言障碍评估与干预仪

该仪器主要功能有：非言语功能测量与评估、前语言能力测量与评估、语言理解与表达能力测量与评估、语言韵律能力测量与评估；非言语沟通能力训练、前语言阶段的辅助沟通能力的训练、语言理解与表达能力训练、早期语言能力与言语语言综合能力实时视听自反馈康复训练。

(五) 语言康复训练仪

该仪器的主要功能有：口部运动能力评估、构音运动能力评估、构音语音功能测量、实时口鼻分离式鼻音功能测量、声道形状动态测量及显示、超音段音位和音段音位评估与测量、言语语言综合能力评估、实时口部运动治疗、实时构音运动训练、实时构音音位及语音自反馈训练、超音段音位与音段音位康复训练、主题教育式康复训练、非语言与前语言能力实时视听自反馈康复训练、语言理解与表达能力训练、言语语言综合能力实时视听自反馈康复训练。

第二节 语言能力的评估

语言能力的评估是语言教育康复的关键步骤，贯穿于语言教育康复的整个过程。由于语言的复杂性，其涉及的范围广、领域多，对语言能力进行全面评估较为困难。本节将对语言能力评估的目的、评估的内容及方法、评估报告案例进行简要叙述。

一、语言能力的评估目的

语言能力的评估通常涉及筛查、鉴定、拟订计划、疗效监控四方面。

1）筛查（Screening）

即通过聆听、观察、应用检核表、正式施测等方法，快速检测与沟通及语言相关的一些因素，筛查出可能存在语言发展障碍的儿童，并决定是否对其进行进一步的评价。

2）鉴定（Identification）

鉴定是通过医学检查、语言能力、智力、读写能力等测试，对照相应常模或标准，鉴别儿童是否存在语言发展障碍。如有障碍，要进一步分析其障碍类型和程度，并决定其应首先接受哪一阶段的语言能力训练。

3）拟订计划（Program Planning）

在筛查与鉴定的基础上，制订语言障碍儿童的教育康复计划，具体包括教育康复目标、训练内容和方法。计划可分长期计划与短期计划，所有计划要适应儿童语言发展水平，要分析并利用语言障碍儿童的优势之处，克服儿童语言发展中不利因素。

4）疗效监控（Monitoring）

在语言能力训练过程中，应随时监控儿童语言教育康复训练的效果，根据监控结果及时调整语言能力训练的目标、内容和方法。

二、语言能力的评估内容

语言能力评估的主要内容包括语音能力、词汇—语义能力、语法能力以及语用能力。根据评估内容及儿童语言发展水平,经常从四方面进行语言能力评估,即基本沟通能力、词语理解和表达能力、句子理解和表达能力、语言综合运用能力。

(一) 基本沟通能力评估

基本沟通能力评估主要考察儿童对环境中的非言语声、表情、手势动作等有无反应,以及是否会用这些方式表达自己的需求、想法等。如当听到有人喊自己的名字时,是否会微笑或转头,会不会跟人挥手等。这些是非常基本的沟通技能,正常儿童在学会第一个有意义的词之前,已具备这些基本的沟通技能。而某些语言障碍儿童存在基本沟通障碍,例如,自闭症儿童对于他人的语言和行为缺乏积极反应。基本沟通能力评估主要根据儿童的现场表现或视频录像分析来完成。

(二) 词语理解与表达能力评估

词语包括词和短语,词语是世界上人、事、物及其关系的指称。词是具有固定的语音形式和特定意义的,能够独立运用的最小造句单位。词汇学习是儿童与外界互动的基本需要,也是由实际生活经验所建立的一种将符号表征与概念相连接的产物。研究表明:在儿童所掌握的词汇中,实词始终占有绝对优势。名词掌握的比例最高,其次是动词,再次为形容词。孔令达等(2004)研究发现,名词、动词、形容词占学龄前儿童实词总量的90%以上。短语是比词汇高一级的造句单位,由词构成。短语一般分为自由短语和固定短语,由交际需要而临时组合而成的短语就称为自由短语;经过反复使用已约定成熟的短语就称为固定短语,固定短语具有结构的凝固性和意义的整体性,如成语"画蛇添足""花好月圆"等。

目前,在评估词语理解与表达能力时,主要以对词的理解与表达为主,内容包括常用的核心名词、核心动词和核心形容词的能力。主要评估工具有以下几种。

1) 儿童词语理解能力测验(李孝洁等,2011)[①]

该测验可用于评估2~4岁儿童词语理解能力,适用于智力落后儿童、听力障碍儿童等特殊儿童,可用于儿童早期语言障碍的辅助筛查。该测验包括2道例题,40道正式测题,其中测试名词的有23题,动词12题,形容词2题。测验以软件形式呈现,施测形式为听词指图。词语理解能力评估案例如图4-2-1所示:

图 4-2-1　词语理解能力评估案例

(启智博士语言能力测试与训练仪,Dr. Language™,泰亿格电子(上海)有限公司)

指导语:"小朋友,找一找,哪一个是猫?"

---

① 李孝洁,杜青等. 儿童词语理解能力测验的编制及其信度与效度研究[J]. 中国康复医学杂志. 2011(4):319—322

2) 汉语儿童实词理解能力评估(白银婷,2013)[1]

该测验以图片与视频结合的方式,评估3~5岁儿童的实词理解能力。测验包括名词、动词、形容词三类词汇;其中名词30题,动词20题,形容词30题。该测验题量较大,分类较细,测试形式新颖,适合特殊儿童的认知特点,能为语言康复提供更多的信息。

3) 皮博迪图片词汇测验(第四版)[2]

该测验主要用来测试2岁6个月及以上人群的词汇理解能力,具有可参照的标准化常模。PPVT-4分为A、B两册,每册均由228道测试题目组成。测试时,被试只需根据目标词从4幅图片组成的图卡上进行指认即可。PPVT-4具有较高的信效度,且施测简便,评分客观快速,但形式较为单一。

(三) 句子理解与表达能力评估

句子是语言运用的基本单位,它由词、词组(短语)构成,能表达一个完整的意思。句子的分类很复杂,这里仅作简单说明:

(1) 根据句子的语气可分为陈述句、疑问句、祈使句和感叹句。

(2) 根据句子结构的特点可分为单句和复句。复句是指由两个或两个以上意义相关,结构上互不作句子成分的分句子组成。单句可分为主谓句和非主谓句,依据谓语的性质,主谓句又可分为动词性谓语句(如把字句、被字句、连字句等)、形容词性谓语句、名词性谓语句和主谓谓语句;非主谓句分为动词性非主谓句、形容词性非主谓句、名词性非主谓句、叹词非主谓句、拟声词非主谓句。

(3) 按照句子的局部特征可分为把字句、被字句、双宾句、兼语句、连谓句等。

由此可见,句子理解和表达的评估也比较复杂。对于特殊儿童尤其是有语言障碍的儿童,结合实际需求,主要考察儿童是否能理解和表达一些最常用的句子。在句子理解方面,刘巧云、张云舒等(2016)基于句法结构编制了句子理解测试材料。测试方式如图4-2-2所示。

图4-2-2 句子理解能力评估案例

(启智博士语言能力测试与训练仪,Dr. Language™,泰亿格电子(上海)有限公司)

指导语:"听一听,找一找,哪幅图是姐姐拿饮料?"

---

[1] 白银婷.3~5岁上海特殊儿童实词理解能力评估及参考标准制定的探索研究[D].华东师范大学博士论文,2013.
[2] Peabody Picture Vocabulary Test-Fourth Edition,简称PPVT-4)由美国学者邓恩父子(L. M. Dunn & L. M. Dunn)2007年修订。

在句子表达方面,刘巧云、王珩超(2014)曾用句式仿说的方式考察儿童句子的表达能力,[①]如图 4-2-3 所示。

图 4-2-3 句子表达能力评估案例

(启智博士语言能力测试与训练仪,Dr. Language™,泰亿格电子(上海)有限公司)

指导语:"小朋友,左图是小猫吃鱼,右图是什么"?(对不理解左右的儿童,可指着相应的图问。如指左图说,这幅图上有小猫吃鱼。再指右图问,这幅图上有什么?)

(四)语言综合运用能力评估

一般通过谈话和叙事来评价儿童语言综合运用的能力。谈话是指两个或两个以上的人就某一主题进行的交谈。谈话是人们最常采用的语言交流方式,也是儿童沟通能力发展的重要途径。谈话包括谈话的发起、谈话过程中的应答和轮流、谈话主题的深入与转换、谈话的总结和结束等要素。谈话的评估主要考察儿童对这些关键要素的把握和表现能力。

叙事是一种脱离语境而进行的有组织的语言表达。叙述者需要启动记忆系统中与叙述主题相关的知识、选择适当的词语或句子来表达并关注听者的注意力和感受等。叙事包括口语叙事和书面语叙事。经常采用的形式是口语叙事,即让儿童讲述一段故事,然后转录所有内容,并对叙事过程中的平均句长、词汇量等进行记录与分析,如图 4-2-4 所示。

图 4-2-4 叙事能力评估案例

指导语:"小朋友,请根据以下三幅图片的内容,讲一段小故事。"

[①] 王珩超. 学前正常儿童与听障儿童陈述句表达能力的特征研究及听障儿童干预策略研究[D]. 华东师范大学硕士论文,2014.

三、评估方法

就目前而言,对语言能力的评估测量方法大体分为三类,即筛查法、标准化测试法及非标准化测试法。

筛查法是指采用一些较为简单、快捷的方式来评价儿童语言能力发展的大致状况的一种方法。筛查的方式一般可由康复师或教师自己设计,如通过一些简单的活动或谈话来粗略评估儿童语言理解与表达能力。如通过筛查发现儿童可能存在语言问题,则需要进行进一步的测量与评估。

标准化测试是指采用一些标准化测试工具对儿童语言能力进行测量评估。其优点在于测试结果可与常模相比较,从而判断儿童语言障碍的程度。但目前适用于普通话的全面、系统的语言评估工具还非常缺乏,一些测验具有一定的局限性,且仅包括了语言能力的某一或某些方面。在使用标准化测试时应注意测试环境要符合要求、测试过程要规范,还要考虑环境受限的测试结果与自然环境中的语言表现可能存在的偏差等。因此,不应将标准测试结果作为判断儿童语言能力的唯一依据。

非标准化测试是指在自然环境下采集儿童的语言样本,通过样本分析来评价儿童的语言能力。非标准化测试具有较高的生态效度,具体可包括效标参照评估(criterion-referenced assessment)、档案袋评估(portfolio assessment)、实地评估(真实性评估,authentic assessment)等。效标参照评估是指将被评估者所得的分数与某个标准进行比较,判断他是否达到了这个标准。例如,设定一学期儿童语言词汇掌握的目标为300个,最低标准为200个,优秀标准为280个。评估时就参考该标准,评价儿童是否达到了最低标准,如果超过最低标准,是否达到了优秀等;档案袋评估是指通过一段时间内收集的儿童作品或成绩单、画作、作文、教师记录、其他人员记录、视频谈话记录等分析儿童语言能力的发展情况;实地评估又称真实性评估,是一种自然观察评估,该评估不涉及规范的测试情景,而是在日常生活中收集儿童的语言样本。

四、评估报告案例

评估报告一般包括以下内容:个人基本信息情况、评估内容及工具、评估结果与分析、教育康复训练建议。下面以语言能力评估为例,简要说明评估过程与结果。

(一)个人基本信息

郭某某,男,9岁3个月,现在上海某辅读学校二年级就读。该儿童经医院评估,被诊断为脑瘫,伴轻度智障(韦氏量表测评结果 IQ 为 65),无其他疾病。据教师与家长反映,该儿童词汇量少,语言理解有障碍,听力与言语功能基本正常。该儿童父母均为大学本科学历,经济状况较好,母亲对其教育与康复状况尤为关注,能与学校有效配合。

(二)评估结果及分析

在对上述基本信息分析的基础上,用《汉语儿童实词理解能力评估》对该儿童进行语言能力测试,结果为:名词20分(满分30分)、动词12分(满分20分)、形容词10分(满分30分),该儿童实词理解水平相当于5岁的正常儿童。另外,利用自编的听词指图材料对该儿童进行语言能力的定性评估,结果表明该儿童对某些具体名词概念的外延理解不周全,例如只能指认图片上红红的、圆圆的苹果,而不能指认绿色的或被切开的苹果。

(三)训练建议

经上述评估可知,该儿童主要表现为词汇量少,有关概念外延不周等,因此建议采用以下方法对其进行语言能力训练：

（1）创设良好的语言学习情境、选择适当的教学内容、采用直观的教学器具及多媒体教学软件、及时予以适当的强化等。

（2）将词语理解能力训练和认知能力训练相结合。可让该儿童从多个维度去认识、理解事物，如苹果具有大小、形状、颜色等属性。在教学与训练过程中，可先改变苹果的某一属性，如颜色，而其他属性固定不变。在此基础上，再改变苹果的颜色与大小，而保持形状不变。依此类推，让儿童逐渐理解红的圆苹果是苹果、绿色的小苹果也是苹果以及切开的黄苹果也是苹果等，从而使该儿童对苹果概念的外延的理解逐渐扩展及周全。

（3）加强与家长的联系，互通信息，将家庭教育与康复训练作为学校教育的补充与拓展。

第三节　语言能力的训练

为了达到语言能力的康复和教育目标，需要考虑所采用的语言训练模式、训练内容和方法是否科学合理。本节将对这些问题进行讨论，并以一个案例加以说明。

一、语言训练的模式

语言训练的模式主要包括直接干预和间接干预两种。

（一）直接干预模式

直接干预模式是指以教师与康复师为主要责任者，负责制订计划并执行的教育康复训练模式，其教学重点在儿童语言能力以及沟通能力的训练上。干预过程为：评估儿童语言与沟通能力的发展水平、评估障碍的类型与程度、制订教学计划与训练方案、执行计划与方案并进行动态监控与评估。一般而言，直接干预模式可以在轻度或中度语言障碍儿童具有使用语言的动机时开始，该模式可有效提升他们的语言与沟通能力。

（二）间接干预模式

间接干预模式是指在康复师指导下，以父母或主要照料者为主要责任者对儿童进行语言康复教育的训练模式。由于该过程中康复师主要承担咨询与协助的角色，该模式又称为咨询式治疗模式（consultative treatment）。

在该模式中，康复师与父母共同制订康复计划并依据儿童进展情况及时修订，康复师主要向家长提供语言训练的知识与技能，并通过示范与鼓励等方式逐步增强父母或主要照料者的康复技能，主要的康复训练工作由父母或主要照料者来完成。这样安排主要是基于以下几点考虑：① 儿童与父母相处时间长，关系最为密切，父母可以在各方面给予孩子更多的照顾与关爱。② 父母是幼儿语言发展的最佳促进者，通过与孩子进行大量语言互动，促进其不断产生与运用习得的新词汇。③ 父母是儿童最重要的依赖者，当儿童有任何适当的语言行为时，父母的及时回应（如点头、微笑、拥抱等）是巩固与发展儿童语言能力的最佳强化物。

以上两种模式，应该根据儿童语言发展的实际情况与训练要求灵活采用。一般而言，当儿童需建立新的语言行为时可采用直接干预模式；而在儿童需要反复练习、巩固、扩展或类化语言行为时，可采用间接干预模式。由此可见，直接干预模式主要在机构、学校中实施；而间接干预模式主要在家庭中实施。因此,为发展与提升儿童语言与沟通能力,机构、学校、家庭必须密切配合,共同努力才能达到最佳康复目标。

二、语言能力训练的内容及方法

根据儿童语言发展过程及语言的要素,语言训练内容主要包括:基本沟通技能、词语理解和表达能力、句子理解和表达能力、谈话能力、叙事能力以及辅助沟通能力。

(一)基本沟通技能训练

基本沟通技能训练的主要目的是激发沟通动机、丰富沟通形式和增加沟通频率。

1. 沟通动机

动机是为实现一定目的而行动的原因。人从事任何活动都有一定的原因,这个原因就是人的行为动机。语言是一种行为活动,语言的产生来源于动机,而动机就是某种需求或愿望。根据马斯洛的需要层次论,需求分为生理的需要、安全的需要、情感和归属的需要、尊重的需要、自我实现的需要五个层次。

鉴于基本沟通技能训练对象的特点,其沟通动机主要基于前三个基本需要,即生理的需要、安全的需要和情感与归属的需要。因此,在语言康复训练过程中,可首先从儿童最基本的生理需要出发,如当儿童对食物、玩具、游戏等表现出兴趣或愿望时,应激发儿童主动沟通动机。例如,当儿童想要吃草莓时,可拿着草莓在他面前晃,但不给他。这时得到草莓的愿望会使他想尽办法来达到目的,他可能会采取"哭闹""甩东西""用手指""目视""发声"等方式来表达自己的意愿,这时应对其适当的表达方式如说出词语"草莓"予以强化,从而进一步激发其沟通的动机。

2. 沟通形式

沟通的主要形式包括语言和非语言。语言是人类沟通的主要形式,但在儿童习得语言之前,往往采用非语言沟通的形式,如用肢体动作、眼神、表情等来表示意愿。儿童最常用的方式是"抢"或"哭"。在基本沟通技能训练中,要让儿童逐渐意识到除了"抢"或哭"以外,还可采用其他沟通方式来达到目的。如在用手指物的同时还可以采用"目视""发声""微笑"等方式。另外,要根据儿童语言的发展阶段特点,逐步使沟通形式从非语言过渡到语言。例如,当儿童想要草莓时,可以先不给他,而是移动草莓,让他用眼神追视;接着,如果儿童伸手来拿草莓时,就立刻把草莓给他,并用语言进行同步强化"这是草莓,草莓真好吃,草莓给你"。当以后儿童再要草莓时,可以暂不给他,而是向他提问"这是什么?"当他说出是草莓时再给他。如不能主动说出,则再次给予示范"这是草莓"。

3. 沟通频率

沟通频率是指单位时间内沟通的次数。根据语言行为里程碑评估要求,0~18个月的正常儿童应在60分钟内对眼前能看到的物品自主发出5次要求,并且要求的物品在2种以上。一般而言,正常儿童的基本沟通技能是在其生长发育过程中通过与照料者的互动自然习得的。但需要注意的是,由于照料者对孩子的关心过于周到,什么都给孩子安排好,以至于儿童主动发出沟通的机会减少,这也会影响其沟通技能的学习。另外,大多数特殊儿童存在着不同程度的基本沟通问题,如沟通动机不强、沟通形式单一、沟通频率低。同时,不同障碍类型、不同障碍程度的特殊儿童,其沟通频率与方式也有差异。如,听障儿童的基本沟通技能问题相对较少;而自闭症儿童则普遍存在基本沟通技能方面的问题,尤其是沟通频率很低。在康复中,训练人员可根据儿童语言发展的具体情况,设置沟通次数的标准,通过强化手段提高儿童沟通动机,从而增加儿童的沟通频率,并通过监控儿童沟通次数来检验训练结果的有效性。

综上所述,基本沟通技能训练的主要目的在于激发儿童尤其是特殊儿童沟通动机、丰富沟通形式和增加沟通频率。在训练过程中,可根据对象的特点与需要,利用辅助沟通器具、多媒体软件来进行训练,如视听统合训练仪、可视音乐情绪行为干预仪、沟通训练仪等。

(二)词语理解与表达能力训练

随着儿童非言语沟通能力的增强,儿童开始学习并掌握一些常用词汇。有关研究显示:普通儿童在大约8~12个月期间可发出第一个有意义的词;到18个月左右能发出50个单音节词或双音节叠词;3岁时能理解大约3600个词汇,能表达出的词汇则在200~600个之间;6~7岁时能理解的词汇量能达到20000~26000个。词汇量随着儿童的成长不断增加。

特殊儿童由于各种生理障碍与心理问题,往往在词语学习方面出现困难,如对已学习过的词汇容易混淆、遗忘、提取困难等。因此,对特殊儿童进行训练词语十分必要,首先需要明确学习目标,然后采用相应教学方法,以提高特殊儿童词语理解与表达能力。

1. 词语理解与表达训练

词语理解与表达训练的目标是:① 学习新词汇,增加词汇量,帮助特殊儿童认识理解常见常用物品名称,在生活中反复练习与使用。② 采用各种教学手段,加深儿童对已习得词语的理解。③ 建立语义网络,建立相关语词之间的意义联系,帮助儿童加深对已习得词语的理解与记忆,提高表达能力,为后续学习句子打下基础。

2. 词语教学

词语教学的主要内容应以儿童常用词为起点,如核心名词、核心动词和核心形容词。核心名词主要包括称谓、人体部位、食物、衣物、生活用品、玩具、常见动物、交通工具等名词;核心动词主要包括描述人体动作的常见动词;核心形容词主要包括描述物体外部特征、情绪情感体验等形容词。常采用的教学方法有描述法、列举法、实物展示法、动作表演法、建立语义网络等。

1) 描述法

词语与概念是密切联系的,词语是概念的语言形式,概念是词语的思想内容,人们必须借助有声的或有形的词语才能将头脑中的概念传达给别人。要让儿童理解词语所表示的概念或代表的事物,就需要对具体的事物进行描述,描述可分为表层描述与深层描述。表层描述是指仅对事物的外部特征进行描述,如这辆小汽车"有四个轮子""是红色的""是可以开动的""是会滴滴响的"……深层描述是指对事物关键特征的描述,如"小汽车是一种乘坐人数有限的交通工具"等。在对特殊儿童进行语词教学时,应重点进行表层描述,并逐步过渡到深层描述。

2) 列举法

词语是概念的语言形式,概念有内涵与外延之分,列举法主要是依据概念的外延进行列举。例如"这是一辆红色的小汽车""这是一辆黑色的小汽车"……"这是一辆新的小汽车""这是一辆旧的小汽车"……"这是爸爸的小汽车""这是老师的小汽车"……通过列举法可加深特殊儿童对语词概念的正确理解。

3) 实物展示法

即给儿童提供大量与所授词语相关的物品,如各种小汽车的图片、模型、玩具、有小汽车的影像资料,以及真实的小汽车等。通过实物展示法,调动特殊儿童多感官参与,加深语词与事物之间的联系,提高对语词的理解能力。

4) 动作表演法

即让儿童用动作模仿来表现所授的相关词语。该方法对于学习动词类词语十分有效。如教"拍",可让儿童"拍皮球",老师一边跟着拍球一边说"拍球,拍球,拍呀拍……"如教"开车",可让儿童模仿开车的动作,老师一边跟着开车一边说"小汽车开起来,滴滴,滴滴……"通过动作表演法,可加深特殊儿童对词语的印象与理解。

5) 建立语义网络

语义网络是将有关概念(语词)按一定的逻辑关系组织起来从而形成一个有层次的网络系统。语义网络的建立过程是一个认知深加工的过程,需要调用各种认知资源,如从长时记忆中提取已习得的相关词语、进行词语概念之间的比较、分类、联想等。在词语教学中,可通过建立语义网络来帮助儿童加强语义记忆、扩展词汇量、提高各项认知能力等。

根据 Hoggan 与 Strong(1994)的建议,教学具体可分为3个步骤:① 教师和儿童一起想关于以某个词汇为中心的相关词汇,并制作成词卡。② 将词卡按语义进行分类。③ 依据语词之间的关系画出语义网络图。图 4-2-5 为词语"狗"的语义网络图。

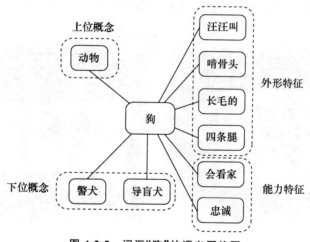

图 4-2-5 词汇"狗"的语义网络图

其中,狗的上位概念是动物;狗的下位概念是警犬、导盲犬;汪汪叫、啃骨头、长毛的、四条腿、会看家、忠诚是狗的一些属性。

总的来说,在词语理解和表达教学中,词语的选择应注意从典型到一般,从近到远,从具体到抽象;应突出运用,将词语与儿童的实际需要与生活场景联系起来,让儿童在语境中巩固和拓展所学的词语;将词语学习与认知能力训练、学习策略中的精制策略训练结合起来;可借助多媒体软件和视频进行词语教学。

(三) 句子理解与表达能力训练

随着词语和词组数量的不断增加,儿童语言开始进入造句阶段。儿童会依据生活情景连词成句,并不断地增加句子成分,扩展句长,将人、事、物通过句子表达出来。然而,对于伴有语言障碍的特殊儿童来说,在句子理解与表达方面存在各种困难,如常出现词序颠倒、关键词遗漏、句子结构不完整等错误。因此,根据特殊儿童的特点选择适当的内容以及针对性的方法进行训练十分必要。句子的理解和表达主要包括两方面:一是句子内容,二是句子结构。

一些简单句子的内容往往涉及谁、什么、做什么、哪里、什么时候、怎么样、为什么等。在沟通交流中最重要的是句子内容即句义要明确,不能产生歧义。

句子的结构是句子内容的组织形式,它是在儿童发展中不断完善起来的。句子结构的常用训练方法有:① 成分替换法,如对主语进行替换,将"我喝水"替换为"妈妈喝水";对谓语进行替换,如将"我扫地"替换为"我拖地"等;对宾语进行替换,如将"我吃苹果"替换为"我吃桃子"等。② 完形填空法,如出示句子的主干成分"我们用牙刷____",让儿童补充完整。句子的主干成分可以替换,如"我们用____刷牙""____用牙刷刷牙"等。③ 句式仿说法,如将一个句子的句式提取出来替换不同的内容,如模仿"小猫吃鱼"的句式说"小狗吃肉"等。

总的来说,在句子理解和表达教学中,应遵循由易到难、由简到烦琐的原则,先从最基本的简单句、陈述句开始,然后再学习一些特殊的句式,如把字句、被字句等;应突出运用,将句子学习与儿童日常生活需要与生活场景联系起来;将句子学习与认知能力训练、学习策略中的组织策略训练结合起来;可借助多媒体软件和视频来进行句子教学,如"启智博士早期语言评估与干预仪"中的句子训练模块,可以首先帮助儿童学习句子"妹妹戴帽子",然后再让儿童从干扰图片中选出"妹妹戴帽子",还可以通过句式仿说让儿童表达"妹妹戴手套"。见图 4-2-6。

图 4-2-6　句子的理解与表达能力训练法案例

(启智博士语言能力测试与训练仪,Dr. Language™,泰亿格电子(上海)有限公司)

(四)谈话能力训练

谈话是最常用的语言交流形式之一。谈话能力可分为三项基本能力,即倾听能力、对谈话规则的掌握以及谈话策略。

1. 倾听能力

倾听是沟通的基础,注意听并能听懂是谈话的第一步。注意听表现在以下方面:① 安静倾听康复师、教师或同学的讲话。② 眼睛注视谈话对象,注意力跟随谈话对象的指示而发生变化。③ 听懂他人的意思并采用目光、面部表情或口头语言回应他人。

2. 谈话规则

谈话规则主要包括：① 不随意插话、不抢话，发言时先示意。② 注意对话双方的轮流。③ 使用文明礼貌用语。④ 及时给予应答和反馈。谈话的基本策略主要包括谈话者通过副语言的方式，如语气、语调来辅助自己的表达，这些辅助方式有助于帮助谈话双方相互理解、调整谈话内容、保证谈话的推进。

特殊儿童在谈话时往往会出现不注意倾听、自说自话或无话可谈的现象。因此，在谈话训练中，教师要注意以下三点：一是要选择适合儿童语言发展水平的内容进行谈话，并增强儿童语言理解能力；二是让儿童理解谈话的基本规则，如要等对方将其思想表达清楚了，再发表自己的观点或意见；三是学习基本的谈话策略。

3. 谈话能力

谈话能力的训练可使用脚本训练法。例如，儿童可能会去超市买奇趣蛋，我们设计好脚本进行预先训练。根据儿童语言水平的不同，可选择不同难度的脚本进行训练（如初级、中级、高级），具体见表4-2-1。

表 4-2-1 儿童谈话能力训练——脚本训练法案例

买奇趣蛋脚本1（初级）	买奇趣蛋脚本2（中级）	买奇趣蛋脚本3（高级）
儿童：阿姨，我买奇趣蛋。 售货员：等一下……给你。 儿童：多少钱？（儿童拿着奇趣蛋问） 售货员：10块。 儿童：给你。 售货员：请走好，欢迎下次再来。	儿童：阿姨，奇趣蛋在哪里？ 售货员：奇趣蛋在那里（手指着奇趣蛋的方向）。看到了吗？ 儿童：看到了。多少钱？（儿童拿着奇趣蛋问） 售货员：10块。 儿童：给你10块。 售货员：请走好，见欢迎下次再来。	儿童：阿姨，我想买奇趣蛋。请告诉我奇趣蛋在哪里？ 售货员：奇趣蛋在第三排的最下面。看到了吗？ 儿童：看到了。多少钱？（儿童拿着奇趣蛋问） 售货员：10块。 儿童：给你20块，你找我10块。 售货员：找你10块。还要什么吗？ 儿童：不要了。谢谢。 售货员：请走好，欢迎下次再来。

在脚本训练中，要让儿童充分体验到目光、语气、语调在谈话中的辅助作用；加强儿童对脚本中相关语词的理解，如"这里""那里""第几排""最下面"等。

（五）叙事能力的训练

叙事又称说故事。叙事可分为口语叙事和书面语叙事。口语叙事是指用口头语言把人物的经历、行为或事件发生、发展、变化等过程讲述出来，要说清楚人物、时间、地点、事件和事情发生的原因，并且要说明事情发生、发展的先后顺序。由于口语叙事是书面语叙事能力发展的基础，因而在语言康复过程中以口语叙事能力训练为主。

口语叙事能力训练需经过几个阶段：① 对事件中的相关人、事、物进行命名。② 使用常见的动词讲述人、事、物之间的简单关系。③ 使用一些修饰词和连词，使讲述的内容更加生动、连贯。④ 有条理且细致地叙述整个事情发生、发展过程，使内容更加丰富、生动形象。叙事能力训练的形式可以是故事讲述，也可以是故事续编或故事联想。下面以"小猴掰玉米"的故事为例，说明如何采用故事讲述法对儿童进行口语叙事能力的训练。根据上述口语叙事的四个阶段，将叙事分为4个级别。具体如表4-2-2所示。

表 4-2-2　儿童叙事能力训练—故事讲述法举例

叙事1级	叙事2级	叙事3级	叙事4级
小猴子、玉米、桃子、西瓜、小兔	小猴下山。小猴走到玉米地。小猴掰玉米。小猴扛玉米。小猴摘桃子。小猴捧桃子。小猴摘西瓜。小猴抱西瓜。小猴追兔子，兔子不见了。小猴回家了，手里什么也没有。	小猴走到玉米地，看到很多玉米，就掰了一个。小猴扛着玉米，走到一棵桃树下，看到桃子又大又红，猴子扔了玉米摘桃子。小猴捧着桃子来到西瓜地，看到又大又圆的西瓜，又扔了桃子摘西瓜。小猴抱着西瓜走回家的路上，又看到了一只小兔子。小猴扔了西瓜去追兔子，小兔子跑进树林里，不见了。小猴子空着手回家了。	有一天，一只小猴子下山来。它走到一块玉米地里，看见玉米结得又大又多，非常高兴，就掰了一个，扛着往前走。小猴子扛着玉米，走到一棵桃树下。它看见满树的桃子又大又红，非常高兴，就扔了玉米去摘桃子。小猴子捧着几个桃子，走到一片瓜地里。它看见满地的西瓜又大又圆，非常高兴，就扔了桃子去摘西瓜。小猴子抱着一个大西瓜往回走。走着走着，看见一只小兔蹦蹦跳跳的，真可爱。它非常高兴，就扔了西瓜去追小兔。小兔跑进树林子，不见了。小猴子只好空着手回家去。

在叙事能力的训练中，由于儿童的语言理解先于语言表达，所以先要以故事理解为主要训练内容；如果某儿童的叙事能力还处于基本词语阶段，则故事讲述可从语词（叙事1级）开始，其他情况可依此类推。

（六）辅助沟通能力的训练

由于部分特殊儿童语言康复的可能性很小，终身难以用有声语言进行表达，如重度脑瘫患者等。因此，借助扩大与替代性沟通系统进行沟通是一种有效的形式。扩大与替代性沟通系统（Augmentative and Alternative Communication），简称 AAC。2002 年，美国言语语言听力协会将 AAC 定义为"在临床、教育、研究实践的领域，旨在暂时或永久改善较少有或无功能性语言个体的一种沟通手段。"AAC 可分为非辅助系统和辅助系统两类。非辅助系统是利用肢体语言进行沟通，如以手指、手势、声音、手语及手指拼字进行沟通。辅助系统是利用非自身器官的工具进行沟通。例如笔、计算机、字母、图片以及其他电子设备等。以下所说辅助沟通系统指辅助系统。

辅助沟通系统包括四个要素，即设备、技术、策略和符号。设备即通常所说的沟通辅具，包括沟通板、沟通薄、沟通笔等；技术是指设备操作的方式，分为直接操作与间接操作，选用何种操作方式由个体动作控制能力决定；策略是指教会沟通障碍者如何运用恰当的沟通辅具与人互动，弥补语言上的缺陷；符号是指个体用来表征其所欲表达信息的符号系统，可以是图片、实体、模型、方法、手势等，其中图片是最常用的符号系统。根据辅助沟通系统的要素衍生出许多类型的沟通辅具，常用的沟通辅具有以下几种。

1. 简易式沟通板

简易式沟通板是一种使用较广的低科技含量的沟通辅具，例如，泰亿格电子（上海）有限公司开发的简易式沟通板"沟通任意贴"，其中包含 384 个图形。通过大量的粘纸图片帮助使用者提高学习兴趣，培养认知和沟通能力。如图 4-2-7 所示。

2. 交互式沟通板

交互式沟通板可以和计算机相连接,具有录音、播放、编辑、声音处理和模拟功能。它利用固定的或能随意录制的声音以及相应的图片,引起特殊儿童对语音产生兴趣。作为口语交流的替代手段,交互式沟通板可帮助无言语的儿童进行日常沟通。如图4-2-7所示。

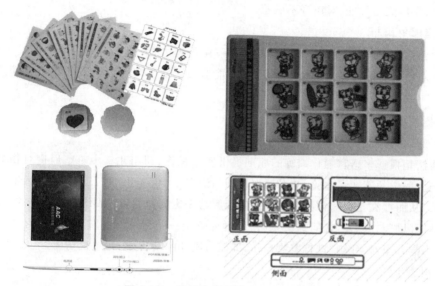

图 4-2-7　简易沟通板及交互式沟通板
(启智博士语言能力测试与训练仪,Dr. LanguageTM,泰亿格电子(上海)有限公司)

3. 便携式沟通板

便携式沟通板具有对声音随录随删的功能,且体积小,重量轻,便于携带。在进行辅助沟通能力训练之前,应对儿童进行全面评估,包括视觉、听觉、触觉等感官能力以及肢体操作、认知、言语与语言能力等。在评估的基础上,选择适当的辅助沟通训练工具,制订并实施教育康复训练计划。辅助沟通能力训练主要包括两方面内容:

(1) 训练儿童了解沟通符号的意义和功能,即让儿童在沟通符号与自我需求之间建立连接。如当儿童指向或拿出一张"喝水"的图卡时,训练者即给他水喝,经过反复多次的强化,使儿童明白可以使用沟通图卡来满足自己的需要或与别人进行沟通。

(2) 运用沟通辅具进行日常沟通,当儿童掌握沟通符号的含义和功能时,可以在日常生活中训练儿童利用沟通辅具表达需求。例如训练儿童运用沟通辅具表达如厕,首先,向儿童展示沟通辅具图库中的与马桶相关的图片,让儿童建立图片与实物之间的联系。如儿童的理解处于词语阶段时,在其需要上厕所时,提示或引导他拿出"马桶"的图卡来表达需求,如此不断训练直到儿童能在需要时主动拿出"马桶"的图片。当儿童的理解处于句子阶段时,可将"我""要""大便"的图卡按顺序排列在沟通版面上。当儿童能理解后,可在"大便"下的空格内排列"小便""洗手"的图卡,并进行"我要XX"的句子替换练习。

三、特殊儿童语言能力训练案例

(一) 基本情况

小Z,男,5岁。现在上海某自闭症康复机构进行康复训练,经儿童医院评定,其结果为为轻中度自闭症、轻度智障(IQ 为 65),无其他疾病。

(二) 语言能力评估

语言理解方面:小 Z 能听懂教师日常指令,但难以理解两步、三步等复杂指令;能基本理解部分常见物体的名称及其特征和功能,但其理解的范围较小。语言表达方面:主动沟通的动机不强、仅能命名少量词汇、模仿能力欠佳、对声音不敏感。

(三) 教育康复目标

根据上述评估结果,主要对该儿童物体功能的理解与表达能力进行训练。希望经过针对性训练,儿童能够根据对物品功能的提问选择正确的物品;能够独立或在提示下,用简单语言正确描述物品的功能。

(四) 训练方法

1. 实物操作法

实物操作法是根据多感官强化训练的原则提供实物操作,利用儿童多感官通道对物品及其功能产生视觉、听觉、触觉的感知和体验,并在动作辅助和语言提示下,建立物品与其功能所对应的语言符号之间的联系,从而提高儿童对物品及其功能的理解与表达能力的一种训练方法。例如,在训练该儿童理解与表达"牙刷"与"刷牙"之间的关系时,教师先拿出一把牙刷对儿童说"这是牙刷",然后在老师的示范下,引导儿童对"牙刷"进行实物操作,即模仿刷牙的动作,在儿童模仿时,老师对他说"请跟我说'我用牙刷刷牙'"。

2. 功能配对活动

在儿童对日常物品及其功能有了一定的认识和体验之后,就可进入物品功能配对活动,即将一些物品实物或图片摆在儿童面前,然后做一个动作,让儿童对面前的实物或图片进行选择。例如,向儿童展示拖把、杯子、牙刷、镜子图片,然后做出拖地的动作,并询问儿童"老师用什么拖地呀?"要求儿童进行选择。如此重复多次之后,老师可在展示图片后,不做动作直接提问"什么可以用来拖地呀?",在儿童选对后,老师可以说出完整句子"拖把可以拖地",并要求儿童复述。训练难度可根据儿童的理解程度调整,如二选一、三选一、四选一、八选一等。

3. 对话交流法

对话交流法是设置一个话题,通过与儿童的对话交流来提高其语言理解与表达能力的一种方法。例如,在儿童能够完成物品与功能的正确配对后,选择其中一个"拖把"的图片,询问儿童"拖把可以用来做什么?"预设儿童可能会有三种反馈,一是能够正确地说出"拖地",此时康复目标就应放在能够说出完整的句子"拖把可以拖地";预设儿童的第二种反馈是无法回答"拖地",此时可给予语音提示"拖",意在让儿童补全词语"拖地";第三种反馈是儿童回答错误,如儿童回答"扫地",此时应及时纠正其错误,拿出扫帚的图片,对儿童说"扫帚可以扫地","拖把可以拖地",如果儿童仍然回答错误,可重新进行实物操作法、功能配对活动训练。

4. 生活拓展

理解和表达物体的功能、特征和类型是日常生活交流的重要方面。不仅要在平常的训练中将训练内容与生活紧密联系,在生活中也要抓住机会对训练内容进行复习和拓展。因此,老师要向家长强调在生活中也要要求儿童复习和巩固对物体功能的理解和表达,创设情境,激发儿童主动表达的意愿。如在吃饭的时候,家长可向儿童提问"筷子可以做什么",当儿童回答"吃饭"时,家长把筷子递给儿童,并说"对!筷子可以吃饭";或提问"我们用什么吃饭?"引导儿童回答"筷子",家长随后补完句子"对!我们用筷子吃饭"。家长在生活中要注意培养儿童的谈话意识,经常向其提问,与其互动,将对物体功能的理解和表达渗透到日常生活中。

(五) 结果与分析

本个案采用 B1-B2 单一被试实验设计(详见本书第十章)。该儿童每星期进行语言康复训练 5 次,每次训练 30 分钟,连续训练 14 周。每周训练结束后采用《物体属性的理解和表达评估表》(龚娇娇,2015)的子评估表《儿童物体功能的理解和表达评估表》进行测试。该评估表物体功能理解部分 18 题,答对 1 题记 1 分,答错或未答不计分,满分为 18 分;该评估表物体功能表达部分 18 题,答对 1 题记 1 分,答错或未答不计分,满分为 18 分。训练结束后共收集到 14 次数据,将前 7 次作为处理一期 B1 的数据,后 7 次作为处理二期 B2 的数据。两期数据统计结果如图 4-2-8、4-2-9 所示。

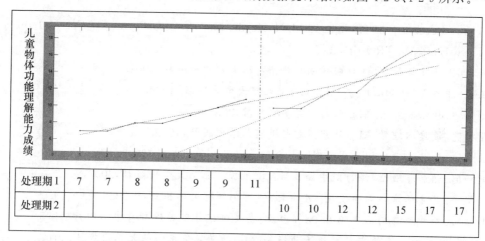

图 4-2-8　儿童物体功能理解正确率的趋势图

图 4-2-8 显示:该儿童物体功能理解成绩 B1 与 B2 数据 t 检验结果为 $p=0.0023$,$p<0.01$。该结果说明两期数据存在极显著差异,被试处理 2 期的理解成绩显著高于处理 1 期,儿童对物体功能的理解能力有显著提高。

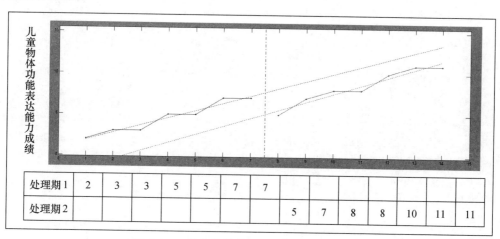

图 4-2-9　儿童物体功能表达正确率的趋势图

思考题

1. 简述语言和沟通的定义。
2. 简述语言能力发展的主要理论及其观点。
3. 简述特殊儿童语言训练的目标及原则。
4. 简述特殊儿童语言障碍康复的主要流程。
5. 儿童语言能力评估包括哪几个部分?
6. 简述基本沟通技能的训练内容及方法。

主要参考文献

1. Celeste Roseberry-McKibbin and M. N. Hegde. *An Advanced Review of Speech-Language Pathology*(Third Edition):PRO-ED,Inc.
2. 胡壮麟.语言学教程(修订版)[M].北京:北京大学出版社,2001.
3. 王甦,汪圣安.认知心理学[M].北京:北京大学出版社,1996.
4. 李宇明.语法研究录[M].北京:商务印书馆,2002.
5. 张必隐.阅读心理学[M].北京:北京师范大学出版社,1992.
6. 孔令达.汉族儿童实词习得研究[J].合肥:安徽大学出版社,2009.
7. 胡壮麟.语言学教程(修订版中译本)[M].北京:北京大学出版社,2002.
8. 锜宝香.儿童语言与沟通发展[M].北京:首都师范大学出版社,2016.
9. 钟玉梅.听觉障碍的语言治疗[M].台北:嘉义师范学院特殊教育中心印行,1995.
10. 张明红.学前儿童语言教育与活动指导[M].上海:华东师范大学出版社,2014.
11. 锜宝香.儿童语言障碍理论、评量与教学[M].北京:心理出版社,2006.
12. 唐朝阔,王群生.现代汉语[M].北京:高等教育出版社,2000.
13. 张明红.0~3岁儿童语言发展与教育[M].上海:华东师范大学出版社,2013.

第五章　认知能力的评估与训练

> **本章目标**

1. 明确认知、智力与知识之间的关系。
2. 了解认知能力训练的有关理论。
3. 理解特殊儿童认知能力训练的原则以及一般流程。
4. 了解特殊儿童认知能力评估的内容与方法。
5. 了解特殊儿童认知能力训练的内容与方法。

特殊儿童认知能力训练是综合康复七大板块的重要组成部分。认知能力的提高与语言能力、学习能力、社会交往能力的发展与提高有着密切的关系。本章将对特殊儿童认知能力训练概念、认知能力的评估与认知能力的训练进行介绍。

第一节　认知能力训练概述

认知能力训练是针对各类特殊儿童的发展需求,有目的、有计划、有组织地对其认知发展施加影响的过程。其目的是通过教育与康复训练促进特殊儿童认知发展,提高其语言水平、学习能力以及适应生活的基本能力。认知训练的主要形式是集体教学与个别化康复训练以及两者的有机结合。国内外许多研究均表明:受过早期认知训练的特殊儿童,在注意力、记忆、观察、分类、推理以及生活适应等方面均明显高于未受过训练的儿童。因此,对特殊儿童进行科学、有效的认知能力训练十分必要。本节将对认知、智力与知识的区别与联系、认知能力训练的主要对象、认知训练的基本理论、认知能力训练的原则以及认知能力训练的流程进行叙述。

一、认知、智力与知识

在心理学中,将能力分为一般能力与特殊能力。一般能力就是指认知能力,认知能力包括观察能力、记忆能力、思维能力、想象能力以及注意力,一般能力(认知能力)的综合体就是智力。特殊能力是指除一般能力以外的、从事特殊任务或工作的能力,如音乐、绘画、体育等能力。另外,能力与知识既有关联也有区别。首先,能力与知识所属的范畴不同,能力属于个性心理特征,知识是经验的积累与概括;第二,两者的发展速度与趋势不同,能力的提高相对较慢,随着年龄的增长,其发展趋势表现为发展、迟滞、衰退;而知识随着年龄的增长不断积累与丰富。同时,两者关系十分密切,能力在学习与训练中可以得到不断发展与提高;而知识的获得又必须以一定的能力为前提。

二、认知能力训练的主要对象

从认知发展水平而言,可将儿童认知能力分为超常、常态与低常三类。从广义上说,认知训练可适用于所有儿童。但由于特殊儿童(狭义)认知能力的发展水平明显低于普通儿童,所以更有必要对其进行系统、科学与有效的认知训练。这里,我们将认知训练的对象主要分为智障儿童、听障儿童、学习困难儿童与注意力涣散或缺陷儿童四类。

(一) 智障儿童

智障儿童主要包括智力发育迟缓、脑性瘫痪(有智力障碍)、自闭症以及语言发育迟缓等。其认知特点主要有:

(1) 注意力涣散,难以完成学习任务或有组织的活动,无法集中注意力听别人讲话,往往逃避需要持续一定时间的脑力活动,易受外部无关信息的干扰。

(2) 观察能力低下,缺乏观察目的及有效的观察策略,观察效果差。

(3) 记忆缺乏明确的目的,识记速度慢,工作记忆容量小,不能有效保存信息,再现不精确,缺乏有效的记忆策略。

(4) 推理能力差,难以同时从多个维度对信息进行加工。

(5) 在认知活动中,缺乏计划性,自我监控及自我评价能力差。对智障儿童可重点进行感知觉训练、基础训练以及注意力、观察与记忆能力的训练。

(二) 听觉障碍儿童

有研究表明,人从听觉通道接受的信息量大约占总信息接收量的25%。由于听觉通道受损程度不同,听觉障碍儿童的认知能力发展水平也会不同。笔者于2010年完成了国家科技部"十一五"国家科技支撑项目"聋儿认知规律及康复技术规范化研究"子项目"学前听障与健听儿童五项认知能力比较研究"。该研究以自行编制的学前儿童五项认知能力测验量表(电子版)为工具,对全国13个省市3至6岁健听与听障儿童(健听儿童475人,听障儿童267人,共计742人)进行了五项认知能力测验,结果表明:

(1) 随着年龄的增长,健听儿童五项认知能力均呈明显的上升趋势,且五项认知能力在各年龄段上的均值均有极显著差异,其结果符合学前健听儿童认知能力发展的一般规律。

(2) 学前听障儿童五项认知能力的发展趋势总体向上,但发展相对迟缓,具体表现为在某些年龄段认知发展水平差异不显著。例如,在逻辑类比测试上,尽管6岁听障儿童的均值高于5岁儿童,但差异不显著。

(3) 健听与听障儿童五项认知能力比较结果显示,健听儿童五项认知能力的发展水平均高于听障儿童。但在部分项目(如图形推理)上,3岁与4岁时两类儿童差异不显著,但随着年龄的增长,他们在五项认知能力上差异逐渐增大。研究结果显示,必须根据听障儿童认知发展的规律与特点,进行及时、科学及系统的认知能力训练。对学前或低年级的听障儿童可进行基础训练、注意力、观察与记忆能力的训练;对中高年级的听障儿童可进行分类、推理以及学习策略能力的训练。

(三) 学习困难儿童

目前,在教育与心理学界对学习困难有多种提法,如学习障碍、学习困难与学业不良等。笔者采用学习困难的操作定义,即学习困难儿童是指智力正常,但主要学科(如语文、数学)成绩连续几个学期(如两学期)低于班级或年级平均水平1.5个标准差以下的儿童。有调查资料表明,在普通小学或初中,学习困难学生的比率占全体学生的5%至15%。导致学习困难有多种原因,如社会环境、家庭环境、早期教育情况、个人非智力因素等,其中学习策略(包括认知策略、元认知策略与学习资源管理策略)水平较低是其中的一个重要因素。对此,国内外教育界与心理学界开展了大量的研究,在理论研究的基础上,开发了一些旨在提高学习困难学生认知能力及学习策略水平的训练课程,实践表明,这些课程能有效提高学习困难学生认知能力以及运用学习策略的水平,从而提高其学习成绩。

目前,随着我国特殊教育事业的发展,许多普通中小学设立了资源教室,资源教师会经常面对学习困难儿童。如何对其开展认知能力以及学习策略训练,如何使其将在训练情景中获得的策略有效迁移到其他学习情景中去,这是需要认真研究与探索的。笔者多年的教育与康复实践表明,对学习困难儿童进行认知能力训练是进行后续学习策略训练的重要基础,应加强对其进行注意力、观察、记忆、分类与推理能力的训练。

(四) 注意力涣散或缺陷儿童

注意力是进行学习活动、掌握知识必不可少的心理条件。在中小学中,有许多学生存在注意力不集中的问题,注意力涣散或缺陷儿童大约占学生总数的3%~5%。此类学生的主要表现为不专注、多动与冲动。其注意力无法集中在学习任务上,另外,这些学生做事没有计划,往往没有考虑好就行动,如老师提问时急于抢答,但回答问题的质量很差。心理学认为,注意力不是一种独立的心理过程,但总是与各种认知过程紧密相连,注意力涣散或缺陷会严重影响学生的认知作业水平与学习成绩。因此,对这类学生进行相关的认知训练是十分必要。国外的一些成功干预案例表明,在进行注意力训练的同时,尤其要加强元认知能力的训练,提高其自我意识、自我监控与自我调节的能力。

总之,大量的理论与实践研究表明,对轻中度智障儿童进行感知觉训练、基础训练与基本认知能力训练,能在一定程度上提高其认知能力,促进其语言与交往能力的发展;对中高年级的听障儿童、学习困难儿童进行推理能力、分类能力以及学习策略的训练,能全面提高其认知水平及获取与组织信息的能力,从而改善其学习成绩;对注意力涣散或多动症儿童进行系统的认知训练,能提高其注意力水平,减少其多动或冲动行为。

三、认知能力训练的基本理论

在对特殊儿童进行认知能力评估与训练时,需要以相应的理论为依据。皮亚杰的认知发展理论揭示了普通儿童认知发展的一般规律,为制订特殊儿童认知训练的目标与内容提供了重要的参考依据;戴斯的PASS理论将认知过程分为四个过程及三个系统,从而为特殊儿童认知能力的评估与训练提供了理论与实践依据。以下对皮亚杰的认知发展理论与戴斯的PASS理论进行简要介绍。

(一) 皮亚杰的认知发展理论

皮亚杰认为,在个体从出生到成熟的发展过程中,其认知结构在与环境的相互作用中不断被重构,从而表现出按不变顺序相继出现的四个阶段:① 感知运动阶段(出生至2岁),处于此阶段的个体靠感觉与动作认识世界。② 前运算阶段(2~7岁),此阶段的个体开始运用简单的语言符号从事思考,具有表象思维能力,但缺乏可逆性。③ 具体运算阶段(7~11或12岁),个体出现了逻辑思维和零散的可逆性运算,但一般只能对具体事物或形象进行运算。④ 形式运算阶段(11或12~14或15岁),个体能在头脑中把形式和内容分开,使思维超出所感知的具体事物或形象,进行抽象的逻辑思维和命题运算。上述的每一阶段有其主要的行为模式,该行为模式标志着这一阶段的行为特征。其中,每一个阶段都是一个统一的整体,而不是一些孤立的行为模式的总和。

皮亚杰在进行上述年龄阶段的划分时,提出以下重要原理:① 认知发展的过程是一个结构连续的组织和再组织的过程,过程的发展是连续的,但造成的后果是不连续的,故发展有阶段性。② 发展阶段是按固定顺序出现的,出现的时间可因个人或社会变化而有所不同,但发展的先后次序不变。③ 发展阶段是以认知方式的差异而不是个体的年龄为标志的。因此,阶段的上升不代表个体的知识在量上的增加,而是在认知方式或思维品质上的改变。

皮亚杰认知发展理论也得到了现代生理与心理学研究结果的印证与补充,人类从出生到6岁,大脑发育几乎完成了80%左右,学前期(3~6岁)是个体发展可塑性最强、智力发展最快的时期。学前儿童已能初步理解数字之间的关系,能运用表象进行加减运算,能初步掌握平面图形的基本特征,并初步理解集合与元素之间的关系等,其注意力、观察、记忆以及对周围事物的感知能力均处于发展的关键时期。因此,把握好学前儿童心理发展的关键期,及早开展认知能力训练,对于其脑功能开发具有事半功倍的效果,可为其毕生发展奠定良好的基础。

特殊儿童认知发展规律与普通儿童相比,既有特殊的一面,也有共性的一面。按照皮亚杰的理论,虽然特殊儿童各项认知能力的发展可能相对滞后,但是仍然依照一般的认知发展阶段向前发展,只要针对特殊儿童的认知特点,采用科学与系统的认知训练手段和方法,就有可能缩短特殊儿童认知能力发展阶段的时间,减小与普通儿童认知发展水平之间的差距。

(二) PASS 理论

20世纪90年代,加拿大心理学家戴斯(DaS. J. P.)等人提出了PASS理论。该理论认为,认知分计划(Planning)、注意(Attention)、继时性加工(Successive processing)与同时性加工(Simultaneous processing)四个过程。这四个过程对应着计划、注意与信息编码三个系统,具体为:

(1) 计划系统。是指个体对自己认知行为的规划、调整与检验。计划过程包括计划的产生、计划的选择、计划的评价与计划的调控。

(2) 注意系统。是认知活动得以正常维持的基础。可从多个维度对注意进行分类,根据注意的功能,可将其分为维持性注意与选择性注意;根据注意的发生阶段,可分为接受信息阶段注意和表达信息阶段注意;就感觉通道而言,注意可以是视觉的、听觉的也可以是视听混合的。

(3) 信息编码系统。是指信息加工的基本方式,包括继时性加工与同时性加工。继时性加工是指将多个刺激整合成一个系列,即继时性加工往往将刺激整合成特定的系列,使系列中的各成分形成一种链状结构。同时性加工是指将多个刺激同时整合为一个单元。继时性加工与同时性加工都发生在工作记忆中,其加工结果储存于长时记忆中。加工水平除了与材料特性有关外,还与加工者个人的知识背景与相应策略的运用水平有关。

总之,在PASS模型中,注意系统是信息加工的定向与维持系统,信息加工系统是信息编码的执行系统,计划系统具有对认知过程监控、评价与调节的功能,四个过程与三个系统既相互独立又相互联系,在认知活动中协同发挥作用。

根据PASS理论,国外开发了一些针对学习困难儿童进行学习策略训练的课程,如PASS理论补救计划PREP(PASS Remediation Program)、学习策略介入式训练(SIM)等。实践表明,这些训练课程有助于激发和提高学习困难学生的选择性注意水平、继时性与同时性加工水平及计划能力。根据PASS理论,我们编制了特殊儿童认知能力评估工具;依据PASS理论中的计划系统与元认知理论构建了特殊儿童认知训练模式。我们的探究与实践表明,以PASS理论与元认知理论为依据的训练模式能有效提高特殊儿童的认知加工水平(继时性与同时性编码)及自我监控与自我调节水平。

四、认知能力训练的原则

(一) 符合特殊儿童认知发展规律

普通儿童的认知发展规律是对特殊儿童进行认知康复与教育的重要依据。从总体上看,普通3~5岁儿童的认知发展处于具体运算阶段。这一阶段的幼儿开始运用表象来表征外界事物,重视事物的外部特征,其思维具有一定的可逆性、具体性、自我中心性和刻板性。6~15岁儿童的认知发展处于抽象思维加速发展阶段,能在一定的情景下使用认知策略去解决相应的问题,同时其元认知能力也在不断发展。由于生理与心理存在不同程度的障碍,特殊儿童各项认知能力的发展相对滞后。对他们进行认知能力的训练时,首先要了解其认知能力发展的现有水平以及特点,然后制订具有针对性的训练方案,遵循小步子、多反复、循序渐进的训练原则。例如,关于类包含的概念,皮亚杰与国内方富熹等的研究结果表明,只有7~8岁的普通儿童才能获得正确的分类能力。那么,对于特殊儿童来说,他们是否能够掌握"类"包含的概念呢?我们曾在培智学校三年级语文课"刀"的教学中,尝试培养学生初步理解"类"包含的概念。首先,教师出示一张图片,上面画有两把菜刀和一把水果刀,要求学生回答,有几把菜刀(2把),几把水果刀(1把),是菜刀多还是水果刀多。其次,通过讲解与练习,让学生明白菜刀与水果刀都是刀,另外,还有其他类型的刀(如美工刀)也是刀。最后再问:是刀多,还是菜刀多。通过这种分解式的讲解与环环相扣的询问,部分学生终于理解了这种简化了的类包含问题。

由此可见,在对特殊儿童进行认知能力训练时,我们既要参照普通儿童的认知发展规律,也要了解特殊儿童认知发展的现有水平与特点,并以此为基础,把握训练难点,分解难点,采用具体形象的教学方法分而教之,这样才有可能逐步达到认知训练的目标。

(二) 认知能力训练与语言学习相结合

语言是思维的外在表现。认知水平与语言能力具有密不可分的联系,认知能力的训练必须与语言学习相结合。具体来说,特殊儿童的认知训练应与生活语文、生活数学及生活适应等课程的教学结合起来。例如,在上述"刀"的教学中,对学生进行句型练习:菜刀是刀;水果刀是刀,美工刀也是刀;水果刀、菜刀和美工刀都是刀。通过练习,学生既理解了简单类包含的概念,也学习了如何用语言准确地表达自己的思想。同样,在进行认知训练时,既要求学生积极思维,也要求学生用语言叙述自己的思维过程。例如,在记忆策略训练中,在电脑屏幕上依次出现苹果、水龙头、毛巾、水果刀与盘子,停留60秒后消失,将次序打乱,要求学生按原顺序重新排序。教师问排序正确的学生:你们是用什么方法记住这些物品排列顺序的呢?有些学生回答:"我默念了三遍,就记住了。"也有一些学生回答:"我是按吃苹果的过程来记忆的:妈妈拿一只苹果,打开水龙头把它洗干净,然后用毛巾擦干,再用水果刀削皮,最后把苹果放在盘子里。"在这一训练过程中,教师发现答案不正确的学生往往不能清晰地表达自己的思维,他们会说"我记不住""忘了"等。而对于回答正确的学生也有两种情况,有的学生能完整与清晰地表达自己的思维过程,而另一些学生则会说"我就是这样记的""我也说不出是用什么方法"等。对于这些学生,教师就要鼓励其反思自己的思维过程,并用语言准确地表达出来。

(三) 认知能力训练与儿童生活经验相结合

儿童认知能力训练必需遵循由易到难、从简到繁、从具体到抽象的过程。对特殊儿童而言,在训练的初期阶段,训练内容要容易并且具体形象,这就需要将训练内容与特殊儿童生活经验密切联系起来。如在认识颜色的教学中结合学生身上衣物的颜色进行教学;在进行空间概念的教学中以教室或学生自家房间的布置为内容,进行左右前后等方位概念的教学等。在分类与推理能力训练中,也应尽量以学生已有的生活经验与知识为前提。例如,在蔬菜与水果的分类教学中,要避免将一些不常见的蔬菜与水果作为训练材料,如在一次训练中,水果中出现了火龙果,许多学生都说从未见过这种水果,当教师将火龙果换成荔枝后,许多学生都找出了正确答案。另外,最好选择儿童熟悉的场景进行训练,如学校、自家小区、超市、动物园等。以儿童已有知识为起点,才能帮助他们梳理与组织原有知识,从而获得新知识,使其不断登上认知发展的新台阶。

五、认知能力训练的流程

特殊儿童认知康复与教育是一个科学、系统的过程,大致包括5个步骤,即基本信息搜集、认知能力评估、训练计划制订、训练方案实施与训练效果监控。

(一) 基本信息搜集

特殊儿童基本信息主要包括姓名、性别、出生年月日、出生时情况、有无家族病史、医疗机构的诊断结果、接受过何种治疗或干预、学校学习情况、家庭经济状况、家庭教育情况、主要问题及表现等。以上信息可以通过对家长或教师进行访谈或问卷调查获得。特别需要注意的是,上述信息只作为训练或研究的资料,对其他无关人员应严格保密。

(二) 认知能力评估

对特殊儿童进行认知能力评估,可选用各种标准化的测验工具,如韦氏、瑞文、麦卡锡、儿童五项认知能力测验(学前和学龄版)等智力或认知能力测验工具。评估特殊儿童认知发展水平要注意以下三点:第一,结合儿童的基本情况、认知能力、学习能力以及社会适应能力等进行综合评价;第二,分析其认知发展水平落后的可能原因;第三,分析儿童认知能力的发展特点以及预期通过训练可能达到的水平。

(三) 训练计划制订

在综合分析的基础上,制订系统与有针对性的训练计划。内容主要包括训练形式、训练内容与训练目标。训练形式可分为集体训练、个别化训练与家庭训练。训练内容可从两方面考虑:

(1)是根据儿童的年龄与目前的认知发展水平,选用不同阶段的认知训练内容,如对学前与低年级的特殊儿童可进行基础训练以及注意力、观察、记忆能力的训练,对中年级的听障儿童可进行推理与分类能力的训练,对中高年级的听障儿童或学习困难儿童可在认知能力训练的基础上开展学习策略的训练等。

(2)要根据儿童认知特点,确定训练的重点,如对轻中度智力障碍儿童应以基础训练及注意力、观察、记忆能力的训练为主,对智力正常而学习困难的儿童应以分类、推理以及学习策略训练为主,对注意涣散或缺陷并伴有多动症的儿童的训练应加强注意力以及自我意识、自我监控与自我调节能力的训练。训练目标应包括短期、中期与长期目标,训练要依据既定目标,采用小步子、多反复、循序渐进的方式进行。

(四) 训练计划实施

在训练过程中要力求作到:① 训练必须按计划实施;② 做好相关资料搜集、整理与保存工作;③ 将集体训练、个别化训练与家庭训练相结合;④ 在集体训练中,认知训练应与学科学习内容相结合;⑤ 进行动态评估,根据评估结果,及时修正与调整训练计划。

(五)训练效果的监控

要达到预期的认知训练效果,必须对训练过程进行动态监控,即及时掌握特殊儿童的认知行为与水平,在必要时调整训练方案与内容。实施动态监控可采用观察法、记录法以及单一被试实验法对儿童的认知行为指标进行定量测量与分析,在完成阶段性训练计划后,应对儿童进行评估,比较训练前后的变化,为下一步教育计划的制订与训练提供依据。

六、认知康复的常用工具

(一)认知能力测试与训练仪

该仪器包括认知能力评估与训练两部分。评估内容包括空间次序、动作序列、目标辨认、图形推理、逻辑类比;训练内容主要包括视听感知训练、启蒙训练(认识颜色、图形、数字、时间、空间、基本物理量等)、注意力训练、观察力训练、记忆力训练。该仪器可提供及时的评估结果,并对训练过程进行动态评估与监控。

(二)语言认知能力测试与训练仪

该仪器包括语言认知能力的评估与训练。评估内容包括数字推理、图形推理、异类鉴别、情景认知、记忆策略。训练内容主要包括注意力训练、观察力训练、记忆力训练、推理能力训练、分类能力训练、以及语言理解与表达能力训练等。该仪器可提供及时的评估结果,并对训练过程进行动态评估与监控。

第二节 认知能力的评估

一、认知能力评估的目的

对特殊儿童进行认知能力评估的主要目的是:确定该儿童目前认知能力所处的发展阶段、了解其认知发展的特点,为开展有针对性的认知训练、制订阶段性目标以及选择适当的训练手段与方法提供依据。

在认知能力评估中,通常会采用一些标准化的测验工具,而这些工具所提供的常模往往是以普通儿童的测量结果为依据而制订的。因此,可将特殊儿童的测验结果与相应常模进行对照,从而判断特殊儿童大致处于普通儿童哪个年龄阶段的认知发展水平。例如,一些认知能力测验结果表明,大多数听力障碍儿童的逻辑推理能力大致相当于较其低二至三个年龄段的普通儿童。这一评价结果有助于根据儿童认知发展阶段的认知特点安排训练内容。在认知能力评估中,不仅要关注特殊儿童在完成认知任务上所达到的水平,更应关注其解决问题的认知方式与过程,以便在训练过程中采取扬长避短、取长补短的训练策略。另外,通过对评估结果的分析,尽可能地对特殊儿童学习、生活及其他有关方面的问题进行科学与合理的解释,推断其认知发展的潜能,对认知训练的效果做出合理的预料。

二、学前儿童五项认知能力评估

以下主要介绍由杜晓新教授编制的《儿童五项认知能力测验量表》,该量表提供常模,已编成电子版,适用于团体筛查,省时便捷,具体分为学前与学龄两个版本,现在分别简介如下。

《学前儿童五项认知能力测验量表》适用于3~6岁儿童。该量表以PASS理论为依据,主要评价儿童继时性和同时性信息编码能力。继时性编码能力测验包括空间次序与动作系列两项;同时性编码能力测验包括目标辨认、图形推理、逻辑类比三项。每项分测验除2道例题外,有8项正式测试题,全部测验共40题。计分标准为答对1题计1分,答错或未答计0分。现对各分测验举例说明如下:

(一)继时性编码:

1. 空间次序,主要评估儿童对图片空间排列顺序的记忆能力

例题:"小朋友请看,屏幕中间的方框中将会依次出现一些水果(下图a),一会儿,其中的某一种水果会消失(换屏)。""现在请将它从屏幕下面一排的图片中选出来(下图b)。"如图5-2-1,5-2-2所示。

图 5-2-1 空间次序(a)　　　　　　图 5-2-2 空间次序(b)

(启慧博士认知能力测试与训练仪,Dr. Brain™,泰亿格电子(上海)有限公司)

2. 动作系列,主要评估儿童对动作系列的记忆能力

例题:"小朋友请看,白色方框(左侧)中将会出现一些手部动作(下图a及b),请记住它们出现的先后顺序。然后按原先动作出现的顺序依次点击蓝色方框(右侧)中的图片,它们就会出现在下面的黄色方框中(下图c)。"如图5-2-3至图5-2-5所示。

图 5-2-3 动作序列(a)　　　图 5-2-4 动作序列(b)　　　图 5-2-5 动作序列(c)

(启慧博士认知能力测试与训练仪,Dr. Brain™,泰亿格电子(上海)有限公司)

(二)同时性编码

1. 目标辨认,主要评估儿童对事物与人物空间关系的辨认能力

例题:"小朋友,下面图片里面有一些人,请根据提示(我是抱娃娃的女孩,请问我是谁?)找出符合要求的人。"如图5-2-6所示。

图 5-2-6

(启慧博士认知能力测试与训练仪,Dr. Brain™,泰亿格电子(上海)有限公司)

2. 图形推理,主要评估儿童依据各类图形关系进行逻辑推理的能力

例题:"请根据图中前三张图片的排列规律,推测最后一个空白方框中应该是什么图形,答案从下一排四张图片中选,只能选一个。"如图 5-2-7 所示。

图 5-2-7

(启慧博士认知能力测试与训练仪,Dr. Brain™,泰亿格电子(上海)有限公司)

3. 逻辑类比,主要评估儿童依据数字、符号以及事物之间逻辑关系进行类比推理的能力

例题:"小朋友,请根据上一排前两张图片之间的关系,推测最后一张图片是什么?从下面四张图片中选一张补上,只能选一个。"如图 5-2-8 所示。

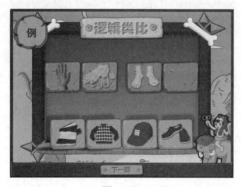

图 5-2-8

(启慧博士认知能力测试与训练仪,Dr. Brain™,泰亿格电子(上海)有限公司)

测验结果如图 5-2-9 所示。

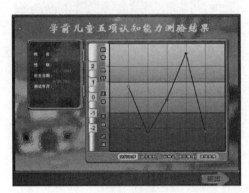

图 5-2-9

（启慧博士认知能力测试与训练仪，Dr. Brain™，泰亿格电子（上海）有限公司）

上图左上方框中为被试的基本信息，右侧方框中的横坐标为五项认知能力（空间次序、动作序列、目标辨认、图形推理、逻辑类比），纵坐标为标准分。评价标准：标准分在－1与1之间为发展正常；1与2之间为发展良好；大于2为发展超常；在－1与－2之间为发展不良；低于－2为发展迟滞。

三、学龄儿童五项认知能力评估

《学龄儿童五项认知能力测验量表》适用于7～14岁儿童。该量表主要评估儿童逻辑推理能力，包括五项分测验：数字推理、图形推理、异类鉴别、情景认知、记忆策略。现对各分测验举例说明如下。

（一）数字推理

主要评估儿童对数概念的掌握及数字推理能力，包括数的排列、数的分解等。

例题："小朋友请看，上面一排五个方框中最后一个是空的，请根据前四个方框中点数的排列规律，从下面一排中选一个补上。"如图 5-2-10 所示。

图 5-2-10

（启慧博士认知能力测试与训练仪，Dr. Brain™，泰亿格电子（上海）有限公司）

(二) 图形推理

主要评估儿童对实物或抽象图形进行类比推理的能力。

例题:"小朋友请看,上面一排左、右各有两个方框,左边方框中两个图形的关系与右边方框中两个图形的关系是一样的,想一想右边空白方框中该填什么图形?请从下面一排四个图形中选一个补上。"如图 5-2-11 所示。

图 5-2-11

(启慧博士认知能力测试与训练仪,Dr. Brain™,泰亿格电子(上海)有限公司)

(三) 异类鉴别

主要利用实物图片及抽象图形,评估儿童分类与归纳能力。

例题:"小朋友请看,屏幕下面一排有五个图形,其中一个与其他四个不同,请把它选出来放到上面空白的方框中,注意只能选一个?"如图 5-2-12 所示。

图 5-2-12

(启慧博士认知能力测试与训练仪,Dr. Brain™,泰亿格电子(上海)有限公司)

(四) 情景认知

利用图片所创设的情景内容,评估儿童对情景之间的逻辑关系或事件发展顺序的理解能力。

例题:"小朋友请看,屏幕上有三幅图片,请按事件发生的顺序重新排列它们的次序。"如图 5-2-13 所示。

图 5-2-13

(启慧博士认知能力测试与训练仪,Dr. Brain™,泰亿格电子(上海)有限公司)

(五) 记忆策略

利用蕴涵一定内在规律的系列图片,评估儿童利用策略进行记忆的能力。

例题:"小朋友请看,屏幕上有五幅图片,请记住它们的排列次序。30 秒后,这五幅图片的顺序将会被打乱,请按照它们原来的顺序将它们排列在下面的空白方框中。"如图 5-2-14 所示。

图 5-2-14

(启慧博士认知能力测试与训练仪,Dr. Brain™,泰亿格电子(上海)有限公司)

测试结果如图 5-2-15 所示:

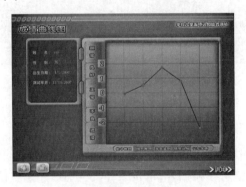

图 5-2-15

(启慧博士认知能力测试与训练仪,Dr. Brain™,泰亿格电子(上海)有限公司)

上图左上方框中的内容为被试基本信息;右侧方框中的横坐标为五项认知能力,即数字推理、图形推理、异类鉴别、情景认知和记忆策略;纵坐标为标准分。评价标准:标准分在-1与1之间为发展正常;1与2之间为发展良好;大于2为超常发展。标准分在-1与-2之间为发展不良;低于-2为发展迟滞。

四、特殊儿童认知能力评估案例

(一)基本情况

朱某某,男,5岁。左耳听力损失80 dB,右耳听力损失75 bB,双耳佩戴助听器,听力补偿效果为较适水平。该儿童能察知低频、中频与高频的声音,但注意力较涣散,学习能力偏低。

(二)评估结果

对该儿童用《学前儿童五项认知能力测验量表》进行评估,结果见图5-2-16。

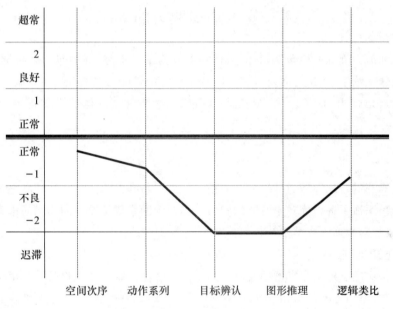

图5-2-16 学前儿童五项认知能力评估结果

(三)结果分析及训练建议

(1)该儿童空间次序分测验得分处于平均值以下一个标准差的范围内,说明该儿童在继时性加工中对物体位置的短时记忆能力尚属正常。另外,普通3岁儿童的短时记忆容量为3±2。该儿童在测试中能准确回答三个物品中哪个不见了,其短时记忆容量在正常范围内。

(2)该儿童动作序列分测验得分处于平均值以下一个标准差的范围内,说明该儿童在继时性加工中对动作排列次序的短时记忆能力尚属正常。

(3)该儿童目标辨认分测验得分处于负二个标准差以下,显示该儿童对事物、人物、空间关系的辨认及语言理解能力发展迟滞。通过对观察记录的分析,发现该儿童难以区分你、我、他人称代词,容易混淆如哥哥、弟弟、姐姐、妹妹等人物称谓,不能理解有两个限定条件以上的指令句。

（4）该儿童图形推理分测验得分处于负二个标准差以下，显示该儿童对各类图形关系的逻辑推理能力发展迟滞。通过对观察记录的分析，发现该儿童没有完全掌握5以内的数量概念、不具备按数字规律进行排序的能力。

（5）该儿童逻辑类比分测验得分为负一个标准差，显示该儿童在同时性加工中依据数字、符号及与事物之间的逻辑关系进行类比推理的能力处于正常与不良的临界状态。

该儿童认知水平总体上明显低于同龄普通儿童，需要对其进行有针对性的认知能力训练，根据该儿童的行为表现及评估结果，提出以下训练建议：

① 进行视听感知觉以及基础训练，加强对颜色、图形、数字、时间、空间以及物体量的认知。
② 加强注意力、记忆力、观察力训练。
③ 进行简单分类与推理能力的训练。
④ 提高语言理解能力。

第三节 认知能力的训练

特殊儿童认知能力训练主要包括两部分，第一部分为基础训练，具体包括视听感知觉训练、认识颜色、认识图形、认识数字、认识时间及认识空间及认识物体量。第二部分是在基础训练的基础上，进行注意力、观察力、记忆力、推理能力、分类能力训练。本节将对具体的训练内容及方法进行简要介绍。

一、基础训练

基础训练是顺利进行认知能力训练的重要铺垫。在对特殊儿童进行认知训练之前或在训练过程中，必须通过观察、评估了解训练对象对认知能力基础知识的掌握情况。如儿童尚未掌握相关的基础知识，就应及时进行基础训练或基础补救训练。

（一）视听感知觉训练

感觉是对直接作用于感觉器官的客观事物的个别属性的反映。知觉也是对作用于感觉器官的客观事物的直接反映，但知觉不是对事物个别属性的反映，而是对事物各种属性和各个部分的整体反映。人的主要感觉包括视觉、听觉及其他感觉（如触觉、嗅觉和味觉、运动觉和平衡觉、机体觉）；主要知觉包括空间知觉、时间知觉与运动知觉。在认识客观世界的过程中，感觉和知觉是不可分割的，感觉是知觉的基础。通过感觉，人们只知道事物的个别属性，通过知觉，人们才能对事物有一个完整的映像，从而进一步理解、学习与掌握事物。因此，感知觉的发展对儿童的全面发展至关重要，是学习与生活的必要条件。

对于障碍儿童来说，感知觉的发展相对滞后。因此，对其进行感知觉的训练既是出于缺陷补偿的需要，也是进行后续各项能力训练的基础。鉴于在所有感知觉中视感知与听感知相对重要，且便于利用计算机实现训练，故在此仅简要介绍视感知训练与听感知训练的内容与方法。

1. 视感知训练

视感知训练包括视觉注视、视觉追踪与视时间辨别。

（1）视觉注视包括光点注视与光线注视。光点注视是在计算机屏幕上显示各种光点，要求儿童注视并报告光点出现的位置、颜色、次数、大小、亮度等;光线注视是在计算机屏幕上显示各种线条,要求儿童注视并报告线条出现的位置、形状、颜色、次数、亮度等。

(2) 视觉追踪包括光点追踪、光线追踪与物体追踪。光点追踪是在计算机屏幕上显示移动的光点,光点移动的轨迹保留与否遵循训练需要,要求儿童注视并报告移动光点起始和终止的位置、光点移动轨迹的颜色和形状等;光线追踪是在计算机屏幕上显示各种变化的线条,要求儿童注视并报告线条的类型(直线、曲线、不规则线条等)、颜色、数量、最后形成的图形(如由直线与曲线组成的桥等)等;物体追踪是在计算机屏幕上先后显示各种物体,出现物体保留与否遵循训练需要,要求儿童注视并报告出现的是什么物体、出现的先后顺序、这些物体最后组成了什么场景(如动物园、超市等)。

(3) 视时间辨别包括视时距辨别与视时序辨别。视时距辨别是在计算机屏幕上显示移动速度不同的物体、动物或人物,让儿童感知或判断如果移动相同的距离,谁的用时多,谁的用时少。视时序辨别是在计算机屏幕上按时间顺序出现不同的物体、动物或人物,出现过的物体、动物或人物保留与否遵循训练需要,让儿童感知或判断他们依次出现的顺序或时间等。

2. 听感知训练

听感知训练包括听觉察知、听觉辨别与听时间辨别。

(1) 听觉察知包括方位察知与信号察知。方位察知是在计算机屏幕画面不同位置上显示物体并同时发出不同的声音,让儿童判别声音的来源(上下、左右、前后);信号察知是在计算机屏幕上显示不同的图形以及噪音背景,并同时给出不同的目标辨别音,要求儿童判别目标音。

(2) 听觉辨别包括音高辨别(频率)、响度辨别(振幅)、复合音辨别(乐音与杂音)。音高辨别是在计算机屏幕上,配以各种画面并播放不同音高的声音(如环境声、器乐声等),要求儿童判别哪一种声音的音高最高或按音高排序等。响度辨别是在计算机屏幕上,配以各种画面并播放不同响度的声音(如环境声、器乐声等),要求儿童判别哪一种声音的响度最高并按响度排序等。复合音是由多个频率的不同音波所组成的,按其是否具有周期性分为两类,呈周期性振动的复合音叫乐音,如乐器的声音和元音等,呈非周期性振动的复合音叫杂音,如噪音和语言中的辅音等。复合音辨别是在计算机屏幕上,配以各种画面并出现不同的乐音与杂音(如乐音、元音、噪音、辅音),要求儿童判别哪一种声音是乐音或杂音。

(3) 听时间辨别包括听时距辨别与听时序辨别。听时距辨别是在计算机屏幕上,显示各种画面并播放不同时长的声音(如闹钟的铃声与笛声),要求儿童感知或判断哪一种声音延续的时间长,哪一种时间短等;听时序辨别是在计算机屏幕上,显示各种画面并先后播放相同或不同的声音(如鸡叫声、狗叫声、马蹄声等),要求儿童感知或判断这些声音先后发出的顺序等。

(二) 认识颜色

客观世界中的事物都有一些基本属性,颜色是其中的一种重要属性。人们通过对颜色的认识,分辨色彩各异的物体,辨别由不同颜色标志的信号的意义,积累有关颜色的感性经验,从而更好地感知这个绚丽多彩的世界。对于成长中的儿童来说,颜色感知能力的正常发展,对他们学习与颜色相关的知识,积累与颜色相关的生活经验,培养艺术兴趣与审美,促进其个性全面发展有着重要的意义。

对于部分特殊儿童来说,颜色感知能力的发展落后或缺陷,将严重影响其认识能力的发展以及良好个性的形成,进而造成学习落后和社会适应不良等现象。因此,他们能正确认识一些基本颜色是进行特殊儿童认知的一个先决条件。例如,在训练特殊儿童认识苹果这一概念时,往往会从苹果的颜色、形状与大小这三个维度上来扩展儿童关于苹果这一概念的外延。在训练儿童形成红苹果是苹果,绿苹果也是苹果的类包含的概念时,对颜色红与绿的认识就是一个必要的条件。又如,在培智学校低年级的语文教学中,有关于红绿灯的内容"小朋友,过马路,要注意,红灯亮,停一停,绿灯亮,向前行",这里对颜色红与绿的认识是顺利完成教学任务的必要前提。再如,在进行可视音乐干预时,就是以不断变换的灯光颜色、图像与声音作为刺激材料对特殊儿童的情绪与行为进行干预的。

总之,对特殊儿童进行认识颜色的训练十分重要,具体的训练内容可包括认识基本颜色(红、黄、蓝)、认识部分混合色(如绿色、紫色、橙色等);在此基础上,训练部分儿童区分同一种颜色的不同鲜明程度(饱和度)。训练过程应由易到难分三个步骤,即颜色的配对、颜色的指认和颜色的命名。配对是指寻找出与目标物体颜色一致的物体,如出示红、黄、蓝三种颜色的盒子,要求儿童将相同颜色的雪花片放在相应颜色的盒子里;指认是指能根据别人所说的颜色词找出对应颜色的物体,如要求儿童根据指令,将不同颜色的雪花片找出来;命名是指能直接说出物体的颜色,如要求儿童说出各种雪花片的颜色。

(三) 认识基本图形

几何图形是对自然物体形状的抽象和概括。认识几何图形,不仅有助于儿童辨别和区分日常生活中的物体,发展初步的空间知觉和想象能力,而且有利于儿童理解和掌握抽象概念,促进其思维发展。儿童发展心理学研究表明,儿童图形认识能力发展具有如下特点:① 4~5岁儿童开始能正确认识常见的平面图形,认识的顺序依次是"圆形、正方形、三角形、长方形与梯形";② 5~7岁儿童开始能正确认识常见的立体图形,能区分平面图形和立体图形,并逐步理解两者的关系,认识顺序依次是"球体、正方体、长方体、圆柱体";③ 4岁以上的儿童对图形的分割与拼合活动表现出较高的积极性和一定的创造性;④ 5岁儿童开始学习对称图形,能等分图形。

特殊儿童认识基本图形的训练也应按普通儿童相应的发展规律进行,即平面图形的认知训练按圆形、正方形、三角形、长方形、梯形、图形的分割与拼合、图形对称依次进行;立体图形的认知训练按球体、正方体、长方体与圆柱体依次进行。在理解与掌握平面图形和立体图形基本特征的基础上,引导儿童初步理解两者之间的关系。由于特殊儿童认识图形的过程较为迟缓,因此,在训练中要发挥其特点,注意调动多感官的参与。例如,在认识三角形的训练中,应尽量使用教具或实物让儿童通过触觉来感知三角形的特征,逐步建立三角形内角和守恒的概念。

(四) 认识数字

认识数字是儿童早期教育的一项重要内容,进行数字训练能引导儿童感受和体验日常生活和游戏中事物的数量及其关系,学会用简单的计算方法来解答日常生活中的某些问题。由于数字本身具有抽象性的特点,因此,通过数字训练能有效促进儿童逻辑思维能力的发展。儿童认识数字能力的发展具有以下特点:

(1) 计数。儿童计数能力的发展经历一个口头数数(唱数)、按物点数(手口一致地数数)及说出总数的过程,到了4至5岁,大多数儿童已经具备计数的能力。

(2) 认识序数。在认识基数的基础上,4岁儿童开始认识序数,并能区分基数与序数。

(3) 认识相邻数。4~5岁的儿童能理解10以内相邻数之间多"1"和少"1"的关系。

(4) 认识奇数和偶数。4~5岁的儿童能初步认识奇数和偶数。

(5) 数的拆分与组合。5岁儿童能学习10以内数的拆分与组合,理解总数和部分数之间的等量、互补与互换关系。

(6) 加减运算。5岁儿童在掌握10以内数拆分与组合基础上,能完成10以内乃至20以内加减法的运算。

根据儿童认识数字能力发展的特点,对特殊儿童进行认识数字训练的主要内容包括认识简单的数和数运算两部分。认识简单数的训练内容包括计数能力、认识序数、相邻数、奇偶数以及数的分合;数运算训练包括10以内的加减法、20以内的进位加法以及20以内的退位减法。在对特殊儿童的训练过程中,要采用更直观的方法。例如,在学习奇偶数时,要求他们动手操作,将一组物体每两个一组地合在一起,如果多出一个,这组物体的总数就是奇数,如果没有多,就是偶数。又如,在学习计数时,除了用手指按物点数外,还可利用各种感官进行计数活动,如利用听觉来感知某种声音发出的次数,利用本体觉感知自身器官活动的次数等。

(五) 认识时间

认识时间对儿童良好生活习惯的养成与认知能力的全面发展有着重要的作用。对儿童进行认识时间的训练,一方面可以促进时间知觉的发展,加深对时序关系、时距关系、整体与部分关系的进一步理解;另一方面也能帮助儿童潜移默化地形成良好的生活和学习习惯。

儿童认识时间具有以下特点:

(1) 对时间顺序的认知是由近到远,由短周期到长周期。时间是抽象的,儿童通常把熟悉的、有兴趣的事件与其发生的时间联系在一起。例如,早晨,天亮了,要起床、刷牙;白天,要去幼儿园做操、上课、游戏;晚上,天晴时就会有星星和月亮。

(2) 随着年龄的增长,儿童逐步认识到时间具有周期性的变化,如每天都有早晨、中午与晚上;每周有7天;每月大致有30天,每年有12月等。学前儿童就是以这种周期性发生的生活事件、规律性的活动以及日月运行等为参照,逐渐认识时间的顺序与周期性的。

对特殊儿童来说,认识时间的训练内容可包括对昼夜、星期与时钟的认识。认识时间是一个难点,训练要遵循从特殊到一般,从具体到抽象的原则进行。例如,在认识时钟的过程中,涉及12进制,这是一个难点,应想方设法逐步克服这一难点。如,以数运算中的十进制为基础,联系认识星期中的7进制,再过渡到认识时钟中的12进制,让儿童逐步认识到数可有不同的进制。

(六) 认识空间

空间是客观世界运动着的物质存在的基本形式,与儿童日常生活紧密联系。儿童学会辨认空间方位,有利于其空间知觉的发展,并增进处理日常生活问题的能力。儿童认识空间有如下特点:儿童对空间方位的认识和判断遵循先认识上下,再认识前后,最后认识左右的顺序;儿童在辨别空间方位的过程中要经历从以自身为中心逐步过渡到以客体为中心的定向过程;在空间方位定向能力的发展过程中,儿童是从离自身范围较近的空间定向逐渐扩展到更远的空间区域范围的。

在日常生活中,当我们描述某物体时,首先会指明该物体的位置,这就必须说明其与周围其他事物之间的空间关系,要说明物体的空间关系,就必须借助参照物,如该物体与参照物之间的距离以及相对位置关系。

应根据儿童空间能力发展的特点进行特殊儿童训练。训练内容可包括:以自身为参照辨别上下、前后和左右;以客体为参照辨别上下、前后、左右和里外。认识空间的相对性是训练中的一个重点与难点,应采用各种方式来帮助儿童特别是特殊儿童逐步建立正确的空间概念。例如,特殊儿童正确认识左右概念有一定难度,即如何既能从主体,也能从客体的角度去判断物体的左右方位。具体可分两步进行训练:① 先让儿童面北而立,右手拿一只苹果,左手拿一只梨,问儿童:"苹果在你的右边还是左边? 梨在你的左边还是右边?"② 让儿童将苹果放在其右边,梨放在其左边,空手转身180度,面南而立,再问儿童:"苹果在你的右边还是左边? 梨在你的左边还是右边?"这里,儿童是主体,苹果和梨是客体,通过反复训练,能让儿童逐渐意识到当主体与客体同时变化时,主体与客体的左右位置关系不变,而当主体变化,客体不变时,主体与客体的左右关系发生了改变。

(七) 认识物体的量

物体的量是事物所具有的可作比较或测定其异同的一种属性,如测定和比较两物体或多物体的大小、长短、轻重等。儿童认识物体量具有以下特点:

(1) 3～4岁的儿童只能对差异较明显的物体量进行区分,如在一组物体中辨别出最大的(最长的)或最小的(最短的)物体。随着年龄的增长,儿童才能逐渐对差异不太明显的物体量进行认识和区分,即对物体量辨别的精确性有所提高。

(2) 人们认识与区别物体是通过比较与测量物体量来完成的,对于儿童来说,最初是通过对两个物体量的比较来感知物体之间的差异。例如,通过比较,儿童会发现两根绳子的材料与粗细都一样,但长短不一样,或长短一样,而粗细不一样等。在此基础上逐渐发展到对三个或更多物体量的比较,并在比较中逐步理解量的相对性。

(3) 学前儿童虽然能理解与感知物体的量,但有时还不能用准确的语言来表达。3～4岁儿童常常用大、小来代替长度或其他物体量,如把粗铅笔说成大铅笔,把长毛巾说成大毛巾等。

根据儿童认识物体量的发展特点,对特殊儿童进行认识物体量的训练主要包括认识大小、认识长短、认识粗细以及认识轻重。在进度上,从比较两个物体的量,过渡到比较三个或更多物体的量。

二、注意力训练

注意不是独立的心理过程,但它总是与心理过程紧密联系。心理学认为,它具有注意稳定性、注意广度、注意分配和注意转移四个特征。注意稳定性是指在同一对象或同一活动上注意所能持续的时间。注意广度是指在同一时间内能清楚地把握对象的数量。注意分配是指在同一时间内把注意指向不同的对象。注意的转移是指根据新的任务主动地把注意从一个对象转移到另一个对象或由一种活动转移到另一种活动。从有无意志参与的角度上分,心理学将注意分为无意注意、有意注意和有意后注意三种。无意注意是指不需要意志参与的注意;有意注意是指需要意志参与的注意;有意后注意是指事前有一定的目的,但不需要意志努力的注意。

从生理学角度讲,注意涣散或缺陷的生理机制是大脑皮层的兴奋点不易集中,兴奋与抑制过程不能及时与有效地转换。在儿童生长发育过程中(如七月坐八月爬),如果减少幼儿爬行甚至剥夺其爬行的时间,则有可能会对其注意力的发展造成不良影响。对此的可能解释是:在爬行过程中,幼儿的精细动作与粗大动作能力得到了锻炼与发展,外周神经的刺激促进了大脑皮层的成熟及中枢神经感觉统合能力的发展。

在日常学习与生活中,我们会发现,注意水平的个体差异很大。如有的儿童注意力集中,很少受无关刺激的影响,活动或学习的时候专心致志,玩的时候也痛快尽兴地玩,一般来说,这些儿童体质良好,成绩优异。而另一些儿童却相反,注意集中时间较短,易受外界无关因素的干扰,学习与做作业时经常走神,做小动作,如不纠正任其发展,将会严重影响其认知水平的发展。影响儿童注意力的因素十分复杂。概括地说,可分内因与外因。内因主要指遗传因素,外因主要指后天的环境因素。笔者曾对中国科技大学少年班的学生做过调查,结果发现少年班的大部分学生在其童年时就表现出与众不同的注意力,如他们可以对某一玩具或物体反复摆弄近1小时。

对于普通儿童而言,注意的发展有一定的规律,如3~4岁的儿童无意注意占优势,注意力易分散、不稳定;到了4~5岁,儿童的有意注意开始发展,但有意注意稳定性仍然比较差;5~6岁的儿童已开始发展有意后注意,开始具有独立控制自己注意的能力,注意的稳定性增加,能较长时间注意喜欢的事物,集中时间大约为15~20分钟。有研究表明,儿童在小学阶段,注意力的稳定性发展很快,而幼儿和中学阶段发展速度较慢。特殊儿童大多伴有注意力问题,较典型的如注意缺陷或多动症儿童。多动症儿童主要表现为注意不集中,多动及冲动。

目前,对于儿童注意力的评估与训练是国内外教育与心理学界研究的热点问题,许多研究者依据相应的心理学理论,采用不同的训练方案对有注意问题的儿童进行干预,取得了良好的效果。人类接受信息主要是通过视觉与听觉通道来实现的。因此,我们将特殊儿童的注意力训练分为视注意训练、听注意训练以及视听结合注意训练。训练的主要目的是发展儿童的有意注意,提高儿童注意的稳定性以及分配与转移能力,从而促进其认知能力的全面发展。现简单介绍一下三类注意力训练方法:

(一)视注意力训练

视注意力训练是指采用事先选定的材料,在利用视觉通道获取信息的过程中,提高儿童注意力。如通过增加材料内容,任务的复杂程度,延长注意力训练的时间,以提高注意的稳定性;要求儿童同时寻找两个或更多的目标以提高其注意力的分配能力,如要求儿童用红笔圈出图中的小猫,用蓝笔圈出小狗,用黄笔圈出小鸟,并同时说出小动物的颜色等;通过变换指令,要求儿童交替转移注意目标,以提高注意的转移能力,如"请用笔在三角形上划一斜线。停!请用笔在圆形上划一斜线"等。

(二)听注意力训练

听注意力训练是指采用事先选定的材料,在利用听觉通道获取信息的过程中,提高儿童注意力。如通过增加听力材料的内容,延长听注意力的训练时间,以提高听注意的稳定性;又如在听故事或儿歌的过程中,要求儿童对其中某一动物或人物计数,可以一边听一边用手指计数,也可让儿童用两手分别代表注意目标,即用右手计数儿歌中"小鸭子"出现的次数,用左手计数儿歌中"小鸡"的出现次数,以提高其注意的分配能力;通过变换指令,要求儿童交替转移听注意力目标,以提高其注意力的转移能力,如"请在听到'小鸭子'时,拍一下手,停!现在请在听到'小鸡'时,拍一下桌子"等。

(三)视听结合注意力训练

视听结合注意力训练是指采用事先选定的材料,在同时利用视觉与听觉通道获取信息的过程中,提高儿童注意力。如采用听故事指认图片的训练,要求儿童在听到如水果、动物和人物时,指出相应的图片,开始可适当放慢播放或讲述的速度,随后可加快讲述速度或增加备选图片(干扰项目)来提高任务难度;又如,采用听指令绘图训练,将指令与背景噪音同时播放,要求儿童按指令("请在横轴B与纵轴4交叉处画一点"等)在绘有方格(如5*5、7*7、10*10)的图纸上描点,最终将各点连接起来形成某个图形,可依次增加方格的数量与增加背景噪声的强度(如足球赛场、菜场、马路噪声等)来提高视听结合注意力训练的难度。

三、观察力训练

观察是一种有目的、有计划、较持久的知觉过程,是知觉的高级形态。观察力是指个体在一组信息中发现关键信息的能力,它与注意力、记忆力、想象力、思维能力密切相关,是构成智力的要素之一。观察力敏锐的个体能够快速搜索信息,发现别人难以发现的细节,易于把握事物的本质特征,从而为解决问题获得更多更有用的线索。因此,观察力的培养对儿童认识世界具有重要的意义。学前期是儿童观察力初步形成的时期,根据观察的四个特性,学前期儿童的观察力具有以下特点。

(1) 观察的目的性。小班儿童还不能进行有目的的观察,观察易受无关事物和细节的干扰。到了中班尤其是大班之后,儿童开始能根据成人要求进行观察。

(2) 观察的持久性。小班儿童观察时间比较短,易受无关刺激和自身情绪的影响,很容易转移注意的对象。随着年龄的增长,儿童观察的持久性也随之增长。

(3) 观察的概括性。小班儿童还不善于从观察中发现对象的内在联系。随着儿童思维能力的发展,观察的概括性也逐渐增长。

(4) 观察的计划性。观察的计划性涉及观察方法的掌握与应用。学前儿童还不善于运用观察策略进行观察,观察活动中表现出明显的随意性,难以把握观察对象的本质。

有研究发现,部分儿童尤其是特殊儿童观察能力差,主要表现在缺乏计划性,不会运用一定的方法进行观察。例如,在我们的一项研究中,按照观察成绩好与差将儿童分为两组,要求他们观察并找出两幅图画中的不同,同时记录其眼动轨迹。研究结果发现,观察成绩好的儿童的眼动轨迹表现出一定的规律性,即他们是一部分一部分,有次序地进行观察的;而观察成绩差的儿童的眼动轨迹则杂乱无章,毫无次序。我们多年的研究与训练实践证明,对儿童尤其是特殊儿童进行观察能力训练,能有效提高其观察水平。

对特殊儿童观察力的训练方法主要包括特征观察法、顺序观察法与视觉分割观察法。通过观察力训练,培养儿童观察的目的性、提高观察的持久性和概括性、帮助儿童习得一定的观察策略。以下对三种观察方法进行简要介绍。

(一) 特征观察法

特征观察法是指当观察对象呈现时间较短而且具有某些典型特征时,迅速抓住观察对象主要特征的一种观察方法。如当要求儿童在众多的动物图片中迅速找出相应的小动物时,就可利用特征观察法进行观察,如小松鼠的典型特征是长耳朵、大象的典型特征是长鼻子等;又如,在找错练习中,也可利用特征观察法进行观察,其观察效果自然与儿童生活经验与知识背景密切相关,往往涉及一些生活与科学常识,如鸡不会在水里游泳,太阳不会与星星同时出现等。

(二) 顺序观察法

顺序观察法是指当几种观察对象外形特征不十分明显,而又要求找出它们之间的细微差别时,按一定顺序进行观察的一种方法。如要比较两朵花、两片树叶的异同时(对平面对象进行观察),经常运用顺序观察法;又如,要求儿童对两棵树或班级里的两位男孩进行观察(对立体对象进行观察),并说出它们之间的异同时,也可采用顺序观察法;再如,可借助一些辅助工具来配合视觉搜索,缩小视觉搜索的范围,提高观察效率。如在观察"哪两个小朋友互换了衣服"的练习中(见图5-3-

1),可引导儿童将左右两组中穿同样衣服的小朋友用线连起来,最后,将互换衣服的小朋友用圆圈圈出来。

图 5-3-1

(三)视觉分割观察法

视觉分割观察法是指在观察对象较复杂又无序的情况下,利用想象的纵横线条将观察对象分割成几个部分(如四个象限),然后分别对各部分进行观察比较的一种观察方法。如当要求儿童找出两幅图画中的不同之处,就可以采用视觉分割观察法。在观察训练的开始阶段,可选用儿童喜欢的素材自制拼图,通过拼图操作,使儿童加深对视觉分割观察法的理解与认识,从而逐步提高熟练运用视觉分割观察法的能力。

通过上述观察训练,使儿童逐步意识到不同的观察任务可选用不同的观察方法;对于某些特定的观察任务,可将特征观察法、顺序观察法与视觉分割观察法结合起来使用。

四、记忆力训练

记忆是人脑对过去经验的保持和再现。记忆过程包括三个基本环节,即识记、保持、再认或回忆。识记是识别和记住事物;保持是将已获得的知识或经验巩固与保留在大脑中;再认是指过去经历过的事物再度出现时,能将它指认出来,回忆是指过去经历过的事物不在面前,但能将它重新回想出来。从信息加工的观点看,记忆可分为对输入信息的编码、储存与提取三个阶段。认知心理学将记忆分成感觉记忆、短时记忆与长时记忆:感觉记忆又叫瞬时记忆,在感觉记忆中材料保持的时间很短,大约不到2秒;短时记忆又称工作记忆,记忆信息保持时间在1分钟分以内;长时记忆是指记忆信息的保持在1分钟以上,甚至可保持终身的记忆。记忆对人们感知世界与认识世界有着重要意义。

儿童记忆能力的发展有一定的规律,5~6个月婴儿具有简单的再认能力,2岁起记忆力逐渐发展。一般来说,4岁儿童还不会利用记忆策略来完成记忆任务,但也有研究发现:当记忆任务与儿童的需求关系十分密切时,他们也会采用最简单的策略进行记忆。特殊儿童的记忆缺乏明确目的,识记速度缓慢,工作记忆容量小,保持不牢固,再现不准确,缺乏记忆策略。

我们多年来的研究与实践均表明,对特殊儿童进行记忆策略训练能有效提高其记忆能力。记忆策略训练的内容包括复述策略、排序策略与联想策略。通过训练,丰富与增强儿童对事件结构、程式、心理地图以及类别关系的知识与认识。现对复述策略、排序策略与联想策略简述如下。

（一）复述策略

复述是一种最常用也很重要的记忆策略，它能加深信息在大脑中的痕迹，促使信息从短时记忆转入长时记忆。复述策略训练的常用形式是讲故事，即要求儿童理解并记住故事的详细信息或主要信息，能正确回答与故事内容相关的问题，形成有意识复述故事的习惯。根据学习策略的相关理论，复述策略分为两种：一是无保留复述，即将故事内容完整无误地复述出来；二是保留复述，即在对故事内容进行整理与提炼后，将故事的主要内容复述出来。在复述策略训练中，首先要求儿童进行无保留复述，在此基础上，再进行保留复述。在对儿童进行故事复述训练时，需要特别注意的是：要选择儿童感兴趣的故事；在讲故事之前，让儿童明确听完故事后的任务；训练者要精心设计有关的问题，问题可包括两类：① 机械记忆的问题，② 逻辑推理的问题。记忆是正确推理的前提，推理能力是思维的核心。在训练中，要将儿童记忆能力与逻辑推理能力的训练结合起来。

（二）排序策略

事物的发生与发展有一定的规律性，排序策略是指根据刺激呈现的规律进行信息编码，并按此编码提取信息的方法。在记忆力训练中，要引导儿童努力发现事物排列的规律，并有意识地按照这种规律进行记忆。可以一系列的数字、图形、符号等为记忆材料，材料可包含各种规律，如周期性变化、方向变化、形状变化、物体量的变化等。发现规律的能力与知识水平及生活经验密切相关。因此，在教学与日常生活中，要利用各种机会丰富儿童的生活经验，积累相关知识，激发探索与发现规律的兴趣，提高按事物规律进行记忆的能力。

（三）联想策略

联想策略是指将一些看似杂乱无章和无意义的刺激进行疏理，通过联想赋予其意义后进行记忆。具体地说，联想就是根据需要记忆的内容，产生一个系列情景，用一句或一段话来描述这一情景，并产生鲜明、生动的相应表象。在需要回忆时，根据语言及其相应表象，回忆出需记忆的内容。例如，有四张图片，分别是妇女、小朋友、葡萄、苹果。要求儿童记住图片的内容与排列顺序。根据图片内容，可产生这样一个联想：妈妈下班回家，为弟弟买了葡萄和苹果。在进行联想策略训练时，儿童会根据同样的内容，产生不同的联想。教师要鼓励儿童说出联想的内容，并尽量用规范的语言来表达。同时引导儿童进行讨论，哪一种联想更好，为什么。在图片较多如呈二维排列时，可能需要用更多的语句进行联想。通过训练，要让儿童逐步意识到一点：在进行联想时，应尽可能赋予句子之间意义上的联系，如果没有联系或联系松散，记忆负荷将增加，再认或回忆就会产生困难。

五、推理能力训练

推理是一种高级思维活动，即在已有知识的基础上，由一个或几个已知条件推出一个新的判断的科学思维过程。任何推理都是由前提与结论组成，进行推理时所根据的已知条件是推理的前提，从前提通过推理得到新的判断是结论。

目前，国内外关于儿童推理能力发展问题的研究结论不是很一致，这与研究所采用的实验设计和任务类型有很大关系。但有一点可以肯定，推理能力随着儿童年龄的增长逐步发展，其发展顺序大致为：3岁以前，仅有部分儿童能进行简单的直接推理，但是由于此时儿童思维仍处于具体形象阶段，无法进行一般的逻辑推理；3~6岁的儿童开始能够理解简单的推理，尤其是传递性推理能力有了较大的发展,能够完成长度、大小和上下方位的传递性推理任务,并能进行简单的类比推理;7岁以上儿童的各项推理能力开始较快地发展。

特殊儿童(如轻度智力障碍、听觉障碍、学习困难儿童等)由于其智力、听力及其他功能的障碍,其推理能力较正常儿童明显落后。鉴于推理能力的重要性,教师和家长应重视对特殊儿童进行有针对性的推理能力训练,帮助其获得一定的推理能力,为更好地适应社会、恰当地与人交往打下一定的基础。我们对特殊儿童推理能力的训练主要包括传递性推理能力、序列推理能力以及类比推理能力的训练,现简述如下。

(一)传递性推理能力训练

传递性推理是指由两个以上具有传递关系的判断构成的推理,比如,由 A>B,B>C,推出 A>C,这是最基本的推理。关于传递性推理能力,心理学家皮亚杰认为,传递性推理能力的高低是衡量儿童思维成熟的重要指标,是儿童认知发展的一个重要方面。传递性推理能力与个体的年龄、知识与经验密切相关,随着个体的发展,传递性推理能力不断增强。研究表明,儿童在 7 岁左右能够进行长度和大小的传递性推理,在 9 岁左右开始进行重量方面的推理,而关于容积方面的推理则要在儿童达到 11~12 岁时才能够进行。对于特殊儿童尤其是智力落后儿童,他们在传递性推理方面表现较差是一个普遍的现象。国外已有研究表明,缺乏一定的传递性推理能力不仅会影响儿童的语言表达,更会严重影响重要概念的学习与理解,继而会影响到其他推理能力的习得和运用。因此,进行传递性推理能力的训练尤为必要和迫切。

目前,国内外按照推理逻辑项的个数将传递性推理分成两种基本形式,即三项系列传递性推理和多项系列传递性推理。其中三项系列有三个逻辑项,即 A、B、C,推理形式为 A>B,B>C,问 A、B、C 中谁最大或者最小;多项系列有三个以上的逻辑项,如 A、B、C、D,推理形式为 A>B,B>C,C>D,问 A、B、C 和 D 中谁最大或者最小。训练可以从物体的长度、大小、粗细、重量、容积等物理量开始,逐步过渡到空间方位、速度、力量等抽象概念。

对于特殊儿童来说,传递性推理是一个训练难点。可利用各种活动来帮助他们完成传递性推理任务。例如,首先可让身高不同的三位小朋友站在讲台前面,思考并陈述:"小明比小红高,小红比小兰高,请问他们谁最高?谁最矮?谁在中间?"其次,要引导儿童形成表象,利用表象来进行推理,如让儿童回忆刚才三位小朋友的站位次序,并用口述或图画的方式表示出来。最后过渡到教师口述题目,不出示任何提示或参考物,只要求儿童回答推理的结果。在训练材料的选择上,可以从具体的实物、图片开始,逐步过渡到语言叙述。

(二)序列推理能力训练

序列是客体按某种规律的排列。序列推理是个体依据序列所蕴含的时间、空间、类别、数量、因果等关系做出相应位置排列的推论。从认知心理学上讲,序列推理属继时性编码,即将一组刺激整合成一个特定的系列,使之形成一条链状结构,链中的每一环节按某种规律相互联系,前一环节是后一环节存在与发展的基础,后一环节是前一环节的发展或延续。当链状结构中缺少某一或某些项目时,可以根据该链状结构的规律,推出缺少的项目。序列推理能力与个体的知识与生活经验密切相关。随着个体的发展,其序列推理能力不断增强。因此,幼儿阶段或特殊儿童的序列推理能力训练要适合其相应的发展水平,训练材料之间的内在规律要相对明显与突出,易于理解与掌握。随着年龄的增长,可扩大训练内容的范围,增加训练材料的种类以及因果关系的序列推理任务。

根据训练材料的种类,对特殊儿童训练的主要内容包括数字序列推理、图形序列推理、符号序列推理和情景序列推理。数字序列推理要求儿童能发现一系列数字之间简单的变化规律,如自然数、序数、奇偶数及四则运算等排列规律,并按此规律进行推理;图形序列推理要求儿童能发现一系列图形之间简单的变化规律,如颜色、形状、大小、多少等,并按此规律进行序列推理;符号序列推理要求儿童能发现一系列符号之间简单的变化规律,如符号的改变与旋转等规律进行序列推理;情景序列推理要求儿童能按照事件发展的逻辑顺序进行合理推理,即推测事件的起因、过程及结果。

(三) 类比推理能力训练

类比推理是根据两个或两类事物之间的某种关系,推出另外两个或两类事物之间也可能具有类似关系的一种逻辑思维的方法。类比推理是人类思维的一种基本方式。相关研究表明,5～6岁儿童的思维能力有限,还不能准确地进行类比推理;7～11岁儿童能初步认识事物之间内在关系,可以进行简单的类比推理;到了11岁以上,儿童才能够根据事物或对象相似性关系进行较为复杂的类比推理。

一般而言,类比推理可分为经典类比推理和问题类比推理。经典类比推理一般采用:"A:B=C:?(D)"的形式进行推理,即根据A与B之间的关系,推出(D)的属性。例如:"大(A):小(B)=长(C):?(D)"。问题类比推理则是先提供一个问题解决的案例,然后再提供一个具有类似情节或结构的案例,这时,就可用处理前一案例中问题的方法来解决后一案例中的问题。

类比推理包含比较和联想两个环节。以上述"A:B=C:?(D)"推理为例,比较A与B之间的联系与相似之处,当A是大,B是小时,则大与小都是描述物体面积或体积的物理量,而且大小又是一对反义词,由此产生联想:C与D可能是长与短、轻与重、粗与细、胖与瘦、高与矮、真与假、好与坏等。当题中C确定为长时,对应的D也就被唯一地确定为短了。

在类比推理训练中,根据材料的不同,将类比推理能力训练分为实物图片类比推理、图形类比推理与数字类比推理。在实物图片类比推理训练中,要求儿童能根据两事物间的从属、对立、因果、并列、整体与部分等逻辑关系进行类比推理;在图形类比推理训练中,要求儿童能根据图形的大小、旋转、方位、对称、分合等规律进行类比推理;在数字类比推理训练中,要求儿童能根据数字的等差、等比、四则运算、组合与分解等规律进行类比推理。特殊儿童类比推理能力较差,应尽量从具体、简单的材料开始。

六、分类能力训练

属性相同的事物可共同组成一个群集,称为类。分类就是将具有相同或相似属性的事物归并在一起。分类的过程要求个体对拟分类的材料进行比较、抽象和概括。分类能力是一种整合个别刺激的同时性加工过程,它是形成概念的基础。通过分类训练,能促进儿童比较、分析、综合等思维能力的发展,这对于儿童数学能力、语言能力的发展具有重要意义。

分类能力随着儿童年龄的增长逐步发展。学前儿童分类能力的发展大致为:

(1) 3～4岁,基本不能进行逻辑分类,主要表现为盲目的、随意的、非本质的分类。

(2) 4～5岁,开始能够理解简单的类概念,并有了初步的分类意识,主要依靠事物的外部特征进行分类,能将具有相同外部特征的物体归为一类,但未形成类包含概念。

(3) 5～6岁,开始认识到几个下位类别可以归属于一个上位类别,能完成一些简单的类包含任务,能依据物体的本质属性进行简单分类。

特殊儿童(轻中度智力障碍、听觉障碍、学习困难等儿童)的分类能力相对落后,通过选择任务难度适当的材料,对其进行有针对性的分类能力训练,同样能有效促进其认知水平的全面发展。我们对特殊儿童分类能力的训练主要包括:① 按物体外部特征、功用及内部属性进行分类;② 类相乘分类;③ 异类鉴别。现简述如下。

(一) 按物体外部特征、功用及内部属性进行分类

物体的外部特征是物体最直观的物理属性。例如物体的大小、形状、颜色等。物体的另一属性是功用,如水杯一般是用来喝水的。物体的内部属性是指物体所属的类别。以苹果和辣椒为例,苹果是水果的下位概念,辣椒是蔬菜的下位概念,而水果与蔬菜又是食物的下位概念。儿童对概念的理解与掌握过程就是一个不断构建相应上下位概念网络层次的过程。儿童分类能力的一般发展规律是先认识物体外部的物理特征,再认识物体的功用,然后认识物体的内部属性并按其内部属性构建概念网络。我们对特殊儿童的训练主要按如下顺序进行:① 要求儿童能按物体外部特征如大小、形状、颜色等对物体进行分类。② 要求儿童能按物体的功用对物体进行分类,如要求儿童能根据已知的物体的某种功能找出相应物体。③ 要求儿童认识到许多常见物体可分为不同的类别,如蔬菜、水果、服装、工具等,并能在众多物体中挑出属于该类别的物体。

(二) 类相乘分类

在分类中,有时可按不同的标准对对象进行分类,例如,有一个红色的正方形、一个红色的三角形和一个蓝色的三角形,要求对这三个图形进行分类。这时可有两种分类的标准:按颜色进行分类,则将红色正方形与红色三角形分为一类;按形状进行分类,则将红色与蓝色的三角形分为一类。类相乘分类是指同时从两个维度出发,对对象进行分类。在类相乘任务训练中,让儿童逐步意识到要完成类相乘任务需从两个维度去思考:一是从行的维度去寻找对象之间的排列规律,二是从列的维度去寻找对象之间的排列规律,正确答案必须从行与列两个维度均满足这两个排列规律。根据类相乘的界定以及训练材料的不同,我们对特殊儿童的训练内容分为图形类相乘、符号类相乘和数字类相乘三类。图形类相乘要求儿童能根据图形的大小、形状、颜色、数量等对其进行两个维度的分类;符号类相乘要求儿童能根据符号的形状、颜色及其变换形式对其进行两个维度的分类;数字类相乘要求儿童能根据数字的递增、递减、奇偶等关系进行两个维度的分类。

(三) 异类鉴别

异类鉴别是一种特殊的分类形式,即要求儿童在目标对象中找出不同于其他项目的对象。从某种意义上说,异类鉴别可以从更高水平上考察儿童的分类能力,现举例予以说明。笔者曾对上海市某幼儿园大班儿童进行异类鉴别题目的预测验,其中要求儿童从五张图片(手电筒、火柴、台灯、月亮、蜡烛)中选出一张与其他最不一样的图片。出示题目后,一位儿童说:"我选蜡烛,因为这五样东西中只有蜡烛是蜡做的。"另一位小朋友站起来说:"不对!如果蜡烛对,那么火柴也对,因为这五样东西中只有火柴是木头做的,而答案只有一个,所以蜡烛和火柴都不对……"这时,所有小朋友都齐声嚷道:"我们知道了,是月亮!"我问其中的一位小朋友:"你为什么选月亮呢?"他说:"月亮是天上本来就有的,而其他东西都是工人叔叔造出来的。"从上述第二位小朋友的回答中,可以推知其认知发展水平较高,逻辑性强,能在较高水平上进行归纳、分类与推理。

根据训练材料的不同,对特殊儿童进行异类鉴别训练的主要内容包括图形异类鉴别、符号异类鉴别、物体异类鉴别和情景异类鉴别四类。图形异类鉴别是以几何图形为材料,要求儿童根据图形的某

种规律,找出与此规律不同的图形;符号异类鉴别是以符号为材料,要求儿童根据符号的某种规律,找出与此规律不同的符号;物体异类鉴别主要是通过从上下位概念以及物体功能等角度出发找出与其他物体不同的物体;情景异类鉴别是通过呈现不同的情景图片,要求儿童找出一幅不同于其他情景的图片。

七、特殊儿童认知能力训练案例

(一) 基本情况

小 Q,男,2000 年 7 月生,10 岁。上海某培智学校二年级学生,入学时韦氏儿童智力测验分数为 60,鉴定为中度智力发育迟滞。

(二) 认知能力评估

应用《学龄儿童五项认知能力测验》对该生进行认知能力测验,测试结果表明,其数字推理、图形推理、异类鉴别、情景认知、记忆策略均低于正常水平(具体见表 5-3-1)。另据数学老师反映,被试已掌握一些简单的数的概念,能理解 10 以内的基数和序数,能借助实物进行简单运算。但在按物点数时,被试常出现遗漏或错误,不能完全掌握数的分解,不能进行正确的心算。

(三) 训练目标与方法

1. 训练目标

根据上述评估结果,主要针对被试数数和心算能力进行训练。希望经过针对性训练,在提高被试按物数数能力的基础上,达到目视数数,并能通过表象进行 10 以内加减法的运算。

2. 训练方法

1) 数数与观察能力训练相结合

(1) 在训练中,将数数与顺序观察法相结合。具体训练分为两步:① 训练被试按物数数的能力,要求被试手、眼、脑并用,按顺序点物数数;② 训练时要求被试只能用眼睛来数数,而不能依靠手指点物数数。训练以不同颜色的塑料雪花片为材料,将不同颜色的雪花片排成行或列,数量在 10 以内,雪花片之间有一定的间隔,在被试能正确数数的基础上,增加难度,即统一雪花片的颜色,取消雪花片之间的间隔,让被试练习目视数数。

(2) 在训练中,将数数与视觉分割观察法相结合。在训练中,先将不同颜色(如红、黄、蓝)的雪花片摆放在同一个区域内,如将红色的雪花片放在方形区域的第一象限,将黄色的雪花片放在第二象限等,要求被试按颜色的顺序数数;然后,增加观察的难度,将相同颜色的雪花片随意不规则地进行摆放,如将红色的雪花片放在方形区域的四个象限内,要求被试利用视觉分割观察法,按视觉分割区域进行数数。

2) 以目视物进行 10 以内数的分解与加减法练习

首先,要求被试将给出的数分为 2 组或多组,如"3 可以分成 2 和 1、1 和 2"两组;"4 可以分成 2 和 2、3 和 1、1 和 3"三组;"9 可以分成 5 和 4、4 和 5、6 和 3、3 和 6……"多组。然后,进行 10 以内加减法练习。在加法训练中,利用雪花片进行练习,如将 6 个绿色的雪花片与 3 个红色的雪花片分别排成上下两行,要求被试目测绿色雪花片有多少,红色的雪花片有多少。然后,将绿色与红色的雪花片排成一行,要求被试回答 6 个绿色雪花片加 3 个红色的雪花片一共是多少个雪花片。同时,采用类似的方法进行减法训练。

3）利用表象进行 10 以内加减法练习

利用雪花片进行运算后,要求被试回忆并口述运算的过程与结果。另外,先向被试讲述附有情景的应用题,如"小明有 5 本书,小红有 4 本书,他们共有几本书?"然后要求被试口头回答"5＋4 等于几?""4＋5 等于几?"或要求被试自编并口述与"4＋5 等于几"相对应的应用题。

（四）结果与分析

采用 B1-B2 单一被试实验设计(具体参见本书第 10 章)。每星期进行认知能力训练 3 次,每次训练 30 分钟,连续训练 20 周。每两周后,用 10 道 10 以内加减法题进行测试,要求在 4 分钟内完成,答对 1 题记 10 分,答错或未答不计分,满分为 100 分。测试过程中,不允许被试借助任何实物进行计算。训练结束后共收集到 10 次数据,将前 5 次作为处理一期的数据,后 5 次作为处理二期的数据。两期数据统计结果如下图 5-3-2。

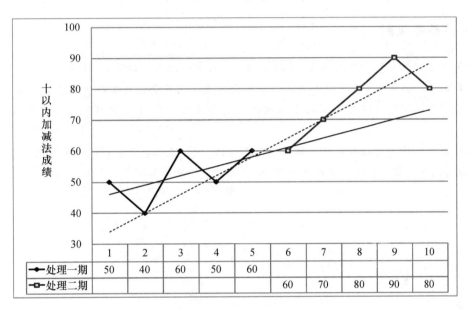

图 5-3-2　十以内加减法正确率的趋势图

B1 与 B2 数据 t 检验结果为: $t=-3.795, p<0.001$。处理一期和处理二期数据有显著性差异,说明被试通过训练,10 以内加减法成绩有极显著提高。从图中回归线变化趋势来看,被试处理二期成绩的提高速度明显比处理一期快,结果显示,如延长训练时间,被试成绩还可能进一步提高。

另外,应用《学龄儿童五项认知能力测验》对该生进行了后测,前后测结果比较如表 5-3-1。

表 5-3-1　实验被试干预前后学龄儿童认知能力测试结果

回答正确数	数字推理	图形推理	异类鉴别	情景认知	记忆策略
前测	5	5	2	1	3
后测	7	7	4	1	7
参考标准	9.141±0.317	11.297±0.357	7.453±0.294	10.141±0.338	7.859±0.339

从表 5-3-1 中数据可见,经过训练,被试数字推理测试分数虽仍低于同年龄普通儿童,但已有所提

高。值得注意的是，被试图形推理、异类鉴别、记忆策略成绩也有所提高，其中记忆策略成绩已接近正常水平。

思考题

1. 解释认知、智力与知识的概念及三者间的关系。
2. 试述PASS理论与认知训练的关系。
3. 试述《儿童五项认知能力测试量表》的结构。
4. 基础训练包括哪些具体内容？
5. 试述注意力、观察力、记忆力、推理能力、分类能力训练的主要内容与方法。
6. 对上述正文中"特殊儿童认知能力训练案例"进行评价。

主要参考文献

1. 方富熹等．幼儿认知发展与教育[M]．北京：北京师范大学出版社，2003．
2. 杜晓新等．上海市6至9岁儿童五项认知能力团体测验量表的编制报告[J]．心理科学，2002．
3. 杜晓新等．学前听障与健听儿童五项认知能力比较研究[J]．中国听力语言康复科学杂志，2010(6)．
4. 杜晓新．特殊儿童认知能力训练的原理与方法[M]．上海：华东师范大学出版社，2012．
5. 张茂林，杜晓新．特殊儿童认知训练[M]．南京：南京师范大学出版社，2015．

第六章　学习策略的评估与训练

> **本章目标**
>
> 1. 了解学习策略的含义。
> 2. 了解学习策略的有关理论。
> 3. 了解学习策略的评估方法。
> 4. 理解精制策略与组织策略的定义。
> 5. 理解精制策略与组织策略的训练方法。

有效运用学习策略是提高学习效率与成绩的重要手段。国内外大量研究与实践均表明：对普通学生以及有特殊教育需要的学生(主要包括学习困难学生、听力障碍学生、轻度智力障碍学生等)进行学习策略训练，能有效提高其学习效率。本章将对学习策略的含义及相关问题、学习策略的评估、学习策略的训练进行简介。

第一节　学习策略概述

一、学习策略的含义

长期以来，教育与心理学界对学习策略的含义及构成进行了大量研究。综合有关学习策略的论述，我们认为，学习策略是安排、执行、修正与达到学习目标的一系列步骤与过程。此过程既包含外显的学习方法及技能，也包括内隐的学习过程。也就是说，学习策略既包含对信息的直接加工，也包含对信息加工过程的监控与调节。目前大多数学者认为学习策略包括认知策略、元认知策略与学习资源管理策略。认知策略包括复述策略、精制策略与组织策略；元认知策略包括元认知知识、元认知体验和元认知监控；学习资源管理策略包括学习时间管理、学习环境管理与自我意志管理。学习策略结构图如图 6-1-1 所示。

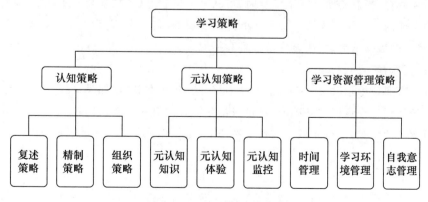

图 6-1-1　学习策略结构图

二、学习策略的理论

学习策略理论是对特殊儿童进行学习策略训练的重要依据,以下对认知策略、元认知策略以及学习资源管理策略的相关内容进行简述。

(一)认知策略

认知策略主要包括复述策略、精制策略与组织策略,其主要功能在于完成具体的认知任务,具有领域特殊性的特点。

1. 复述策略

复述策略分为无保留复述与保留复述。无保留复述是指学习者完整地或基本无遗漏地再现材料的内容,如背诵课文或数学公式等;保留复述是指学习者经过对材料的选择提炼,概要地叙述材料的主要内容,如复述某议论文的论点、论据与事实,或复述某叙事文的关键情节等。复述策略涉及对信息的初步加工。

2. 精制策略

为了使信息便于理解和记忆,需要对其进行有效的编码。精制策略是信息编码的一种方式,运用精制策略的水平与个人知识、生活经验以及对精制策略的了解有关。目前,已总结出许多精制的方法,大体分为三类:

(1)变换形式进行信息加工,即以新形式对原材料进行信息加工。如将文字信息转换成图形或符号,或反过来,将抽象的数学符号或公式用语言或文字来描述等。

(2)赋予信息更多的意义。如有一个词表,其中包含一些无意义联系的词,为了记住这些词,就用一个有意义的句子将它们联系起来。

(3)进行配对联想或创造性类比。如将两个毫无关联的词联系起来,并产生一个鲜明的表象,又如,将一个不熟悉事物与熟悉事物进行类比,以加深对该事物的理解与记忆。

3. 组织策略

"组织"是一种复杂、深层次的编码方式,其目的是在各信息之间建立语义上的联系。如部分联系、类别联系、因果联系、类比联系、特征联系等。以网络形式组织材料是一种常用并且有效的组织策略。经组织产生的网络是一个由相关概念组成的层次网,其中的概念是节点,可以与其上位概念与下位概念相连。当需要回忆整体信息时,可以根据网络图从上位概念开始,逐步提取其下位概念,再现原来信息的主要内容;当需要回忆局部信息时,可从某个概念开始,联系其上下左右的概念,逐步再现该局部信息的主要内容。研究表明,以网络形式组织材料,能有效提高学习者整体理解水平与记忆效果,材料被组织的程度越高,就越容易被理解和提取。

(二)元认知策略

美国心理学家弗拉维尔(J. H. Flavell)于 20 世纪 70 年代在其《认知发展》一书中提出:元认知就是个人在对自身认知过程意识的基础上,对自身认知过程的自我反省、自我监控与自我调节。元认知策略适用于所有认知任务,具有领域一般性的特点。元认知涉及三个主要因素,即元认知知识、元认知体验和元认知监控。

1. 元认知知识

元认知知识是指个人对影响自己或他人认知过程的有关因素的认识。这些因素主要包括个体因素、任务和目标因素、策略因素。

(1) 对个体因素的认识，即对自身及他人认知能力与特点的认识。如个体认识到对自己来说，从听觉通道获得的信息比从视觉通道获得的信息更易保存，或认识到某人的空间想象能力比自己强。弗拉维尔(J. H. Flavell)认为，无论是儿童还是成人，能清楚地认识到自身与他人的认知特点或差异，将有助于他们更好地认识自我，更好地认识世界。

(2) 对任务和目标因素的认识，主要包括对信息材料重要性以及任务难度的认识。如对信息材料重要性的认识，即认识到哪些信息对完成任务有用，哪些无用；哪些信息的获得比较容易，哪些信息必须经过思考与推理后才能获得；哪些信息枯燥无味但又必须通过毅力去掌握。对任务难度的认识，如认识到读懂一篇文章要比按此文章格式写出一篇文章容易；做填空题要比做选择题难等。

(3) 对策略因素的认识，即对在完成认知过程中各种有关策略知识的认识。如认识到要完成某一作业任务，有哪些可以采用的策略，根据任务的性质与特征，哪些是首选策略，哪些是备选策略，怎样应用这些策略，应用这些策略的条件是什么。例如，某儿童不仅知道顺序观察、特征观察以及视觉分割观察等策略，同时也知道在无观察时间限制时，可利用顺序观察法进行仔细观察；当有时间限制时，可采用特征观察法，以便在较短时间内把握对象的主要特征；如需要观察对象之间的异同时，则可采用视觉分割法进行观察。

2. 元认知体验

元认知体验是伴随认知活动的一种情绪体验，它可以发生在认知活动的任何时刻。这种情绪体验在过程上可长可短，在程度上可强可弱。如某学生意识到自己已理解并记住了大部分的教学内容，从而产生轻松与愉悦的心情；另一位学生因意识到自己理解这段文字相当困难，从而产生悲观或焦躁的情绪。一般而言，元认知体验往往发生在思维活动水平较高的情况下。弗拉维尔认为，元认知知识与元认知体验既相互区别，又相互联系。首先，某些元认知体验具有元认知知识的成分。例如，当你对某一道难题感到困惑时，突然想到了与此相似的另一个已用某种方式解决了的问题。在此过程中，感到困惑是元认知体验，但同时想到以往成功的经验与解决问题的方式时，这是元认知知识。反过来，元认知知识又可产生元认知体验。例如在考试时，当你遇到一个令其他人感到困惑的问题时，由于你已有成功运用以往知识解决类似问题的经验，所以你对这一问题非但不感到困惑，反而产生一种自信、激动的情绪体验。

3. 元认知监控

元认知监控是指个体在进行认知活动的全过程中，将自己正在进行的认知活动作为意识对象，不断对其进行积极与自觉地控制和调节。按认知活动的进展过程，可有相应的元认知监控策略：

(1) 在认知活动开始之前，根据认知任务的性质与特点，确定完成任务的实际步骤，考虑可选择的策略，预计可能产生的结果。

(2) 在认知活动进行的过程中，对自己的认知活动进程进行评价、反馈与调整。如当意识到自己的认知过程正接近认知目标时，可按原定计划继续采用既定策略向最终目标逼近，如意识到自己的认知过程背离认知目标时，则应及时修正或改变原有策略。

(3) 在认知任务完成后，对自己认知活动的结果进行反思、评价，判断自己是否已达到原定的认知目标。

(三) 学习资源管理策略

学习资源管理策略是指学习者对与其学习有关的内在与外在资源的管理方法。学习的外在资源包括学习时间与学习环境;学习的内在资源主要是指学习者本人的学习意志。

1. 学习时间的管理

学习时间的管理主要是指学习者对学习时间的安排与计划。如制订学习时间表,具体包括如何分配学习时间,如何在规定时间内完成学习任务,如何严格执行学习时间计划等。

2. 学习环境的管理

学习环境的管理主要是指学习者对自己学习环境的安排与计划。例如,有人喜欢在安静、舒适的环境下学习,为避免他人的打扰,他会关闭手机、电话等,为了使心情愉悦放松,他会在书桌上放一盆花等。另外,学习环境的管理还与个人的习惯或喜好有关,如有人喜欢一边看书,一边听音乐。总之,学习者应该意识到环境对自己学习的作用,并按自己的习惯或喜好去管理学习环境。

3. 自我意志的管理

自我意志的管理是指学习者对自己学习意志力的调整或控制。例如,有人在学习过程中感到疲倦,但又意识到掌握这些内容的重要性时,他就想方设法克制自己,努力地去完成学习任务。"悬梁刺股"就是学习中自我意志管理的一个典型例子。

上述学习策略的有关理论为我们构建特殊儿童学习策略训练模式提供了重要依据。在训练中,应特别注重将认知策略与元认知策略的训练结合起来,只有在提高元认知水平的基础上,才能真正提高学习策略水平。

三、学习策略训练的原则

根据学习策略的有关理论与我们多年教学训练的经验,提出以下三项学习策略训练原则。

(一)认知策略与元认知策略相结合

学习策略的主要内容是认知策略与元认知策略,在学习过程中,二者相互促进,共同发挥作用。因此,在学习策略训练中,必须将两者紧密地结合起来,如果只注重具体认知策略的训练,所产生的最大问题就是,学生只会在相同的学习情景下运用策略,而不会主动、灵活地将其迁移到类似或其他学习情景中去。为了提高学生的迁移能力,一种有效的训练方法是运用学习策略训练流程图,如精制策略流程图与组织策略流程图(具体见后)。在流程图中,既包括执行具体认知策略的每一个步骤,也包括对每一步骤的自我反馈、自我监控与自我评价,即元认知策略。

(二)促使学生主动积累与构建策略性知识

在学习策略训练中,一方面,要使学生尽可能多地掌握具体的认知策略,另一方面,要使他们掌握相应的策略性知识,这是提高学生策略应用水平的关键。策略性知识包括陈述性知识、程序性知识与条件性知识。陈述性知识即某种策略的含义,如什么是精制策略;程序性知识即某种策略的应用步骤,如怎样进行精制;条件性知识即了解在什么条件下采用哪一种策略更有效,如在对文本的局部信息加工过程中可更多地采用精制策略,而在对文本的整体信息加工过程中可更多地采用组织策略等。一般而言,掌握策略的陈述性与程序性知识较容易,而掌握条件性知识较困难,因为它涉及个体的知识背景、学习经验以及对认知对象的认识与评价等多种因素。

为促使学生主动积累与构建策略性知识,可采用如下方法:① 记学习日记,反思运用策略的过程,对策略应用结果的有效性进行评价,如为什么在这种学习情景下运用这些策略有效,而运用其他策略效果不大或无效。② 交流运用策略的体验,如为什么别人会想到运用这种策略,而自己却没有想到,为什么我也想到并运用了这种策略,但却没有达到与别人同样的效果。③ 向学生展示多种成功运用学习策略的范例,要求学生在参考的基础上,灵活地运用这些策略。

(三) 在各学科学习中积极运用学习策略

学习策略的训练形式可分为集体教学与个别化训练。但无论采用哪种形式,都必须与学科教学内容结合起来。从学科教师角度来讲,要思考如何根据学科特点与内容来进行学习策略训练,如何针对学生在不同学科中的学习情况来规划与实施训练内容。从学生角度来讲,一是要主动、积极地在各学科领域运用学习策略,及时总结经验,提高学习策略的应用水平;二是要认识到认知策略领域特殊性与元认知策略领域一般性的特点,针对不同的学科特点与内容,采用不同的认知策略,并认识到在任何学科学习中都可运用元认知策略,从而不断提高自我监控与自我调节的能力。

四、学习策略训练流程

特殊儿童学习策略的训练过程大致包括4个步骤,即学习策略水平的评估、学习策略训练计划的制订、训练方案的实施与训练效果的监控。

1. 学习策略水平的评估

根据学习策略有关理论,对特殊儿童进行学习策略水平评估主要包括认知策略与元认知策略的评估。认知策略水平评估主要是指针对具体认知目标,运用具体策略水平的评估;元认知策略的评估主要是指对自己认知过程的自我意识、自我反馈与自我监控水平的评估。

2. 训练计划的制订

在评估的基础上,制订系统与有针对性的训练计划。主要包括训练形式、训练内容与训练方法。训练形式可分为集体训练与个别化训练,要注重两者的相互渗透与结合;训练内容要注重学科学习与学习策略训练相结合;训练方法要注重具体认知策略与元认知策略训练相结合,学习策略训练与认知能力训练相结合,对特殊儿童进行训练要采用小步子、多反复、循序渐进的方式。

3. 训练计划实施

在训练过程中要力求做到:① 训练必须按计划实施;② 在训练的初始阶段,要严格按照学习策略训练流程进行;③ 进行动态评估,根据评估结果,及时修正与调整训练计划;④ 作好相关资料的搜集、整理与保存工作。

4. 训练效果的监控

要达到预期的训练效果,必须对训练过程进行动态监控,及时了解学生对学习策略的掌握与运用情况,如未达到预期目标,应及时调整训练方案与内容。实施动态监控可采用观察法、记录法以及单一被试实验法(具体内容可参见本书第10章)对有关指标进行主观分析与定量评估,比较训练前后的变化,为下一步训练计划的制订提供依据。

第二节 学习策略的评估

一、学习策略评估的目的

近十多年来,学习策略的测验与评估是国内外许多教育心理学家共同关注的一个重要问题。学习策略水平的评估既涉及学习策略的基本理论问题,也涉及相应教学训练模式的实践问题。科学有效的评估对了解学习者现有学习策略水平、建构学习策略训练模式、评价学习策略的训练效果具有十分重要的理论与现实意义。

二、学习策略评估的内容与方法

目前,国内外许多研究者通过多年的探索与实践,已编制出一些具有一定参考价值及实用价值的测评工具,如学习策略测验量表、元认知能力测量、学习自我监控量表、阅读意识测验、学习方式问卷、元记忆能力测试等。下面对学习策略测验量表、元认知能力测量、学习自我监控量表进行简要介绍。

(一) 学习策略测验量表(Learning And Study Strategies Inventory,简称 LASSI)

该量表由美国心理学家魏特尼(C. E. Weintein)编制,于1978年问世。它是一种专门用于测查和诊断学生运用学习方法和学习策略能力的评价工具,其主要功能为:

(1) 诊断和评价学生现有学习策略水平,为对学习策略水平较低学生的干预和训练提供依据。

(2) 用于测查比较学生参与学习策略训练前后的水平,并对相应训练计划与课程的有效性做出评价。

(3) 作为咨询机构、教育行政管理部门对学校教学质量进行评估的一种工具。

该量表包括10个分量表,共有77道测题,并在美国建立了常模。10个分量表分别为:① 态度量表,主要用于测查学生对学校的一般态度及学习的一般动机;② 动机量表,主要用于测查学生完成具体学习任务的动机水平;③ 时间管理量表,主要用于测查学生合理计划和有效利用学习时间的情况;④ 焦虑量表,主要用于测查学生学习焦虑和考试焦虑的水平;⑤ 注意集中量表,主要用于测查学生在学习中注意力集中的程度;⑥ 信息加工量表,主要用于测查学习者在知识组织和信息加工方式上的特点与差异;⑦ 获取主要信息量表,主要用于测查学生在学校学习或独立学习时获取主要信息的能力;⑧ 助学策略量表,主要用于测查学生创设和运用助学策略进行有效学习的能力;⑨ 自我测试量表,主要用于测查学生在学习过程中自我反省的情况;⑩ 考试策略量表,主要用于了解学生如何准备考试,如何制订有效的复习计划,以及预计考试范围、重点和类型等情况。

学习策略测验量表结构合理,测查全面,施测简便,计分迅速,被认为是目前比较理想的测查和诊断学生学习方法和学习策略的评估工具。尽管目前还没有中文修订版,但它为我们编制适合我国国情的学习策略评价工具提供了参考。

(二) 元认知能力测量

以下简要介绍国外用于元认知能力测量的四种方法,即"生成策略""词汇清单生成发生""散句整合"和"回避困难任务"。

1. 生成策略

生成策略(Generating Strategies)测量法来源于克鲁斯勒(Kreutzer,1975)的研究。该测验由六个项目组成,每个项目都给出一个假设的问题,要求被试提出尽量多的适当的解决策略。例如:"要求你学习下面的故事(出示故事),学习完复述故事。你将会采取哪些方法学习这段故事?"又如:"如果你必须学习这些词(出示词表),并记住它们,你将采用什么方法记住它们?"该测验的基本假设是,如果被试报告在解决问题时他所用的策略越多越复杂,则说明其越能清晰地意识到自己的信息加工过程,因而元认知水平就越高,但是这种测量方法受到被试口头或文字表达能力的限制。

2. 词汇清单生成

词汇清单生成(Word List Generation)测量法引自坦尼(Tenney 1976)的著作。测试时,先给被试呈现一个线索词,要求其再增加四个词,构成一个容易学习和记住的词汇清单。这种方法旨在反映被试所采用的组织原则,不同的组织原则生成不同的词汇清单,从而代表了不同的元认知水平,如依据词的词义联系来生成词汇清单要比依据押韵来生成词汇清单的水平要高。

3. 散句整合

散句整合(Organization of Prose)测量法是戴南(Danner,1976)提出来的。测验包括十二个句子,每四个句子表达一个主题或意思,十二个句子连接起来构成一段描写一种动物的散文片段。测验时将十二个句子随机排列呈现,要求被试以更容易阅读和记住的顺序重新排列组合这些句子,并要求其说明句子排序的理由。该测验的假设是:如果被试能够意识并根据语义来组织句子,那就表明其一定充分意识到了语义结构的重要性,其元认知能力就高。

4. 回避困难任务

回避困难任务(Fudging Task Difficulty)测验法是由韦尔曼(Wellman,1977)推荐的。它要求被试在词表对之间进行判断,看哪一对是"容易学会和记住"的。测验共有 10 对词表,其中包含词的数量(3 对)、内在联系(3 对)和意义(4 对)三类,分别测量被试对影响学习词表难易程度因素的了解。

(1)数量因素。在其他情况相同时,有较多词汇的词表比较少词汇的词表更难掌握。

(2)内在联系因素。各词汇之间有内在联系的词表比词汇互不相关的词表容易学会和记住。

(3)意义因素。有意义的词表比无意义的词表更容易记住。实际上,这项作业要求被试了解"组块"原则,即当词汇能归类成组块时,就更容易学会和记住。

(三)学习自我监控量表

学习自我监控量表是由我国学者董奇、周勇于 1994 年编制而成的。该量表按学习过程的三个阶段(学习开始前、学习活动中与学习活动后),从计划性、准备性、意识性、方法性、执行性、反馈性、补救性、总结性八个方面来评价学生的学习自我监控水平。学习开始前的自我监控包括准备性与意识性;学习活动中的自我监控包括意识性、方法性与执行性;学习活动后的自我监控包括反馈性、补救性与总结性。该量表基本结构如下。

1. 学习开始前的自我监控

计划性指学生在学习前对学习活动的计划和安排,如对学习哪些内容、如何去学习以及学习时间安排等进行计划;准备性指学生在学习前为学习活动所作的各种准备,如准备学习用具、安排学习环境、调节情绪等。

2. 学习活动中的自我监控

意识性指学生在学习中明确学习目标、对象和任务;方法性指学生在预习、上课、作业、复习等学习活动中选择并采取合适的学习方法,如预习时在不懂的地方做记号,听讲时做笔记理清思路,复习时采取自我提问的方法评价自己掌握的程度;执行性指学生在学习活动中控制自己去执行学习计划,如坚持在完成学习任务后再做其他事情。

3. 学习活动后的自我监控

反馈性指学生在学习活动后对自己的学习情况及效果进行检查、反馈与评价;补救性指学生在学习活动后根据反馈结果对自己感到尚未理解、掌握的内容采取补救措施;总结性指学生在学习活动后思考和总结学习的经验和教训,如总结自己的学习经验或借鉴别人好的学习方法和经验等。

三、学习策略评估案例

(一)被试基本情况

被试小 A,男,14 岁,普通初中一年级。智力正常,学习成绩不良,尤其是语文成绩差,经常低于同年级平均数 1.5 个标准差以下。班主任及主要学科教师建议,应对该生进行相应能力的评估及学习方法指导。

(二)阅读理解与监控水平测验

1. 测试材料

以自编的测试材料为评价工具,材料为 6 篇短文,每篇约 500 字,每篇后均附 5 道选择题,以检测被试阅读理解能力、阅读策略水平以及阅读监控水平。

2. 测试项目及评定标准

1)阅读理解能力

主要检测被试对短文中的重要信息及信息间联系的理解程度,考核被试是否能运用分析、综合、推理等方式推出其隐含的或新的信息。评分方法:被试对 6 篇短文 30 道选择题作答,答对 1 题记 1 分,答错或未答计零分,满分 30 分。

2)阅读策略水平

在被试阅读完每篇短文后,向被试呈现阅读策略列表,该列表列出 5 种阅读策略,即:

A. 反复阅读全文或某些段落,试图背出它(无保留复述策略)。

B. 在自认为重点的句子、段落下划线或抄写,试图记住它(保留复述策略)。

C. 对某些段落利用略写、图示、列表、自述要义等方法进行处理,以加强自己的理解与记忆(精制策略)。

D. 将整篇短文的重要内容概括成若干项目,再将这些项目用连句、表格、图示等联系起来,以帮助理解及记忆(组织策略)。

E. 当阅读内容与自己原先假设、推论相矛盾时,搜索上下文有关信息,并对信息进行梳理、推论,找出其内在逻辑联系(元认知策略)。

要求被试在相应的阅读策略标号上打勾,评分标准为:无策略计 0 分,A 计 1 分,B 计 2 分,C 计 3 分,D 计 4 分,E 计 5 分。最后按最高分计分,满分 30 分。

3)阅读监控水平

每答一题后,要求被试对自己的回答结果进行自我评估,即打上把握分,分三个等级。1 分表示对自己的回答完全有把握;0.5 分表示对自己的回答不能保证完全正确,既有一定的依据也有猜测成分;0 分则表示自己的回答完全是猜测的结果。然后将被试实际得分与相应的把握分按公式

$$|D| = \sqrt{\sum(x_i - y_i)^2}, (i = 1,2,3,4,5)$$

进行计算。D 值越小,说明被试的实际阅读理解水平与自己的估计越一致,阅读监控水平越高,反之,则越低。将 6 个 D 值相加,即为被试阅读监控水平总分。

(三)评价结果及训练建议

1. 评价结果

被试阅读理解能力得分为 14 分(满分 30 分),阅读策略水平 9 分(满分 30 分),阅读监控水平 15 分(最高为 0 分)。由此可知,该被试阅读理解水平较低,答对的题目未过半数;其阅读时基本不采用

策略或仅采用复述策略;其阅读监控水平也较低,即对自己的作答多表示完全有把握,但与其实际阅读理解成绩不符。

2. 训练建议

根据上述评价结果,有必要对被试进行阅读理解策略训练,训练内容可包括:

(1) 结合阅读内容,进行认知能力训练,如注意力、分类能力、推理能力训练。

(2) 进行精制策略训练,重点为概括法、比较法、图示法等。

(3) 进行组织策略训练,以线性结构、坐标结构与网状结构的组织训练为重点。

(4) 在上述训练中,结合元认知策略的训练,提高被试对自己认知过程的自我意识、自我调节与自我反馈能力。

第三节 学习策略的训练

具体的学习策略包括复述策略、精制策略与组织策略。由于复述策略在本书第五章的记忆训练中已有涉及,所以本节主要叙述精制策略与组织策略的训练方法。

一、精制策略训练

大量理论与实践研究均证明精制策略是一种有效的学习策略。目前,国内外许多教育心理学家都建议对学生尤其是学习困难学生进行精制策略训练,以提高其认知能力与学习成绩。以下分别讲述什么是精制策略、精制的原则、精制流程图与精制的具体方法。

(一) 什么是精制策略

精制策略就是学习者根据需要记忆的内容自己精心编制一个合适的提取线索,将此线索与需要记忆的内容联系起来,需要时可根据已编制好的线索将贮存于长时记忆中的信息准确提取出来的一种方法。精制是学习者在原有知识基础上对新信息进行意义建构的结果,其核心是学习者要根据学习材料的特征自己编制合适的线索。

在精制策略教学与训练中,一个关键的问题是精制与非精制的区别。区别的标准一般有两个:一是精制必须是学生自己产生的;二是精制必须对学习内容进行再加工。现举例说明如下。

(1) 一名学生读到"哥伦布1492年发现美洲"时,他认为应该记住,于是就在心里一遍又一遍地重复。这不是精制,只是简单地复述。

(2) 另一名学生读到"哥伦布是西班牙人,1492年航海到了美洲",于是便想到:"哥伦布很可能是由东而西到美洲的,因为这是从西班牙到美洲的最短航线。"这是精制,因为它是由学生自己产生的,并将其原有的地理知识与这一新知识联系起来了。

(3) 一名学生在学习中总是把懿字写错,老师告诉学生这个字的意思是指女子的美好德行,这个字的结构由三个字组成,即壹、次、心,可以想作有美好德行的女子每壹次都用心思考,这样就把懿的字形和字义都概括进去了。以后这位学生在写懿字时就想到这句话,再也没有写错过。这不是精制,因为这是老师的精制,而不是学生自己的精制。

(4) 小红为了记住"染"字的上半部分是三点水与九而不是丸,她这样想:"洗染店不卖药丸。"这是精制,因为这是小红自己产生的,而且与原有知识与生活经验密切相关。

(二) 精制的原则

精制的目的是为了能迅速、准确地提取贮存于长时记忆中的内容。那么,精制有哪些特点?在精制过程中应遵循哪些原则?为了清楚地回答这些问题,笔者在莱文(Levin)总结的十项精制原则[①]的基础上,进一步梳理与归纳为如下几项:

1. 精制的结果应在语义上符合逻辑

举一个简单的例子,如欲将"电话"与"茶杯"这两个词联系起来,如果精制成"电话洗茶杯"或"电话砸碎了茶杯"。第一句用一个"洗"字将"电话"与"茶杯"联系起来,但"电话"怎么能洗"茶杯"呢?显然这一句在语义上不合逻辑,是无意义的精制。而后一句用"砸碎了"将"电话"与"茶杯"联系起来,这在语义上符合逻辑,这样的精制是有意义的。显然,有意义的精制便于记忆与提取,而无意义的精制由于联系的"松散"或"分离",会导致提取困难。

2. 精制应将相关信息整合起来

莱文说,没有整合就不能把信息"直接联系起来"。那么什么是整合以及如何整合呢?仍以上述"电话"与"茶杯"为例,精制就是将"电话"与"茶杯"联系起来。考虑下面三种精制结果:① 电话是程控式的,茶杯是不锈钢的;② 电话在茶杯的旁边;③ 电话砸碎了茶杯。在精制① 中,尽管两句话本身都是有意义的,但给人的感觉是"电话归电话","茶杯归茶杯","电话"与"茶杯"没有直接的联系,即两者的信息没有整合起来。精制② 将"电话"与"茶杯"在空间上联系起来了,但与这一精制结果对应的表象是静态的、不生动、不鲜明,"电话"与"茶杯"的联系是松散的,整合得不紧密。精制③ 用动词"砸碎了"将"电话"与"茶杯"联系起来,句中电话是主语,茶杯是宾语,这样就把信息直接整合起来,相应的表象是动态的、鲜明的,印象深刻。

3. 精制应具有逻辑上的联系

学习过程中,不只是需要在几个孤立的项目(如词)之间建立联系,而更多的是学习句子,这就需要记住句中的关联成分,如什么人做什么事,什么时间发生什么事等。假如需要记住下面两句:(A)一位口渴的妇女爬上了山坡……(B)一位尴尬的妇女戴上了帽子……为了记住"谁爬上了山坡","谁戴上了帽子",可能产生如下两种精制:① (A)……为了寻找绿洲;(B)……因为假发被风吹掉了。② (A)……为了观赏风景;(B)……因为寒风吹来。显然,① 更合乎逻辑,因为,"口渴"与寻找绿洲求水,吹掉假发与"尴尬"具有逻辑上的联系,而"口渴"与观赏风景、寒风吹来与"尴尬"毫无必然的联系。因此,有人将① 称为"精确的精制",② 称为"非精确的精制"。

4. 精制应与视觉表象相联系

这条原则是说应当将语义编码与相应的视觉表象联系起来。产生的视觉表象应当是"生动的"。例如,"电话砸碎了茶杯"是语义编码的结果,如果同时想象"电话是怎样砸碎茶杯的",头脑里就会浮现出"电话砸碎了茶杯"的动态场景。将视觉表象与语义编码联系起来,更有利于信息的长期保存。心理学研究表明视觉表象有如下特征:

(1) 文字和语言可以转换成视觉表象,学习者应该尽可能完成这种转换。

(2) 语义编码与视觉表象是信息内容的两种"拷贝",它们既独立存在,也可互相转换。当其中的一种"拷贝"模糊时,可以另一种"拷贝"为线索,提取"前拷贝"。

---

① 杜晓新,冯震. 元认知与学习策略[M]. 北京:人民教育出版社,1999.

(3) 视觉表象具有可操纵性。例如,对于一个全景表象,可将其拉成近景、或特写镜头,就像放电影一样。通过操纵表象,可以展现对象局部细节,并用语言或其他方式进行描述。

5. 尽可能地采用系列精制

促进信息深加工的另一种方法是对学习内容进行一系列的精制。例如,可在"电话"与"茶杯"之间产生一系列的精制:"电话砸碎了茶杯,茶杯成了碎片,打电话的人很沮丧……"这一连串的精制构成了完整的"视觉表象",而完整的"视觉表象"比片段的"视觉表象"更生动鲜明,更易于储存。有人曾将系列精制作为学习困难学生学习策略训练的基本内容,结果证明,系列精制的效果比单一精制的效果要好。

6. 可对学习能力差的学生提供有效的精制结果

弗拉维尔等人认为,学习能力较低的学生有"生成性缺陷"(production deficiency),不能自发地产生有效的精制,但没有"传递性缺陷"(Mediational Deficiency)。[①] 因此,学习能力较低的学生可以接受别人的有效精制,并从中收益。例如,笔者的一位学生曾对一位轻度智障儿童进行精制策略训练,该儿童总记不住"筏"字的写法与意义。这位学生就告诉他:"在竹林里(竹字头),有一个人(单人旁)拿着砍刀(戈字)砍竹子,然后将砍下的竹子捆扎起来放到河里,就成了竹筏,竹筏是一种简单的水上交通工具。"(筏的字义)同时,还用与上述文字意义匹配的图片予以说明。如此,这位儿童不仅记住了"筏"字的写法,也理解了"筏"字的意义。

7. 在精制的基础上进行积极的信息再加工

这一原则是说,在精制过程完成后,再提出一个与该精制有关的问题要求学生回答。比如,为了使学生记住"电话与茶杯",教师提供了精制结果"电话砸碎了茶杯"。如果教师接着问"电话是怎样砸碎茶杯的",这就促使学生在原有精制的基础上进行积极的信息再加工。由于这一问题是开放的,学生的回答可能五花八门,但是每一种回答都是学生自己产生的,学生的每种精制结果都与自己的兴趣爱好、潜意识中的内容"镶嵌"在一起。实践证明,这一原则对低龄儿童或学习困难学生尤为重要。

8. 精制方式应与个人认知特征相匹配

这条原则是从个体差异的角度出发,提示个人在偏爱使用哪一种精制上是有差异的。"语词精制"和"图示精制"是两种主要的信息编码策略,其结果会产生不同的作用。佩维奥(Paivio)在其"双重编码"理论中,[②]提到了这两种编码策略各自的特征与相互联系,并得出重要结论:偏爱使用哪一种编码策略与学生个人的认知特征有关,只有当学习材料的特性、拟采用的编码策略与个人的认知特征相匹配时,才能产生出最佳的精制结果。

9. 精制对以记忆为主的学习材料更有效

一般来说,精制对所有学习者都适用与有效。但是反过来,精制并不是对各种类型的学习材料都同样有效。教学实践证明,当学习材料中需要记忆的内容较多,或者内容之间的逻辑联系不那么紧密时,运用精制策略会起到更好的效果。

(三)精制流程图及其应用

1. 精制流程图

现代认知心理学认为,任何认知过程既包括具体的认知策略,也包括元认知策略。同样,在精制

---

① 杜晓新,冯震. 元认知与学习策略[M]. 北京:人民教育出版社,1999.

② 同上。

过程中,精制策略与元认知策略相辅相成,贯穿精制过程的始终。精制流程可分四个主要步骤,具体如下图 6-3-1 所示。

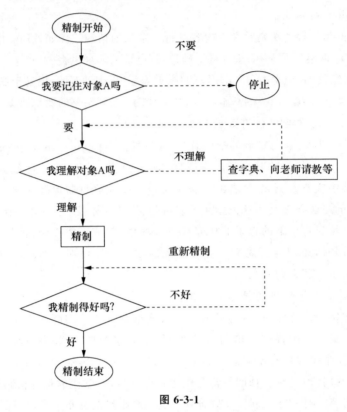

图 6-3-1

图 6-3-1 中,方框表示具体的精制策略,菱形框表示元认知策略,现对其中的主要步骤说明如下:

(1)"我要记住对象 A 吗?"这是运用元认知策略对精制内容进行选择和确定,涉及学习者对学习内容的重要性做出判断。

(2)在确定需要精制后,进入第二步,即"我理解对象 A 吗?"这里的理解包括两个层次,一是对内容表层的理解,如是否有不认识的字,是否理解词汇的意义等。二是对内容所含深层意义的理解,如这段文字的背景是什么,是否有其他寓意。如果意识到自己不理解,则可通过查字典、看相关文献或向别人请教来解决。

(3)在理解内容之后,进入第三步,即根据内容选择精制方法,实施精制。

(4)精制完成后,便可进入第四步,即"我精制得好吗?"这实际上是学习者运用元认知策略进行的自我评价,如意识到自己的精制结果不好,则重新精制。

2. 精制流程图的应用

为说明精制流程图的应用,现举一例。笔者曾在上海市实验学校对四年级学生进行精制策略训练,在一次训练中,向学生呈现精制内容:"美国的感恩节是在每年十一月的第四个星期四。"在学生完成精制后要求他们陈述自己的精制过程。一位学生陈述道:"我是按照精制流程图中的步骤进行精制的。首先,我意识到有必要记住这句话,因为感恩节是美国的一个重要节日。第二,字面意义很清楚,但我并不清楚感恩节的来历。查阅资料后得知,美国的感恩节起源于 1621 年,当年从英国迁移到美洲来的居民,为了感谢当地印第安人对他们的帮助,于当年11月的第四个星期四在马萨诸塞州普利茅斯举行了盛大的答谢宴会。从此每年的这一天,就定为感恩节了。第三,在理解这句话的意思后,我开始将目标句精制成"事事感恩"。事事取谐音,代表第四个星期四,感恩就代表感恩节。最后,按流程图的第四步自问:'我精制得好吗?'经过反思,觉得不太好,因为在精制结果中没有包括十一月这个重要信息。于是重新精制为'美感十足'。美感就是美国的感恩节,十就是将11月,第四个星期四中的四个数字相加后总和为十,足是为了凑成一个四字句,便于记忆。精制完成后,我再自问:'这样精制好吗?'经反思,认为很好,因为这样就将一个常用易记的四字句与目标句联系起来了。我相信自己再也不会忘记美国的感恩节是哪一天了。"

(四)精制的方法

1. 谐音法

谐音法是将材料内容的谐音作为线索,在提取时根据其谐音提取材料内容。适合用谐音法精制的材料如人名、地名、电话号码、历史年代、车牌号码、出生年月、短句等。例如,可利用谐音法将"$\sqrt{2}=1.414$"这个等式精制成"小儿带帽($\sqrt{}$),一点,一点(重复),试一试"。又如,将圆周率值3.14159……按谐音精制为"山巅一寺(3.14),一壶酒(159)"等。在实际应用中,单独使用谐音法效果有限,如果配合表象法、概括法等其他精制方法,效果会更好。

2. 表象法

表象法是将需要记忆的项目用句子联系起来,并根据句子的内容形成清晰、生动的表象,进而记住材料内容的方法。表象法既适合于对词汇的记忆,也适合对句子及段落的记忆。在对词汇(如单词表、购物单等)记忆时,虽然词汇本身有意义,但词汇之间无严密的逻辑联系,这时可用一句话将这些词汇串联起来,赋予其意义,并形成表象。在对一些句子记忆时,句子虽然有意义,各句子之间也有联系,但借助表象能使句中的内容更清晰、生动与鲜明。例如,在对"小明步行时,被一块石块绊倒了,躺在地下,一会儿,他爬起来,拍打一下尘土,又向前行走了。"这段话进行精制时,可产生如下表象图6-3-2:

图 6-3-2

表象是否丰富与个人的知识背景与生活经验有关,对于部分特殊儿童来说,由于某方面的缺陷,表象相对贫乏。因此,可利用各种方法与途径来丰富其表象,如采用按文配图的方式,将文字转换成图画;又如,利用影视资料帮助他们逐渐积累与丰富各种表象。

3. 比较法

比较法是利用自己原有的知识或生活经验对易于混淆的材料进行比较,以便帮助理解与记忆的一种方法。例如,一位学生意识到可能会将"买卖"两字混淆,于是他利用比较法进行精制,即多了(有一横一竖)就"卖",少了(没有一横一竖)就"买"。有时,将比较法与其他精制方法结合起来可能会产生更好的效果。例如,要求区别并记住英文单词house(房子)和horse(马)。首先,利用比较法区别两单词的异同,即两单词除了第三个字母不同外,其余字母均相同,即house(房子)的第三个字母是u,horse(马)的第三个字母是r。然后发挥联想,形成表象:房子是有门的,u就像一扇门;马是有尾巴的,r 就像马的尾巴。因而有 u 的是房子,有 r 的是马。这里,将比较法和表象法结合起来,不仅将两个单词的不同之处进行了区分,而且将词义融于其中,做到了形与意的有机结合。

4. 概括法

概括法是将材料所述的内容加以概括,浓缩成精炼的词或句,以便于理解和记忆。概括的方法主要是筛选材料中的主要信息,过滤次要信息,对材料进行精简,如将长句缩为只有主谓宾的短句,将句群或段落浓缩为言简意赅的对偶句、短诗、顺口溜或打油诗等。例如,茅盾先生曾谈到读书的方法:"读名著起码要读三遍,第一遍最好很快地把它读完,这好像在飞机上鸟瞰桂林城全景;第二遍要慢慢地读,细细地咀嚼,注意到各章各段的结构;第三遍就要细细地一段一段地读,领会,运用,这时要注意到它的炼字炼句。"对上述内容可利用概括法精制为:"茅盾读书要三遍,一快二慢三细读。"在利用概括法精制时,要提纲挈领,抓住关键信息,如果遗漏了关键信息,在需要提取时,就不能完整地回忆出材料的主要内容。

5. 图示法

将材料所述内容用简图表示出来就称为图示法。当材料内容相对复杂时,可用图示法来帮助理解和记忆。图示法适用于各学科的学习,尤其是自然科学的学习。由于利用图示法可使材料内容更为清晰与直观,因此对于有学习困难的学生非常有用。使用图示法时,应先提取关键项目,然后对关键项目之间的联系进行图示。

例如,小学课文《埃及金字塔见闻》中有一段关于建造金字塔过程的描述:"埃及朋友说,当初是利用尼罗河每年涨水时,从上游阿斯旺地区通过河道把石块运来,砌好一层在四周堆上沙土,再把石块搬上去砌第二层,以此一层层一直砌到顶端,这样,周围的沙土就是一座大山了。可以想象,单是把这个沙土山搬掉,就得动用多大的人力物力。"

如对上述文字用图示法进行精制,则具体步骤为:

(1) 提取该段文字中的关键项目,并按顺序排列如下:涨水运石—砌石—堆土—聚土成山—去土见塔。

(2) 在此基础上画出图 6-3-3。

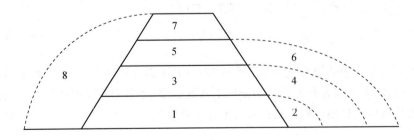

图 6-3-3

(3) 用阿拉伯数字表示建塔的具体步骤:1、3、5、7 表示砌石,2、4、6 表示堆土,8 表示去土。在利用图示法进行精制时,还可结合其他精制方法,如谐音法、概括法等。

6. 符号转换法

符号转换法是将材料中的关键项目转换成简单的符号后,再将其用线段或箭头联系起来的一种便于理解与记忆的方法。符号转换法适用于逻辑性较强的材料,如数学、物理、化学等自然学科的内容。例如,请对下面一段文字利用符号转换法进行精制:"……另一种叫异养,所有的动物和大部分微生物都是这一类,它们自己不能制造食物,靠植物来生活。例如,野兔靠吃野草来生活,狼以野兔为食物,狼一旦碰到了老虎,也就成了牺牲品,老虎死后,又成了细菌的乐园,不用多久,尸体就被分解得精光,变成了二氧化碳、水和无机盐,回到大自然中,又成了植物生长的养料。所以,兔、狼、老虎、细菌,归根结底都是靠植物来生活。"精制的第一步是提取关键项目并进行符号转换,即野草—C、野兔—T、狼—L、老虎—H、细菌—X、尸体——S、二氧化碳—CO_2、水—H_2O、无机盐—W;第二步是用符号将各项目连接起来,具体如图6-3-4(图中箭头方向代表生物链的顺序)。

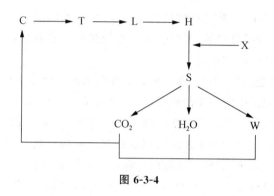

图 6-3-4

在利用符号转换法进行精制时,应尽量使用自己熟悉与常用的符号,如拼音、英文字母、化学符号、数字等。符号转换法十分有助于学习困难的学生。开始训练时,教师应给予学生较多的示范例题,让他们逐渐体会到利用符号转换法进行学习的有效性,在此基础上,鼓励他们自行精制,并与同学相互交流,逐步提高精制的水平。

7. 精制策略的综合应用

在实际应用中,经常综合使用几种精制方法,尤其是在学习信息量较大或较为复杂的材料时,单一的精制难以达到目的,需要使用多种精制的方法才能更深入地挖掘材料的深层含义,全面把握材料所包含的信息。例如,请对下面一段文字进行精制:"长江的实际长度为6380千米。从长度来讲,非洲的尼罗河居世界第一位,南美洲的亚马孙河第二,长江就是当之无愧的第三大河了。"对于上面这段话的内容怎样精制呢?首先可以利用概括法将"非洲的尼罗河"简称为"非罗",再利用谐音法,将"非罗"记成"非骡";将"南美洲的亚马孙河"简称为"南马",再根据河流的长度顺序,将上述文字概括为一句话:"非骡、南马过长江。"

精制策略的综合应用就是对信息进行多重编码,多重编码更有助于学习者理解与记忆学习内容。在对不同材料精制时,一些学生往往会根据自己的偏好,习惯地采用单一的精制方法。应让学生逐步认识到不同内容的材料应选择不同的精制方法,在某些境况下,对同一材料采用多种方法进行精制的效果更好。

二、组织策略训练

(一)组织和组织策略

组织是学习者有目的地对材料信息进行整理、概括与归类的过程。具体地说,组织过程就是先将材料中的主要内容概括为一些项目,然后对这些项目进行分析、比较、归类,判断各类之间的联系,最后按这种联系将项目组织成一定的结构形式,如简图、表格等。组织的具体方法就是组织策略,从信息加工的角度看,组织策略是一种对信息进行深加工的编码方式,其目的在于建立知识之间的内在联系,使其成为一个有机的整体,以便于理解与提取。

(二) 组织的功能与意义

组织的功能是为了更有效地贮存与提取信息。认知心理学认为,学习是一个信息加工的过程,加工的结果就是使个体获得相关知识并贮存于长时记忆中。信息先进入工作记忆,并经加工后才能贮存于长时记忆中。然而,人的工作记忆的容量是有限的,即5~9个组块,组块的最小单位可以是一个项目,也可以是多个项目。因而,如果能对材料进行有效组织,就能使若干孤立与分散的项目组成较大的组块。通过增加组块内的项目数量,可以扩大工作记忆的信息容量,减小记忆负荷,提高加工效率,促进信息顺利地贮存到长时记忆中去。

贮存于长时记忆中的信息,在一般情况下处于未激活状态。而当个体在阅读、思维或解决问题时,就需要激活与提取长时记忆中的相关信息,以便与当前信息进行比较,从而形成新的知识。根据认知心理学的观点,提取信息是一个心理搜索的过程。在搜索未经组织的信息时,经常会出现在易于混淆的概念中绕圈子的现象。另外,由于未经组织的信息之间缺乏联系,搜索的范围较大,并且由于工作记忆容量有限,思维负荷加重,导致个体提取与保存信息的能力下降。而对经过组织的信息进行搜索时,由于易混淆的概念已被梳理,较大的搜索范围已分成若干相互联系的较小的搜索范围,既可避免产生在其中绕圈子的现象,也可大大减轻思维负荷,提高提取与保存信息的能力。对于许多具体的学习任务,如能有效地运用组织策略,就能有效促进学习者对信息的理解与记忆。

由于组织策略在学习过程中的重要作用,国内外不少学者开发了各类组织策略训练方案,训练结果证明,组织策略训练能全面提高普通儿童、学习困难儿童、听觉障碍儿童的信息加工能力,尤其是能有效促进其对文本整体信息的理解与保持。

(三) 组织的过程

1. 组织的步骤

根据组织的定义,组织的具体过程包括两个环节,一是提取关键项目;二是再现材料结构。

1) 提取关键项目

组织的第一步就是提取文本中的关键项目,一般来说,提取关键项目有常用的四种方法。即略去枝节,就是指从材料中将次要的枝节部分略去,只提取关键词或句作为项目;代以上位,就是指在提取材料项目时,可用一个类的概念代替具体内容,或以更一般的行为词代替一系列的动作;择取要义,就是指在所要组织的材料中,从每一段落中找出关键词或主题句;自述要义,就是指在材料组织过程中自己构思出一个命题来表述段落的中心思想。

2) 再现材料结构

一般而言,文本材料可归为三种基本结构及三种变式。三种基本结构是线性结构、坐标式结构和网状结构。三种基本组织结构两两组合,就产生了三种主要的变式,即线中有线式、线中有网式与网中有线式结构。每种结构都对应着材料类型、项目间的关系、结构形式以及结构的图示,将六种结构列入下表6-3-1。

表 6-3-1 材料的组织结构图

材料类型	关系	结构	图示
简单描述	顺序	线性	
说明或论述	上下位	网状	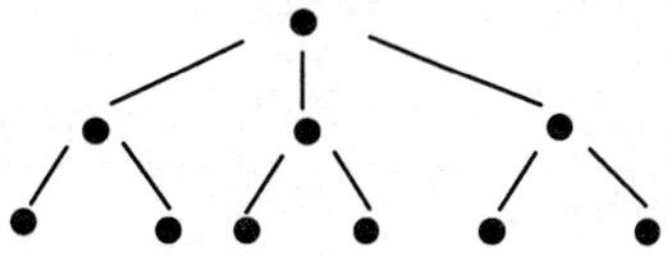
综合描述	二维	坐标	
描述中有描述	主线与副线结合	线中有线	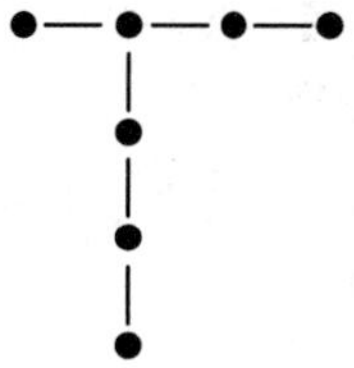
描述与说明或论述相结合	顺序与上下位结合	线中有网	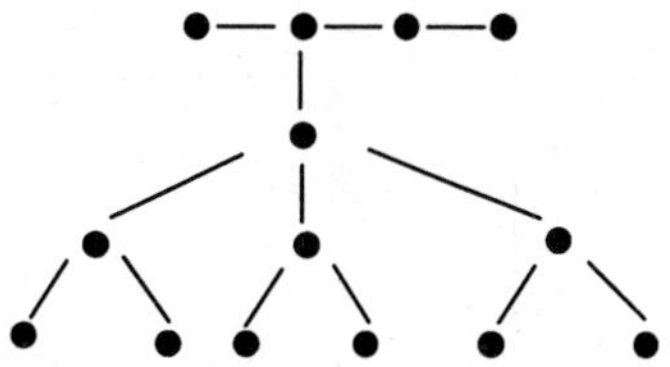
说明或论述与描述相结合	上下位与顺序结合	网中有线	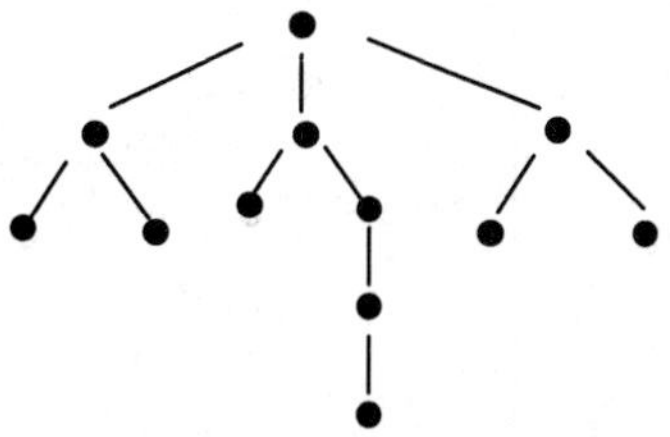

2. 组织过程中的自我监控

近年来,国内外教育心理学界对认知过程的自我监控进行了大量研究,许多研究结果表明,认知策略与自我监控是相互结合,相辅相成,共同发挥作用的。以阅读过程为例,具体阅读策略的功能是将文章的主要信息合理地组织起来,理解各信息之间的关系,把握文章的整体结构、主要内容与中心思想;自我监控的功能是有意识地监控自己的阅读过程,具体又分为自我意识、自我评价与自我调节。阅读中的自我意识是指个人对自己的阅读能力、阅读习惯以及相关知识等方面的认识;自我评价是指在自我意识的基础上,对自我阅读过程进行评价,如自己对阅读的内容是否理解,所选用的阅读策略是否合适,所读内容与自己原有知识是否有冲突等;自我调节是指个体有意识地对自己的阅读进程、阅读策略的调整,如是否可采用更有效的阅读策略,如何利用原有知识来帮助自己理解新知识等。许多研究表明,学生的阅读成绩不仅与其应用阅读策略的水平呈正比,也与阅读自我监控能力呈正比。因此,在对特殊儿童进行阅读策略训练中,不仅要教他们掌握一般的阅读策略,也要提高其自我监控能力。

3. 组织过程流程图

根据组织的基本步骤、结合自我监控的理论,笔者提出了阅读中组织过程流程图,如图 6-3-5 所示。

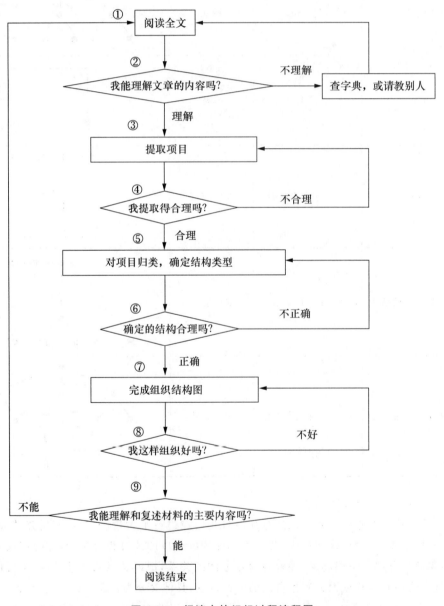

图 6-3-5 阅读中的组织过程流程图

图 6-3-5 中的方框表示阅读中具体的组织策略,菱形框表示自我监控策略。本流程图将阅读中的组织和监控过程划分为九个步骤,其中四个步骤与组织策略有关,五个步骤与自我监控策略有关,以下对自我监控策略的有关内容进行说明。

1) 步骤②:"我能理解文章的内容吗?"

这是组织者对自己理解能力的反思:"我能理解文章中有关字、词、句的意思吗?我具备相关的背景知识吗?"如果意识到不理解、不具备,那就应该选择适当的方法去解决,如查字典与相关资料,或请教老师或同学等。

2) 步骤④:"我提取得合理吗?"

提取关键项目是组织过程的重要步骤。"我提取得的合理吗?"是组织者通过内心导语来自查自问:"我是否遗漏了关键项目?我是否提取了非关键项目?提取的项目是否概括了相应的内容?"

3) 步骤⑥:"我确定的结构合理吗?"

由于对文章结构的判断将直接影响整个组织过程与结果,所以这是较为关键的一步。在某些情况下,对同一篇文章,既可以按线性结构来组织,也可以按网状结构来组织。这时组织者就必须进行反思与判断:哪一种结构更能清晰地显示文章的框架?是否有必要用两种方式同时进行组织?这种自我评价与判断能力涉及组织者有关策略的程序性与条件性的知识,既知道如何使用组织策略,又知道什么样的文章类型适合使用什么样的组织策略。

4) 步骤⑧:"我这样组织好吗?"

这是组织者对自己组织过程与结果做出的自我评价。例如,通过自我评价,可以意识到在按网状结构组织的过程中,自己将本属于上下位关系的项目错按并列关系组织起来了;或意识到自己将属不同类别的项目归在同一类别下了。对自我组织结果的反思与评价,对组织者及时修正错误,保证组织结果的正确性与有效性十分重要。

5) 步骤⑨:"我能理解和复述材料的主要内容吗?"

组织的目的在于提高对信息的理解和保持,所以在完成组织过程以后,应通过自问"我能理解和复述材料的主要内容吗?"来进行反思。如果自我反思与评价的结果是肯定的,则整个阅读过程结束;如果是否定的,则需从头开始重复流程图的每一步骤,直到达到目的为止。

(六)组织策略的训练

1. 线性结构材料的组织

线性结构是指材料内容之间存在序列(顺序)联系,在将其内容概括为关键项目后,能将这些关键项目组成一个链状结构。线性结构又分为两种:① 如按时间顺序来描述事件发展经过的,则为时间顺序的线性结构。② 如按空间顺序来描述的,则为空间顺序的线性结构。

例如,要求将以下句子按时间顺序组织成一段有意义的文字,并说明这样组织的理由。

A. 纷纷扬扬的雪花从半空中降落下来。

B. 中午凛冽的寒风刮了起来。

C. 黄昏时分,风停了,下起鹅毛般大雪。

D. 清早晴朗的天空布满了铅色的阴云。

E. 寒风呼呼地刮了整整一个下午。

上述五个句子描写了天气随时间变化的情况,其中四个句子中都有表示时间的关键词:"清早""中午""下午"和"黄昏"。根据这些关键词对句子进行重新排序为:"清早晴朗的天空布满了铅色的阴云(D)。中午凛冽的寒风刮了起来(B)。寒风呼呼地刮了整整一个下午(E)。黄昏时分,风停了,下起鹅毛般大雪(C),纷纷扬扬的雪花从半空中降落下来(A)。"这里,找到有关表示时间先后的词是一个关键。

又如,要求将下列短文《白马寺》按空间顺序的线性结构来进行组织,并说明这样组织的理由:

  白马寺现有建筑面积为34000余平方米。山门的中间门额上嵌有'白马寺'石匾,为明嘉靖时'司礼监太监黄锦三十五年冬月吉日'所立。在山门内的东西两侧,为摄摩腾和竺法兰二僧墓。在寺内中轴线上的主要建筑物有山门、天王殿、大佛殿、大雄殿、接引殿、毗卢阁等。

该文主要对白马寺建筑物的布局作了描述,作者以空间位置的顺序,从山门两侧的二僧墓写到中轴线由南至北的四殿一阁。为了形成一个更为清晰的空间印象,可将以上内容组织如下:

        (北)
        毗卢阁
        接引殿
竺法兰墓(西) 大雄殿 摄摩腾墓(东)
        大佛殿
        天王殿
        山门
       (白马寺)(南)

在学习对空间顺序线性结构材料的组织过程中,要引导学生找出表示方位的关键词,如上、中、下、左右、前后、两边等。另外,可将空间顺序线性结构材料的组织与精制策略中的图示法结合起来使用。

2. 坐标结构材料的组织

如果一些材料主要是从两个维度对事件进行描述的,则可对其采用表格形式进行组织。在组织过程中,首先要根据材料的内容确定维度。例如,有些材料是按事件发生的过程与其中相关人物的行为表现进行叙述的,这时,我们可以将事件的起因、经过与结果作为纵坐标,而以人物的行为表现作为横坐标,这样就构成了一个坐标结构或表格形式,然后将材料中的关键项目填入相应的表格内。例如,请对下文采用坐标结构进行组织。

茅盾先生说:'读名著起码要读三遍。第一遍最好很快地把它读完,这好像在飞机上鸟瞰桂林全景;第二遍要慢慢地读,细细地咀嚼,注意到各章各段的结构;第三遍就要细细地一段一段地读,领会,运用,这时要注意它的炼字炼句。'茅盾先生的这段话,概括地阐述了"三遍"读书法的过程:

(1)第一遍:粗读。一本书到手,要先粗略地读,获得初步印象。粗略读时要"快"、要"全"、要"粗"。"快"是要粗略地读、泛泛地读,要很快地把书读完。"全"是要了解全书的内容,留下初步印象;"粗"是对书中的字、词、句、章不要仔细推敲、研究,对不认识的字、不理解的词和不懂的地方做个记号,以后再去处理。

(2)第二遍:精读。在第一遍求得初步印象的基础上,再作精细的阅读。精读时要"慢"、要"细"、要"深"。要读准每个字,理解每个词,该懂每句话的意思。如果有不理解的地方,就要查字典、词典或其他参考资料,抑或请教别人。之后,再深入到文章里面,弄懂字里行间的意思,如文章的思路、结构层次、各部分之间的关系、写作特点等。然后还要深入下去了解作者的写作目的、写作的时代背景、他在文章中赞扬什么、反对什么或者表达了什么等。

(3)第三遍:消化。在粗读和精读的基础上,边读边思,反复琢磨,细细品味,该记忆的好词语、新知识都要一一记住,书中的精华要仔细推敲吸收其为自己所用,还要识别书中的不足之处,提出自己的想法。消化理解的过程会激发你的创造思维,提高分析问题、解决问题的能力,做到学用结合。

少年朋友,茅盾先生的"三遍"读书法适用于阅读各类书籍和文章。"三遍"阅读,每遍都有明确的目的、重点。如果能按照这样的步骤读书,你一定会受益匪浅。"

根据以上课文内容,按坐标结构组织如表6-3-2:

表 6-3-2

读书法的过程	阅读的目的	阅读的重点
第一步:粗读	获得初步印象	"快""全""粗"
第二步:精读	读准每个字,理解每个词,懂得每句话的意思,理清文章的思路、结构层次、各部分之间的关系、写作特点等	"慢""细""深"
第三步:消化	在消化理解的过程中,激发创造思维,提高分析问题、解决问题的能力,做到学用结合	边读边思,反复琢磨,细细品味,注重记忆,勇于质疑

在进行坐标式结构组织策略训练时,应注意两点:一是横坐标与纵坐标有时可以互换;二是如果同一篇文章,既可用线性结构也可用坐标式结构来组织,那么对于内容较复杂,人物较多的文章,建议用坐标式结构进行组织。

3. 网状结构材料的组织

网状结构是指材料中的关键项目可以上下位关系组成的一种结构,形似倒树状,又称"网状结构"。许多文章具有网状结构的特点。例如,一篇论述文就包括论点、论据及事实。其中,论点是上位概念,论据是次上位概念,事实是下位概念。经用网状结构组织的材料,概念层次清晰,逻辑严密,便于理解与记忆。网状结构的组织策略可用于各学科的学习,对帮助学生梳理已学过的知识点,厘清各知识点之间的关系,把握相关知识的整体框架具有重要作用。

例如,试对课文《我爱三峡》进行组织:

"我爱三峡,我爱三峡的雄伟壮观,幽深秀丽,激流险滩。

7月17日,我们乘着'东方红十七号'客轮到了三峡。首先映入我眼帘的是白帝城。往前走就是三峡的第一峡,瞿塘峡。只见两旁山石林立,有的高大雄伟,好像奔驰的骏马,又如手握宝剑的武士;有的妩媚秀丽,宛如温柔的少女,又像飘飘欲飞的嫦娥,真是千姿百态。突然,眼前出现了一座座高耸入云青灰色的岩石,光秃秃的一片,悬崖峭壁,怪石嶙峋,使人不禁心惊胆战。

下午一点多钟,客轮来到了著名的十二神女峰。抬头望去,只见十二座陡峭的山峰忽高忽低从整个大山中拔地而起,真像一群婀娜多姿的神女,在向人们致意。外国友人见到这美景,更是赞不绝口。一位白发苍苍的外国老人手捧着一只花环,摘下娇美的花瓣,向空中缓缓撒去,花瓣落在滚滚江水里,飘向远方。

'巫峡到了!'第二天清晨,船舱里不知谁高声叫了起来。人们的睡意一下消失了,都簇拥着走出船舱,我和爸爸也随着人流来到甲板上,好不容易才钻到栏杆旁边。'啊!真美!'我刚看到巫峡就情不自禁地赞叹道。山坡上是一片墨绿色的树林,满山盛开着五颜六色的野花。我探着身子仔细一看,啊,是橘树!只见千枝万树之中,星星点点地挂着许多金黄色的果实,就像缀在树上的黄宝石。

'这是伟大的诗人屈原的故乡,传说中有名的《橘颂》一诗就诞生在这儿!'爸爸轻轻地说着,深情地注视着山上的一切,仿佛是在寻觅诗人留下的足迹。轻烟翠竹笼罩了整个巫峡,真是朝云暮雨,变幻莫测。

傍晚时分,急流滩险的西陵峡出现在人们面前。我俯视着浑浊的江水,只见旋涡一个接着一个,一个大似一个,一圈一圈急速地流进深旋里;江面上急流翻滚,拍击着岸边的石崖,发出震耳欲聋的响声;两岸的河石被冲刷得有像巨大的花骨朵,有的像圆盘,还有的像各种精雕细刻的盆花,使人目不暇接。扑扑两声,只见一条鳞光闪闪的大鱼蹦出水面,又钻进了滚滚的江水之中。

夜幕慢慢降临,月亮冉冉升起。月光照耀着微波荡漾的江水,江面上像铺上了许多碎银,闪烁着夺目耀眼的光彩,西陵峡的夜景多么迷人呀!我深深地陶醉了。

我爱三峡,我爱三峡的雄伟壮观,幽深秀美,更爱她的急流险滩……"

用网状结构的组织结果如图 6-3-6:

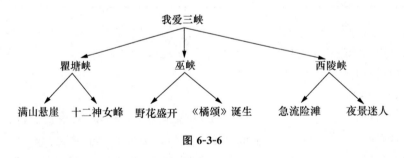

图 6-3-6

网状结构是一个逻辑严密的整体,具有纵向整体性与横向整体性。在进行网状结构组织时,易犯两类错误,一是纵向结构错误,即不同层级概念错位;二是横向结构错误,即相同层级概念错位。要减少这两类错误,就要求学生具备相应的学科背景知识、正确把握概念的内涵与外延、以及概念之间的逻辑关系,如全同关系、上属关系、下属关系、交叉关系、全异关系。

4. 综合结构材料的组织

综合结构是指由线性、坐标、网状三种基本结构组合而成的变式,主要有线中有线式、线中有网式与网中有线式结构。线中有线式结构的材料往往以一条主线贯穿全文,但又在一个或几个节点上按顺序展开,我们将其称为副线。通常主线只有一条,而副线可以有一条或几条;线中有网式结构的材料往往先以顺序(时间、空间)为主线展开所述内容,又从某一或某些节点开始以上下位关系进行叙述;网中有线式结构材料在总体结构上是上、下位的网状结构,但在某一层级的某一点或某些点上又以一定的顺序展开描述。基本结构材料的组织训练是综合结构材料组织训练的基础,综合结构材料的组织训练是基本结构材料组织训练的拓展与延伸。

三、组织策略训练案例

(一) 研究背景

文章是记录信息的载体,读懂文章就是要能够读懂文章中的信息。从文章信息内容的指向性来看,信息分为两类,一类是指向文章细节的信息,即微观信息;另一类是指向文章整体的信息,即宏观信息。研究表明,在文章阅读的过程中,读者是通过掌握文章的宏观信息而对文章的结构进行正确表征的。

就聋校语文阅读教学而言,引导聋学生掌握文章的整体信息,进而概括文章的主旨,理解文章的整体结构是其重要任务。在调查中发现,聋校中、高年级学生把握文章宏观信息的能力较差,在阅读时,学生往往将大量的认知资源分配于文章微观信息,从而忽视了对文章整体结构的把握,这在一定程度上阻碍了聋学生阅读能力的提高。

针对聋学生阅读中的问题,我们将教育心理学的学习策略与聋校语文课堂教学紧密结合,采取组织策略训练的方法对聋学生的阅读进行训练。组织策略是学习策略的一种,它指向文章的结构,其主要功能是促进学习者对材料整体性的把握。为了验证组织策略训练对提高聋生阅读理解能力和监控能力的有效性,本案例选择聋校高年级(八年级)的聋学生为研究对象,开展了聋校语文阅读教学中组织策略训练的课题研究,以期能够为改进聋校语文阅读教学方法,提升聋学生的阅读能力提供借鉴和参考。

(二) 研究方法

1. 研究对象

选择聋校 8 年级的聋学生为实验对象。将实验对象分为实验组和对照组,实验组的人数为 27 人,年龄为(16.9 ± 1.4)岁,对照组为 31 人,年龄为(17.5 ± 1.7)岁。

2. 测验材料

测验材料为 10 篇短文,每篇约 550 字,每篇短文后均附有 6 道选择题,所有题目均以检测被试对短文的整体理解能力为主要目的。经预测后,调整了部分项目,最终形成了 A、B 两份平行测验材料。两份测验材料难度相同,每份材料各包括 5 篇短文。随机选择 A 卷用于前测,B 卷用于后测。所有实验材料均通过了聋校语文教学专家的审核。

3. 实验步骤

1) 前测

在开始正式教学训练前,对实验组与对照组同时用 A 卷进行前测,目的在于:① 检验两组在阅读理解、阅读监控能力方面有无统计意义上的显著性差异;② 收集数据,为与后测数据进行比较、分析做准备。

2) 训练

实验组在阅读课上进行组织策略训练。训练的内容包括提取关键项目和组织关键项目。提取关键项目的训练内容包括去掉枝节、删除重复、代以上位、提取要义和自述要义;组织关键项目的训练包括对线性结构、坐标式结构与网状结构的材料进行组织策略训练。

另外,还编写了 20 篇用于组织策略训练的材料。这些材料主要是一些适合聋生阅读的课外短文,由实验组的教师进行安排,定期让实验组的学生进行阅读并回答问题。材料中的问题分为三类:① 补充组织结构图;② 自行完成组织结构图;③ 互评组织结果。对照组按常规教学计划上课不变,作业量与难度与实验组相仿。

3) 后测

两学期后,对实验组与对照组同时用 B 卷进行后测,后测程序与前测相同。

4. 评分及评分标准

本实验的评判指标为阅读理解能力和阅读监控能力。阅读理解能力评估以被试答对题数为标准。测试材料共有 5 篇短文,每篇后附 6 道题,共 30 题,答对计 1 分,答错或未答计 0 分,满分 30 分。

阅读监控能力反映了被试对自我阅读过程及结果的意识与评价能力。阅读监控能力评估是在被试每作答一题后,再对自己作答的把握情况进行评价,分为三档:很有把握计 1 分、有点把握计 0.5 分、完全没有把握计 0 分。如此被试每道题的实际得分为 $X(x_1, x_2 \cdots x_{30})$,对回答每道题的把握分为 $Y(y_1, y_2, \cdots, y_{30})$。将被试实际阅读理解能力得分与相应的把握分按以下公式进行计算:

$$|D| = \sqrt{(x_1 - y_1)^2 + (x_2 - y_2)^2 + \cdots + (x_{30} - y_{30})^2}$$

由公式可知,阅读理解分数与把握分数越一致,D 值就越小,学生的阅读监控能力就越高。为了使监控分数与监控能力的变化一致,最后算得的监控分数是用常数 30 减去 D 值后得到的差,这样监控分数就与监控能力呈正相关了。

(三) 实验结果

1. 两组被试阅读理解能力比较

表 6-3-3 两组被试阅读理解前后测分数对比表($M \pm SD$)

前后测	实验组($M \pm SD$)	对照组($M \pm SD$)
前测	14.4±4.9	12.2±4.4
后测	18.6±6.1	10.5±4.3

表 6-3-4 两组被试阅读理解前后测分数显著性检验结果表

前后测	方差齐性检验(F)	P	均值显著性检验(t)	df	P
前测	0.98	0.33	1.78	56	0.08
后测	5.62*	0.02	5.46	56	0.00**

对实验组与对照组阅读理解前测数据进行方差齐性检验,结果表明,两组数据方差齐性($F=$

$0.98, P=0.33$)。对两组前测试数据均值的差异进行显著性检验,结果表明,两组数据没有显著性差异($t(56)=1.78, p=0.08$)。

对实验组与对照组阅读理解后测数据进行方差齐性检验,结果表明,两组数据的方差不齐($F=5.62, P=0.02$)。采用校正公式对后测数据进行统计,结果表明,两组数据的数据有极显著性差异($t(56)=5.46, p=0.00$)。

2. 两组被试阅读监控能力比较

表 6-3-5 两组被试阅读监控前后测分数对比表($M\pm SD$)

前后测	实验组($M\pm SD$)	对照组($M\pm SD$)
前测	10.59 ± 0.2	10.50 ± 0.3
后测	10.67 ± 0.5	10.43 ± 0.2

表 6-3-6 两组被试阅读监控前后测分数显著性检验结果表

前后测	方差齐性检验(F)	P	均值显著性检验(t)	Df	P
前测	0.48	0.49	1.21	56	0.23
后测	6.24	0.02 *	2.29	56	0.03 *

对实验组与对照组阅读监控前测数据进行方差齐性检验,结果表明,两组数据方差齐性($F=0.48, P=0.49$)。对两组被试前测数据进行显著性检验,结果表明,两组数据没有显著性差异($t(56)=1.21, p=0.23$)。对实验班与对照班阅读监控后测数据进行方差齐性检验,结果发现两组数据方差不齐($F=6.24, P=0.02$),采用校正公式对阅读监控后测分数进行统计,结果表明,两组数据的分数有显著性差异($t(56)=2.29, p=0.03$)。

(四)分析与讨论

1. 实验组与对照组阅读理解能力前后测结果分析

实验结果显示,实验组与对照组阅读理解能力前测数据无显著差异,而后测差异显著。对照组在实验期间,保持原有的教学进度和安排,没有进行额外的任何干预,而实验组在实验期间进行了为期一年的组织策略训练。因此,可以认为,实验组与对照组阅读理解能力的差异主要是由于组织策略训练的实验处理导致的。实验组被试运用组织策略将文章的信息连接成网,并存储于长时记忆中,一旦认知目标与存储信息相匹配,便能有效地激活该存储系统,提取有关信息,完成认知任务。而对照组的被试由于未经过训练,各知识点的连接较松散,从而造成提取及整体理解上的困难。

2. 实验组与对照组阅读监控能力前后测结果分析

实验结果显示,实验组与对照组前测阅读监控能力数据无显著性差异,后测数据存在显著性差异。这也证明了按组织策略流程训练能有效提高聋生阅读监控能力。

(五)结论与建议

通过上述研究,得出以下结论:组织策略训练能够提高聋生的阅读理解能力与阅读监控能力。因此,应该在聋校语文阅读教学中进行组织策略训练,具体可采取以下措施:

(1)强化对提取文章关键项目的训练。

(2)加强组织关键项目训练,即训练聋学生运用组织策略将文章的宏观信息组织成相应的结构。

(3)利用组织过程流程图,强化学生阅读中的自我提问意识,不断对阅读过程的各个环节进行自我提问及反思。①

思考题

1. 试述学习策略的涵义与结构。
2. 认知策略与元认知策略主要包括哪些具体策略?
3. 试述学习策略的训练原则。
4. 如何对学习策略水平进行测量?
5. 试述精制策略与组织策略流程图。
6. 试述精制策略与组织策略的训练方法。

主要参考文献

1. 杜晓新等. 元认知与学习策略[M]. 北京:人民教育出版社,1999.
2. 杜晓新. 一种有效的学习策略——精制[J]. 上海师范大学学报,1994(1).
3. 杜晓新等. 组织结构图标记对文章整体信息理解与保持的影响[J]. 心理科学,2006(5).
4. 杜晓新等. 组织策略在聋校高年极语文阅读教学中的应用[J]. 中国特殊教育,2007(1).

---

① 杜晓新等. 组织策略在聋校高年极语文阅读教学中的应用[J]. 中国特殊教育,2007(1).

第七章　情绪行为的评估与干预

> **本章目标**
>
> 1. 掌握情绪行为障碍的定义。
> 2. 了解情绪行为干预的理论基础、原则及流程。
> 3. 了解情绪行为评估的目的、内容、方法及常用的评估工具。
> 4. 了解情绪行为干预的内容和方法。
> 5. 通过案例了解特殊儿童情绪行为干预的过程。

特殊儿童情绪行为的评估与干预是综合康复的重要内容之一。特殊儿童的情绪和行为问题不仅影响儿童的日常生活和学习,有时甚至危及自身及他人的安全,造成严重后果。因此,针对患有情绪行为障碍的儿童进行及时、科学、系统的评估和干预是十分必要的。本章将从情绪行为干预概述、情绪行为评估的内容及方法、情绪行为干预方法以及特殊儿童情绪行为干预案例进行叙述。

第一节　情绪行为干预概述

情绪行为干预是指对情绪与行为障碍的儿童或伴随情绪与行为问题儿童,采取情绪调节、行为干预和早期语言沟通等方法和手段,帮助其减少负面情绪、改变其不良行为、使其与他人和谐共处并能正常学习和生活的一个过程。本节简要介绍情绪行为相关概念、情绪行为障碍的分类及特征、情绪行为干预的理论基础、干预原则和流程。

一、情绪、行为及情绪行为障碍

情绪是人对客观事物的态度体验及相应的行为反应,一般认为情绪由主观体验、外部表现和生理唤醒三部分组成。儿童具有与其年龄发展阶段相适应的情绪与情感是适应社会与顺利学习的一个重要前提条件,儿童既可以通过识别他人的情绪状态判断事物的性质,也可以将自己的情绪状态传递给他人来表达自身的感受,这对儿童的生活与社会交流十分重要。

行为是指个体在主客观因素影响下所产生的身体活动,既包括任何外显的、可观察到的动作或反应,也包括内在的各种心理活动。因此,行为是外界环境与人的认知活动互动作用的结果,情绪在此过程中发挥着独特的作用。

一般来说,情绪和行为是相互依存的,情绪是行为的内因,行为是情绪的外在表现。但在有些情况下,尤其是对年幼的儿童来说,情绪可以在没有认知活动直接参与的情况下立即产生行为反应。例如,当儿童想要得到某一物品而未得到满足时,他们往往会不假思索地立即表现出不满的情绪反应,甚至吵闹、哭泣。另外,儿童的情绪也极不稳定,可以很快地从一种情绪状态转换到另一种状态。例如,若是在儿童吵闹或哭泣时,满足其要求,并给予适当的安抚,儿童往往会破涕为笑,不满情绪也很快随之消散。

尽管目前国内外对于情绪行为障碍的定义尚未有一个严格而统一的界定。但要对情绪行为进行评估与干预,首先要对正常和异常的情绪行为进行区分,有以下四项区分原则可供参考:

(1) 儿童的情绪行为表现是否与其年龄相适应。
(2) 儿童的情绪行为表现是否与其生活的社会文化背景相适应。
(3) 儿童的情绪行为表现是否与其所处环境相适应。
(4) 情绪行为表现的各项指标是否在统计学的正常范围内。

根据定义的所用地区,我们可以参考如下几种定义。

(一) 美国的定义

美国《所有残疾儿童教育法》(*The Individuals with Disabilities Education Act*,简称 IDEA,又称为 PL94-142 公法)对"严重情绪困扰"作了如下的界定:严重情绪困扰是指在很长一段时间内明显表现出下述一种或多种特征,并对教育作用产生不利影响。这些特征包括:

(1) 无法用智力、感觉或健康因素加以解释的学习能力失调。
(2) 无法与同伴和教师建立或保持良好的人际关系。
(3) 在正常情况下表现出不当的情绪或行为。
(4) 经常表现出苦闷、沮丧的情绪。
(5) 衍生出与个人或学校问题有关的生理病症或恐怖倾向。

在此之后,美国心理健康与特殊教育联合会(*National Mental Health and Special Education Coalition*)对上述定义又进行了修改和补充,界定范围扩大,不再排除社会适应不良儿童,并且考虑了年龄范围、文化差异、教育成就上的负面效应等因素。该定义被美国精神卫生和特殊教育联盟所采纳,具体内容如下:

情绪或行为异常是指一种失能,主要在学校教育中行为或情绪的反应与其年龄发展、文化和种族的常态显著不同,因而影响教育的成效,包括学业、社会、职业、个人技能的发展,并且这些影响还有如下特点:

(1) 不只是对环境中压力事件的暂时性反应。
(2) 持续地出现在两个不同的情境,其中至少一个与学校情境有关。
(3) 在教育方案中有持续的个别化教育介入,对普通教育的直接干预效果很差,有可能与其他方面的障碍并存。

该定义认为情绪与行为障碍是与相应年龄、种族和文化标准下的行为相比较而言的,强调了情绪和行为异常表现的相对性和稳定性。

(二) 中国的定义

中国对情绪与行为障碍儿童的定义参照了国外的界定,更侧重于行为的外在表现。情绪和行为障碍主要是指发生在儿童少年时期的行为表现与一般儿童应有的行为明显偏离,具有以下一种或多种影响教育的、明显而持续的行为特点:

(1) 学习能力不足,但不能用智力、感觉和身体的原因加以解释。
(2) 不能与同龄人和教师建立或保持良好的关系。
(3) 对正常环境缺乏适当的情绪和行为反应。

(4) 存在弥漫性不愉快心境或抑郁。

(5) 容易出现与个人学习困难有关的生理症状或恐惧反应。

而台湾地区颁布的《身心障碍暨资赋优异学生鉴定原则鉴定基准》中第九条将严重情绪障碍定义为"长期情绪或行为反应显著异常,严重影响生活适应者;其障碍并非因智能,感官或健康等因素直接造成之结果。情绪障碍之症状包括精神性疾患,情感性疾患,畏惧性疾患,焦虑性疾患,注意力缺陷多动症,或有其他持续性之情绪或行为问题者。"该定义强调了这类儿童具有长期性和严重性的特点,并延伸了该定义的范围,即不仅是局限在患有单纯情绪与行为障碍的儿童,也包含了情绪与行为问题儿童。

根据上述界定和本书的宗旨,我们拟从更为广义的角度来界定情绪行为障碍儿童的范围,即情绪行为障碍儿童不仅包括那些患有单纯性严重情绪与行为障碍的儿童,以及智力正常且身体健康但表现出有各种情绪与行为问题的儿童,还应该包括伴有情绪行为障碍的各类残疾儿童。例如,听力障碍儿童的自卑或冲动行为、自闭症儿童的退缩或攻击行为、智力障碍儿童的自残或攻击行为等都属于情绪行为问题。

二、情绪行为障碍的分类及特征

由于目前对情绪行为障碍的分类尚无明确与统一的标准,出于对特殊儿童教育与康复的目的,以下按几种主要特殊儿童的类型,分别简述其情绪行为障碍的表现及特征。

(一) 攻击性行为儿童

攻击性行为是一种常见的问题行为,又称为侵犯性行为,是指身体上的进攻(如打、踢、咬等)、言语上的攻击(如大声叫嚷、辱骂等),也可以是侵犯别人权利的行为(如暴力抢走别人的东西等)。心理学上把攻击性行为定义为他人不愿意接受而攻击者出于故意或者攻击性目的对他人造成伤害的行为,这种有意的伤害包括直接的身体伤害、语言伤害和间接的心理伤害(如故意背后说别人坏话、造谣污蔑等),也包括了意图伤害他人但并未造成后果的行为。攻击性行为是儿童时期经常出现的一种行为,不但会对他人或者集体造成危害,而且对其个人的健康发展也非常不利,会妨碍儿童的社会交往以及性格与认知的正常发展。大量研究表明,有攻击性行为的儿童与同伴关系较差,因为大多数儿童会对有攻击性行为的儿童避而远之,如果这种行为延续到青年和成年,会出现人际关系紧张、社交障碍等问题,更严重的是,如果儿童时期的攻击性行为没有得到及时有效的干预和矫正,其成人后就很容易走上犯罪的道路。有资料表明,在青少年暴力犯罪行为中,大约有70%的人在其儿童时期就被认定有攻击性行为。因此,对攻击性行为儿童尽早进行干预和矫正是非常重要的。

(二) 多动症儿童

儿童多动症又称儿童多动综合症,简称多动症,多发在学前阶段,活动量过多是其明显的特征。多动症儿童往往伴有注意力缺陷,其注意力很容易受到环境的影响,难以集中或者集中的时间很短。例如,在上课时不能专心听讲,易受环境干扰而分心,注意对象频繁转移,做作业不能全神贯注,边做边玩。但也有一些儿童常常表现为凝视一处,呈发呆状,其内心却起伏变化,思绪不宁。多动症儿童在幼儿期就表现出好动倾向,越是在需要安静的环境中,其活动量和活动内容越是明显增多。进入学校后,尽管受到一定的限制,其多动行为却表现得更为突出:在教室内坐立不宁,东张西望,经常用肢体或语言招惹别人,不遵守课堂纪律和秩序,情绪不稳定,自我克制能力差,行为冒失,不计后果,比如经常对一些自己感到不愉快的事情做出过激的反应,以致对他人造成不同程度的危害。虽然多动症儿童的一些症状在成人之后会消失,但是儿童时期的症状往往会导致其认知能力下降、学习成绩不良以及社会交往障碍等问题。

(三) 焦虑症和恐惧症儿童

焦虑可以分为情景性焦虑和广泛性焦虑。情景性焦虑是指针对某一情景或某一事件而产生的焦虑,一旦情景或事件改变则焦虑消失;广泛性焦虑又分为广泛性焦虑和恐惧症两种类型。广泛性焦虑是指在无明显原因的情况下,焦虑者表现出发作性紧张、惊恐不安,并常伴有自主神经功能异常、肌肉紧张、运动性不安以及容易疲劳等症状。尽管患者本人对这些症状有清醒的意识与担忧,但自己却很难控制和终止这种不良情绪。一般认为,上述症状至少持续6个月以上才能判断为广泛性焦虑。另外,如果儿童在不存在威胁或者危险的情况下,却表现出持续性的、不必要的焦虑,就有可能患上儿童焦虑症。恐惧症则表现出反复强烈的惊恐状态,一个月内至少发作3次,每次不超过2个小时。恐惧症并不是由于精神分裂症、情感障碍、其他神经症以及躯体疾病所导致,但严重影响患者日常生活。儿童焦虑症和恐惧症的表现较成年人更为明显,例如,某些学前儿童会对某一种动物或声音产生惧怕,这可能与他们的早期经历有着密切的联系;学龄儿童的焦虑或恐惧可能更多的与学习经历有关,如作业焦虑、考试恐惧等;青少年的焦虑和恐惧可能更多的与人际交往问题有关。理论和实践表明,对于焦虑症和恐惧症儿童的干预要采取适合其年龄特点和认知发展水平的多种方法,才能取得理想的效果。

(四) 自闭症儿童

自闭症儿童在思维、人际关系、语言沟通等多方面发展严重不足。自闭症儿童的思维、语言和行为等与正常人有很大差异,所以他们的行为表现在一般人看起来十分怪异。例如,由于逻辑思维能力较差,他们无法与同伴进行合作性与建设性游戏;当知道纸可以撕,硬的东西扔到地上可以发出声响,他们就会采取一些破坏性行为来获得由这种刺激而引发的快感;当对某些事情不理解或者心情烦躁时,会出现咬手指、以头撞墙等自伤行为;他们不能预料行为产生的后果,如在过马路时不顾往来的车辆、在公共场所当众脱衣等。这不仅影响自闭症儿童的学习与日常生活,还可能危及自身或他人的安全。因此,对自闭症儿童的情绪行为问题进行及时有效干预是十分迫切与重要的。

(五) 脑瘫儿童

脑瘫儿童除了运动障碍和姿势异常外,往往还伴有智力障碍及心理与行为问题。由于经常受到他人的排斥和嘲笑,自身的疾病往往也带来负担与沉重的心理压力,容易使他们产生抑郁、焦虑、自卑等心理和行为表现。例如,在他们刚进入学校学习或医院、机构进行康复训练时,环境的变化会使他们产生恐惧、焦虑的情绪,表现出抗拒或退缩等行为;随着年龄的增长,其自我意识的发展又会使他们感受到社会的偏见或歧视,从而产生自卑、紧张、焦虑等情绪,部分儿童甚至会发展为焦虑症、恐惧症以及抑郁症等较严重的情绪障碍。另外,由于脑瘫儿童往往伴有发育性障碍,从而出现一些行为问题,例如,他们会经常不自主地反复吮吸手指、咬指甲,或重复做某一动作;受到挫折后会不停地发脾气、哭闹,甚至采取自己打自己、用头撞墙等自伤行为。对于脑瘫儿童的情绪行为干预可与其运动功能康复训练内容相结合,这样既能调节与控制脑瘫儿童的不良情绪,也能矫正其不正确的身体姿势和动作反应,促进其共同发展。

(六) 听障儿童

听障儿童由于听力损失和语言障碍,不能准确表达自己的需要和情感,他们在交往过程中往往感到不能被别人理解,难以进行正常交往。这往往会造成他们产生自卑感、缺乏自信、爱冲动、易发脾气等,如果这种心理长期得不到疏导,可能导致问题行为。比如,某一听障儿童因为语言表达受到限制,在受到别的儿童欺负时,心里的委屈无法表达,压抑的情绪无法宣泄,从而产生报复心理,甚至付诸行动。另外,由于听障儿童之间的交流相对方便,他们更乐于与听障儿童交往,而不愿融入正常群体,久而久之,就会产生交流面狭窄、信息渠道不畅、视野不开阔等弊端,这些都不利于听障儿童身心健康发展,更不利于其将来融入正常社会。因此,学校和社会应该为他们营造一个和谐、宽松的环境,帮助他们提高语言和文字能力,树立面对挫折的勇气和信心,减小不良情绪的负面作用,防止问题行为的发生,使他们早日融入学校和社会生活。

三、情绪行为干预的理论基础

在特殊儿童情绪行为干预中会采用多种干预方法,这些方法的理论基础主要来自生理学、心理学与社会学。为了使干预过程更科学合理,干预结果更有效,以下对相应理论逐一进行简单介绍。

(一)生理学理论基础

在儿童的学习和生活中,其心理活动是由一系列条件反射活动所构成的条件反射系统,一个复杂的反射活动往往包括经典性条件反射和操作性条件反射。

经典性条件反射由俄国生理学家巴甫洛夫在 20 世纪初通过大量动物实验研究发现。形成条件反射的基本条件是无关刺激与无条件刺激在时间上的结合即强化,必须经过多次强化,才能使处于觉醒的有机体形成条件反射。例如,以狗为实验对象,首先呈现无关刺激如灯光或铃声(条件刺激),然后同时或紧接着给予能引起唾液分泌的食物,即无条件刺激。在一般情况下,如此反复进行若干次后,当仅出示灯光或铃声时,也能引起狗的唾液分泌反应。巴甫洛夫认为,条件反射形成的神经机制是无条件刺激的皮层兴奋灶与条件刺激的兴奋灶之间产生了暂时的神经联系。

美国心理学家斯金纳在经典性条件反射的基础上,发现了一种由学习所形成的反应形式——操作性条件反射,其特点是用奖励性的手段强化个体的某种反应行为。斯金纳认为,操作性条件反射是行为改变的原则,即通过建立这种条件反射可以改变个体的行为。

经典性条件反射和操作性条件反射都涉及强化理论。强化包括正强化和负强化两种类型,正强化就是奖励那些符合组织目标的行为,以使这些行为得到进一步的加强,比如表扬、认可、赞许、物质奖励等;负强化是对于符合组织目标的行为,撤销或减弱原来存在的消极刺激或条件以便这些行为发生频率提高,比如批评、不满。强化理论有助于人们对于行为的理解和引导,因为一种行为之后必然有结果,而这些结果会在一定程度上决定这些行为重复发生的可能性。强化理论提示在对儿童进行情绪行为干预过程中需要对儿童的行为进行及时反馈和强化,以促进积极行为的发生、避免消极行为的出现。

巴甫洛夫认为,人脑中的信号系统分为第一信号系统与第二信号系统。用具体事物作为条件刺激所形成的条件反射系统叫作第一信号系统;用语词作为条件刺激所形成的条件反射系统叫作第二信号系统。在人的心理活动中,第二信号系统是占主导地位的。巴甫洛夫的这一理论,为我们对儿童尤其是特殊儿童进行情绪行为障碍的干预提供了重要的启示,即在进行情绪行为障碍的干预时,要特别注重对其进行词汇、语言与认知能力的综合训练,因为从某种意义上说,语言与认知能力的提高是情绪行为障碍干预的基础。

(二)心理学理论基础

心理学对情绪行为干预的理论主要强调认知的调节作用,以下主要介绍艾利斯的 ABC 理论与贝克的认知行为理论。

在艾利斯的 ABC 理论中，A 代表诱发事件(Activating Events)；B 代表信念(Believes)，即人对 A 的信念、认知、评价或看法；C 代表结果(Consequences)。艾利斯认为，诱发事件 A 并非是引起结果 C 的直接原因。A 与 C 之间还有中介因素在起作用，这个中介就是信念 B。他认为，人极少能够通过纯粹客观的知觉经验来认知 A，在认识过程中总是带有大量已有的信念、期待、价值观、意念和动机等。因此，人对于 A 的经验总是主观的，因人而异的，同样的事件对于不同的人会引起不同的结果，主要原因就在于他们的认知和信念有差别，换句话说，事件本身的刺激情境并非是引起情绪反应的直接原因，而个人对于刺激情境的认知、解释和评价才是其直接原因。如果人们产生了非理性的负面认知，就可能导致心理失调，如倾向于畸形思维、强迫思维；过于受暗示的影响；过度概括化而以偏概全；过于追求尽善尽美；对他人过分要求，追求绝对化等。

贝克的认知行为理论是在人本主义和认知主义心理学相结合的背景下产生的。该理论同样认为，行为和情绪以认知作为中介，个人的情感体验和适应行为都与认知有关，情绪行为干预就是发现这些认知，并提供适当的方法或者学习技术来矫正这些不良认知。贝克更加强调矫正过程的主动性，要求引导有情绪行为问题的人去充分调动和发挥自身的潜在能力，对自己的认知过程进行反省，发现自己的问题并主动加以改变。

上述两个理论都强调认知的作用。因此，我们在对特殊儿童进行情绪行为干预的过程中，要充分认识到认知能力在情绪和行为产生过程中的调节作用。当儿童产生不良情绪和行为时，要关注儿童对这些不良情绪和行为的主观评价和态度，引导儿童学会正确判断、意识与发现错误，通过改变错误的思考方式和不良信念来改变情绪和行为。

(三) 社会学理论基础

社会环境包括家庭环境和学校环境，社会环境影响着儿童、青少年情绪和行为的发展。社会环境包括物质环境和文化环境，物质环境是人们生活的物质基础；文化环境是人们生活的精神基础，与物质环境相比，文化环境对于儿童情绪和行为的发展具有更为直接与重要的影响。

美国犯罪心理学家赛林用文化冲突理论来解释青少年越轨和犯罪行为。该理论认为，社会中占统治地位的文化必然会同化其他的文化，但是其他文化的成员将会产生抵触心理，因而在情绪和行为上表现出抵抗，甚至越轨和犯罪。

该理论提示，在对情绪行为障碍儿童进行干预的过程中，除了为他们提供尽可能好的物质环境外，还要努力营造一个丰富多彩、和谐宽松的文化环境，增强其民族认同感、文化认同感、集体归属感以及社会责任感等。

综上所述，情绪行为障碍儿童的干预过程往往涉及生理学、心理学和社会学等多学科理论，多种因素往往交织在一起对儿童的发展产生作用。因此，我们要以各种理论的基本观点为基础，加以综合，灵活应用，才能提高干预水平与效果。

四、情绪行为干预的原则

根据情绪行为障碍儿童的身心特征和干预过程的理论基础，笔者提出以下情绪行为干预过程应遵循的基本原则。

(一) 关注行为的功能，强调积极干预

问题行为的出现，表明儿童现有能力与解决面临问题所需能力之间存在差距，这种能力既包括基

本认知能力,也包括社会认知能力。因此,对问题行为的干预应该从问题行为功能出发,即从问题行为得以产生和维系的原因出发,采用基于行为功能的干预模式进行干预。该模式先帮助儿童分解与分析问题行为的前因、行为及行为后果等,然后在此基础上进行综合分析,帮助他们提高对事件过程、因果关系的整体认识与判断能力。研究与实践表明,相似的问题行为很有可能会迁移到新的情境中,而基于行为功能的干预模式能较有效地阻止这种迁移的发生。

积极干预有两层含义:一是教育者应该以积极的态度面对情绪行为障碍儿童,尤其是伴有情绪行为问题的特殊儿童,这样才能使儿童更好地理解与配合干预过程;二是不论面对什么样的情绪与问题行为,首先应该采用的是非厌恶性的干预措施,即积极干预措施,这些措施可以较少地引起儿童的负面情绪体验,只有在积极干预措施无法取得任何进展时才考虑采取惩罚性的消极干预措施。可见,这里也并不是完全反对使用消退、惩罚等消极的干预手段,而是在采用这些手段的过程中,要充分考虑到它们可能产生的负面影响。另外,如果不得已采用了消极干预措施,就应该考虑对被干预者的恰当行为采取积极干预措施来减小或抵消由消极干预带来的负面影响。

(二) 教师主导,鼓励儿童主动参与

教师在强调积极干预儿童情绪行为问题时,要发挥儿童主体、教师主导的作用,引导儿童主动接受干预措施和积极参与干预过程。教师可以利用具有娱乐性、节律性的活动激发儿童的兴趣,使他们乐于接受干预措施,并且最大限度地发挥儿童的自主能动性,积极参与干预过程,解决情绪和行为问题。比如,一个有忧虑倾向的儿童对做作业非常紧张,每当做功课的时候他就惊恐不安,害怕遇到困难,对自己的能力没有信心,担心受到家长和教师的批评。但是该儿童对于音乐非常感兴趣,听音乐的时候他会感到轻松和愉快,那么我们可以采用音乐疗法进行干预,在轻松舒缓的音乐背景下,引导孩子做作业,当有进步时,予以赞许和鼓励,使他逐渐产生一种期待,主动参与到这一干预过程中来。

(三) 早发现早干预,长短期目标结合

情绪与行为障碍儿童与其他类型的特殊儿童一样,需要早期发现和早期干预。当情绪行为问题处于轻微程度时,及时给予干预更容易产生好的效果;反之,如果不引起重视,也不采取干预措施,这些问题很可能会愈来愈严重,甚至给他人、社会带来严重后果,也为干预带来难度。在干预过程中应该注重长期目标和短期目标相结合,在短期目标中应该着重干预儿童亟须解决的问题,比如利用行为塑造等方法提高其自我保护、危机处理、生活自理等能力;中期可以加入一些社会技能训练,提高其情绪调节、自我管理和社会交往能力;长期目标应该注重儿童的全面发展,提高儿童的生活品质,可加强学习各学科知识以及培养社会认知能力等。

(四) 针对儿童需要,实施综合干预

儿童出现情绪和行为问题,其中的一个主要原因是他们缺乏相应的知识和技能。因此,在干预过程中,不仅需要采取一些专业的、具有针对性的干预措施来消除或缓解其负面情绪和不良行为,还要帮助儿童习得相关的知识和技能。如学业知识、生活知识、社会知识以及与人沟通的技能等。另外,要遵循综合康复的基本原则,情绪行为干预要与言语功能、语言能力、认知能力以及运动功能的训练相结合,以促进儿童的全面康复与发展。

产生情绪行为问题的原因是多方面的,例如家庭环境、学校环境、社会环境等因素。如果能消除环境中的一些负面影响因素,儿童的情绪行为问题可能会自然而然地缓解。因此,对情绪行为障碍儿童进行干预,不仅是教育康复工作者的职责,更需要来自家庭、学校、社区的支持,教师可以联合家长、

利用各方资源,最大限度地提高干预效果。

五、情绪行为干预的流程

情绪行为干预必须按照一定的操作流程进行,才能使干预过程有章可循。情绪与行为干预的整个过程应遵循评估→训练→监控的程序,具体干预流程如图 7-1-1 所示。

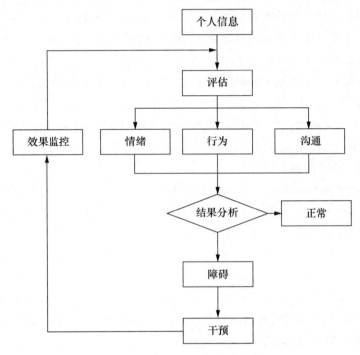

图 7-1-1 情绪行为干预的流程

(一)个人信息

通过与儿童、家长的交谈了解儿童个人的基本信息、临床资料以及儿童、家长的需求,与儿童、父母建立良好的合作关系。

(二)测量评估

情绪与行为评估就是科学地运用多种手段从各个方面获得信息,对儿童进行全面、系统和深入的主观描述和客观评价,单独或协同对心理障碍或心身疾病做出诊断,以便制订干预计划以及选择矫正方法等。一般可以使用心理测量法和描述法等对儿童的心理和行为问题进行评估。心理测量法是指用标准化的专门量表对心理品质或行为进行评估,这种方法具有较高的信度和效度。心理量表可分为自评量表和他评量表;描述法是一种主要在现场进行行为描述的评估方法,强调对同一个体的生理功能和心理状态进行时间维度的纵向比较,这种方法主要包括现场观察和现场访谈,内容涉及个体的精神状态、体形、交往风格、举止、注意力、兴趣、爱好、各种情境下的应对行为等。除了上述评估内容外,还需了解儿童的言语、语言、认知以及兴趣爱好与特长等。在观察与评估的过程中,教师或康复师可与儿童逐步建立良好的互动关系,为下一步干预的实施打下基础。

(三) 分析诊断、制订干预方案

明确特殊儿童在情绪行为、人际交往和自我认知等方面的主要问题以及障碍程度，依据他们现有的发展水平与能力，确立干预的短、中与长期目标，并制订具体的干预计划。目标必须具有针对性，干预计划必须具体、可行、易监控。在正确评估与诊断的基础上，严格按计划执行，并按需及时调整，以保证干预计划的顺利实施。

(四) 干预过程与效果监控

在执行干预计划的过程中，要定时、定期监控与评估特殊儿童的康复进展情况，以作为后续完善、修改或重新制订计划的依据。监控的手段可有多种，如观察记录、录像、家庭回访以及采用单一被试实验等。一般而言，只有在达到上一个预期目标的情况下，才能开始实施下一个目标。

六、情绪行为干预的常用工具

(一) 可视音乐干预仪

该仪器基于对音乐、图像、视频信号的检测与处理，具有音乐治疗监测评估、可视音乐干预、视觉交叉干预、脑电波干预策略管理等功能。具体可用于自闭症、注意力缺陷与多动障碍、智力发育迟缓、语言沟通障碍患者情绪行为异常的干预与治疗。

(二) 自闭与多动障碍干预仪

该仪器通过对音乐、图像、视频信号进行频率检测与处理，为自闭症与多动障碍、广泛性发展障碍患者提供干预与康复训练。主要功能有视听唤醒、情绪调节、行为干预、早期语言沟通、注意力和感觉统合训练以及行为干预和沟通交往能力训练等。

(三) 情绪与行为干预仪

该仪器通过对音乐、图像、视频信号进行频率检测与处理，为情绪与行为障碍患者提供康复训练。例如，通过视听觉刺激调节情绪状态；通过表情识别、情绪体验等练习提高情绪理解和表达能力；通过故事情景引导学生建立恰当的社会行为等。

第二节 情绪行为评估

对情绪行为障碍儿童进行评估和诊断是情绪行为干预过程的基础环节。在评估与诊断中需要注意两点：第一，由于儿童时期生长发育较快，情绪和行为的发展还不稳定，更容易受到环境变化的影响；第二，由于正常儿童在成长过程中也会发生一些情绪和行为问题，如何将正常儿童的表现与情绪障碍儿童区分开来便显得十分重要。所以，在开始评估之前，我们要多方面搜集相关资料，全面、细致地了解与掌握儿童的基本情况，评估时既要采用科学的评价工具，也要参考教师、家长的主观评价，即采用定量和定性评估相结合、纵向和横向比较相结合的综合评估方法。本节将对情绪行为评估的目的、情绪行为评估的内容及方法，以及情绪行为评估的应用进行叙述。

一、情绪行为评估的目的

对儿童进行情绪行为评估和鉴定的主要目的在于：确定需要干预的对象、干预对象主要存在的问题以及严重程度；以评估结果为依据，确定干预目标（包括短期、中期与长期目标）、制订相应的个别化干预方案。另外，评估也包括对干预过程的阶段性评估和终结性评估，通过阶段性评估，判断目前实施的干预计划是否达到了预期的目标，为干预计划的修改和完善提供依据；通过终结性评估，判断整个干预计划与实施过程是否达到了计划的预期目标。最后，还应该分析、总结经验或教训，积累资料，为同行提供具有参考与借鉴意义的评估案例。

二、情绪行为评估的内容及方法

对于情绪行为障碍的评估主要采用观察、问卷调查和量表评估三种形式。观察是教师和家长对儿童的情绪状态和行为表现进行评估的起点，大多数情绪行为障碍儿童最初都是由家长、教师观察发现。教师、家长、研究人员等可以通过观察，记录某一儿童或一组儿童在特定时间段的情绪状态和行为表现。观察分为直接观察和间接观察，直接观察是指观察人员在儿童活动现场近距离观察儿童的表现；间接观察是指观察人员不在儿童活动现场，而是通过听录音或看录像等方式观察儿童的表现。如果担心直接观察会对儿童产生干扰和影响，可以采用间接观察的方式或利用单向玻璃观察室进行观察，以保证儿童的行为表现更为真实自然。无论是直接观察还是间接观察，既可以在自然情景中进行，也可以在经设计的环境中进行，通过设定的场景可以集中观察儿童在执行某项任务过程中的情绪和行为表现。观察指标包括目标行为出现的频率、持续时间、潜伏期、反应程度等。通过细致的观察可以初步了解儿童的情绪和行为表现。

问卷调查是指采用结构化或半结构化问卷，对儿童的基本情况、不同情境下的情绪行为表现等进行调查。结构化问卷是指问卷中的问题是按预期调查目的而精心设定的，被调查者必须按设定的问题进行回答；半结构化问卷是指在问卷中除了一些设定的问题外，还包括一些开放性的问题。教育康复工作者可以根据实际情况自编问卷，调查对象一般为家长或教师。通过问卷调查可以对情绪行为障碍儿童进行初步评价。

量表评估是采用标准化量表对儿童的情绪行为问题、智力发展水平、人格发展水平等进行评估。标准化量表提供常模，一般具有较高的信度和效度，评估结果较为可信、可靠。由于量表拥有常模，便于将儿童的评估成绩与同龄、同性别的儿童进行比较，因而可以从统计学角度判断被评估儿童是否存在障碍以及障碍程度等。

在儿童情绪行为障碍评估中，主要以上述三种形式对儿童基本情况、心理发展水平和障碍程度进行评估，现分述如下。

（一）儿童基本情况

一般通过访谈、搜集相关资料以及观察来了解儿童的基本情况。基本情况包括家庭情况、生长发育史、家族史、目前健康状况以及主要问题等。家庭情况主要包括经济状况、家长文化程度、职业、家庭教养方式等。生长发育史包括母亲孕期的身心状况，如有无患病史、是否有药物滥用情况、是否受过环境辐射或污染等，儿童出生时情况，如有无缺氧、畸形、感染，以及是否经过临床处理等；家族史包括：家族三代亲属中，有无遗传病、精神病等情况；目前健康状况包括各项健康检查，如体格、视力、听力、营养状况、运动、神经系统和精神状态等方面的检查；主要问题包括目前存在哪些主要问题或障碍，是否进行过相应的治疗或康复训练、采用了哪些手段或方法，效果结果如何等。

（二）儿童心理发展水平

一般采用相应量表来测试儿童心理发展水平。心理发展水平主要包括智力或认知能力、人格特征、社会适应能力。智力或认知能力测验的常用工具有瑞文量表、韦氏量表、儿童五项认知能力测验等;人格特征测验的常用工具有艾森克人格测验、画人测验等,主要测量儿童的社会认知、角色认同、自我概念、动机水平等;社会适应能力的测试多采用丹佛发展测验、儿童社会适应行为评定量表等。根据测量结果,可判断儿童目前的心理发展水平是否正常或落后于同龄儿童,并分析其心理发展的主要特点等。

(三) 障碍程度评估

对情绪行为障碍儿童除了借助观察和问卷调查以外,还可以使用一些情绪行为测试量表进行评估,以下主要介绍几种常用的情绪行为评定量表。

1. 情绪障碍量表

情绪障碍量表(Scale for Assessing of Emotional Disturbance,SAED)是由美国心理学家 M. H. Epstein 和 D. Cullinan 于 1999 年设计的,中国台湾学者郑丽月于 2001 年对其进行了修订。该量表可以评量儿童是否符合情绪行为障碍特殊教育的要求;筛检儿童是否具有情绪困扰;帮助判定儿童是否为社会适应不良,而非情绪困扰;帮助判定儿童是否有情绪和行为障碍从而影响其教育表现。该量表包括七个分量表,总共有 52 题,主要评估儿童的整体能力特征、情绪行为问题、情绪行为对教育的不利影响,七个分量表内容主要包括:

(1) 无能力学习(IL):主要评量与儿童学习有关的问题。

(2) 人际关系问题(RP):主要评量儿童与同伴、教师在建立和维系关系上是否困难。

(3) 不当行为(IB):主要评量儿童对他人侵犯和干扰的行为。

(4) 不快乐或沮丧(UD):主要评量儿童的负面情绪、思想及影响。

(5) 生理症状或害怕(PF):主要评量儿童的焦虑和生理不适状况。

(6) 社会失调(SM):主要评量儿童在学校以外的反社会或犯罪行为。

(7) 整体能力:主要评量儿童与整体适应有关的正面技能与特长,如学业动机等。

(8) 不利影响:主要评量学生的教育表现是否受其情绪和行为问题的负面影响。

在上述无能力学习(IL)、人际关系问题(RP)、不当的行为(IB)、不快乐或沮丧(UD)、生理症状或害怕(PF)、社会失调(SM)分量表中,每题均采用四级计分,即"没有问题"0 分、"问题轻微"1 分、"问题显著"2 分、"问题严重"3 分;整体能力分量表要求先将被试与同龄、同性别儿童作比较,再用五级计分,即"很差"(远低于平均)0 分、"差"(低于平均)1 分、"普通"(平均)2 分、"好"(平均以上)3 分、"很好"(远超过平均以上)4 分;不利影响分量表主要采用六级计分,即"没有不利影响"0 分、"影响程度轻微"1 分、"影响程度中等"2 分、"影响程度显著"3 分、"影响程度严重"4 分、"影响程度极其严重"5 分。另外,还有 8 个开放性问题可以让父母和专业人员记录儿童在运动、学业、社会能力、家庭和社区中的优势。

该量表主要适用于 6~18 岁的儿童和青少年,具有较高的信效度,且拥有台湾地区 6~18 岁儿童的百分等级和常模,量表操作方便,简单易行,评估范围较大。

2. Achenbach 儿童行为测查表

Achenbach 儿童行为测查表(Child Behavior Check List,CBCL)是由托马斯·阿肯匹克等设计的,用于评估 4~18 岁儿童和青少年的行为问题,其信度和效度在许多研究中均得到验证,被广泛运用到学校和康复机构。CBCL 主要用来评估儿童的社交能力和行为问题,其内容包括三部分:第一部分是一般项目,包括儿童的年龄、性别、父母职业、填表人等;第二部分属于社交能力范畴,包括 7 方面内容,如儿童在社会、学校、体育竞技活动及与家庭其他成员的关系等;第三部分属于行为问题范畴,共有113个项目,要求以儿童最近6个月的行为表现作答,每个项目均为三级计分,"0"代表全无此种表现,"1"代表有一些这种表现,"2"代表这种表现非常明显。该量表已用于多种情绪行为障碍类型的评估,如抑郁症、社交障碍、精神分裂症等。

3. 行为障碍系统筛查量表

行为障碍系统筛查量表(Systematic Screening for Behavior Disorder,SSBD)是目前评定情绪和行为障碍较完善的筛查工具。筛查过程需要通过三个步骤:第一步,教师按照外部和内部行为问题对学生排序,排序越靠前,表明行为问题越明显,排在名单中前三名的学生将接受第二步筛查。第二步,对第一步筛出的学生进行"关键事件"的评定。"关键事件"的评定主要依据对"关键事件"的行为反应,障碍者的行为反应往往非常明显,不需要依靠发生频率就能界定其严重程度。"关键事件"包括33个项目,分外部行为和内部行为两类。在"关键事件"行为评定项目中超过指定指标的学生将进入筛查的第三步。第三步,即对学生在教室内、外的独立活动进行直接和反复地观察,如果观察结果达到或超过标准,那么该儿童将被纳入研究小组,并对其进行进一步评估。

4. 康纳斯行为评定量表

康纳斯行为评定量表(Conners'Rating Scales,CRS)最早发表于1969年,修订本(Conners'Rating Scales-Revised,CRS-R)于1997年正式发表。经过多年的应用及反复修订,如今已成为广泛使用的评估儿童行为问题(尤其是多动症)的量表之一。

该量表包括家长评定、教师评定和自我评定三种。家长评定量表和教师评定量表适用于3~17岁的儿童和青少年,自我评定量表只适用于12~17岁的儿童。施测和记分方法为:先让父母或教师在每一项目上按受测者的实际情况在相应栏目上画勾,"无"计0分,"稍有"计1分,"相当多"计2分,"很多"计3分;再将量表中的条目按因子归类,并计算各因子的原始得分;最后根据受测者的年龄和性别查常模表,计算出各因子的Z分数,如果得分高于常模参照指标,那么就表示该儿童可能行为异常。

5. Rutter儿童行为量表

Rutter儿童行为量表由英国儿童精神病学家鲁特所编制,20世纪80年代引进我国,主要用于评估学龄儿童行为和情绪问题,对鉴别儿童有无精神障碍有较高的灵敏度。

该量表分家长用和教师用两种,前者包括32个项目,后者包括26个项目。分析时将行为问题分为两大类:第一类称为"A行为",指违纪行为或反社会行为;第二类称为"N行为",即神经症行为,包括非病理性的腹痛或呕吐、经常烦恼、害怕新事物和新环境、到学校就哭或拒绝上学、睡眠障碍等。

父母问卷总分为62分,教师问卷总分为52分。根据原量表及我国试测情况,父母问卷以13分为临界值,教师问卷以9分为临界值,凡大于等于此值者,皆评为有行为问题。

三、情绪行为评估案例

以下仅举一例,简要说明儿童情绪行为评估的内容及过程。

(一)测试对象与工具

评估对象:男,10岁,小学四年级。评估工具:康纳斯教师问卷,该问卷共有28个问题,分5个维度(领域或方面),即攻击性行为(题号:4、5、12、15、19)、注意力不集中(题号:7、9、21、28)、恐惧与焦虑(题号:3、6、11、16、26)、多动(题号:1、2、8、14)和社交心理障碍(题号:10、13、17、18、20、22、23、24、25、27)。计分方法以及评价标准:某一个问题完全没有,0分;偶尔有,但表现轻微,1分;常常出现问题,且严重,2分;很常见,且十分严重,3分。将各维度中所有问题的得分相加后再除以该维度的问题总数,如果得分超过1.5分,则说明被试在该领域或方面存在障碍。

(二)测试结果

表 7-2-1　儿童情绪行为测试评估

	项　目	分　数
1	总在教室里走来走去	0
2	经常制造出一些不应该有的噪声	0
3	有要求必须立即给予满足	3
4	行为快捷、莽撞、冒失	1
5	喜欢突然发脾气和有一些无法预料的行为	0
6	对批评过分敏感	3
7	易分心,注意力保持短暂	1
8	喜欢打扰其他同学	0
9	喜欢做白日梦,好幻想	1
10	好噘嘴,生闷气	0
11	情绪改变迅速和激烈	3
12	好争吵	0
13	对权威很顺从	3
14	不安静,常常十分忙碌	0
15	易激惹,好冲动	0
16	需要老师给予极大的关注	3
17	显然不受班级同学的欢迎	0
18	易于接受其他同学的领导	3
19	玩游戏时不能公平对待他人,只能赢不能输	0
20	显然缺乏领导能力	3
21	常不能完成已经开始做的事情	1
22	幼稚,不成熟	1
23	不承认错误或责怪别人	0
24	与其他同学相处不好	2
25	不能与同学合作	2
26	做事情易受挫折	3
27	不能与老师合作	2
28	学习困难	1

该儿童各项测试结果为:攻击性行为0.2分;注意力不集中1分;恐惧与焦虑3分;多动0分;社交心理障碍1.6分。结果表明,该儿童具有较严重的恐惧和焦虑障碍(3分),并且伴有一定程度的社交心理障碍(1.6分)。

(三) 干预建议

对该儿童的恐惧和焦虑障碍以及社交心理障碍可采取认知行为干预加以调节,通过示范、模仿、社交技能训练以及游戏治疗等手段,让该儿童逐步正确认识人与人之间的关系,建立自信心,增强交往意识,提高交往技能,克服恐惧与焦虑心理。

创设模拟的社交情景,让儿童反复练习,当其取得进步和成就时,教师应及时鼓励。然后,让儿童逐步进入真实的社交场景,并帮助他逐步适应,最终消除恐惧和焦虑。

第三节 情绪行为干预的内容及方法

情绪行为干预的方法有多种,按照实施的形式和内容可将其分为心理治疗、音乐治疗、游戏治疗、应用行为分析法以及现代化仪器设备干预。本节将对上述干预方法予以简要介绍。

一、心理治疗

心理治疗是根据相关心理学原理与方法,帮助情绪行为障碍儿童解决心理问题,最大限度地减少情绪行为障碍所带来的负面影响,促进儿童身心健康发展的干预过程。

情绪行为障碍儿童的心理问题较为复杂,包括焦虑、抑郁、攻击性、人际关系紧张、过分依赖、退缩等多种表现,而这些现象又往往交错在一起。对情绪行为障碍儿童进行心理治疗,涉及许多基本理论问题,同时又需要丰富的临床实践经验。因此,心理治疗对于教师或治疗师具有一定的要求,需要经过专业心理治疗理论知识的学习与技能培训,获得心理治疗师资格证书;另外,治疗师应对各类特殊儿童的心理特点有所了解,在与特殊儿童的接触过程中,相互信任,互相合作,逐渐建立起良好的互动关系,以充分了解特殊儿童的心理问题和困惑,寻求解决问题的最佳方法。根据心理治疗的形式,我们将心理治疗分成个别心理治疗、团体心理治疗和家庭心理治疗三种,下面简要介绍各种治疗方法的内容和特点。

(一) 个别心理治疗

个别心理治疗主要是指一名教师(或治疗师)针对一个对象进行的心理治疗。一般来说,大多数传统的心理治疗都是采用这种"一对一"的治疗形式。由于每个儿童的心理问题无论是遗传造成的还是由后天环境因素影响造成的,均具有其独特性,个别心理治疗的形式有利于深入了解每个儿童所特有的心理问题,使干预过程具有更强的针对性。个别心理治疗的具体方法主要包括合理情绪疗法、存在主义心理治疗、就诊者中心治疗、格式塔治疗和语义治疗。

1. 合理情绪疗法

合理情绪疗法(简称 RET)是 20 世纪 50 年代由阿尔伯特·艾利斯在美国创立的。合理情绪疗法是认知心理治疗中的一种疗法,由于该法也采用行为疗法中的一些方法,故也被称之为认知-行为疗法。基于 RET 的基本理论,还专门发展了一套适用于儿童和学校咨询的体系,被称作"理性-情绪教育",旨在帮助孩子提高心理机能水平,解决学习中的各种问题。

合理情绪疗法的理论基础主要是 ABC 理论。在 ABC 理论中,A 是指诱发性事件,B 是指个体在遇到诱发事件之后相应而生的信念,C 是指在此特定情景下,个体的情绪及行为结果。通常人们认为,人的情绪和行为反应是直接由诱发性事件 A 引起的,即 A 引起了 C。ABC 理论指出,人们对诱发性事件所持的信念B才是引起情绪及行为反应更直接的原因。当人们坚持某些不合理的信念,就会长期处于不良情绪状态中,最终将会导致情绪障碍的产生。因此,合理情绪疗法的基本治疗模式是通过消除个体不合理的信念,来减少或消除不良的情绪反应,从而产生更为合理与积极的行为方式。

2. 存在主义心理治疗

该方法认为,人的一个突出特点是从生活中寻找重要性和意义,心理问题和不良心理症状都是源自人们对于人生的目的和意义的了解不够或者不正确。因此,在治疗方法上,要引导儿童进行自我认识,正确对待自己的经历和生活。例如,治疗师可以通过"你是否喜欢现在的生活?对现在的生活满意吗?你今后要干什么?"等这样的提问来引导儿童进行自我反思,并教育他们应该如何客观地看待社会,正确地对待自己,从而消除或减少负面情绪的影响。

3. 就诊者中心治疗

该疗法是基于人本主义理论的非指导性心理治疗。治疗者采用同情的态度接近儿童,与之产生共鸣,以便深入其内心。如认真倾听儿童的倾诉,并厘清脉络、复述要点、澄清思想,使儿童能够增强自我了解和适应能力。

4. 格式塔治疗

格式塔治疗是基于完形心理学理论发展起来的,认为个体作为一个整体,并非是各组成部分机械的总和,而是相互作用而产生的功能体系,该体系会受到每一组成部分的影响,因而在治疗方法上注重分析整体经验。如在角色反转训练中,治疗师可让儿童利用语言和非语言的形式尝试表现其平时很少或从不表现出来的另一面,通过这种训练使儿童在潜意识中被埋没和被拒绝的另一面表现出来,实现人格重塑与整合。

5. 语义治疗

该方法认为心理障碍是由在语言表达交流中对词产生的误解所致。该方法强调在人与人交往中语言的重要性,并通过研究发现了某些影响儿童情绪的关键词汇。治疗的任务就是帮助儿童正确理解这些词汇或纠正不良的语言习惯,通过积极与正常的表达方式克服心理障碍。

(二)团体心理治疗

团体心理治疗是以团体形式开展的心理治疗方式。与个别心理治疗不同,在团体心理治疗中,可以通过教师的启发、引导和帮助,使儿童相互交流、相互影响、相互启发,使其能逐渐意识并重新认识自己的问题,从而达到改善行为、消除不良情绪、提高社会适应能力的目的。

在团体心理治疗中,可以采用或综合其他治疗方法,如格式塔治疗等。团体心理治疗是一个完整的过程。如通过交友小组进行小团体的心理治疗,活动开始时,儿童都想了解教师与同伴的情况,希望相互认识,知道如何开展活动;教师应创设相应的情景,鼓励儿童相互交流,消除彼此之间的陌生感,营造一个合作、融洽的交流环境,并说明活动的程序与注意事项;在正式活动和治疗阶段,教师要按预先精心设计的方案开展活动,如让儿童进行角色扮演、角色互换、用语言或肢体语言进行交流;活动结束后,教师可以组织儿童进行讨论,对活动过程以及自身与他人的表现进行反思,从而促进儿童对自身和同伴的了解。

(三)家庭治疗

家庭治疗是指以整个家庭为单位,通过所有家庭成员的接触和交流,促进相互之间的了解和互动,以进一步增进感情,激发积极情绪的治疗方法。下面主要介绍两种常用的方式。

1. 循环提问法

该方法是家庭治疗中的一种常用的方法,即以同一个问题轮流反复地请每一位家庭成员回答,问题可以自由选择,例如:"你觉得爸爸穿的衣服好看吗?你觉得妈妈穿的衣服好看吗?在孩子哭闹时妈妈是怎样表现的?爸爸的表现又是什么?"由于每个成员的回答都会有差异,从而引发大家对这些差异的比较和思考,这对于有消极情绪的儿童也有很强的、积极的启发作用。另外,应保留治疗过程中的完整信息,以便后期的分析与反思。

2. 积极赋义法

该方法是一种将家庭成员对问题或事物所具有的不同认知和观念进行比较与分析的治疗方法,针对的对象往往是那些被家庭成员认为是消极的或不良的表现。问题与事物是客观存在的,但每个家庭成员对其理解是主观的,从不同的角度看就会有不同的认知,从而产生观念上的差异。积极赋义法就是治疗师通过与家庭成员一起对现象进行系统的描述,发扬积极的方面,减少消极的方面。例如,儿童经常哭闹就是一种不良的情绪表现,治疗师可以和家庭成员一起对产生该现象的原因进行分析。从积极的方面看,经常哭闹意味该儿童可能有某种身体上的不适,应该予以及时的健康检查;从消极的方面看,经常哭闹是一种不良的情绪表达方式,应该通过适当的方法,逐步引导儿童学会用正确的方式来表达情绪。

二、音乐治疗

音乐治疗是治疗者有计划、有组织地利用音乐的特性帮助个体解决生理、心理(如情绪、认知)等方面的障碍或不良症状,从而达到身心健康的治疗方法。音乐是一种特殊语言,是通过音的高低、长短、强弱、音色以及节奏等要素按一定规律组合起来的特殊符号。音乐能够直接引发人们的情感体验,对心理产生强烈的感染和影响。

大量的研究与实践均表明,音乐治疗可以对情绪失调、行为异常、社会交往障碍等症状起到明显的缓解和治疗作用。在音乐治疗过程中,往往将音乐美学、物理学、心理学等多学科的相关原理结合起来,利用多感官、多通道的刺激,诱导患者产生丰富、美妙的联想,增强正面情绪情感体验,以达到放松身心,缓解压力的目的。

音乐治疗有许多形式,根据参与者的参与形式,可分为主动音乐治疗和被动音乐治疗。主动音乐治疗是指患者在音乐治疗过程中伴随音乐与同伴或治疗师进行互动,如随着打击乐的节奏共同舞动;被动音乐治疗是指患者只是倾听、欣赏音乐,并在此过程中产生联想、回忆等。

根据参与者的数量,可以分成集体音乐治疗和个体音乐治疗。集体音乐治疗是指在音乐活动中,在患者之间形成一个有序的组织关系,便于他们相互交流,共同分享愉悦的体验,并控制负性情绪与不良行为。集体音乐治疗适合理解障碍、情感接受障碍、交往障碍等患者;个体音乐治疗采取一对一的形式,需要治疗师深入了解患者的特点,建立良好的互信关系,适合那些不愿或不能参与集体治疗的患者。

根据音乐治疗的不同流派,又产生了许多音乐治疗的方法,如接受式音乐治疗与再创造式音乐治疗等,以下对这两种方法进行简要介绍。

(一)接受式音乐治疗

接受式音乐治疗(Receptive Music Therapy),是指让患者通过聆听喜爱的音乐(歌曲或乐曲等)并引起生理与心理共鸣之后,与治疗师或小组成员交流感受,或采用律动、歌唱等形式来表现自己对音乐的理解。情绪障碍尤其是社会交往障碍儿童,特别需要精神放松和减压,通过聆听一些特选的音乐,激发其快乐的情绪,并通过与音乐及同伴的互动、歌唱等形式表现出来,能有效缓解紧张情绪与压力,从消极的生活状态向积极的生活状态转变。接受式音乐治疗既适合个体治疗,也适合集体治疗,一些具体的方法有歌曲讨论、音乐回忆、音乐处方等。

1. 歌曲讨论

歌曲讨论是最常用的方法之一,多用于集体音乐治疗。可以由治疗师或被治疗者选择歌曲,在聆听之后对音乐的体验以及歌词的含义进行讨论。此方法的目的在于引发儿童之间的语言和情感交流,帮助儿童识别不正常的思维和行为。治疗师可以通过讨论,深入了解和发现儿童深层的心理需求和问题。

2. 音乐回忆

音乐回忆具有较强的个性色彩,易于儿童接受。在治疗中,治疗师要求儿童选择一些对自己有特别意义的歌曲或乐曲来播放,通过音乐引发儿童的美好回忆与情感体验。在进行集体治疗时,儿童可以在音乐的启发下,互相诉说自己的经历,宣泄自己的情感,互相支持,互相安抚,以促进情感的交流和沟通。治疗师也可以通过儿童的"个人音乐历史"了解儿童的过去以及某些事件对其产生的深层心理影响和所具有的意义。

3. 音乐处方法

音乐处方法是指由治疗师根据患者的不同情况,选择不同的音乐处方,一般采取集中的聆听方式。一般而言,不同的音乐会引起个人不同的生理变化和心理体验,比如贝多芬的音乐可以用来振奋精神,克拉拉的音乐可以抚平暴戾,勃拉姆斯的音乐让人不孤单,斯美塔纳的音乐开启自闭,德彪西的音乐改善脑电波、放松身心等。但有时相同的音乐会也会引起个人的不同体验,例如,贝多芬的《命运交响曲》对大多数人来说可以振奋精神,而对另一些人来说可能引起焦虑或烦躁等。因此,在实施音乐处方法时,治疗师一定要了解患者情况,区别对待,最好与个人的行为治疗相结合。

(二) 再创造式音乐治疗

再创造式音乐治疗(Recreative Music Therapy)强调儿童不仅要听,而且要主动参与各种音乐活动。该治疗法是主动音乐治疗的一种,具体而言,该方法是通过让儿童在学习演唱、演奏或参与各种音乐活动的过程中,提高音乐能力,从而达到改善心理或生理状况的目的。该方法主要是为那些没有任何音乐技能的人设计的,通常以个体治疗的方式进行,主要有儿童音乐剧、音乐对话等形式。

1. 儿童音乐剧

在儿童音乐治疗中,儿童音乐剧一般适合年龄偏小的儿童,即将一些经典童话故事编配成具有故事情节、戏剧冲突的儿童音乐剧,并让儿童扮演剧中的不同角色,练习歌词形式的对话,使用故事情节所需要的各种道具。儿童尤其是某些特殊儿童非常喜爱音乐剧中将语言旋律化的方式,它克服了儿童用语言与人交往时所出现的各种障碍,使儿童体验到与人交往的快乐。充分发挥出儿童克服心理障碍的潜能。

2. 音乐对话

音乐对话活动主要适合年龄偏大的儿童参加,根据每个儿童驾驭乐器的能力和干预需要,分配给他们不同难度的演奏乐器,并要求他们注重各个乐器之间的配合。例如,在利用简单打击乐器与教师进行对话的活动中,儿童可以逐渐熟悉打击乐器,理解音高、节奏、快慢的意义,学会用打击乐器表达自己的思想与情感,激发表现欲望。另外,对于儿童尤其是特殊儿童来说,音乐对话是一种集听觉、视觉、触觉、运动觉为一体的感觉统合训练,既发展了各项基本能力,培养了合作意识,也陶冶了情操,提升了艺术欣赏能力。

三、游戏治疗

游戏治疗一般是指通过游戏来帮助儿童(3~11岁)用其最自然的方式表达自我,克服如恐惧、焦虑、孤独、自责、退缩等不良情绪与行为,取得良好治疗效果的治疗方法。游戏治疗是基于心理分析学派的理论发展而成的,该理论认为,儿童可以通过游戏将其内在的各种困扰外显化,在与治疗师及同伴的互动中,可增加儿童对自我行为和情绪的认识,提高克服困难的信心和能力。游戏治疗可将绘画、舞蹈、音乐、戏剧、运动等融入游戏活动中来,游戏中既可用语言进行交流,也可用非言语形式进行沟通。儿童在安全放松的氛围中,通过实物玩具来表达内心世界,理解抽象概念。通过游戏不仅可以促进儿童生理发育,还可以促进自我意识的发展,提高人际交往能力。有研究表明,游戏治疗对社会适应困难、行为障碍、在校行为不良、情绪障碍、焦虑、恐惧、负向自我概念、叛逆、肢体障碍、学习障碍等表现具有明显的治疗效果。下面简要介绍两种有效的儿童游戏治疗技术:沙盘游戏治疗和地板时光治疗。

(一)沙盘游戏

沙盘游戏又被称作箱庭疗法,一般是指儿童利用沙、沙盘以及有关的微缩模型进行自我表现的一种心理疗法。在沙盘游戏中,治疗师鼓励儿童自由创造,最大限度地发挥想象空间,通过语言或非言语的交流和象征性意义的表达,将儿童自我内心冲突和矛盾充分表现出来。在儿童进行沙盘游戏时,教师可以对儿童的活动过程进行记录、对作品进行拍照、录像等。完成游戏后,教师要让儿童对自己的作品进行描述和讲解,对有关问题进行提问,与其一同体会作品的意义,帮助儿童意识到其内心的心理冲突和矛盾,寻求有效的解决方法,从而正确认识自我、整合自我,实现自我的完善。

(二)地板时光

地板时光疗法由美国著名儿童精神病学家格林斯潘博士发明,是一种基于发展个别差异和人际关系的治疗方法,其要点是:在家庭环境中,通过父母和儿童共同参与的创造性活动,以儿童独特的知觉和兴趣为引导,促进儿童情感体验的形成,提高其象征概念的表达能力,从而促进其人际关系和认知能力的发展。地板时光疗法与应用行为分析(ABA)的干预模式不同,它不主张采用注重外显行为改变的固定化程序,而是采用大量、密集的运动游戏进行干预,强调儿童的情感体验和想象力的培养,强调人际关系的互动。有关研究表明,地板时光疗法是一种十分有效的自闭症干预方案。因其疗效显著、手段科学、操作过程人性化等受到国际同行的高度关注与肯定。

四、应用行为分析法

应用行为分析法(Applied Behavior Analysis,简称ABA),又被称为行为训练法。ABA是将目标任务(知识、技能、行为、习惯等)按照一定的方式和顺序分解成一系列较小的或者相互独立的步骤,然后采用适当的强化方法训练每一小步骤,直到儿童掌握所有步骤,最终可以独立完成任务。应用行为分析法主要依据华生的行为主义理论、斯金纳的学习理论以及艾利斯的ABC理论。这些理论认为,行为是可以通过适当的强化而被改变和塑造的。通过行为功能分析,可以确定控制行为的可能性以及操纵哪些影响行为改变的因素。由于该方法原理简单明确、可操作性强、疗效显著,在自闭症儿童早期教育与康复中得到广泛应用。根据应用行为分析法的基本原理,又发展出一些具体技术,如塑造法、提示及渐退法、回合式教学等。回合式教学是一种具体的以教学与训练相结合的技术,又称为离散单元教学(Discrete Trail Teaching,简称DTT),它是应用行为分析法训练的核心。

离散单元教学的要点是:将每一项要教的技能分成小的步骤,即交给儿童最简单的任务,然后通过强化性教学,反复训练每个步骤,并使用提示和强化手段帮助孩子做出正确的反应。回合式教学的具体过程由三个环节组成:① 给儿童发出指令或要求;② 促使儿童对指令或要求予以回答或做出反应;③ 结果(对儿童的反应予以强化或提示加强化)。一个操作的这三个环节完成后,稍微停顿后再给出下一个指令(开始新的操作),儿童必须先学会每项技能的第一步,才能开始学习第二步。

五、现代化仪器设备干预

随着时代发展和科学技术的进步,现代化仪器和设备在儿童尤其是特殊儿童的情绪行为干预中发挥了重要作用。在音乐治疗过程中,综合运用视交叉原理、脑电波诱导技术、虚拟现实技术等,通过仪器与设备将音乐、图片、动态画面以及灯光效果有机组合起来,并根据相应的评估报告,开具不同性质的音乐治疗处方,施以渐进性的音乐干预,从而最大限度地诱发儿童的正性情绪,缓解紧张情绪,改善生理功能,调适心理状态,开发智力,挖掘大脑潜能。以下对可视音乐干预仪和情绪行为干预仪进行简要介绍。

(一)可视音乐干预仪

可视音乐干预仪由泰亿格电子(上海)有限公司研发并生产,其功能由四套软件来实现(以篇命名)。

1. 趣味视听童趣篇

其中包含11个主题,即宠物进行曲、唤醒交响曲、聪明小画家、玩具小天地、四季之歌、动物世家、欢乐小乐队、大千世界、野生动物园、欢乐圣诞节与立体卡通。每一主题内容轻松愉快,将丰富的动画和美妙的音乐结合在一起,视觉素材采用大量的图片和动画,听觉素材采用自然声和用各种乐器演奏出的风格迥异的乐曲。屏幕画面有速写、镜像、卡通、虚幻四种形式可供选择。儿童在趣味十足的视听欣赏中,不仅使紧张的情绪得到缓解与宣泄,也增长了知识,开发了智力。

2. 趣味视听频谱篇

其中包含8个主题的自然风光,即阿拉斯加风光、大沙海滩、海底世界、维瓦尔第的四季、峡谷探幽、灵魂的奥秘、探险旅程、黄石公园。在视听频谱篇中,根据正性、中性、负性三种音乐性质,将相应的动态视听素材配以频谱画面。频谱画面是通过傅立叶变换,将音乐的时间域信号转换成频率域信号,并用颜色代表不同的频谱能量。例如,在高音为主的音乐中,声音中的高频比例高,频谱画面中代表高频的颜色(如红色)就会增高。通过动态视听画面与频谱画面的完美结合,儿童可以更加充分地感受到音乐的起伏变化,从而引起情绪的变化,按照音乐处方的预期,诱发儿童将消极负性的情绪向积极正性的情绪转化。

3. 趣味视听动漫篇

其中包含4个主题素材,即动画世界、卡通天地、动漫乐园、花之旋律。界面以动画为主体,具象与抽象相结合,并配以具有代表性的古典音乐,帮助儿童在视觉的辅助下,更深入地体验音乐,理解音乐,抚慰心灵,调整情绪。

4. 联想视听篇

其中的视听素材由中国音乐和外国音乐组成。外国音乐包括 4 个主题,中国音乐有 2 个主题。每一主题音乐给人以不同的感受,有的有助于舒缓情绪,释放压力;有的有助于转换情绪,体验情绪变化;有的有助于放松心情、缓解忧郁。在欣赏音乐的同时,激发起儿童的无限遐想,出现生动鲜明的表象,从而产生愉悦的心情与奋发向上的心态。

(二)情绪行为干预仪

情绪行为干预仪中主要包括情绪调节、绘画治疗、减压游戏和行为干预四部分。情绪调节部分利用直接的视听结合的刺激方式,间接调节儿童的情绪,进而缓解或消除负面情绪;绘画治疗部分通过对绘画内容的解读分析儿童情绪及心境,从而缓解压力,释放情绪;减压游戏部分利用多媒体技术设计了许多轻松愉快的游戏,将游戏与舒缓的音乐结合起来,增加了趣味性,使儿童在轻松愉快的情境中放松身心,缓解紧张与焦虑的情绪;行为干预部分利用多媒体技术设计了许多饶有趣味的模拟教学情景,教育儿童辨别什么是适当的行为,逐步形成良好的习惯。经临床实践证明,情绪行为干预仪对有情绪和行为障碍的儿童、自闭症儿童、注意缺陷多动障碍儿童、唐氏综合征儿童等的情绪行为问题均有积极的疗效。

六、情绪行为干预案例

自闭症是广泛性发育障碍(Pervasive Developmental Disorder,简称 PDD)中最为多见的一种亚型。自闭症儿童涉及语言、认知、社会交往能力等多种基本心理发育障碍,是一种起病于婴幼儿期严重的神经精神障碍。近年来,国内许多学者采用文献综述、实验研究等对自闭症的病因、诊断和干预等理论问题进行了研究,取得了一定成果。但是由于自闭症儿童存在着较大的异质性,即使是同样被诊断为自闭症的儿童,他们的心理发展和行为表现也不尽相同,也就是说,很难用一种普适性的理论对千差万别的自闭症儿童进行干预。因此,针对不同自闭症儿童各自的情况,以问题为中心制订不同的干预方案就显得尤为重要了。笔者对一名自闭症儿童的情绪行为问题进行了干预,取得了一定的效果,现叙述如下,以期对"特教界"同行有所启发。

(一)问题

小华(化名)是一位 6 岁半的美国男孩。父亲是美国人,母亲是上海人,父母对彼此的母语都不熟悉,日语是他们的主要语言。小华出生在日本,出生后,常常是在上海住一段时间,又回到日本或美国。3 岁前,小华语言发展良好,能够说英语、日语和上海话。3 岁之后,就不爱说话了,不愿与人交往,兴趣狭窄,并伴有怪异、刻板的行为,如莫名其妙地傻笑,只喜欢红、绿、蓝、黄四种颜色的积木等。2005 年,经上海市精神卫生中心诊断其患有自闭症。

(二)干预计划

1. 问题分析

小华表现出社会交往退缩、语言功能障碍和行为刻板固着等自闭症儿童的常见特征。针对以上情况,笔者与特教专家进行了讨论,最后认为,小华的问题主要可能是在生长发育时期,由于环境变化过于频繁,语言不断转换,在许多情景下无法与人正常沟通,从而导致其语言障碍、交往困难、行为退缩。另外,在访谈的过程中,我们还了解到小华母亲的教育方式相对简单,要么忽视,要么抵触,进而导致了小华对母亲产生了对立情绪,亲子关系紧张,这也影响了小华的身心健康发展。

2. 干预计划的制订

在上述分析的基础上,笔者拟对小华采取以下两方面的干预:① 促进亲子交流,重塑温馨和谐的母子关系;② 针对其发展迟滞的方面进行干预,主要从情感、认知、动作(大小肌肉动作、感觉统合)、语言(名词、动词、形容词、代词、介词、数词、拟声词)、社会化(交际性动作、问答时的反馈)五个方面对小华进行训练。

(三) 实施

1. 组建团队

干预方案制定后由华东师范大学特殊教育系两名研究生、孩子的父亲、母亲、孩子学校的主要辅导老师、孩子的姑姑(心理学博士)组成了一个干预研究团队。团队成员之间经常通过邮件进行联系,并对小华存在的问题进行探讨。

2. 干预方法

1) 结构化教学

结构化教学是指根据学生的学习目标,对学习环境(包括时间、空间、教材、教具等)及教学活动做出系统性、组织性的安排,以达到教学目标的教学方法。在2005年4月1日至5月31日两个月的时间内,笔者作为主要负责人,根据结构化的训练方案对小华进行了31次干预训练,每次训练时间为2小时。

2) 地板时间

在亲子互动时主要采用地板时间(Floor Time)训练方法。所谓地板时间,是指家长和孩子在一起玩的时间。在这个时间段里,家长和孩子一起在地板上,尽量顺着他的意图去做自发的、没有经过精心组织的游戏。家长要与孩子的动机和兴趣一致,在这个过程中,要让家长充分体验孩子的情绪变化,理解孩子的象征性意义,尽可能满足其适当的要求,与孩子分享满足或成功的快乐。笔者每周对小华母亲的亲子互动环节进行一次现场指导。

(四) 干预结果与讨论

1. 干预结果

在干预的前后,我们对小华的状况各进行了一次评估,采用的工具是麦克阿瑟沟通发展检测表(The MacArthur Communicative Development Inventory: Words and Gestures)。该量表具有良好的信度和效度。表7-3-1反映了小华两个月训练前后语言和行为的变化。

表7-3-1 交流与发展测评结果表

项　　目	项目表	训练前	训练后	项目举例
第一部分:早期的词汇				
A. 对符号的理解	3	3	3	当在后面叫他的名字时,会回头看
B. 短语理解	28	4	15	能理解张开嘴,拍拍手,点点头
C. 模仿与命名	2	1	1	能重复老师的话"爸爸一会儿就回来"
D. 词汇检查				
1. 对声音的理解	12	4	8	能理解"嘟嘟"是汽车的声音
2. 对动物名字的理解	36	17	20	看到大象的图片知道是大象
3. 交通工具	9	3	7	看到火车的图片知道是火车

续表

项 目	项目表	训练前	训练后	项目举例
4. 玩具	8	6	8	看到积木的图片或实物能进行命名
5. 食物和饮料	30	8	20	看到鸡蛋的图片或实物能进行命名
6. 衣服	19	3	11	看到帽子的图片或实物能进行命名
7. 身体部位	19	8	18	听到指令能够指出自己的脸、眼等
8. 家具和房屋	34	6	14	能够对电视机、VCD等家电命名
9. 较小的家庭项目	36	4	18	能够对钥匙、手表等进行命名
10. 外面的事物场所	27	10	15	进入动物园后,知道是动物园
11. 人物	20	2	5	能够区分男孩或女孩
12. 游戏及日常事务	19	5	6	知道早饭、午饭与晚饭
13. 行为动词	55	20	27	知道站起来、坐下去等
14. 时间名词	8	0	0	知道昨天、今天、明天等
15. 形容词	37	6	13	红的、蓝的、大的、小的
16. 人称与指示代词	11	1	6	我的、你的、他的、她的
17. 疑问代词	6	0	0	什么、如何、为什么……
18. 方位介词	11	0	6	上、下、左、右、前、后
19. 数量词	8	0	2	多、少、没有
第二部分:行为和动作				
A. 最初的交流动作	12	1	5	当某人离开时,招手说"再见"
B. 游戏及日常事务	6	1	1	自己会唱歌
C. 与伴随物体的行为	17	6	9	扔球、自己戴帽子
D. 装扮性的游戏	13	0	0	对一个娃娃自言自语
E. 模仿大人的动作	15	0	0	洗碗、给花浇水
F. 象征性游戏(举例)		无	无	

2. 讨论

由表7-3-1可见,该自闭症儿童在词汇特别是名词与动词、动作方面有较大进步。但是仍然不能忽视的是他在词汇方面存在的障碍,如他对形容词、人称代词、疑问代词的掌握仍然困难,究其主要原因,是因为形容词更多地涉及人的内心活动和心理的状况,且研究表明,自闭症儿童在这方面欠缺较大。人称代词与疑问代词都是与人的社会交往与互动紧密联系的,社会交往障碍正是自闭症儿童的主要障碍。自闭症儿童在社会性方面最大的困难表现在想象力的贫乏上。在量表的第二部分,尽管作者对其进行了两个月的训练,但是他的装扮性游戏和象征性游戏分数始终没有得到提高。

(五) 反思

通过为期两个月的训练,小华在许多方面的状况都表现出改善的趋势。如果进一步进行干预,可能会产生更大的改变。在干预的过程中,笔者认为有以下几点值得反思。

1. 训练的内容

语言障碍、社会性障碍、想象障碍是自闭症的三个核心障碍。针对这些障碍,笔者认为,在对自闭症儿童进行干预训练的时,应该坚持多重干预,即训练内容要全面,要包涵知、情、行、语言以及社会性发展等儿童心理的各个侧面。在综合干预的基础上,自闭症儿童才能在缺陷的各个方面获得补偿或重建。

2. 训练的方法

对自闭症儿童的训练并没有固定、统一的模式。一般认为对自闭症儿童有医学治疗、心理治疗、同伴作用策略(Peer-Mediated Strategies)三种主要的干预方法。通过上述的干预实践,笔者认为,采用何种训练方法还取决于训练的内容。如在对其进行动作模仿训练时,物理治疗、动作治疗是比较有效的;对其进行认知训练时,结构化教学是比较有效的;对其进行沟通交往训练时,地板时间是比较有效的。

3. 训练的策略

自闭症儿童的行为是刻板的,习惯于按照一种方式去做。为了改变这种状况,辅导老师在辅导的时候要特别注重变化。如小华在写阿拉伯数字的时候,总是从1写到10,每次都是这样,这时,我们就寻求变化:要求他从10写到1,或者从5写到10;在进行珠子匹配训练时,他总喜欢把相同大小的珠子放在一起,这时就改变任务要求,在目标盒子里面放上红、绿、蓝三种不同颜色的珠子,然后让他按相同颜色的珠子进行匹配;对同一个玩具,也可以采用多种方式来玩。训练结果表明,此种策略对改善自闭症儿童的刻板行为有一定效果。

对自闭症儿童的训练是一个困难的过程。有许多问题需要思考并在实践中探索解决。例如,在训练过程中,如果对他们的异常行为过分关注,异常行为会得到强化,但是不去或较少关注的话,异常行为会不断地重复。因此,如何掌握关注的度是一个需要研究的问题。又如,训练小华画苹果。当他学会了之后,再让他画梨,他还是画苹果,似乎乐此不疲,因此如何防止其新的固着行为的发生,也是需要我们进一步思考的问题。另外,如何促进其与他人交往也是下一步干预要解决的问题。[①]

思考题

1. 解释情绪、行为以及情绪行为障碍的概念及三者间的关系。
2. 简述情绪行为训练的相关理论。
3. 情绪行为障碍评估都有哪些主要的量表工具?各评估哪些内容?
4. 简要介绍情绪行为干预与训练方法。
5. 什么是应用行为分析疗法?主要进行哪些训练技术?

---

① 宋永宁,金野. 一个自闭症儿童辅导的行动研究[J]. 中国特殊教育,2006,7074.

主要参考文献

1. R. S. Chapman. Language development in children and adolescents with down Syndrome. Mental Ratardation And Developmental Disabilities Research Reviews,1997,3:307—312.
2. 叶弈乾,祝蓓里.心理学(修订本)[M].上海:华东师范大学出版社,2003.
2. 雷秀雅.心理咨询与治疗[M].北京:清华大学出版社,2010.
3. 唐建.情绪行为异常儿童教育[M].天津:天津教育出版社,2007.
4. 杨广学.特殊儿童的心理治疗[M].北京:北京大学出版社,2011.
5. 毛颖梅.特殊儿童游戏治疗[M].北京:学苑出版社,2010.
6. 李芳,李丹.特殊儿童应用行为分析[M].北京:北京大学出版社,2011.
7. 杜佳楣.ABA改变孤独症[M].西安:陕西师范大学出版社,2014.

第八章　运动功能的评估与训练

> **本章目标**
>
> 1. 理解运动功能、运动能力与运动技能之间的区别和联系。
> 2. 掌握运动功能障碍的分类。
> 3. 了解运动功能康复训练的理论基础、训练原则及流程。
> 4. 了解运动功能评估的内容。
> 5. 了解运动功能康复训练方法。

运动功能障碍严重影响了特殊儿童的日常生活和学习。儿童时期是个体生长发育的关键期,也是运动功能快速发展的重要阶段。因此,有必要尽早对特殊儿童实施运动功能康复训练,使其运动功能得到最大限度的补偿与发展,从而提高特殊儿童的生存质量。本章通过介绍运动功能康复的内涵、运动功能评估与训练过程以及运动功能障碍康复案例,使读者了解特殊儿童运动功能的教育康复过程。

第一节　运动功能概述

运动功能是特殊儿童参与日常生活活动的基础,也是特殊儿童教育康复领域中其他功能模块发展的重要保障。本节首先从整体上简要介绍运动功能的概念和运动功能障碍的临床分类,然后详细阐述运动功能康复训练的理论基础和训练原则、流程,最后简单介绍康复训练的常用工具。

一、运动功能、能力和技能

功能是事物或者方法所具有的有利作用,运动功能的概念由功能的概念演变而来,是指身体某一组织或者器官在运动过程中所能发挥的作用。教育康复学中主要强调的是特殊儿童由于先天性疾病或某些生理原因导致运动活动发生异常,身体在某种或者多种运动形式上存在功能障碍。

能力与功能的意义相近但也有所区别。能力一般是指人们顺利完成某种活动所必需的个性心理特征,更多需要大脑皮层参与活动的一种综合表现。功能更多的是强调身体生理活动状况,特别是身体器官的某种运动形式,例如心脏的泵血功能。

运动功能和运动能力由前面两个概念衍生而来,它们之间既有联系,也有区别。运动功能是身体进行运动的生理基础,只有各器官、组织在良好的功能状态下人体才能够顺利完成运动动作,因此可以说运动功能是运动能力发展和表现的前提。例如肱二头肌力量训练会使肌纤维横截面积增大、肌纤维变粗,提高肌纤维收缩的张力,正是这些肌肉收缩和舒张功能的改变从而增大了前臂前屈运动的能力。反之,运动能力的提高也会对某些器官、组织系统的运动功能产生积极的作用。例如跑步、游泳在提高身体运动能力的同时,对于心脏、血管等器官或组织在运动状态下的收缩、舒张功能也有很大改善。运动能力与运动功能的概念也有所区别。首先,运动能力是人体在运动过程中所有参与运动的各个组织、系统之间综合能力的体现,而运动功能是指人体运动活动中完成一系列运动动作时各个组织、器官等所发挥的作用,两者概念的侧重点不同,前者关注的是表现形式,而后者侧重的是功能作用;第二,虽然两者都有高低水平的差异,但是运动功能的高低取决于各器官、系统的生理发展水平、运动中能量的供给以及人体对能量的利用率,而运动能力的高低除了受到运动功能的基础水平影响之外还包括大脑皮层内部的认知活动,因为我们在完成运动动作时不仅需要大脑对运动部位的肌肉和神经进行支配,而且还需要对运动时间、运动幅度、动作位置等动作要素进行协调,以更好地完成运动动作。

运动技能也是运动领域中的一个重要概念。与运动功能和运动能力相比,运动技能的运动水平相对较高,是人体在运动过程中逐步发展成熟的一种专门性技术动作。人体的某项运动技能首先是通过大脑皮层科学合理支配与运动相关的神经系统,然后调节各个肌肉群之间的协调性和连贯性,最后将各肌肉群的运动整合成统一的整体运动。运动技能的形成过程符合条件反射学说的观点,是系统化的学习过程。同运动能力的发展过程类似,运动技能也是以运动功能为基础,通过有意识、有目的地利用身体完成专门化的身体活动而逐渐发展形成。更重要的是,在运动技能学习过程中不仅需要身体运动,还需要掌握一系列与运动技能相关的知识使身体的运动动作科学合理。对特殊儿童进行运动功能康复训练就是要以功能康复为基础,提高特殊儿童的运动能力,在此基础上使特殊儿童掌握一定程度的与日常生活紧密相关的运动技能,从而提高特殊儿童的生活质量。

运动功能是个体运动能力提高和运动技能形成的基础,也是影响言语、语言、社会适应等能力发展的重要因素。总之,特殊儿童运动功能康复训练就是以运动学、神经生理学、教育学和康复医学为学科基础,根据儿童需要,运用科学合理的动作技术和身体练习方法,减轻和消除特殊儿童运动功能障碍和缺陷,使特殊儿童的身体功能、精神状态和社会适应能力得到最大限度提升的过程。与其他功能康复训练相比,运动功能康复具有整体性、主动性与自然性的特点。

1. 运动功能康复是一种整体康复

从局部来看,运动康复训练能使衰退的功能得到恢复,使有缺陷的器官功能在一定程度上得到补偿。从系统论观点来看,人体是一个统一协调的整体,局部的康复训练可以通过神经机制的调节改善全身机能,增强体质,增进健康,提高免疫力。运动功能康复不仅可以提高特殊儿童运动系统的功能,促进运动能力发展,还可有效促进特殊儿童循环系统、呼吸系统和神经系统等多系统之间的协调发展。因此,运动功能康复具有药物所不可替代的动能,具有全面性、综合性与整体性的特点。

2. 运动功能康复是一种主动康复

运动功能康复训练是特殊儿童主动参与的动态过程,特殊儿童始终是运动康复训练的主体。运动功能康复训练与传统的物理治疗有所不同,前者通过训练者主动进行身体活动或者身体练习达到功能补偿或恢复,从而促进身心功能的协调发展;而后者主要利用外界的物理因素如声、光、电、水等进行治疗,治疗者在治疗过程中多处于被动状态。

3. 运动功能康复是一种自然康复

特殊儿童接受运动功能康复教育,不仅会提高障碍部位的协调性,改善生活状态,还能从运动中感受快乐,收获成功,这将有利于发挥儿童的主观能动性,克服消极情绪,使特殊儿童保持良好的精神状态和乐观、积极的人生态度,同时增强了战胜疾病的信心,并养成终身锻炼的好习惯。

二、运动功能障碍的临床分类

特殊儿童的障碍类型较多,而且运动功能障碍程度与表现也有较大的个体差异,因此特殊儿童对于运动功能康复训练的需求也会有所不同。在康复医学中通常根据肌力的变化将运动功能障碍分成肌张力增高和肌张力减少两大类,前者多表现为关节僵硬,活动受限;后者主要表现为不自主的运动。这里将根据运动功能障碍的部位、肌体瘫痪类型和程度,以及运动时的动作要素三方面对特殊儿童运动功能障碍进行简要分类,便于大家了解运动功能障碍的多种类型及表现。

(一)按运动部位分

运动部位,也就是参与运动活动的主要器官和组织,可以有以下分类:

(1)眼肌运动异常,包括频繁眨眼、脸痉挛等。

(2)面部肌肉运动异常,包括面肌痉挛、抽搐、愁眉苦脸等。

(3)口部肌肉运动异常,包括噘嘴、咀嚼、吸、下颌横向运动等。

(4)舌肌运动异常,包括伸舌、缩舌、蠕动、舔唇等。

(5)咽部肌肉运动异常,包括腭部运动异常,主要影响发音和吞咽等。

(6)颈部运动异常,包括斜颈、颈后仰等。

(7)躯干运动异常,包括全身躯干运动不协调,呈古怪的姿势,例如耸肩缩背、角弓反张、扭转痉挛、膈肌运动及痉挛产生呼噜和呼吸困难,有时候表现为全身左右摇摆、躯干反复屈曲与伸展。

(8)四肢运动障碍,是指因四肢残缺或者四肢、躯干瘫痪、畸形,导致人体运动系统不同程度的功能丧失或者功能障碍。造成肢体残障的原因有多种,如上下肢外伤导致的截肢或者先天性残疾;脊椎外伤或病变引起的发育异常和功能障碍;中枢或者周围神经外伤、病变引起的畸形或功能障碍,患者肢体远端会出现连续不断的屈伸动作,近端则较少出现,少数表现为舞蹈样指划动作、投掷运动、双手反复高举或两腿不停跳跃。

(9)肌张力低下——麻痹型运动障碍,可影响头、颈和腰,如颈软不能抬头、腰软不能直起、凸腹,行走时迈不出步、提不起脚,足跟拖地行走。

(二)按肌体瘫痪类型和程度分

1. 肢体瘫痪型

根据肌力的瘫痪程度,划分为0～5级。

0级:肌肉完全瘫痪,无收缩。

1级:可看到或触及肌肉轻微收缩,但不能产生动作。

2级:肌肉在不受重力影响下,可进行运动,即肢体能在床面上移动,但不能抬高。

3级:在和地心引力相反的方向中尚能完成其动作,但不能对抗外加的阻力。

4级:能对抗一定的阻力,但较正常人低。

5级:正常肌力。

2. 非肢体瘫痪型

非肢体瘫痪的运动功能障碍主要包括肌张力增高、共济失调和不自主运动。肌张力是维持身体各种姿势和正常运动的基础,是保障肌肉运动连续、平滑的重要因素,过高则表现为下肢伸直、内收交叉或者呈剪刀脚。运动的协调是由小脑的前庭系统、深感觉、锥体外系统等共同协同的结果,因此如果一种结构发生障碍则会引起共济失调。不自主运动是指肌肉或肌群的运动表现出不能随意控制、无目的特征,例如痉挛是一组或多组肌肉不自主收缩产生的动作。根据障碍表现对日常生活的影响状况可以将上述三种障碍类型分成轻度、中度和重度三级:

(1) 轻度运动功能障碍。可以完成上述运动但是具有一定的困难,基本上可以自理。

(2) 中度运动功能障碍。较难完成上述运动,需要他人帮助才可完成。

(3) 重度运动功能障碍。不能自行进食、洗漱、穿衣等日常生理活动。

(三) 按照动作要素分

动作要素包括完成运动动作时的身体姿势、动作轨迹、动作时间、动作速度、动作力量、动作节奏、动作幅度等,结合动作要素特点可将特殊儿童的障碍类型分为以下四类:

1. 肢体或躯干姿势异常

多数是因为肌张力的改变引起的持续的身体姿势异常或者在运动进行过程中动作不能连贯。

2. 肌张力异常

包括肌张力增高、肌张力降低和肌张力障碍。肌张力增高是指肌张力高于正常静息水平,肌张力降低则表明低于静息水平。肌张力增高时会发生强直或者痉挛,肌张力降低时表现为关节活动范围增加。肌张力障碍是指一种因持续性的肌肉收缩导致扭曲、重复运动及异常姿势的神经性运动障碍,临床上表现为扭转痉挛、手足徐动症等。

3. 关节活动范围异常

关节活动时的运动弧度是衡量肢体运动功能的基本内容之一,关节活动异常时表现为关节运动幅度受到限制。

4. 平衡与协调障碍

平衡指身体保持一种姿势以及在运动或者受到外力作用时自动调整并维持姿势,包括静态平衡和动态平衡两类。静态平衡是人体处于某种特定的姿势,动态平衡是指人体在自身运动或者受到外界干扰时保持姿势稳定。

平衡与协调是紧密相关、相互促进的。协调指人体在运动中对动作的准确性、方向性、节奏性进行适当的控制来完成运动目标。协调功能有利于身体在运动中保持一定的平衡姿势,而较高的平衡能力也会促进运动协调性。协调和平衡功能主要由小脑、基底节、脊髓后索等中枢神经系统控制,在临床中主要是观察测试者在完成指定动作过程中动作节奏和轨迹有无异常表现。

三、运动功能康复训练的理论基础

对特殊儿童进行有效的运动功能康复训练之前,必须了解人体生长发育的自然规律和与运动技能学习相关的理论,才能使运动功能康复训练科学化、合理化。以下列举与运动功能康复相关的四个理论或规律,即人体运动功能发展的一般规律、运动功能发展的关键期与敏感期理论、动作技能形成规律理论以及缺陷补偿理论。

(一) 人体运动功能发展的一般规律

人体运动功能发展的基本规律是从上至下、由近及远、先粗后细。从上至下是指运动功能的发展顺序,即首先是头部运动、然后是身体躯干动作、最后是脚的动作;由近及远是指身体中心部分运动功能发展较早,离身体中心远的位置,比如手指和脚趾等部位的发展较晚;先粗后细是指涉及大肌肉群参与的运动功能发展较早,小肌肉群参与的运动功能发展较晚。依据人体对肌肉活动的控制特点,儿童基本运动功能发展顺序为头部、躯干、手臂及手、腿及脚。儿童以掌握基本动作为基础,开始学习日常生活中较为简单的运动技能,当儿童可以自由控制自己的粗大动作之后,精细动作才开始慢慢发展起来。

(二)运动功能发展的敏感期和关键期理论

某些运动功能在儿童少年时期自然生长发育的基础上,会在特定的年龄阶段发展较快,呈现出发展的最佳状态,这一时期被称为运动功能发展的敏感期和关键期。在敏感期和关键期给予儿童针对性的训练,可以使儿童更好地掌握、提高运动功能,达到事半功倍的效果。运动功能水平体现在以下几方面,如力量素质、速度素质、耐力素质、柔韧素质及灵敏与协调性,而其中各方面发展的关键期也有所区别。

1. 力量素质

力量素质是人体某部分肌肉收缩或者舒张时克服外界阻力的能力,是其他身体素质发展的重要基础。其中男孩在12~16岁得到快速发展,女孩则在11~15岁。这是因为儿童在自然生长过程中从12岁起肌肉总量急剧增加,到14~15岁时肌肉的特性与成年人的差异已经开始缩小。

2. 速度素质

速度素质是人体快速运动的能力,包括反应速度、动作速度和移动速度。从整体上讲,速度素质发展的敏感期是在8~13岁,但是不同类型速度素质的发展期也有所区别。反应速度是指人体对外界信号刺激做出反应的能力,受遗传影响程度较高,随着儿童年龄的增长,在9~13岁阶段进行系统的强化训练可使反应速度增长最快,其他年龄段不易提高;动作速度是指人体快速完成动作的能力,儿童13~14岁时,部分动作速度已经接近成年人的指标,在9~13岁时强化训练动作速度可以取得较好的成效;移动速度是身体完成快速位移的能力,在7~13岁时增长最快,其中女孩在9~12岁,男孩在8~13岁。

3. 耐力素质

耐力素质是人体坚持长时间运动的能力,其发展取决于有氧供能系统和无氧供能系统的机能状况,分别称之为有氧耐力和无氧耐力。有氧耐力是在氧气供应较充足的情况下完成运动的能力,女孩在9~12岁时有氧耐力大幅度提高,男孩是在10~13岁时出现第一个增长高峰,在16~17岁时有更大幅度提高,特别是16岁时增长幅度超过40%;无氧耐力是在无氧代谢下完成工作的能力,男孩在10~20岁期间出现三次增长高峰,分别是10岁、13岁和17岁,女孩在9~13岁之间逐年递增,之后开始减少。

4. 柔韧素质

柔韧素质是人体各个关节在不同方向上的运动能力以及肌肉、韧带等软组织的伸展能力,可以通过关节的运动幅度表现出来。其发展的敏感期是在5~12岁。灵敏与协调性是人体改变体位、转换动作、变换身体姿势和方向的能力,与空间定位和时间知觉能力有密切联系,是一种综合素质。其发展的最佳时期是6~13岁,对于特殊儿童特别是具有感觉统合障碍的儿童可以将灵敏柔韧性的训练与感觉统合训练结合来提高儿童身体素质。

身体素质虽然是指通过人体各种基本活动和动作表现出耐力、速度、柔韧、灵敏等方面的能力,但也是人体内在机能的综合反映,因此单一的训练会造成整体发展的不均衡,应该采用全面的身体练习来提高儿童各种运动功能和身体素质。

(三) 运动技能形成规律理论

运动技能的形成大致可为四个阶段,即运动技能获得阶段、运动技能改进阶段、运动技能稳定阶段以及运动技能熟练阶段。现分述如下。

1. 运动技能获得阶段——泛化过程

从生理学角度讲,在学习任何一个动作的初期,学习者的身体动作是由外周刺激,通过感受器(特别是本体感觉)传到大脑皮质,引起大脑皮质细胞强烈兴奋所导致的。由于皮质内抑制机制尚未确立,所以大脑皮质中的兴奋与抑制都呈现扩散状态,条件反射的暂时连接不稳定,出现泛化现象。从运动活动的外部表现来看,往往出现动作僵硬、不协调,不该收缩的肌肉收缩,出现多余的动作,动作活动费力。在此过程中,训练者应针对运动的主要环节进行示范和简练地讲解,不应过多地强调动作细节。

2. 运动技能改进阶段——分化过程

通过不断练习,学习者的运动技能有了提高,一些不协调、多余的动作逐渐消失。与此相应,生理产生变化,大脑皮质运动中枢兴奋和抑制过程逐渐集中。由于抑制过程加强,特别是分化抑制得到发展,大脑皮质的活动由泛化阶段进入了分化阶段,大部分错误动作得以纠正,能比较顺利、连贯地完成动作,初步建立了动力定型。但此时动力定型尚不稳定,遇到新异刺激,多余和错误动作可能会重新出现。在此过程中,训练者应特别注意纠正错误动作,让学生体会动作的细节,促进分化抑制进一步发展,使动作更加稳定、准确。

3. 运动技能稳定阶段——巩固过程

通过进一步反复练习,运动技能的条件反射系统已经巩固,建立了完整的动力定型,大脑皮质的兴奋和抑制在时间和空间上更加集中和精确。此时动作准确,而且某些环节的动作还可出现自动化,即不必有意识地去控制而能顺利完成动作。在环境条件变化时,运动技能也不易受到破坏。在此过程中,应在继续练习巩固的情况下精益求精,不断提高动作质量,使动力定型更加巩固和完善。

4. 运动技能熟练阶段——自动化

随着运动技能的巩固和发展,动力定型达到非常巩固的程度以后,运动技能可出现自动化现象。所谓自动化,就是在无意识控制的条件下完成系列动作。自动化动作的生理机制是以巴甫洛夫所揭示的高级神经活动的基本规律为基础的。对特殊儿童进行运动康复训练,其目标就是通过运动功能的康复促使特殊儿童对某项运动技能的掌握达到自动化水平。

(四) 缺陷补偿理论

教育康复学所指的缺陷补偿是指在教育活动与康复训练中,根据特殊儿童的身心特点,综合利用一切有利因素,通过各种途径改善、促进或恢复因障碍造成的各种功能,进而促进儿童全面发展的过程。上述的缺陷补偿已远远超越了纯生物学的代偿学说,而是综合运用了生理学、心理学、体育学、医学、工程学、社会学理论中的补偿概念,其核心是"生物现象和社会现象的综合",是"在代偿的基础上,进行的补偿,包括人的主观努力和社会的帮助"。随着社会进步与技术发展,在代偿的基础上可以利用工具或现代科学技术并借助社会政策的支持对障碍进行积极的补偿,使障碍带来的不利因素减小到最低。因此,就教育康复学的观点而言,生理代偿是缺陷补偿的生理基础,心理补偿是缺陷补偿的重要教育内容,医学补偿是缺陷补偿的重要手段,运动功能补偿是缺陷补偿的重要的功能康复方法,而社会补偿则是缺陷补偿的重要政策支持。

四、运动功能康复训练的原则

根据运动功能康复训练的基本原理,结合特殊儿童的身心发展特点,笔者提出以下运动功能康复训练的基本原则。

(一)系统评估,因材施教

制订运动康复训练方案,应依据特殊儿童病史及治疗效果、障碍类型、发展阶段、心理状态以及特殊儿童的年龄、性别、体质、体育兴趣爱好等。在科学系统评估的基础上,充分考虑儿童的个体差异,根据每个儿童的实际康复需求,制订合理的运动康复训练方案。

(二)循序渐进,持之以恒

为了使运动功能康复训练既有效又安全,选择训练内容与控制运动负荷量是关键因素。一方面,动作训练内容要由简单到复杂,相应的运动负荷要由小到大,使儿童体能逐步适应;另一方面,随着训练的进行,运动功能的改善,也应不断加大训练难度与运动负荷量,逐步增强特殊儿童的适应能力,使其运动功能得到最大限度的改善。另外,运动功能康复是一个较长的过程,不可能通过短时间的训练使肌肉力量、关节活动范围或者残障部位的机能得到迅速恢复,所以运动功能康复训练要持之以恒,坚持不懈,才能逐步改善特殊儿童的运动功能状态。

(三)局部训练,整体康复

人体是一个组织与功能高度协调与统一的系统,可谓"牵一发,动全身"。局部功能障碍可能会影响其他部位的功能,局部运动功能的改善也会防止障碍所导致的不利影响扩散。因此,在对局部功能进行康复训练时,要考虑到与该局部相关的组织与功能系统的整体联动效应。例如,在对下肢行动不便儿童进行康复训练时,如果主体训练是小腿肌力训练,那么也应注重对相应关节及整体平衡能力的辅助训练。主体训练与辅助训练相结合,可有效促进特殊儿童整体功能的康复与发展。

(四)密切观察,有效监控

要经常观察特殊儿童参与运动康复的反应,定期检查,并向特殊儿童及家长交代注意事项,提供自我检查的方法。与儿童和家长、教师合作,及时准确的监控每个学生,针对学生出现的问题采取相应的有效措施。

五、运动功能康复训练的流程

特殊儿童运动功能康复是一个系统整合的过程,大致包括5个步骤,即基本信息的搜集、运动功能的评估、训练计划的制订、训练方案的实施与训练效果的监控,具体如图8-1-1所示。

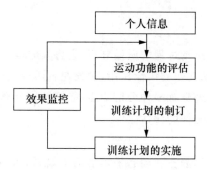

图 8-1-1 运动功能康复训练流程

(一)基本信息的搜集

特殊儿童基本信息除了前述内容之外,还应重点掌握以下具体信息,包括医院诊断报告、治疗情况、是否接受过相应的康复训练以及效果如何等。以上信息可以通过调阅相关资料以及对家长或教师进行访谈或问卷调查获得。特别需要注意的是,上述信息只作为训练或研究的资料,对其他无关人员应严格保密。

(二)运动功能的评估

教师或康复师可用相关评估工具对特殊儿童进行运动功能评估,并结合医院诊断报告以及对家长的访谈结果进行综合评定。除了对特殊儿童进行运动功能评估之外,还应对其进行言语能力、语言认知能力、学习能力以及社会适应能力等进行全面评估。

(三)训练方案的制订

在综合评估及分析的基础上为特殊儿童制订科学系统的训练方案,主要内容包括训练目标、训练方法与手段、训练负荷与频次、训练重点和难点、训练时的场地与器械以及注意事项。训练的形式可分为集体训练、个别化训练与家庭训练。训练方案要有阶段性,应将长期和短期训练计划相结合。

(四)训练计划的实施

在训练过程中要力求做到:① 训练必须按计划实施,对可能出现的突发情况要做好预案;② 将集体训练、个别化训练与家庭训练结合起来;③ 将运动康复训练与其他训练相结合;④ 及时监控训练状态,调整与完善训练方案;⑤ 作好相关资料搜集、整理与保存工作。

(五)训练效果的监控

要达到运动康复训练的目标,康复师必须在训练过程中实施有效的监控,及时掌握儿童训练状态和训练水平,在必要时调整训练计划和训练内容。实施监控的方法有观察法、记录法和阶段测试法。在完成阶段性训练计划之后,应该对儿童运动功能的发展变化进行总结分析,为制订下一阶段的训练方案做好准备。

六、运动功能康复训练的常用工具

运动功能的康复训练主要是对特殊儿童关节运动能力、肌张力、步态、运动平衡、身体姿势、手指运动和协调能力等内容进行康复训练。除了根据特殊儿童的临床表现按照相应的量表进行主观评定之外,还可以使用许多先进的仪器设备使评估和训练更加客观准确。量表和主观评估将在下一节详细介绍,这里首先简要列举几种运动功能康复训练的设备。

(一)运动功能评估设备

1. 三维运动评估系统

三维运动评估系统可以实现运动过程的质量分析,它将人体运动过程在三个轴上进行分解,显示出运动的空间位置,通过追踪运动动作的代偿作用,对比左右两侧肢体运动状况,鉴定运动障碍程度,记录障碍情况的发展变化。该系统具有多种分析功能,能够量化全身关节的运动情况,可用于障碍学生肢体功能的评定和身体平衡稳定性的评估。

2. 平衡检测系统

平衡检测系统是一套测试人体静态和动态平衡能力的设备,可以根据测试结果量身定制个性化的训练方案。该设备利用视觉和听觉反馈,补偿或者恢复人体平衡功能,可为特殊儿童的平衡测试提供有效的测量。

3. 手功能评估训练系统

该系统利用内置的 6 个精密位移和速度传感器感知手指和手腕关节的细微运动。系统以动画游戏的形式反馈给康复师,通过游戏达到提高运动控制能力的目的。要想高效地完成训练游戏,训练者就必须精确地掌握手指及腕关节的运动速度和运动位移,控制手指及腕关节的运动功能(精细动作如抓、握、捏等),才能够逐步准确地完成游戏训练项目。该系统不仅可以评估手指精细动作的水平,还可以实现相应的康复功能。

4. 感觉统合功能测试系统

感觉统合测试系统主要对平衡、触觉、本体感、视觉和听觉统合方面进行评定和矫正,使障碍学生对感觉信息能够进行正确的整合,身体能够协调有效地执行任务,改善学习和生活状况。对感觉统合功能进行评估时,首先由家长或者教师对儿童日常生活的感觉统合失调行为进行初步判断,然后由康复师或者医生使用感觉统合测试的标准量表进行准确的判定,最后使用儿童感觉统合测试系统完成感觉统合失调的评估工作,将所有评估结果总结后进行综合评定。

(二)运动功能训练设备

1. 运动控制训练仪

该仪器是综合功能康复训练的套装仪器,可以进行主动抗阻运动控制训练、上下肢远端受力训练、平衡稳定性和负重训练、关节活动范围运动控制训练、等张捏力和握力的运动控制训练,以及肌力生物反馈运动控制训练。训练时该系统可以实现快速准确的自动采集、系统分析和趣味练习等功能。其中上肢运动控制训练系统可进行上肢远端主动抗阻训练,包含了 19 种游戏,能全面涵盖多功能系统康复的需求,在准确的功能评估后,设定相应的最合适训练方案。这套训练系统可根据不同的配件与抗阻训练控制器连接,进行指关节捏、腕关节屈、握、伸、臂前后左右伸展、肘关节屈、伸、肩关节屈、伸、外展、内收和旋转等主动性抗阻训练,可以增强关节活动程度、耐力和日常基本活动能力。

2. OT(作业治疗)综合训练工作台

该器材由柜式车体(下带滑轮)和多种 OT 训练器材构成,车体的三面均装有滑轨,上附平板,可根据使用者的身高进行调节 OT 训练器材放置在平板上进行操作。使用时,根据治疗的目的和需要选择相应的 OT 训练器材,在综合台的平板上进行不同的作业训练。通过对各种训练工具的使用,对上肢和手功能进行训练,综合改善患者的手指功能、手眼协调性,并训练学生的感知能力、手对图形块的触觉能力和大脑对图形的识别能力,训练其上肢稳定性、协调性,从而提高上肢活动能力。

3. 三维步态分析训练系统

该系统是通过生物力学和运动学手段,揭示步态异常的关键环节和影响因素,从而指导康复训练。三维步态分析系统具有客观、定量、准确的特点,分析参数有时间-距离参数,包含步长、步宽、步幅、步频、支撑相、摆动相等;运动学参数包括步行中髋、膝、踝关节的运动规律、骨盆倾斜和旋转、身体重心变化规律等;动力学参数包括地板反作用力,即足部受力、受力中心、前后运动指标、垂直受力大小等指标;肌电活动参数包括上下肢活动中主要肌肉的电生理指标。治疗师通过三维步态分析可以直观地捕获步行中各项运动轨迹和参数,对比关节活动范围,在测试过程中随时进行矫正和强化训练。

4. 虚拟情景互动康复训练系统

该系统利用时差测距 3D 动作捕捉仪创造人体的 3D 图像。动作捕捉仪发射出红外线并接受人体反射的红外线,以此来记录任何身体移动的细节。训练时患者处在虚拟的情景中,在屏幕上看到自己以虚拟的图形形式出现,根据屏幕中情景的变化和提示做出各种动作,以保持屏幕中情景模式的继续,直到完成训练目标。虚拟现实生物反馈技术在感觉统合训练中的应用具有明显的优势。首先虚拟现实技术沉浸感强,增加了治疗过程的趣味性和障碍学生参与的积极性,使康复训练成为主动行为,避免了以往康复训练的单一枯燥问题。而且,该系统可使患者以自然方式与对象在多种感官刺激的虚拟环境中进行交互,同时提供多种形式的反馈信息,患者可以根据自己的情况反复观察模仿练习,全面提高多感官的协调统合能力。虚拟环境与真实世界具有高度相似性,可使患者将康复训练的过程更好地迁移到现实环境中。

第二节 运动功能的评估

在对特殊儿童进行运动功能康复训练之前,首先要全面了解、掌握特殊儿童的生理机能、心理状态等基本情况,以便为特殊儿童设计科学合理的康复训练方案。因此,需要对特殊儿童进行全面系统化的评估。

一、评估目的

运动功能评估是运动功能康复训练的基础环节。通过评估,可以全面了解目前特殊儿童运动功能障碍的部位与程度,为制订科学的、针对性的康复训练方案提供可靠的依据。另外,运动功能康复训练是一个较漫长的发展变化过程,康复训练的总目标由若干阶段目标所构成。因此,不仅应要求在特殊儿童进行康复训练之前进行专业系统化的评估,而且应将阶段性评估贯穿于整个运动康复训练过程中。

二、评估内容及方法

对特殊儿童运动功能进行评估需要多种相应的测验工具。以下主要介绍四种常用的运动功能评估工具,包括知觉-运动功能评估、精细运动功能评估、粗大运动功能评估和感觉统合能力评估。

(一) 知觉-运动功能评估

知觉—运动功能评估的常用工具是《简明知觉-动作测验》(*Quick Neurological Screening Test*,简称 QNST)。该测验由中国台湾学者周台杰于 1996 年修订而成,具有较高的信度和效度,主要用于评估与儿童学习有关的神经系统的整合能力,如动作发展的成熟程度、大小肌肉的控制、注意、视知觉与听知觉、动作速度、韵律感、空间组织与身体平衡等能力。该测验简单易行,施测时间约 20~30 分钟,评估对象为 6~12 岁儿童。

该测验共有 15 个项目,包括书写技能、认知与模仿画圆、认知手掌上的字形、追视、模仿声音组型、用食指指鼻尖、用手指接成圆圈、同时触摸手和脸、迅速翻转手掌动作、伸展四肢、脚跟紧靠脚尖行走、单脚站立、交换跳、辨别左右和异常行为。该测验的评分流程为:主试根据被试行为表现对上述各项目进行 1~3 分的评分,得分越高,表明被试存在相应的知觉动作发展问题的可能性越高。

(二) 精细运动功能评估

精细运动能力是个体凭借手以及手指等部位的小肌肉或小肌群的运动,在感知觉、注意等心理活动的配合下完成特定任务的能力。精细运动功能常用的评估工具是 Peabody 运动发育测试和精细运动功能测试量表(Fine Motor Function Measure Scale,简称 FMFM),以下对这两种工具进行简要介绍。

1. Peabody 运动发育测试

该量表是测试儿童运用手指、手以及上臂抓握物体、搭积木、画图和操作物体的能力。它既包括对精细运动功能的评估,也包含对粗大运动能力的评估,适用于 0～6 岁的儿童。该量表尤其适用于疑似运动发育迟滞以及运动功能障碍程度的诊断与评定。该量表中的精细运动测试包括两项分测试,即:① 抓握分测试,该分测试主要评估手的运动能力,即从一只手抓握物体到对双手手指动作的控制能力;② 视觉运动统合分测试,该分测试主要评估儿童应用视知觉技能来执行复杂的手眼协调任务的能力。

Peabody 运动发育量表使用三级评分,0 分代表儿童根本没有完成动作的意识,也没有该动作正在发展的任何迹象;1 分代表儿童有明确的意愿去做,但未能完成动作;2 分代表儿童能够完成全部的特定动作。该量表通过计算得到两项测试的标准分,从而得出精细运动商值(FMQ)。商值越高,说明被试抓握和视觉-运动整合能力越强,反之越弱。

2. 精细运动功能测试量表(FMFM)

该量表包括视觉追踪、上肢关节活动能力、抓握能力、操作能力和手眼协调能力五项分测验,测验难度依次增加。该量表采用四级评分,以下简单举例说明其具体内容与评分标准。

1) 视觉追踪

评估项目:视觉追踪摇铃

辅助物:摇铃

方法:置儿童于仰卧位,测试者站在儿童脚边正对儿童,将摇铃放在距离儿童鼻子上方 30 厘米的正中处,吸引儿童的注意,接着将摇铃以 90 度弧线缓慢从正中移向一侧(近水平位)后再移回中间,并按以上步骤测试另一侧。

评分:0 分代表儿童眼睛始终不注视摇铃,对摇铃位置变化无任何反应;1 分代表儿童眼睛注视摇铃但未跟踪摇铃的位置;2 分代表有目光追踪,可从中间追踪到另一侧,但追踪时儿童目光的位置不能完全保持在摇铃的轨迹上;3 分代表儿童眼睛对于两侧位置的追踪都能完全保持在摇铃的运动轨迹上。

2) 上肢关节活动能力

评估项目:伸手臂拿摇铃

辅助物:摇铃

方法:置儿童于仰卧位,将一个摇铃放在距离儿童胸上 30 厘米的正中处,吸引其注意,然后说:"来拿摇铃。"

评分:0 分代表儿童的手保持原位或原来动作不变;1 分代表儿童试图将手伸向摇铃;2 分代表儿童屈肘向摇铃伸出手臂;3 分代表儿童伸直手臂拿摇铃。

3) 抓握能力

评估项目:抓小丸

辅助物:2粒小丸

方法:儿童坐在桌前,将2粒小丸放在儿童能够拿到的桌子上,说:"去拿小丸。"

评分:0分代表儿童的手未触及小丸;1分代表儿童触摸小丸;2分代表儿童用手指将1小丸拢向自己并抓起;3分代表儿童能够迅速将2粒小丸拢向自己并抓起。

4)操作能力

评估项目:用勺子敲击

辅助物:1只杯子和1把勺子

方法:儿童坐在椅子上,训练者面对桌子,坐在儿童的对面,用手拿起杯子吸引儿童注意,将勺子以水平方向敲击杯子3次,接着将杯子和勺子放在桌子上,说:"像我这样敲杯子。"

评分:0分代表儿童的手不抓或者仅触摸勺子;1分代表儿童可以抓勺子;2分代表儿童以垂直方向用勺子敲击杯子;3分代表儿童以水平方向用勺子敲击杯子。

5)手眼协调

评估项目:手指触摸小丸

辅助物:1粒小丸

方法:主试坐在桌子旁,儿童面对桌子坐下。将1粒小丸放在桌子上儿童可以触碰到的位置,说:"来拿小丸。"

评分:0分代表儿童不向小丸伸手;1分代表儿童伸手但未触及小丸;2分代表儿童用手掌触及或仅触及小丸周围的桌面(1厘米范围内);3分代表儿童用手触及小丸。

(三)粗大运动功能评估

粗大运动是指牵动到大肌肉和大部分身体的运动,是躯干与四肢的整体运动。常用的粗大运动功能评估工具为Peabody运动发育测试中的粗大运动分测试和粗大运动功能评定量表(Gross Motor Function Measure,简称GMFM)。现对这两个工具简要介绍如下。

1. Peabody运动发育测试中的粗大运动分测试

该测验可以反映儿童大肌肉系统应对环境变化的能力,即在非移动状态下维持姿势稳定和移动的能力,以及接球、扔球和踢球的能力。粗大运动能力测验具体包括反射、姿势固定、移动、物体控制四项分测试,即:① 反射分测试是评估儿童对环境事件的自动反应能力;② 姿势固定分测试是评估幼儿维持、控制身体重心和保持平衡的能力;③ 移动分测试是评估幼儿由一处移至另一处的能力,包括爬、走、跑、单脚跳和向前跳等形式;④ 物体控制分测试是评估小儿操控球的能力,包括接、扔、踢等动作。对于11个月以内的儿童,粗大运动能力测验由反射、姿势固定和移动三个分测验组成;12个月以上的儿童由姿势固定、移动和物体控制三个分测验组成。测试结果用粗大运动商(GMQ)表示。

2. 粗大运动功能评定量表(GMFM)

该量表是目前评估脑瘫患儿粗大运动能力使用最广泛的工具。该量表有88个评估项目,包括卧位和翻身、坐位、爬和跪、站立、行走与跑跳五个领域。测试需要在安静、采光较好、温度适宜的房间内进行,对患儿的着装有一定要求(轻便,适合运动),应尽可能安排家长在场,鼓励儿童发挥出最佳水平。该量表每一测试项目满分是3分,采用四级评分法,提高了评估的细致性和敏感度。量表中48项是正常儿童12个月以内能完成的项目,32项是13~24个月正常儿童能完成的项目,其余8项是

24个月以上正常儿童能完成的项目。下面举例说明各部分的评估内容与评分方法。

1）卧位和翻身

项目：仰位，抬头45°

方法：将儿童置于软垫上，仰卧，主试做点头动作，说："抬起你的头。"

评分：0分代表儿童头部完全没有屈曲动作；1分代表头部稍有屈曲，但仍不能抬起；2分代表头部可以抬起，但角度小于45°；3分代表儿童头可以抬起至45°。

2）坐位

项目：从立位坐于小凳子上

方法：儿童站立，在其身体后侧放置一个小凳子，主试说："请坐下。"

评分：0分代表儿童完全不能坐在小凳子上；1分代表儿童略有坐向小凳子的动作；2分代表儿童有向小凳子坐下的动作，能部分完成坐下的动作；3分代表儿童完成向小凳子坐下的动作。

3）爬和跪

项目：俯位，用肘向前爬1.8米

方法：儿童趴在软垫上，两肘部支撑，然后主试说："往前爬。"

评分：0分代表儿童完全不能用肘爬；1分代表可以用肘向前爬，但是距离少于0.6米；2分代表可以用肘向前爬，但是距离在0.6～1.8米之间；3分代表儿童可用肘向前爬，距离达到1.8米。

4）站立

项目：立位，一只手扶大椅子抬起右足，保持3秒

方法：儿童站在椅子旁边，主试站在一侧，将儿童的一只手放在椅子上作支撑，然后说："抬起你的右脚，保持3秒钟。"

评分：0分代表儿童完全不能抬起右足；1分代表儿童用两只手抓握大椅子可以抬起右足，保持时间短于3秒；2分代表两只手抓握椅子可以抬起右足，可保持3秒；3分代表儿童可一只手抓握椅子，抬起右足，并保持3秒。

5）行走与跑跳

项目：立位向后方走10步

方法：主试站立在儿童一侧，然后说："向后走10步。"

评分：0分代表儿童完全不能向后方走；1分代表儿童可以向后方走，但不超过3步；2分代表可以向后走3～9步；3分代表儿童可向后走10步。

（四）感觉统合能力评估

感觉统合，是指人体将从各部分感觉通路传入的信息组合起来，经过大脑的联系和统一对信息进行加工的过程。台湾学者郑信雄根据Ayres的研究成果编制了《儿童感觉统合能力发展评定量表》。[①] 1994年，北京大学精神卫生研究所对此量表进行了修订，用于测查儿童感觉统合能力的发展水平。该量表由58个问题组成，分成5项内容：① 大肌肉运动及平衡能力14题；② 触觉过分防御及情绪不稳21题，主要针对情绪的稳定性和过分防御行为进行评定；③ 本体感觉不佳、身体协调不良12题；④ 学习能力发展不足或协调不良8题，主要涉及由感觉统合不良导致的学习能力不足的问题；⑤ 大

---

① 汪向东,王希林,马弘等. 心理卫生定量表手册增订版[M]. 北京:中国心理卫生杂志社,367—369.

年龄特殊问题3题,主要包括使用工具及做家务能力的评定。

此量表适用于6~11岁儿童,由儿童父母或知情人根据其最近1个月的情况进行填写。量表采用五级评分,对某些不良或不当行为按照"从不、很少、有时候、常常、总是如此"进行计分,"从不"为最高分,"总是如此"为最低分,根据年龄和性别将测试的5项内容的原始分数转换成标准T分数(即均分是50分,标准差为10),得分在40分与30分之间为轻度感觉统合失调,低于30分为严重感觉统合失调。

该量表在2010年经过重新修订,将感觉统合能力分成前庭和大脑双侧分化异常、脑神经生理抑制困难、触觉防御过多及反应不足、发育期运用障碍、视觉空间和形态感觉异常、本体感觉失常,以及生活压力情绪反应异常七项内容。其中发育期运用障碍针对3岁以上儿童,生活压力情绪反应异常针对5岁以上儿童,修订后的量表仍采用五点计分法。

三、运动功能评估案例

(一)基本情况

××,男,4岁,早产合并脑缺氧造成脑瘫。3岁时做过跟腱延长术,术后做过半年时间推拿,未接受过正规的运动康复训练。现采用GMFM量表对其进行粗大运动功能评估,表8-2-1显示了该儿童走、跑、跳项目的评估结果。

(二)走、跑、跳项目粗大运动功能的评估结果(见表8-2-1)

表8-2-1

动作序号	项　目 (走、跑、跳)	分　数 (计分方法:完全不能做,0分;开始做,完成不到10%,1分;大部分完成,完成10%~90%,2分;全部完成,3分)
1	立位,两手扶持大长凳,向右侧横走5步	1
2	立位,两手扶持大长凳,向左侧横走5步	1
3	立位,主试牵小儿两只手,向前方走10步	1
4	立位,主试牵小儿一只手,向前方走10步	1
5	立位,主试牵小儿一只手,向后方走10步	1
6	立位,向前方走10步,停止,转180度,返回原地	0
7	立位,向后方走10步	0
8	立位,两手拿大的物品向前方走10步	0
9	立位,在间隔7.6 m的两条平行线之间连续向前走10步	0
10	立位,沿2 cm宽的直线,连续向前走10步	0
11	立位,右足在前,跨越相当于膝的高度横杆	0
12	立位,左足在前,跨越相当于膝的高度横杆	0
13	立位,跑4.6 m,停止,返回	0

	项 目 （走、跑、跳）	分　数 （计分方法：完全不能做,0分;开始做, 完成不到10%,1分;大部分完成,完成 10%～90%,2分;全部完成,3分）
14	立位,用右脚踢球	1
15	立位,用左脚踢球	0
16	立位,两足同时向上方跳 30 cm	0
17	立位,两足同时向前方跳 30 cm	0
18	右足单足站立,在直径为 60 cm 的圆中用右足单跳 10 次	0
19	左足单足站立,在直径为 60 cm 的圆中用左足单跳 10 次	0
20	扶持一侧栏杆站立,手扶持栏杆两足交替上 4 层台阶	1
21	扶持一侧栏杆站立,手扶持栏杆两足交替下 4 层台阶	0
22	立位,两只脚交替上 4 层台阶	0
23	立位,两只脚交替下 4 层台阶	0
24	站在 15 cm 高的台阶上,两足同时跳下	0
合计		7

（三）结果分析及运动康复建议

观察与评估结果表明,该儿童运动功能较差,肌张力低下,肢体软而无力,关节活动范围受限,协调能力差,不能维持身体站立姿势。体质较差,绝大部分动作不能顺利完成。因此笔者认为该儿童运动功能存在较大障碍,有必要对其进行运动功能康复训练。根据评估和观察结果,提出以下康复训练建议：

（1）该儿童必须接受每天 1 小时的个别化康复训练,并由家长对其进行每天不少于 2 小时的巩固与强化训练。

（2）依据人体生长发育规律,按以下顺序进行逐级递进康复训练,即仰卧位→抬头→翻身→肘立位→肘支撑→手膝位→坐位→爬行→跪立位→跪行→扶站→独站→扶行→独行。

（3）针对其肌张力低下及站立时支撑困难,可以采用借物站立、身体重心左右移动以及由慢到快的蹲、坐、站交替等训练手法。具体训练内容可以选择重心转移、三点支撑、坐爬转换训练、双膝立位保持训练、跪位行走训练、单膝立位训练等。

（4）将粗大运动训练、精细动作训练以及感知觉能力训练结合起来。

第三节　运动功能的康复训练

运动功能康复训练的主要对象是伴有运动功能障碍或感觉统合障碍的特殊儿童。按照训练内容形式的不同可分为放松训练、肌力训练、粗大动作能力训练、精细动作能力训练、感觉统合能力训练五种形式。

一、放松训练

放松包括肌肉放松和精神放松,两者是相互结合、协调统一的。在肌肉紧张的同时往往伴随精神紧张,而在精神紧张的时候也会伴有肌肉紧张。从训练形式与内容上看,放松训练主要针对肌肉放松训练。肌肉放松训练既可作为运动功能康复训练的一种独立形式,也可作为其他运动康复训练方法的辅助形式或准备阶段。放松训练的主要作用是有效缓解肌肉紧张或者肌肉痉挛,提高不同组织肌肉之间的协调性,改善肌肉血液循环,促进运动后体内乳酸代谢。另外,放松训练还可以改善自主神经支配下的心肌和平滑肌的功能状态,使心肌和平滑肌间接得到放松,对于调节机体生理状态和心理状态均有良好的促进作用。

具体的放松训练方法有多种,如对比法、交替法、暗示法、下垂摆动法、放松体操等。对比法是较为常用的放松方法,也叫作渐进松弛训练法。其基本原理是,当肌肉强力收缩之后会产生相同强度的松弛。对比法就是从一个肌群到另一个肌群反复练习肌肉的收缩和松弛,增强受训者肌肉收缩与舒张的感觉,最终使全身逐渐进入松弛状态。在训练中,当肌肉处于收缩状态时,首先要求儿童主动体验因肌肉收缩而产生的紧张感,紧接着感受肌肉舒张时的松弛感,在体验时,要尽可能排除自我暗示的影响。具体训练内容分为以下四个步骤。

(一)准备

训练场所要尽量保持安静,取下身上有束缚的物品,如皮带、眼镜等。训练姿势取仰卧位或坐位。在仰卧位时,身体自然平躺在床上,肘、腕、手指、膝等关节采取稍屈位,下肢稍微分开,足稍外旋。也可坐在有靠背和扶手的椅子或沙发上,下肢稍微分开,掌心向下内旋伸直,并与身体相分离,手和脚不要交叉。

(二)局部肌肉放松训练

首先让受训者在准备姿势下闭目安静休息3~4分钟。然后要求受训者腕关节背屈,保持几分钟,并体会肌肉收缩的紧张感,最后让腕关节恢复原位,体会肌肉放松后的松弛感。训练可逐步扩展到身体其他部位。

(三)全身肌肉放松训练

在局部肌肉放松训练的基础上,进行全身肌肉的放松训练,如同时进行全身多部位肌肉紧张和松弛训练。

(四)放松效果确认

训练完成后,要确认或检验放松训练的效果,如果肌肉完全放松,则在被动运动时没有阻力。例如,当受训者上肢肌肉完全放松后,训练者将其上肢抬起并松手后,上肢会自然下落。再如下肢肌肉完全放松后,受训者取坐位时双腿悬空下垂,推动其下肢,双腿会自然摆动。

二、肌力训练

肌力即肌肉的力量,肌力训练就是增强肌肉收缩力量的运动训练。肌力训练主要针对因各种原因引起的肌肉萎缩所导致的肌力下降。通过肌力训练可以提高肌纤维的横截面积和肌肉的弹性,改善运动系统的功能。肌力训练是特殊儿童运动功能康复训练中的主要内容,通过训练可以防止失用性肌萎缩,加强关节运动的稳定性,防止负重关节发生机能改变等。

在进行肌力训练之前,需要进行肌力评估,以确定肌肉力量、躯干及肢体与关节活动的现状,判断神经损伤的范围和程度,预测相应活动能力可能改善的大小,为制订康复训练计划提供依据。肌力评估的主要方法是:要求被试做一些规定动作,测查其在减去重力、对抗重力以及对抗外加阻力情况下完成动作的能力。具体评估方法有徒手肌力检查和器械肌力检查两类。

根据肌力评估结果,可遵循以下原则进行肌力训练:① 对于肌力严重低下的肌肉组织多采用被动或轻微助力运动进行肌力训练;② 对于肌力轻度低下的肌肉组织可采用助力运动、徒手助力运动或悬吊助力运动(以减轻自身的重力作用)进行肌力训练;③ 对于肌力正常、功能较好的肌肉组织多采用抗阻力训练。肌力训练的基本形式是抗阻练习,具体又分为等张抗阻练习、等长抗阻练习和等速抗阻练习,现简要介绍如下。

(一)等张抗阻练习

肌肉在收缩时其长度会发生两种变化:一是在其主动收缩时,长度缩短,使肌肉两端互相靠近,这种现象称之为向心收缩;二是当外界阻力大于肌肉主动收缩所产生的力量时,肌肉在收缩过程中因被动运动而被拉长,使得肌肉两端相分离,这种现象称之为离心收缩。日常生活中的一些基本运动都包括这两种肌肉收缩方式。例如,蹲起动作,下蹲时肌肉发生向心收缩,而起立时肌肉产生离心收缩。在等张抗阻练习中,由于外加阻力的大小保持恒定,肌肉收缩产生的张力也大致稳定不变。

(二)等长抗阻练习

肌肉动作的等长收缩是指肌肉在收缩时长度不变,不产生明显的关节运动,又称静力收缩。等长抗组练习方式很多,比如在练习下肢力量时,经常采用的蹲马步等。在等长抗阻练习中,随着肌肉张力的提高,运动强度也随之增大,可获得较好的超量恢复,促进肌肉力量的恢复或增加。同时,等长抗阻练习操作方便,很少受环境条件的限制。

(三)等速抗阻练习

等速抗阻练习是指通过设置固定的运动速度,使肌肉组织在等速运动条件下进行的练习。这种方法可以使肌肉力量得到明显提高,但需要在专门的训练器械上完成,如跑步机等。

在肌力训练中需要注意以下问题:

1. 要遵循超量恢复原理,控制运动负荷和训练节奏

超量恢复指在适当运动后,肌肉的形态和力量比训练前有所改善与上升,即超过原有水平,但随休息时间的延长,又逐渐下降到原有的功能水平的现象。如果下一次练习是在超量恢复阶段进行的,就可以保持超量恢复不会消退,并能逐步积累练习效果。通过反复练习,就可以使肌肉体积增大,肌肉力量增强,这就是超量恢复的原理。在肌力训练中,还可以通过观察与询问了解特殊儿童的主观感受来控制运动负荷和训练节奏。如每次训练要在儿童无痛状态下进行,如果发生肌肉疼痛,说明乳酸代谢缓慢或肌肉损伤,应调整运动量或运动方式,减小运动负荷或训练次数,必要时予以医学检查,防止运动损伤。

2. 在训练过程中,要密切关注儿童心血管的反应

当肌肉收缩时会引起心率和血压升高,如果心率和血压过度升高,就要避免大强度的练习,尽可能减少含有憋气内容的动作练习。

三、粗大运动功能训练

粗大运动指利用大肌肉群的协调活动来完成相应动作的肌肉运动,其发展水平与儿童日常生活

密切相关,也会直接影响到儿童其他能力的获得和发展。粗大运动功能康复训练是特殊儿童运动功能康复的重要部分,主要包括非移位、移位、平衡三方面内容。其中,非移位练习主要包括头部控制、坐、站三项;移位练习主要包括翻身、爬、翻滚、走、上下楼梯、蹲、跳跃、跑等;平衡能力训练主要包括下肢稳定性运动和平衡运动两项。另外,康复医学中物理治疗的许多方法也经常被用于特殊儿童粗大运动功能的康复训练中,现简要列举说明如下。

(一) 非移位练习

1. "拍蛋糕"——拍手游戏

该训练适合发展儿童手臂部位的粗大运动功能,可以增强双侧手臂之间的协调运动能力。

操作过程:让儿童面对教师坐在椅子或垫子上,教师用简单的语调有节奏地说:"拍蛋糕,拍蛋糕……"同时缓慢拍手。如果儿童没有拍手的反应,教师可以拿着儿童的手拍手,也可以轻微地扶着儿童的手腕、前臂练习拍手,当儿童学会拍手动作之后,要求儿童独自拍手。训练中,可按具体情况变换拍手的节奏或频率。

2. 接球

该训练适合发展儿童上肢粗大运动能力和人际交往能力,通过练习手臂的动作和他人建立正确的人际交往。

材料:中等大小、柔软的橡胶塑料球。

操作过程:让儿童站在或者坐在教师对面一步远的地方,教师拉着孩子的手向前伸展,做出接球的姿势,然后把球给孩子。教师再以相同的方式伸出手,说:"把球给我。"或者用手势要求儿童把球给自己,如果儿童没有反应,则重复上述动作和指令,直到儿童学会将球传给自己。当儿童熟练掌握之后,可以增加两个人之间的距离或球的重量进行练习。

3. 捡玩具

该训练将粗大动作训练和精细运动训练结合起来,训练儿童的抓握能力。

材料:动物玩具、积木、球、小盒子

操作过程:把一个动物玩具放在垫子或者地板上,不要靠近家具或者其他支撑物。将玩具置于儿童附近,向儿童说明与示范怎样下蹲将玩具捡起来。如有必要,先帮助孩子站稳,引导儿童弯腰下蹲,当儿童捡起玩具时给予奖励。重复这一过程直到儿童在没有辅助条件下能稳定地独自捡起玩具。当儿童熟练后,可以放置更小的积木或者球,并要求其将捡起的物品放置到规定的位置。

(二) 移位练习

1. 独立行走

发展儿童身体的协调能力与粗大运动能力,在没有辅助的条件下行走20步。

材料:直尺、绳子

操作过程:

在地板或者软垫上画一条直线,标记出起点和终点。开始时,起点和终点间的距离可较近,约5米,随着儿童行走能力的提高,可逐渐增加两点之间的距离。训练时,先将一个奖励物品放在终点处,让儿童意识到自己要走多远,教师站在起点处,双手拉着儿童的手,辅助儿童走到终点。如果儿童没有尝试移动自己的脚,教师可以用手抬起他的一只脚,辅助其向前移动。当儿童能拉着教师的一只手走完10步时,可用一个尺子,让儿童拿着尺子的一端,教师拿着尺子的另一端在前引导,继续练习行走。当儿童能够拿着尺子的一端走完20步的时候,可将尺子换成更长的绳子进行练习。在行走练习过程中,如果儿童需要可停下休息,但应尽量保持站立姿势,以增强腿部力量。

2. 上台阶

通过上台阶训练提高儿童平衡、协调和独立行走的能力。

材料:台阶、绳子、铅笔

操作过程:当儿童具有独立与持续站在凳子上的能力时,才可以进行上台阶训练。让儿童站在台阶的面前,教师站在一旁,握住儿童的一只手说:"我们一起上去。"教师先将右脚放在第一个台阶上,指着儿童的右脚说:"抬起右脚,放到台阶上去。"如果儿童不能完成此动作,就帮助其将右脚放到第一个台阶上。然后再抬起左脚上到第一个台阶与右脚并齐。重复上述过程,继续上台阶。当儿童在没有帮助的情况下能抬起脚,拉着教师的手上到第三个台阶时,可以让儿童只拉着教师的一根手指、铅笔或一段绳子练习上台阶,直到其能独立完成上台阶的动作。

(三)平衡能力训练

1. 登上和跨过障碍物

该练习训练儿童跨过障碍物的能力,提高粗大运动能力和身体稳定性。

材料:木盒子、凳子。

操作过程:在地板上放置若干障碍物,如木盒子、凳子等。教师先向儿童示范怎样跨过一个障碍物:先将一只脚站在障碍物上面,再将另一只脚也站上去,停留片刻后,下去并接着跨第二个障碍物。在示范后,要求儿童模仿跨障碍物。儿童每跨过一个障碍物,要予以鼓励与表扬。重复上述练习过程,直到儿童在没有辅助的情况下独立完成。

2. 沿绳子运动

该练习训练儿童在跨越简单障碍物时保持身体平衡的能力,发展身体协调性和视觉线索追踪能力。

材料:家具和绳子。

操作过程:在房间里放一根绳子,使绳子从椅子旁边、桌子下面、凳子上面穿过。要求儿童从绳子的一端移动到另一端,可在绳子的一端放置奖励物品,以吸引儿童的注意力与行动的动力。在此过程中,儿童需要完成走、蹲、爬、登等各种动作才能完成任务。随着练习的进展可逐渐提高难度,如放置不同的障碍物或增加障碍物的数量。

(四)物理治疗

物理治疗是采取全面的方法,融合生理、物理、病理、心理、人文学等多种科学理念,以综合方法为健全或患病人士提供健康管理的服务。特殊儿童运动康复中的物理治疗主要指的是针对特殊儿童的运动障碍,包括四肢、口部、眼部及头部运动等障碍进行的康复训练。物理治疗可以维持和改善运动器官的功能,增强心肺功能,提高神经系统的调节能力和内分泌系统的代谢能力。物理治疗有广义和狭义之分,广义的物理治疗包括物理疗法和运动疗法,狭义的物理治疗指应用各种物理因素治疗疾病,下面简要介绍物理治疗中的运动疗法,包括与粗大运动功能训练相关的关节活动技术和体位转移技术。

1. 关节活动技术

关节活动技术是指利用各种方法来克服因组织粘连或肌肉痉挛等多种因素所导致的关节功能障碍的运动康复技术。根据关节所在部位可以分成上肢关节活动技术、躯干活动技术和下肢关节活动技术。上肢关节主要有肩部、肘关节、腕关节和手指关节;下肢关节主要有髋关节、膝关节、踝关节及足关节;躯干的活动包括颈区活动和腰区活动。下面以肩关节和髋关节为例,介绍关节活动技术的训练内容与方法。

1) 肩关节

① 肩关节前屈

操作过程:儿童仰卧,教师站于儿童一侧,一只手握住儿童的侧腕关节,另一只手握住肘关节上方,然后慢慢把儿童上肢沿矢状面向上高举过头。

② 肩关节后伸

操作过程:儿童侧卧,教师站于儿童一侧,一只手按住儿童肩关节,另一只手握住肘关节稍上方,屈肘,然后慢慢把儿童上肢沿矢状面向上高举过头。

③ 肩关节外展

操作过程:儿童仰卧,教师站于儿童一侧,一只手握住儿童侧腕关节处,另一只手握住肘关节稍上方,然后慢慢把儿童上肢沿额状面外展,但当儿童上肢被移动到外展90°时,要注意将上肢外旋后再继续移动直至接近儿童同侧耳部。

④ 肩关节内外旋

操作过程:儿童仰卧,儿童肩关节外展90°,肘关节屈曲,教师站在儿童一侧,一只手固定肘关节,另一只手握住腕关节,以肘关节为轴,将儿童侧前臂沿肱骨干轴线向头、足方向运动,使肩关节被动外旋或内旋。

2) 髋关节

① 髋关节前屈

操作过程:儿童仰卧,教师一只手拖住患侧小腿近膝关节处,另一只手用手心托住患侧足跟处,双手将患侧大腿沿矢状面向上弯曲,使大腿前部尽量接近儿童腹部。

② 髋关节后伸

操作过程:儿童俯卧教师站在儿童一侧,一只手扶住患侧踝关节,另一手从下方抓住患侧膝关节前部,并用前臂托住患侧小腿和膝关节部位,用力向上抬以使髋部被动伸展。

③ 髋关节内收、外展

操作过程:儿童仰卧,下肢呈伸展位,教师一只手托住儿童膝关节后方,前臂支撑托住远端,另一只手握住足跟,在髋关节轻度屈曲的状态下,完成髋关节外展,然后返回原来的位置。

④ 髋关节内旋、外旋

操作过程:儿童仰卧,下肢呈伸展位,教师一只手固定在儿童膝关节上方,另一只手固定在踝关节上方,完成下肢轴位的旋转,足尖向内侧为髋关节内旋,足尖向外侧为髋关节外旋。也可以令儿童髋关节呈屈曲位,教师一只手扶持儿童小腿近端,另一只手固定足跟,以髋关节为轴,向内、外侧摆动小腿,完成髋关节的内旋、外旋。

2. 体位转移技术

体位转移是指人体从一种姿势转移到另一种姿势的过程。该训练目的是使特殊儿童能够独立地完成基本的日常生活活动。体位转移包括床上转移、卧—坐转移和坐—站转移三项主要内容,下面简单介绍上述几种转移内容。

1) 床上转移活动

① 床上翻身

操作过程：儿童仰卧，双侧髋、膝屈曲，上肢握手伸肘，肩上举约90°，上肢带动患侧上肢摆向健侧，再反方向摆向患侧，借摆动的惯性翻向患侧。

② 床上卧位移动

操作过程：儿童仰卧，健足置于患足下方，健手将患手固定在胸前，利用健下肢将患下肢抬起向一侧移动，用健足和肩支起臀部，同时将臀部移向同侧。臀部侧方移动完毕后，再将肩、头向同方向移动。

2) 卧—坐转移

操作过程：儿童呈健侧卧位，患腿跨过健腿。用健侧前臂支撑其体重，头、颈和躯干向上方侧屈，用健腿将患腿移到床缘下，改用健手支撑，使躯干直立。当从患侧坐起时，用健手将患臂置于胸前，提供支撑点，头、颈和躯干向上方侧屈，健腿跨过患腿，在健腿帮助下将双腿置于床缘下，用健侧上肢横过胸前置于床面上支撑，侧屈起身、坐直。

3) 坐—站转移

操作过程：儿童坐在床边，双手分开与肩同宽，两足跟落后于两膝，患足稍后，以利于负重及防止健侧代偿，双臂前伸，躯干前倾，使重心前移，患侧下肢充分负重，臀部离开床面，双膝前移，双腿同时用力，慢慢站起，立位时双腿同等负重。

在身体转移过程中儿童应放松紧张心情，对完成动作要有信心。儿童应始终向前看，而不是看向床或者肢体。教师在转移前应认真检查，保证空间通畅，没有障碍。转移时不能增加儿童的痛苦，不能影响或加重病情，要以安全为主。

四、精细运动功能训练

精细运动主要是指手和手指等部位小肌肉或小肌肉群的运动，是儿童掌握基本学习技能（如写字、画画等）与生活技能的重要基础，其发展水平也是评价儿童发展状况的重要指标。精细运动需要在感知觉、注意等心理活动的配合下才能完成，它对个体学习、社会活动和自身发展有着重要的意义。在儿童精细运动发展过程中，抓握动作是个体最基本的精细动作，在此基础上可发展形成揭翻、揉搓、撕扯、夹取、折叠、捆缚、写字、绘画和其他必需的生活自理动作技能。从生理学角度看，控制人的双手的大脑皮层区域在大脑皮层功能区所占面积比例较大，该功能区在兴奋与反应的过程中也会激活其他脑区。因此，通过精细运动的康复训练可使特殊儿童的感知、思维及生活适应能力得到有效发展与提高。下面简要介绍手部精细运动和手眼协调能力训练。

（一）手部精细运动

1. 倒水练习

该练习主要训练儿童手部运动的顺序性和协调性。

材料：托盘、带有刻度的水杯、盛有水的小壶。

操作过程：教师首先告诉儿童任务要求："将倒入水的杯子放在托盘的右侧。"如果儿童不明白任务要求，教师可以进行示范。对于不能完成任务的儿童，教师可进行帮助，如将儿童的右手放在壶把上，左手托住壶的一侧将水倒入杯中。在儿童熟练掌握之后，可以改变任务难度，如要求倒入指定刻度的水。

2. 倒豆练习

该练习可训练儿童手部动作顺序性和双手协调性。

材料：托盘、不同大小杯口的玻璃杯若干、盛有豆子的杯子。

操作过程：右手握住盛有豆子的杯子的把手,左手持一个空杯子,将豆子倒入杯中。如果儿童不能进行操作,教师可以用一只手把着儿童的右手拿住杯子,另一只手帮助儿童左手持住另一只杯子进行倒豆练习,当儿童掌握之后,教师可以减少辅助,并让其练习向较小杯口的杯中倒豆。

3. 拧螺丝

该训练可以练习儿童双手分化与协调能力,还可以锻炼手指部位的肌肉力量。

材料：不同型号的螺丝与螺母若干、盘子一个。

操作过程：首先,教师用手指将所有的螺丝与螺母拧上,然后让儿童拧开所有的螺母。如果儿童不能进行该任务,教师可以进行示范,左手固定螺丝,右手拧开螺母,或者用一只手把住儿童的左手固定螺丝,用另一只手把住儿童右手的拇指和食指拧开螺母。练习初期螺丝与螺母尺寸可较大,然后逐渐缩小螺丝与螺母的尺寸,以增加训练难度。也可让儿童右手拿住螺丝,左手拧开螺母,练习左右手之间的协调性。当儿童能够熟练掌握拧开螺母的动作后,让儿童练习用手指将螺母拧在螺丝上,可通过改变尺寸和松紧度来增加任务难度。

（二）手眼协调能力训练

1. 折

该练习可以提高儿童手眼协调性和对肌肉力量的控制能力,还可以训练儿童的注意力。

材料：30cm见方的白布六块,用红线标记对角线、对边线、三等分线、四等分线,用来装布的盒子四个。

操作过程：教师首先进行示范,将双手手指分别捏住布的两角,把布平铺在桌子上,让儿童注意折线的位置,然后用右手拇指和食指捏住折线对侧的一个角,慢慢对向另一端的角,同时用左手轻轻按住布边,以免发生移动,对折之后用左手轻按住折好的布,用右手从左向右把皱纹抚平,压出折线,最后将布放回原来的盒子中。如果儿童不能够进行该练习,可以分步骤依次进行铺平、对折、抚平等部分的辅助训练。

2. 穿线

训练儿童手眼协调能力和双手协调能力。

材料：棉线、粗细和长短不同的吸管。

操作过程：教师首先进行示范,用左手的拇指和食指拿住吸管呈水平位置,然后右手拇指和食指捏住棉线,从吸管的一端逐渐穿入,然后用右手将线从吸管另一侧引出。练习初期可以利用较粗且较短的吸管,当儿童熟练掌握之后,可以用较长和较细的吸管进行练习。

（三）日常基本生活技能的训练

除上述介绍的训练方法外,作业治疗中也有许多运用与日常生活、工作有关的各种作业活动进行精细运动康复治疗的方法。由于先天或者后天因素的影响,特殊儿童在生活技能、职业技能上与正常儿童存在较大差异,而作业治疗是弥补特殊儿童自身不足的有效途径。通过作业治疗可以提高儿童的动作控制能力,提高生活技能,改善特殊儿童的日常生活质量。作业治疗的分类和训练方法较多,这里简要介绍特殊儿童生存发展最基本的日常生活技能有关的作业训练内容和方法。

1. 更衣活动训练

1）脱上衣训练

操作过程：教师将儿童衣服的扣子（或拉链）解开，让儿童用手拉着敞开上衣的两襟，教师及时帮助儿童往后拉上衣的肩，这样上衣很容易滑落到手臂处。教师扶着儿童的手拉袖子，脱下上衣，然后逐渐减少帮助，直至儿童学会脱解开扣子的上衣。

2）脱下衣训练

操作过程：先把儿童穿的裤子脱到双踝处，让儿童独立脱下来，再练习从膝盖处开始往下脱和从臀部开始往下脱，最后让儿童从腰部开始，练习独自把裤子脱下的全部动作，直至熟练而且能保持姿态平衡、稳定。

2. 进食活动训练

1）进食基本活动训练

操作过程：教师先把食物放到桌子上，让儿童看一看，闻一闻，让儿童知道接下来要做什么。让儿童坐好之后，将食物摆在他容易够到的小盘中，如果儿童不进行抓食，可以将食物放在他手中，扶着他的手将食物放入口中。应在每餐开始或者儿童饥饿时进行练习。儿童如果不会咀嚼，可用手指轻轻按住上唇，另一手放在他的下唇，使唇轻轻上下移动，进行咀嚼。

2）勺子使用训练

操作过程：将盛好食物的小碗放到儿童面前，让儿童看到食物，教师应站在儿童后面，把着儿童的手，从小碗中取食，再把着他的手将食物送入口中，使其闭上嘴唇，然后轻轻拉出小勺，以确保食物留在口中。拉出小勺时，可能需要教师用食指、中指及拇指轻轻按住儿童上下唇，待儿童慢慢学会把食物留在口中时，教师要逐步减少帮助。儿童自己学习用小勺吃饭时，应选用稠食物，即易粘在小勺上的食物，便于儿童从小碗中取食。

3）用杯子喝水训练

操作过程：教师站在儿童后面，帮他把杯子送到嘴边，让他喝杯子里面的水，再把杯子从儿童嘴边拿开。开始时杯子里面的水要少些，以免洒出。如果儿童不知道怎么喝杯子里面的水，教师可以用一个同样的杯子进行示范，让儿童模仿动作。儿童学会了双手拿住杯子之后，可以增加杯子中的水量。

3. 上厕所训练

上厕所由一连串相互衔接的感知和动作连贯而成，特殊儿童认知发展到一定水平时，就可进行这方面的训练，主要内容包括以言语或手势表达大小便的需要；大小便的自我控制；男女厕所标志识别；脱裤子；坐在便桶上排泄；衣物整理等。教师可以按照以下顺序进行训练：感知并表达上厕所的需要；识辨男、女厕所标志（家以外时）；到厕所，操作相关器具（器具的稳定性及安全）；脱裤子；坐在马桶或其他便器上（不需要便器的地方训练蹲下排便的动作及有关辅助工具如吊环、手杖等的使用和有关肌肉力量的训练）；伸手取手纸，折好手纸，擦干净；将手纸丢进旁边的纸篓或其他家用废纸收集器里；站起，穿上裤子，拉好拉链（或系好扣子）；用手操作冲水马桶，冲洗便物；走近洗手池，洗手并擦干手。

特殊儿童的运动康复训练是一个长期的过程，要想达到儿童运动功能发展和恢复的目标，仅仅凭借一种训练方法和内容是很难达到的。因为许多特殊儿童不仅在肢体运动功能上存在障碍，在感知觉系统、信息统合过程中也存在异常,而且感觉统合能力对运动功能的发展和康复也具有积极的作用,因此需要对这些儿童进行感觉统合能力的康复训练。

五、感觉统合训练

感觉统合,是指人体将各部分感觉通路传入的信息组合起来,经过大脑的整合统一对信息进行加工的过程。感觉统合理论认为个体运动、感觉功能的发展与大脑的成熟过程是一致的,在人体成长发育过程中如果感觉过程或者统合过程异常,就会出现对于外界信息的不敏感或者过分敏感,表现出感觉统合功能失调。

人的感觉统合系统一般分为视觉统合、听觉统合、触觉感、平衡感、本体感五部分。视觉统合和听觉统合是指外部的视觉和听觉刺激信息在大脑神经系统组织下有效的整合。视觉统合失调的儿童在阅读中会出现漏字窜行、翻错页码、写的字大小不一等现象;计算时出现看错题号、进位错误等现象。听觉统合失调的儿童表现为听课时注意力不集中、记忆力差等现象。人类的触觉和神经体系是密切相联系的,触觉的敏锐度会影响大脑的辨识能力、身体灵敏性及情绪的好坏,触觉不佳的儿童经常表现出粘人、爱哭、怕生、胆小、孤僻、固执等情况,触觉过分敏锐的孩子通常反应较快,智商也很高,但是情绪无法控制。平衡感指人跟地心引力之间的协调能力。身体每一秒都离不开地球的地心引力,要稍微一动,控制平衡感的神经组织马上会进行调适,但是统合失调的儿童往往表现为坐、站、姿势不正,多动不安,情绪暴躁,严重的还会造成左右脑发展不平衡。本体感指对自己身体了解和掌控的感觉,以及身体本身对周围空间距离的准确认知,它是感觉统合最后发展起来的。本体感失调主要表现为笨手笨脚、容易跌倒、自控能力和本能反应能力差。其中任何一方面失常都会造成儿童感觉统合障碍,影响儿童的生活和学习。

总之,感觉统合训练利用训练器材,以游戏的方式给予儿童肌肉、关节、皮肤触压以及多种感官的刺激,对大脑信息处理的统合能力进行矫正。感觉统合训练不仅是一种生理上的功能训练,而且是协调心理、大脑和躯体三者之间相互关系的训练。训练可以促进儿童感觉系统的发育,增强其自信心和自我控制能力,在游戏中感觉自己对身体的控制,增强感觉信息的输入,尤其是前庭刺激的输入,促进感知觉的协调,进而改善脑功能。因此,感觉统合训练对特殊儿童康复训练具有较积极的作用。

但是由于儿童感觉统合发展水平的不同,失调的类型也不同,训练要有针对性。训练之前要根据儿童的个体差异,提出不同的要求,选择合适的内容以及训练方式。例如在进行平衡感觉训练做快速旋转时,要注意观察孩子的面部表情以及身体的紧张程度,若出现身体肌肉僵硬,表情恐惧或大声尖叫时,说明儿童还不能承受这种刺激以及强度,要及时调整训练模式。下面将简单介绍视觉统合、听觉统合、触觉、平衡感觉以及本体感觉统合的训练方法。

(一)视觉统合的训练

1. 视觉集中训练

该练习可以提高儿童视觉注意的集中能力。

操作过程:教师准备好儿童喜欢的食物、玩具和不同颜色的粉笔,和儿童相对而坐。教师拿出粉笔,让儿童说出粉笔的颜色。如果儿童注意力不集中,教师可以拿出准备好的食物或玩具,放到儿童的眼前,吸引儿童的目光,然后让他的视线随着食物或玩具移到目前需要完成的任务上。

2. 视觉追踪训练

该练习可提高儿童视觉注意的转移和集中能力,通过手和腿的运动提高身体协调能力。

操作过程:教师首先与儿童进行踢球练习,在这过程中儿童需要将注意力集中在运动的球上,教师可通过调节球的速度或增加教师与儿童之间的距离提高相应的难度。也可以让儿童用手按住滚动的球。儿童熟练掌握之后,可让儿童用球踢向或者扔向另一个正在滚动的球。

(二)听觉统合训练

1. 听觉识别训练

该练习可以提高儿童听觉注意力的集中和分配能力,也可以提高儿童听觉辨别和听觉记忆能力。

操作过程:儿童坐在椅子上,教师在儿童背后相同距离放置两个播放器,然后教师播放声音,要求儿童判断哪一个播放器播放的声音响度大,然后举同侧的手作反应,如果左耳听到的声音大则举左手,右耳相反。可通过降低相对阈限提高辨别难度。

2. 听觉分配训练

该练习可以提高儿童双耳对声音的分配能力和协调能力,也可以提高听觉注意力。

操作过程:儿童戴上耳机,教师给儿童双耳同时听不同的数字,要求儿童在听到指定的数字时举手报告哪一只耳朵听到了该数字,如果左耳听到则举左手,右耳相反。一开始可以同时播放一对数字,然后可以逐渐增加数字个数以提高难度。

(三)触觉训练

1. 滚筒

该游戏可以提高儿童触觉感,进入滚筒时需要头部、手和脚的协调,对儿童的前庭感觉和自身形象感的建立也会有帮助。

操作过程:可以利用绑在一起的三个游泳圈作为滚筒,先从左右摇晃开始,等到儿童习惯之后再做滚动动作,教师也可以指导儿童自己前后摇动滚筒,也可以将滚筒放成直立式,让儿童爬上滚筒,分开双脚,伸展双手,做平衡站立的姿势,这时教师应给予必要的保护。

2. 球池

该训练主要提高儿童触觉敏感程度。

操作过程:教师指导儿童跳入或者轻轻跨入球池内,将全身藏入球池中,接受球的挤压,在球池中浮力状态下做出翻动或者摆动身体的动作,也可以坐在球池中跃动身体以调整身体的重力感。当儿童适应练习之后,可以增加海绵团、报纸团等给予儿童不同的触觉刺激。

(四)平衡感觉训练

1. 溜滑梯

下滑的动作可以协助大脑统合本体感觉的输入,并协助稳定身体姿势,全身肌肉的同时收缩也可以维持儿童高度的平衡感。

操作过程:让儿童卧在滑板上,头颈抬高,挺胸,身体靠紧滑板,以腹部为中心,双手双脚抬高,如飞机状起伏,也可以放下双手慢慢向前爬行。教师可利用绳子牵引儿童做滑行动作,儿童手握住绳子,教师以绳索的力量去牵引儿童滑行。

2. 椅子游戏

该游戏可以强化身体协调能力、固有平衡感。

操作过程：教师将靠背椅子两排相对排列，左右各约3~7张，让儿童从中间走过，然后将靠背椅同方向排成一排，一边代表后峭壁一边代表后悬崖，让儿童在椅子一侧上行走，当儿童熟练走过之后，可将靠背椅子不规则地相对排列，让儿童顺着椅子面行走。还可以将有靠背的椅子背对背并排，让儿童跨越椅背形成的障碍。

（五）本体感觉训练

1. 跳床

该运动可以调节触觉和身体协调能力，强化前庭刺激，增强本体感。

操作过程：儿童在跳床上完成跳跃、转身、翻滚等动作，如果儿童有恐惧感，教师可以背着学生一起在跳床上跳跃，同时练习90°或者180°转动。儿童也可以俯卧或者仰卧在跳床上，任由教师在旁边跳跃，带动儿童的身体向上弹起，这时儿童处于比较放松的状态，有助于减少儿童的紧张感。

2. 竖立网缆训练

该练习可以丰富前庭感觉，保持身体姿势，强化肌肉和关节的固有感觉，对于本体感帮助较大。

操作过程：教师将网缆吊起，最低处离地面10厘米，儿童可以静坐或者站立在网缆中，两手抓住网缆的边缘或绳索，保持身体平衡。教师在网缆外面前后或者左右360°旋转网缆，随时观察儿童的状态。可以增加摆动的幅度或者旋转的圈数以提高练习难度。

因为特殊儿童个体差异较大，可以根据不同的需要有侧重地训练上述内容。训练者可以根据需要进行示范和帮助，当儿童熟练掌握技能时减少帮助。总之，儿童在进行日常生活活动能力训练时，训练者的辅助和支持很重要，一方面有利于儿童掌握规范的动作技能，另一方面也可以防止意外的发生。

六、运动功能训练案例

前面讲述了多种运动功能评估和康复训练的方法及内容，下面以一位重度脑瘫儿童为例，简要介绍对该儿童进行运动功能康复训练的过程。

（一）被试基本情况

王某，男，三岁，由于围产期早产导致小儿脑瘫，并伴有足外翻、唇腭裂，长期瘫痪在床，头围46厘米，胸围41厘米，大腿围21厘米，小腿围15厘米，腿部肌肉呈萎缩状况，智力无法测试。

（二）运动功能评估

对该儿童粗大运动功能、精细运动功能以及感觉统合功能进行评估，发现该儿童身体协调能力极差，不能独立进行日常活动，坐姿向前冲，不稳定，而且不能独立站立和行走，上下楼梯需要有人抱，注意力集中时间不超过15分钟，有一定的社会交往障碍。

（三）训练目标与方法

1. 训练目标（一年）

增强该儿童的身体控制能力和协调能力，能够控制头部运动和身体姿势，头部能够保持中立，俯卧位能够抬头。增强儿童的肌肉力量，能够独立站并完成简单的上肢活动，可完成借物站起、蹲下等动作，到学期末能够独立完成行走和上下楼梯。

2. 训练方法

1）姿势训练和肌力训练

第一阶段针对该儿童有的头部控制和躯体姿势障碍。训练内容是较长时间保持头部中立，俯卧位抬头和下肢、手臂负重训练。

第二阶段是通过辅助头部、上身重心保持在中央,自我控制重心,上肢伸直旋转,轻推轮椅一侧等一系列措施,训练儿童坐位平衡、坐位反射和坐位玩耍。

第三阶段使用上肢负重游戏,辅助进行独立坐练习、膝负重练习,从坐位到跪位最后到站起和借物站立练习,使儿童能够借助上肢力量从爬姿转为坐姿,逐步掌握平衡。

第四阶段练习躯体中心左右移动,速度由慢到快,完成蹲、坐、站立之间的转换,在掌握之后能够完成站立上肢活动。

2)行走和上下楼梯

第一阶段使用人工在前辅助行走、在后扶腰部进行支持的方法,让儿童能在人工辅助下行走。

第二阶段使用上肢扶双杠进行练习,或者扶桌椅进行借物行走。

第三阶段针对下楼障碍首先进行双手辅助下楼,然后进行一边辅助一边扶楼梯下楼,最后进行独立借用扶手下楼练习。

第四阶段对该儿童进行上楼练习。先采用双手辅助上楼,然后是一边辅助一边借扶手上楼,最后是儿童独立借扶手上楼。

3)通过器械练习促进儿童协调、平衡能力

训练内容包括:① 人工推行滑板10分钟;② 站在大平衡台上左右摇晃20下,前后摇晃20下;③ 三角转台顺时针方向20下,逆时针方向20下;④ 前庭训练器摇动20下;⑤ 平衡木来回走10次。训练内容的频次需要适应儿童运动能力发展变化,逐渐提高。

4)结合日常生活活动和康复操进行训练

将广播操改为粗大运动能力的康复操,将眼睛保健操改为精细运动能力练习的手部运动内容。在进行粗大运动能力练习时,可以在轮椅上锻炼上肢的运动功能。在做手指操的过程中,首先要求该儿童摆好动作位置,再根据节拍运动使动作逐步到位。针对儿童自理能力较差的情况,应设计进食、洗脸、漱口、擦鼻涕、扣纽扣等训练。

(四)结果与分析

经过为期一年的运动功能康复训练之后,该儿童的行为表现有了明显的改善。对该儿童再次进行了运动功能评估之后,发现儿童的坐姿有了明显的改善,能够借物站立,依靠物体进行行走,但是速度较慢。能在轮椅上完成上肢部分的粗大运动功能操,能够完成手指运动操,精细运动功能较大提高。可完成基础的生活活动,比如进食、擦鼻涕、擦脸、借物行走、上下楼梯等,特别是上下楼梯能力与训练前需要被人抱上抱下相比发生质的飞跃。除此之外,该儿童通过一年的康复训练,能够与教师和同学和睦相处,社会交往能力也有提高。

虽然该儿童的运动功能训练的效果较好,但是离康复的目标相距甚远。运动功能的康复训练仅仅是其中一个方面,还要结合言语、认知等能力的训练,使儿童能够得到更大程度的康复。在运动功能康复训练实施时应注意以下内容。

(1)遵循运动功能训练的基本原则,将运动功能训练与认知能力训练相结合,在运动康复过程中促进认知能力的发展,也可以通过认知能力发展来辅助儿童运动功能的康复训练。

(2)运动功能康复训练与其他能力的训练有所不同,需要训练者对于训练情况能够实施切实有效的监控。在制订训练计划之前,一定要充分了解儿童的生理状况和症状,在训练过程中与儿童或者家长充分沟通,及时反馈,一旦发现问题,及时修正、改进训练计划。

(3)运动训练场所除了保证安全以外,更应该注重场所的周边环境,尽量选择那些空气清新、光线明亮、环境优雅的场地。

(4)训练者在训练计划实施之前,要对特殊儿童及其家长进行相关运动训练知识的讲解。比如有关儿童的着装、运动补液的问题,尽量避免意外事件的发生。

运动功能的康复是一个身体机能发展变化的长期过程,为实现短期目标和长期目标,需要特殊儿童、家长以及康复教师共同不懈的努力。因此在面对康复训练中的难点和疑惑时,要共同努力,合理安排训练任务,耐心坚持,才能逐渐达到训练目标。

思考题

1. 试述运动功能、运动能力和运动技能之间的关系以及运动功能康复的主要特点。
2. 运动功能障碍有哪些主要的临床表现?临床中如何进行分类?
3. 你是怎样理解缺陷补偿理论的?运动功能的缺陷补偿又具有哪些特点?
4. 本章介绍运动功能评估的常用工具以及评估内容和方法,请简要阐述几种评估工具的主要评估内容。
5. 除本章中所介绍的五种运动功能训练的主要内容之外,你还了解哪些运动功能训练的方法和手段?请简单列举几种提高粗大运动、精细运动和感觉统合运动功能的训练方法。

主要参考文献

1. 左明雪,安书成等.人体解剖生理学[M].北京:高等教育出版社,2009.
2. 张文京.特殊儿童早期干预理论与实践[M].重庆:重庆出版社,2010.
3. 汤盛钦.特殊儿童康复与训练[M].大连:辽宁师范大学出版社,2002.
4. 黄晓林,燕铁斌等.康复医学[M].北京:人民卫生出版社,2013.
5. 田麦久,刘建和等.运动训练学[M].北京:人民体育出版社,2000.
6. 李闻戈.情绪与行为障碍儿童的发展与教育[M].北京:北京大学出版社,2012.
7. 王和平.特殊儿童的感觉统合训练[M].北京:北京大学出版社,2011.

第九章　教育康复的实施

> **本章目标**
>
> 1. 明确教育康复的实施目标。
> 2. 掌握教育康复的实施原则与途径。
> 3. 理解培智学校课程改革的主导思想与意义。
> 4. 掌握教育康复支持体系建设的意义与作用。
> 5. 了解教育康复指导中心三级网络的构成与功能。
> 6. 了解教育康复云平台的作用与意义。

教育康复学的学科设立与建设既来自于特殊教育实践的需要,也应为特殊教育的改革与发展提供理论依据与实践指导。在特殊教育领域实施教育康复是一项复杂的系统工程,涉及系统的各个层面,以及各层面横向与纵向的联系。本章将从教育康复实施概述、特殊教育学校的课程改革、教育康复支持体系的建设三方面予以叙述。

第一节　教育康复实施概述

教育康复的实施是一项系统工程,要保证达到其预期的目标,需要科学设计与整体规划。具体内容主要包括教育康复实施的总体目标、基本原则与主要途径。本章的第一节将对这三方面内容进行简单介绍。

一、教育康复实施的总体目标

特殊教育提升计划(2014—2016年)明确提出:"开展'医教结合'实验,提升残疾学生的康复水平和知识接受能力。"根据第一章所述教育康复学的概念、学科基础以及基本观点,实施教育康复就是要改变以往特殊教育学校单一的教育模式,而将现代康复医学的理念、手段与方法与特殊教育有机结合起来,最大限度地满足特殊儿童教育和康复的双重需求,提高残障儿童听觉、言语、语言、认知、学习、情绪行为能力与运动功能,从而有效提高其学习、生活适应以及社会交往等方面的能力。有鉴于此,笔者提出实施教育康复的总目标:建立基于学校的康复训练模式。

二、教育康复实施的基本原则

1. 同步性原则

同步性原则也可称为一致性原则。由于教育康复是一项系统工程,教育康复的实施一定会涉及系统各个层面与部门的改革,如特殊教育学校的教育与课程改革,全社会教育康复支持体系的建设。其中包括硬件建设与软件建设,硬件建设主要包括教育康复三级网络的建设、教育康复云平台的建设、学校与机构教育康复训练室的建设;软件建设主要包括高等院校特殊教育专业人才培养模式的改革、教育康复人才的职后培训等。同步性原则是实施教育康复的首要原则,其核心思想为,在实施教育康复的过程中,各个层面与部门必须同步进行改革,各个层面必须上下贯通,各部门必须密切合作,统一规划,协同实施,使系统的整体效能远大于各部分效能的总和。

2. 整合性原则

整合性原则是指在实施教育康复的过程中,必须将所有的教育康复资源有机整合起来。现代社会的教育康复资源十分丰富,具体来说可分为财力资源、人力资源、设备资源、环境资源等。对于财力资源而言,各级政府要进一步加大经费投入力度,保证资金的合理分配,专款专用;对于人力资源而言,要充分发挥各相关人员的作用,如特殊教育教师、普通教育教师、儿科医生、康复治疗师、康复工程师、特殊儿童家长以及相关行业的专家等;对于设备资源而言,要科学合理地应用现代化康复仪器与设备,切实发挥其"减轻教师负担、缩短康复进程、提高康复效果"的作用;对于环境资源而言,要充分利用校园环境、家庭环境、社区环境以及所有有助于促进特殊儿童发展的环境,通过环境的教育作用,让特殊儿童更多地接触社会、了解社会,为其将来融入社会奠定基础。整合性原则的核心思想为,在实施教育康复的过程中,要整合所有的相关资源,实现资源共享,让资源在特殊儿童的教育康复中发挥最大作用。

3. 时代性原则

当今社会,科技进步的成果已渗透到人们生活的各个方面。在特殊教育领域,以微电子、工业4.0技术为基础的康复工程为残疾人的缺陷补偿作出了巨大贡献,如电子人工耳蜗、人工电子眼、自控多功能电动轮椅,层出不穷的高科技康复训练仪器与设备(如机器人在自闭症儿童训练中的应用)等。大数据、互联网"+"、云计算技术的应用也为提高特殊儿童教育康复的效果发挥着难以估量的作用,如利用教育康复云平台实现远程培训、远程康复、在线教学、在线管理等,从根本上改变了特殊教育传统的教育与教学模式。时代性原则的核心思想为,在实施教育康复的过程中,要紧随时代发展的步伐,充分利用现代化高科技手段,提高特殊儿童教育与康复的效率与水平。

三、教育康复的实施途径

教育康复的实施途径是全方位的,主要包括特殊教育人才培养模式的改革、特殊教育学校的课程改革、教育康复支持体系建设等;在支持体系建设中又包括教育康复三级网络的建设、教育康复云平台建设、教育康复人才的职后培训等。

第二节　特殊教育学校课程改革

在大力推进特殊教育改革与发展的背景下,特殊教育学校的课程改革势在必行。本节将对培智学校与聋校低年级课程改革提出建议。

一、培智学校课程改革

美国教育学家博比特(F. Bobbitt)认为,"教育实质上是一种显露人的潜在能力的过程,它与社会条件有着特殊的联系。"①按此观点类推,特殊教育的实质就是一种在最大限度补偿障碍学生缺陷的基础上,逐渐挖掘与发挥其潜能的过程。显然,这一过程与我国社会状况、特殊教育环境及条件有着密切的联系。目前,在政府与全社会的大力支持下,我国特殊教育事业正处于前所未有的发展时期:全社会对特殊教育的关注度不断提高;特殊教育经费的投入不断加大;特殊教育学校的硬件设施不断改善。与此同时,政府与社会对特殊教育的要求也相应提高,如要求切实提高特殊儿童教育康复的水平,使特殊教育真正成为我国社会进步与和谐发展的一大标志。为满足社会的期望与需求,大力推进特殊教育的改革与发展是唯一的出路。特殊教育改革是多层面、全方位的,特殊教育学校的课程改革是其中的重要一环。近年来,随着教育事业的发展以及融合教育理念的逐步深入,我国培智学校的教育对象发生了很大变化,教育对象的变化,势必引起教育模式的改革。毫无疑问,特殊教育学校的课程改革自然居于首位,课程改革必然要依据教育对象的实际需求来进行。朴永馨教授指出:"弱智教育的课程要更多地适合教育对象的特点,不能以学科或变相学科为本。中重度的弱智学生更要以实际能力的训练领域为主,而不是以普通教育的学科为主。"②因此,在进行培智学校课程改革时,要将特殊教育的目标、形式以及内容与学生适应社会的基本需求结合起来。以下就培智学校课程理念、课程设置及改革、课程内容及目标、课程实施原则进行分析与阐述。

(一)课程理念

1. 注重缺陷补偿,为学生的后续发展奠定基础

缺陷补偿理论是教育康复所依据的重要理论之一。缺陷补偿有二层含义:一是指以机体未被损害的部分去代替、弥补已损害的部分,从而产生新的机能组合和新的条件联系;二是指利用新的科学技术、工具与手段使机体被损害的机能得到部分或全面恢复。缺陷补偿的过程涉及三方面因素,即生物因素、社会因素与心理因素。生物因素是指人具有适应外界变化的本能,是补偿成为可能的物质基础;社会因素是指外界条件对补偿过程产生影响的各种因素;心理因素是指障碍者本人对自身的态度。目前,特殊教育的外界条件正发生着显著的变化,其中,随着社会经济水平的不断提高,"零拒绝"理念的逐步深入,残障儿童进入特殊学校的年龄也大为提前,特殊儿童教育康复逐步向学前延伸。特殊教育学校既是开发特殊儿童潜能也是实施缺陷补偿的主要场所。面对社会与特殊儿童的需求,特殊教育学校应该坚定地树立"医教结合"的理念,尽早实施缺陷补偿。因此,在培智学校的课程改革中,尤其是在学前与低年级阶段的课程设置中,应加大康复类课程的比重,把握学生发展的关键期,采用各种手段与形式,不失时机地对障碍儿童进行缺陷补偿,为其后续发展提供必要的基础。

2. 实施"医教结合",构建课程框架

要满足障碍学生康复与教育的双重需要,就必须以"医教结合"的理念构建课程框架。如前所述,现代康复医学的手段包括言语治疗、作业治疗、物理治疗、心理治疗、艺体治疗、中医治疗、康复器械辅助以及社会服务等。特殊教育涉及学科课程、教材教法、教学形式、社会实践、生活技能训练以及职业技能训练等。要进行培智学校的课程改革,应该构建以"医教结合"为基本理念的课程框架。首先,要明确各门课程的内容与作用;第二,要按课程之间内在的逻辑联系,将其分为若干课程板块,明确各课程板块的主要内容、作用与相互联系;第三,要认真与深入思考如何在课程实施过程中,切实体现"医

---

① 施良方. 课程理论:课程的基础. 原理与问题[M]. 北京:教育科学出版社. 1996,11.
② 朴永馨. 特殊教育课程与教学[M]. 大连:辽宁师范大学出版社. 2002,375—377.

中有教""教中有医""医教结合"的思想,努力探索与建构基于学校的康复训练模式。

(二)课程设置及改革

1. 课程设置

1988年美国公布了《中度智力落后学生课程领域方案》,该方案对进行培智学校课程改革具有重要的参考与借鉴意义,该方案的主要内容如下图9-1-1所示。

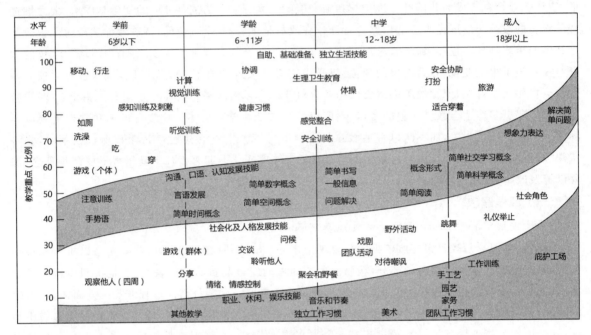

图 9-1-1 中度智力落后学生课程领域图

(转引自:Edward L. Meyen and Thomus M. Strtic:Exeeptional Children and Youth-An Introduction,3rd Edition. Love Pubishing Company,1988:169)

图中的横轴表示各年龄段,即学前(6岁以下)、学龄(6~11岁)、中学(12~18岁)和成人(18岁以上)。纵轴表示四大课程领域在不同年龄段所占的教学比例,为清楚起见,将其内容整理如表9-2-1。

表 9-2-1 四大课程领域在不同年龄段所占的教学比例

年龄段 课程领域	学前(6岁以下)	学龄(6~11岁)	中学(12~18岁)
自助、基础准备、独立生活技能	48%~100%(52%)	60%~100%(40%)	64%~100%(36%)
沟通、口语和认知发展技能	28%~48%(20%)	38%~60%(22%)	38%~64%(26%)
社会化及人格发展技能	8%~28%(20%)	10%~38%(28%)	14%~38%(24%)
职业休闲和娱乐技能	0%~8%(8%)	0%~10%(10%)	0%~14%(14%)
总百分比	100%	100%	100%

表9-2-1显示,四大课程领域在中度智障儿童不同年龄阶段中的教学比例呈动态变化趋势:第一

课程领域(自助、基础准备、独立生活技能)所占教学比例从学前至高年级逐渐降低,由52%降至36%;第二课程领域(沟通、口语和认知发展技能)所占教学比例从学前至高年级逐渐增加,由20%升至26%;第三课程领域(社会化及人格发展技能)所占教学比例从学前至高年级基本持平,约为24%;第四课程领域(职业休闲和娱乐技能)所占教学比例从学前至高年级逐渐增加,由8%升至14%。值得关注的是,在中度智障儿童学前与低年级阶段,康复训练类课程占有很高的比例,达到50%以上,随着年级增高,康复训练类课程的比例有所降低,但仍占到36%。

另外,将上述四大课程领域、各课程领域中的具体内容,以及与此相对应的康复模块列入表9-2-2。

表 9-2-2

四大课程领域	课程领域中的具体内容	对应康复模块
自助、基础准备、独立生活技能	感知训练、感觉整合、视觉训练、听觉训练、协调、计算	感知、听觉、语言、认知、运动
沟通、口语和认知发展技能	注意训练、言语发展、简单时间概念、简单空间概念、简单数字概念	认知、言语、语言
社会化及人格发展技能	观察、交往、情绪与情感控制	认知、语言、情绪与行为
职业休闲和娱乐技能	职业、休闲、娱乐技能	语言、情绪与行为、运动

表9-2-2显示,第一课程领域的具体康复训练项目(课程内容)包括感知训练、感觉整合、视觉训练、听觉训练、协调训练以及计算能力训练等;第二课程领域的具体康复训练项目(课程内容)包括注意训练、言语训练、简单时间概念、简单空间概念、简单数字概念等;第三课程领域的具体康复训练项目(课程内容)包括观察、交往、情绪与情感控制等;第四课程领域的具体康复训练项目(课程内容)包括职业、休闲与娱乐技能等。这四大课程领域中的具体康复训练项目也可按现代康复医学中的康复手段概括为听觉、言语、语言、认知、运动、情绪与行为六大康复模块。

2007年,我国颁布了《培智学校义务教育课程设置实验方案》(以下简称方案),在课程设置原则中明确要求教育与康复相结合,即"在课程特色上,针对学生智力残疾的成因,以及运动技能障碍、精细动作能力缺陷、言语和语言障碍、注意力缺陷和情绪障碍等,课程要注意吸收现代医学和康复技术的新成果,融入物理治疗、言语治疗、心理咨询和辅导、职业康复和社会康复等相关专业的知识,促进学生健康发展。"《方案》同时提出了培智学校九年一贯制的课程体系,该体系由一般性课程(7门)和选择性课程(5门)两部分组成。一般性课程包括生活语文、生活数学、生活适应、劳动技能、唱游与律动、绘画与手工、运动与保健七门课程,约占总课程比例的70%~80%;选择性课程包括信息技术、康复训练、第二语言、艺术休闲、校本课程五门课程,约占总课程比例的20%~30%。

笔者认为,上述课程设置原则充分体现了"医教结合"的思想,遵循了智力残疾学生身心发展规律,为智力残疾学生的全面发展奠定了基础,具有很强的科学性与前瞻性。然而,从具体课程设置与安排上说,似乎与课程设置原则脱节,未能充分体现课程设置原则的核心思想,我们提出以下可研究与探讨之处:

(1)选择性课程仅占总课程比例的20%~30%,如果平均来算,五门选择性课程中的康复训练课程仅占课程比例的4%~6%。康复训练课程所占比例过少。

(2)选择性课程(含康复训练课程)在低、中、高三个年级阶段的课时比例均为20%~30%,不符合不同年龄段智障儿童康复的实际需求,因为理论与实践均证明低年龄段儿童的康复需求远大于高年龄段儿童。

(3)从严格意义上讲,选择性课程中的校本课程不宜作为课程的名称,因为信息技术、康复训练、第二语言与艺术休闲等均可作为校本课程,并且在执行与实施时随意性很大。

依据教育康复的基本理念,借鉴《美国中度智力障碍学生课程领域方案》,笔者提出,培智学校的课程可由三个板块构成,即康复训练类、文化基础类、艺体与劳动技能类课程。康复训练类课程包括言语训练、语言训练、认知训练、运动训练、情绪行为干预;文化基础类课程包括实用语文、实用数学、生活常识、信息技术;艺体与劳动技能类课程包括唱游与律动、绘画与手工、劳动技能。上述课程参考方案,如表9-2-3与表9-2-4所示。

表 9-2-3　培智学校课程计划表(节数/周)

课程 年级	文化基础类				艺体与劳动类			康复类课程				
	生活语文	生活数学	生活知识	信息技术	唱游与律动	绘画与手工	劳动技能	言语康复	语言训练	认知训练	运动训练	情绪行为干预
低年级	4	2~3	1~2	0~1	2	2	1~2	3~4	3	3~4	2~3	1~2
中年级	4~5	3~4	2~3	1~2	2	2	2~3	2	2~3	2~3	1~2	1
高年级	6~7	5~6	2~3	2~3	2~3	2~3	3~4	2~3(根据需要选修)				

表 9-2-4　培智学校课程设置及比例(%)表

	文化基础类	艺体与劳动类	康复类课程	总和
低年级	7~10 (29%~31%)	5~6 (21%~19%)	12~16 (50%)	24~32(每周)
中年级	10~14 (42%~44%)	6~7 (25%~22%)	8~11 (33%~34%)	24~32(每周)
高年级	15~19 (63%~59%)	7~10 (29%~31%)	2~3 (8%~10%)	24~32(每周)

表9-2-4显示,康复类课程的比例由低年级到高年级约从50%降至9%;文化基础类课程由低年级到高年级从30%升至61%;艺体与劳动类课程由低年级到高年级约从20%升到30%。

2. 课程体系的基本特征

如将以上三个课程板块看成一个完整的体系,那么,可用系统论的观点对其特点进行分析。作为一个系统,应具有系统的基本特征,即整体性与联系性、动态性与有序性。

1) 整体性与联系性

系统观点认为,系统不是各部分的简单组合,而是由各部分组成的一个有机整体,如果各部分能充分配合与协调,其整体功能将大于各部分功能之和。系统观点还认为,系统中相互联系的部分既具有各自的特性,也密切联系,由此确定了系统的形态和性质。因此,康复训练类课程、文化基础类课程、艺体与劳动技能类课程三个板块既相互独立,又相互联系,三者相辅相成,环环相扣,构成一个不可分割的整体。其结构如图9-2-2所示。

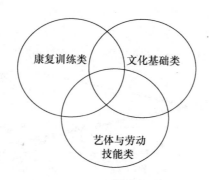

图 9-2-2　三类课程之间的关系

由图 9-2-2 可见,三个课程板块之间形成了四个交集,反映了它们之间相互渗透与融合的关系,以下对其进行简要叙述:

(1) 康复训练类课程与文化基础类课程的联系

康复训练类课程是学习文化类课程的基础。障碍儿童学习文化,需要具备最基本的感知、认知、言语语言和沟通交流等能力。康复训练课程的内容可渗透部分文化学习的内容,文化类课程的学习又是进一步发展这些能力的重要途径。两者相互联系、相互渗透,能有效促进障碍儿童各项能力的发展。

(2) 康复训练类课程与艺体与劳动技能类课程的联系

康复训练类课程同样是艺体与劳动技能类课程实施的基础。障碍儿童基本能力的发展是其获得艺体与劳动知识与技能的前提和保障,艺体与劳动技能类课程的学习又是检验障碍儿童基本能力发展水平,并进一步促进其协调全面发展的重要手段。

(3) 文化基础类课程与艺体与劳动技能类课程的联系

文化基础类课程与艺体与劳动技能类课程紧密相连,艺体与劳动技能类课程包括音乐、美术、劳动知识与技能,而音乐、美术、劳动知识的掌握又以文化知识为基础。艺体与劳动技能类课程的实施,既检验了学生在操作层面上综合运用文化知识的能力,又为文化类课程内容的选择与开发提供了依据。

(4) 康复训练课程、文化基础类课程、艺体与劳动技能类课程三者之间的联系

如前所述,三类课程构成了培智学校的课程框架,要使其充分发挥作用,达到预期的教育与康复目的,就要既注重每类课程的独立作用,又要使其相互渗透,相互联系。如此才能使三个课程板块充分配合与协调,使其整体功能大于各板块功能简单相加之和。

2) 动态性与有序性

系统观点认为,现代科学的研究对象大都是结构复杂和高度活动的系统。系统结构的复杂性表现在其结构、功能和层次上多维度的相互联系、渗透与作用上;系统的高度活动性表现在其结构、功能和层次的动态演变上,且这种演变具有某种方向性,动态演变的方向性决定了系统的有序性,有序能使系统趋于稳定。因此,我们不仅要研究系统发展变化的方向和趋势,也要探究其发展变化的动力、原因与规律。既然三大课程板块是一个完整的系统,它就应该是动态、有序地发展。在智障儿童发展的不同阶段,三类课程的教学比例是动态变化的,其变化的大致趋势如图 9-2-3 所示。

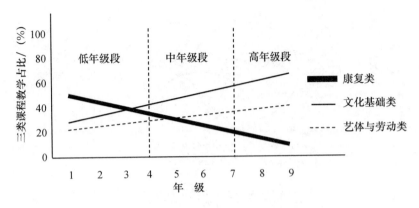

图 9-2-3　三类课程教学比例的变化趋势

图 9-2-3 中的横坐标表示年级,九年培智教育过程大体分低、中、高三个年级段;纵坐标表明三类课程的教学比例。随着学生年龄的增长,三个年级阶段的教育内容及目标会有变化。然而,变化是有序的,前者是后者的基础与铺垫,后者是前者的发展与延续。

(三)课程内容及目标

1. 低年级段的教育康复内容及目标

此阶段以康复类课程为主。康复训练的内容与方式应做到如下四个结合:康复训练内容与文化学习内容相结合;团体训练与个别化训练相结合;学校训练与家庭训练相结合;学校、家庭与社区训练相结合。

文化类课程为辅,所授内容主要是与学生生活密切相关的基础知识。教育康复的目标主要是:改善与提高儿童各项身体机能、增强体质、学习基本生活自理能力、了解与日常生活密切相关的文化知识。

2. 中年级段的教育康复内容及目标

在前阶段康复训练的基础上,加强各类康复训练的广度与强度。文化类课程较前有所加强,进一步学习与生活相关的文化知识,提高沟通交往能力。教育康复目标:进一步提高机体功能及动作的协调性、增强体质、提高认知能力、初步掌握与日常生活密切相关的文化知识。

3. 高年级段的教育康复内容及目标

此阶段以文化类、艺体与劳动技能类课程学习为主。康复训练类课程可根据不同学生的需要适当延续。经过前两个阶段的康复与教育,学生个体间的差异会更加明显,此阶段的教育康复内容应更具针对性与实用性。该阶段的教育康复目标:促进学生身心健康,掌握生活必需的文化知识;培养其劳动兴趣与技能,为就业或进入职业学校做准备。

(四)课程实施原则

1. 课程整合原则

智力障碍儿童的特点决定其需要补偿与发展的领域是多方面的,如运动、感知、认知、言语语言、社会适应、劳动技能等,这些都是他们学习、参与家庭及社会生活的基础。为此,课程设置与实施要整合各类课程,以促进智力障碍儿童的全面发展。课程设置与实施可从纵向与横向进行整合,从纵向看,各课程内容应上下衔接,如在进行教育康复训练教学时,既要对上一次的教学内容进行巩固强化,也要为下一次的教学内容作适当铺垫。从横向看,各课程内容应相互渗透,相互融合。总之,课程整合的原则,就是要求训练或教育内容上下衔接、相互融合,以便有效地促进学生循序渐进地协调发展。

2. 集体训练与个别训练相结合原则

特殊儿童之间既有共性又有差异性,团体训练以其共性为依据,为特殊儿童提供了社会化、集体化的学习环境,有助其相互学习、相互交流;个别训练以其差异性为依据,为特殊儿童提供个别化的学习环境,有助于提高教育康复的针对性与有效性。团体训练与个别训练相结合的原则要求课程设置与实施既要有统一性,也要有多面性、层次性与针对性。

3. 综合评价原则

根据培智学校学生的特点,笔者主张就课程而言,应坚持形成性与终结性评价相结合的原则。形成性评价是对课程设计、课程实施的各阶段进行评价,其目的是发现课程实施中的问题,为不断完善课程设置与实施积累经验。对于培智学校"医教结合"模式下的课程设置与实施来说,有许多新的问题需要探索与解决,因此形成性评价至关重要。终结性评价是指课程实施后就课程本身的有效性进行的整体评价,它对课程是否继续执行以及在什么条件下执行等问题做出决定。两者的结合对完善已有课程,开发新课程具有重要的理论与实践指导意义。由于障碍儿童个体间异质性极高,因此,对其评价形式要采用个别化评价,评价方式主要采用动态评价。评价标准要以个体纵向发展水平为参照,而不是以团体横向平均水平为参照。

以上探讨了目前我国培智学校课程及改革的有关问题,其中主要的观点是:① 注重残障儿童的缺陷补偿,为其后续发展提供保障;② 以建立基于学校的康复训练模式为目标,实行课程改革,构建康复类、文化基础类、艺体与劳动技能类三大课程板块,康复类课程在低年级占较大比例,随年级增高逐渐减少,文化基础类课程的比例随年级增高逐渐增大,艺体与劳动类课程的比例变化不大,约从20%到30%;③ 以"医教结合、综合康复"的理念进行课程整合,促进残障儿童全面协调发展。

二、聋校低年级课程改革

2007年,我国颁布了《聋校义务教育课程设置实验方案》(以下简称《方案》),在课程设置原则中明确要求:"课程设置要按照聋生身心发展规律,积极开发潜能,补偿缺陷,增设具有聋教育特点的课程,注重发展聋生的语言和交往能力。"大量的研究与实践均证明,聋生语言和交往能力的培养是聋校教育的主要任务,而聋生语言和交往能力发展与培养的关键期在学前与低年级阶段,以下结合《方案》中的有关内容以及笔者的思考与实践,提出聋校低年级语文课程与教学改革的建议。

(一)低年级语文教学目标

低年级语文教学的总目标:通过"医教结合"、强化口语、学词学句、说写并举的教学,逐步增强听(看)、说、读、写的能力,促进聋童语言和认知能力的发展,形成语言文字理解与表达的初步基础。

(二)低年级语文教学基本内容

根据聋童学习语言的特殊需要和语言发展的普遍规律,低年级语文教学的基本内容有听力及言语技能训练、学习汉语拼音(语音训练)、听话看话与说话、识字写字、学词学句等。

(三)低年级语文教学基本原则

教学原则主要有语文教学与生活实际相结合,语文能力培养与认知训练相结合以及传统教学经验与现代教育康复理念与手段相结合。

(四) 低年级语文教学基本形式

1. 集体教学

"教学,是教育者借助课程、教材,引导学生按照明确的目标,循序渐进地掌握一定的知识、技能和态度的一种教育活动过程。"[①]集体教学是指教师有目地、有组织、有计划地对一组聋儿进行教育康复的过程。其教学活动形式又可分为主题教学与"区角"活动两种。

1) 主题教学

主题教学是指整个教学内容由若干教学单元组成,每一单元有一个教学主题,各单元的内容由简至繁,由易到难,循序渐进。通过主题教学活动,强化聋儿口语、扩展词汇量、提高语言的应用能力。主题教学有利于教师掌握学生的整体情况,有利于师生互动、生生互动。集体教学是聋儿语言教育的基本形式。

2) "区角"活动

"区角"活动是集体教学的另一种主要形式。"区角"可包括语言角、认知角、操作角与游戏角等。"区角"活动是"主题教学"内容的延伸与补充,其中也渗透了听觉训练与言语矫治的内容。通过各"区角"活动,聋儿能在玩中学,做中学,在相互交流中学,寓教于乐,使其听觉感知能力、语言能力、动手能力、认知能力、交往能力等得到全面发展。

2. 个别化康复

个别化康复是指通过对个别聋儿听觉、言语功能的系统评估,并结合其在集体教学中的相关问题,制订相应的听觉与言语康复计划,主要由具有康复技能的教师或康复师利用现代化的听觉康复设备对其进行个别化的、有针对性的康复训练。个别化康复的主要内容有听觉训练、言语矫治和认知训练。听觉训练包括察知、定向、识别、理解等训练;言语矫治包括放松、呼吸、嗓音、共鸣、构音、音调、响度、语音等功能的训练与矫治;认知训练包括认知能力的评估与认知能力的训练。个别化康复是进行听觉训练和言语矫治的主要手段。

3. 集体教学与个别化康复的关系

集体教学与个别化康复的区别主要体现在三个方面:

(1) 实施的场所不同。集体教学主要在班级或者区角中进行,个别化康复主要在学校或康复机构的听力与言训练室进行。

(2) 实施的形式不同。集体教学主要通过主题教育和"区角"活动两种途径来实现,教学内容具有系统性与全面性,个别化康复主要通过有针对性的、个别化的训练来实现。

(3) 参与人员不同。集体教学主要由教师来实施,而个别化康复主要是由具有康复技能的教师或康复师来实施。

由此可见,集体教学与个别化康复对聋儿语言康复发挥着不同的作用,它们是不能相互替代的。另外,集体教学与个别化康复应相互衔接,密切配合,如教师应将听障儿童在集体教学中出现的主要问题通过口头或书面形式向负责个别化训练的康复教师反映,而康复教师也应将学生个别化康复训练结果反馈给教师,双方必须及时互通信息,共同制订并完善教育康复方案。

---

① 钟启泉. 现代课程论[M]. 上海:上海教育出版社. 1989,748.

(五)聋校低年级语文教学改革建议

根据以上聋校低年级语文教学目标、内容与原则,笔者对原《方案》中聋校低年级(1~3年级)课程安排提出改革建议,现将原方案与建议方案列入表9-2-4。

表 9-2-4

	课程 年级	分科课程						综合课程	
		语文	沟通与交往	学校课程	数学	品德与生活	体育与健康	艺术(律动、美工)	劳动(生活指导)
原方案	1~2年级	8	3	2	5	2	3	2	1
	3年级	8	3	2	6	2	3	2	1
建议方案	低年级	语文	言语康复	听觉康复	认知康复				
	1~2年级	8	2	2	1	5	2	3	2	1
	3年级	10	1	1	1	5	2	3	2	1

由表9-2-4可见,在原《方案》中,1~3年级的语文周课时数均为8课时,课时数相对偏少,建议在3年级时,将语文课时数增加到每周10课时,即1~2年级语文课为8课时,3年级语文课为10课时。在原《方案》中,有沟通与交往课,内容主要包括感觉训练、口语训练、手语训练、书面语训练及其他沟通方式和沟通技巧的学习与训练。笔者建议将沟通与交往与学校课程(校本课程)合并为康复训练课程,具体包括:言语康复训练(包括口语训练)、听觉康复训练、与认知训练(包括感觉训练)。周课时数分配如下:1~2年级,言语康复训练2课时,听觉康复训练2课时,认知训练1课时,共计5课时;3年级,言语康复训练、听觉康复训练与认知训练均为1课时,共计3课时。如此,1~3年级语文与康复训练课程的周课时总数仍为13课时,与原《方案》相同。另外,笔者建议在体育与健康、律动与美工课程中,融入听力、言语、语言、认知与运动训练等内容。

以上探讨了目前我国聋校低年级学生课程设置的有关问题,主要观点与建议是:

(1)聋生语言能力的培养是聋校教育康复的主要任务,聋校低年级阶段是培养与促进聋生语言和交往能力发展的关键时期。

(2)原《方案》中3年级语文课周课时数偏少,建议在3年级时,将语文课时数从每周8课时增加到10课时。

(3)将原《方案》中沟通与交往与学校课程合并为康复训练类课程,具体包括听觉康复训练、言语康复训练与认知训练。

第三节 教育康复支持体系建设

要顺利实施教育康复,必须建立完备的支持体系,该体系主要包括教育康复三级网络建设、教育康复云平台建设、教育康复人才的职后培训,现分述如下。

一、教育康复三级网络建设

教育康复是一个需要全社会支持与参与的系统工程,该系统的主要功能是加强信息交流、实现资源共享与优势互补,切实提高教育康复的水平。

(一) 教育康复三级网络的基本构架

笔者设想以省市为基础,建立教育康复指导三级网络,该网络主要由省市级、区县级以及校级构成,具体如图 9-3-1 所示。

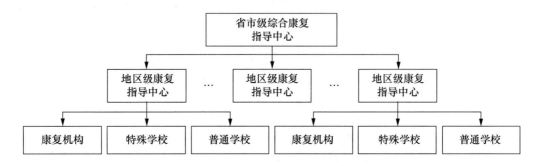

图 9-3-1

图 9-3-1 显示,三级网络的第一级,为由各省市级主办的教育康复指导中心;第二级,为由各省市下属区县主办的教育康复指导中心;第三级,为区县下属的各类特殊教育学校、康复机构以及普通学校(含特教班、随班就读学生)。

(二) 教育康复三级网络的主要职责与功能

1. 省市级教育康复指导中心的职责与功能

省市级教育康复指导中心的职责与功能主要为:① 根据国家相关政策与法规,在教育主管部门的领导下,协助制订全省市特殊教育发展规划以及相关规章制度;② 指导与监督区县级教育康复中心的工作;③ 对疑难障碍儿童的教育康复问题进行实时或定期会诊;④ 对全省市特殊教育师资以及教育康复教师进行培训;⑤ 利用康复云平台,提高对教育康复工作的指导与管理效能。

2. 区县级教育康复指导中心主要职责与功能

区县级教育康复指导中心的职责与功能主要为:① 贯彻和执行省市级教育康复指导中心所制订的教育康复计划;② 建立与省市级及下属学校、机构之间的联系;③ 指导与监督学校或机构的康复与教学工作(包括随班就读工作指导);④ 开展社区康复服务;⑤ 加强特殊儿童档案管理;⑥ 定期向省市级康复中心汇报工作;⑦ 利用康复云平台,提高教育康复工作指导与管理水平。

3. 学校与机构教育康复的主要职责与功能

第三级主要包括各类特殊教育学校、社会康复机构、有特殊班或随班就读生的普通学校。各学校或机构要为障碍儿童制订教育康复计划,实施综合康复训练,实行对康复效果的动态监控,加强学生档案管理,集中需要会诊的案例,定期向区县康复中心汇报工作。

(三) 教育康复训练室建设

教育康复训练室建设,是教育康复三级网络建设的重要组成部分。主要包括特殊教育学校、普通学校资源教室的教育康复训练室的建设。

1. 培智学校教育康复训练室的建设

根据培智学校学生的身心特点以及综合康复的 7 个功能模块,笔者认为,在培智学校至少建立以下 5 个康复功能训练室,即言语功能评估与训练室、语言能力评估与训练室、认知能力评估与训练室、情绪行为评估与训练室、运动能力评估与训练室。培智学校教育康复训练室的建立,有助于学科教学与康复训练的结合,有助于集体教育与个别化训练的结合,有助于培智学校课程与教学改革的实施。各康复功能训练室具体如图 9-3-2 所示。

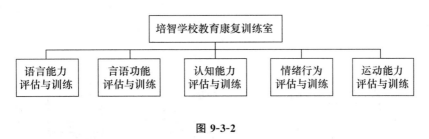

图 9-3-2

2. 聋校教育康复训练室的建设

根据聋生的特点,在聋校至少建立如下 6 个康复功能训练室,即听觉功能评估与训练室、言语功能评估与训练室、语言能力评估与训练室、认知能力评估与训练室、情绪行为评估与训练室、学习能力评估与训练室。具体如下图 9-3-3 所示。

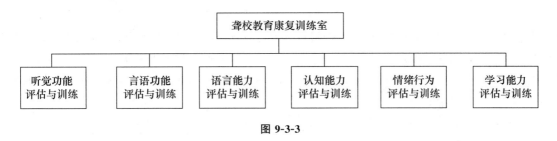

图 9-3-3

3. 普通学校资源教室的建设

普通学校资源教室应建立 7 个康复功能训练室,即听觉功能评估与训练、言语功能评估与训练、语言能力评估与训练、认知能力评估与训练、情绪行为评估与训练、运动能力评估与训练、学习能力评估与训练,具体如下图 9-3-4 所示。

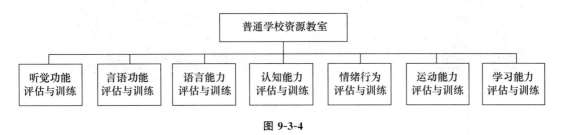

图 9-3-4

教育康复训练室的建立,为各级教育康复指导中心承担与完成康复训练、专家指导以及社区康复服务提供了必要的保障。

二、教育康复云平台建设

随着科学技术的迅猛发展,"云计算"技术已在各领域得到广泛应用。教育康复云平台是集计算机硬软件、网络设施和大数据库为一体的应用服务平台,具有广阔的应用前景和无限的发展潜力。黄昭鸣教授及其团队在国内率先开展了教育康复云平台及相关设备与软件的研发,其主要产品"O2O智慧康复系统"可用于教育康复师资培训(远程培训)、特殊儿童教育康复(在线教学、远程康复)、特殊教育学校管理(在线管理)等。教育康复云平台的基本运作形式大致如图9-3-5所示。

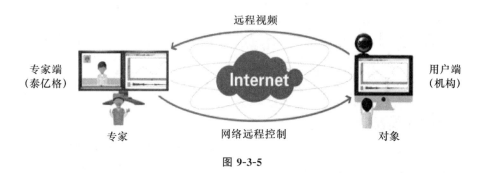

图 9-3-5

教育康复云平台主要包括控制端(专家端)与用户端,两端通过信息双向传递相连接。以下以言语功能评估与测试中的同步在线评估诊断为例,简要说明其操作过程:① 在某学校的康复评估与训练室中,某康复教师利用相关设备(用户端)对某学生进行言语功能的评估与测试,以期制订科学合理的康复训练计划;② 控制端的专业人员可通过一个视频界面观察到用户端的整个评估与测试过程,还可通过另一个视频界面对传递过来的数据进行复核,并向用户端人员详细解释与说明各项测量数据的临床意义,对评估项目以及康复训练计划方案提出建议;③ 以上所有评估过程与结果均可保存,通过大数据库分析及筛选,以备后续研究或教学之用。具体如图9-3-6所示。

图 9-3-6

(一) 教育康复云平台的特点

教育康复云平台具有极强的实时性、交互性与开放性,为特殊教育的改革与教育康复的实施提供了全新的理念和模式。以下对其主要特点进行简要叙述。

1. 实时性

云平台的实时性主要体现在课堂教学与康复训练上。第一,在课堂教学中,教师可实时、便捷地获取海量的优质教育资源;实时地拓展教学内容,进行课堂教学评价,调整进度;第二,在康复训练中,康复训练师可实时地将评估或测量结果、训练方案、训练过程、训练效果的评价结果传送给控制端的专家团队,对所遇到的疑难问题及时寻求帮助与技术支持;第三,可对课堂教学状态、整个康复训练过程进行动态监控与跟踪,对相关信息进行及时收集、统计与分析,将其过程与结果录入相应资源库,为随后的教学、训练反思、经验交流提供依据。

2. 交互性

云平台的交互性主要体现在教育康复资源信息的互动交流上。第一,为课堂互动提供了有效的技术支持,实现了教师之间、师生之间、学生之间的及时互动,创设了活泼、自然、高效的教学环境;第二,为学生开展自主学习提供了有效支持,如协作学习、混合学习、竞争性学习等。

3. 开放性

云平台的开放性主要体现在以下几个方面:① 通过教育康复三级网络与云平台,实现"特校、民政、残联、医院"四维一体,最大限度地整合各种资源,实现信息互通,资源共享,从而更好地服务于特殊儿童;② 架构起各类专业人员相互沟通的桥梁,共同探讨与研究一些亟待解决的问题,例如,如何完善、制订特殊教育政策法规、特殊教育人才培养模式的改革、现代康复医学与特殊教育如何有机结合、教育康复教材的开发等;③ 通过云平台,向全社会发布有关特殊教育改革与发展的相关信息,以期得到全社会进一步的支持与帮助,同时也希望得到全社会的监督与指导。

(二) 教育康复云平台的框架与作用

教育康复云平台主要具备远程培训、远程康复、在线教学以及在线管理等功能,通过资源优化、资源共享,从而提高教育康复的效率。现将其基本框架展示如图9-3-7,并对其相应模块的作用进行简要介绍。

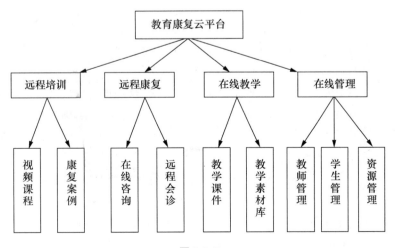

图 9-3-7

1. 教育康复云平台——远程培训

远程培训模块主要是为特殊教育教师职后培训服务的。远程培训的主要素材有视频课程与教育康复案例。视频课程具体包括三类：康复基础类课程、综合教育康复类课程与研修类课程。康复基础类课程包括听觉障碍的评估与训练、言语障碍的评估与训练、语言障碍的评估与训练、认知能力的评估与训练、学习能力的评估与训练、情绪行为的评估与干预、运动功能障碍的评估与训练；综合教育康复类课程包括听障儿童教育与康复、智障儿童教育与康复、脑瘫儿童教育与康复、自闭症儿童教育与康复、学习困难儿童教育与训练；研修类课程包括特殊教育研究方法、听障儿童教育康复案例研讨、智障儿童教育康复案例研讨、脑瘫儿童教育康复案例研讨、自闭症儿童教育康复案例研讨、学习困难儿童教育与训练案例研讨等。通过大量与丰富的案例教学，使学员在观摩与讨论的基础上，提高制订、实施、优化个别化教育康复计划的能力，以及特殊教育与教学的研究能力。

2. 教育康复云平台——远程康复

远程康复模块主要是为特殊儿童实施教育康复服务的。远程康复模块包括在线咨询与远程会诊。在线咨询，即组织有关专家对各学校、机构、家长、社会志愿者在教育康复实践中遇到的问题通过云平台的控制端进行解答与辅导；远程会诊，即将教育康复云平台的控制端与特殊教育学校或康复机构的最终端设备相连接，也可与已有的康复仪器设备相连接，专家可通过视频直接监控教育康复训练现场，指导教师及康复人员对特殊儿童进行评估与诊断，通过远程数据分析，给出科学合理的评估与诊断结果，修正原康复方案或提出更为合理的康复方案，对康复过程中出现的问题进行远程指导等。采用远程会诊可最大限度地节约人力与物力资源，提高康复仪器设备的利用率，解决一线教师在实际操作中经常遇到的疑难问题，大大提高特殊儿童教育与康复的效率。

3. 教育康复云平台——在线教学

在线教学模块主要是为特殊教育学校或机构教师进行课堂教学服务的。在线教学模块提供了大量的课件与资源素材库（共计199个）。如言语嗓音康复训练资源库与语音应用课件（32个）、言语构音康复训练资源库与语音应用课件（21个）、听觉康复训练资源库与语音应用课件（31个）、语言康复训练资源库与语音应用课件（43个）、认知康复训练资源库与语音应用课件（53个）、情绪行为干预训练资源库与语音应用课件（19个）。这些资源适用于对听障、脑瘫、自闭、发育迟缓、智力落后、唐氏综合征、学习障碍等儿童进行教学与康复训练。

教学课件与素材采取双向互动的方式不断完善与优化。一方面，一线教师可调用相关课件与素材进行教学，减少查找资料或准备课件的时间，将主要精力放在研究学生与优化教学方法与手段上；另一方面，教师可结合自己的教学实践，不断总结经验，对课件与素材进行优化改进，并通过网络将其上传至云平台管理中心。中心将组织专家与资深一线教师进行评审、修改，最终确定哪些可作为备选的教学资源，然后交由软件工程师对其界面或显示形式进行完善与优化，确保在线教学模块中的内容定期替换与更新，促使其质量不断提升。

4. 教育康复云平台——在线管理

在线管理模块主要是为提升特殊教育学校及机构教育康复管理水平服务的。具体包括教师管理、学生管理与资源管理。教师管理主要涵盖教师基本情况、教学水平、康复技能、教学与康复综合技能等；学生管理主要包括学生基本情况、障碍类型与障碍程度、动态评估资料、个别化教学计划、目前发展水平以及拟干预或解决的主要问题等；资源管理主要包括教学设备、康复仪器设备、教育康复场地等的相关情况。学校或机构可通过网络将相关数据传至云平台，云平台管理中心可对上传数据进行统计分析，并为相关单位提供整体分析报告，如学生障碍的类型及数量、教学与康复人员的基本结构、师生比、场地与设备是否达标等。

三、教育康复人才的职后培训

教育康复人才是教育康复顺利实施的重要保障。除了各院校的职前培养外，同时也需要进行大量的职后培训。以下从职后培训的意义与作用、职后培训的内容与形式进行叙述。

（一）职后培训的意义与作用

近十多年来，我国特殊教育事业有了飞速的发展。有资料显示，2001年，我国特殊教育学校专任教师约为28000多人，至2014年，专任教师约为48000多人，增加约2万人，增加幅度近70%。然而，在现任的48000千多名专任教师中，特教专业毕业和非特教专业毕业但接受过时间不等的特教培训的人数仅占60%。另外，即使是那些特教专业毕业的教师，在其专业学习时，接受的也仅仅是特教方面的教育，几乎没有接触过现代康复医学方面的知识与技能。2014年国家《特殊教育发展纲要》提出，要深入开展"医教结合"的实践。然而，目前特教师资的现状与国家要求又相距甚远，怎么办？只有进行特殊教育师资的全员在职培训。

2012年，教育部等五部委联合发布《关于加强特殊教育教师队伍建设的意见》（以下简称《意见》）通知，其中提到，"到2020年，形成一支数量充足、结构合理、素质优良、富有爱心的特殊教育教师队伍""开展特殊教育教师全员培训""对特殊教育教师实行5年一周期不少于360学时的全员培训""依托'国培计划'，采取集中培训和远程培训相结合的方式，加大对全国特殊教育学校的教师的培训力度""推进信息技术与特殊教育教师培训深度融合""教师培训机构要建立专兼结合的特殊教育教师培训队伍，加强特殊教育教师教研、科研队伍建设，提高培训的专业性、针对性和实效性"。

《意见》对我国今后几年特殊教育师资培训的目标、时间、方式以及要求提出了明确的要求。我们认为，《意见》中的一个关键是要提高培训的专业性、针对性和实效性。为了提高培训的专业性，我们依照"医教结合，综合康复"的理念，精心设置了培训课程，具体包括康复基础类、综合教育康复类以及研修类三类课程；为了提高培训的针对性，我们根据目前特殊教育对象变化（如自闭症儿童、脑瘫儿童数量增多）的现状，主要采用教育康复案例教学，针对其中的重点与难点问题进行深入分析、讨论；为了提高培训的实效性，我们利用教育康复云平台，实现集中培训与远程培训相结合、线上培训与线下培训相结合，同时通过教育康复仪器设备的讲解与实际操作，推进了现代化技术与特殊教育实践的深度融合。以下以华东师范大学教育康复学系"言语听觉康复科学教育部重点实验室"承担的"医教结合特殊教育师资培训基地建设项目"为例，对教育康复人才的职后培训的内容与形式进行简要介绍。

（二）职后培训的内容与形式

1. 培训的目标与内容

培训的目标：理解"医教结合，综合康复"的基本理念，掌握教育康复的基本理论知识，掌握教育康复训练的基本技能，能解决实践中遇到的一些问题，具备一定的教研与科研能力。培训内容主要包括"医教结合，综合康复"的理念、各康复领域评估的基本原理与方法、各康复领域训练的基本原理与方法、集体教学计划及个别化康复训练方案（日方案、周方案、月方案）的制订、各类特殊儿童教育康复案例分析等。上述培训内容既适用于集中培训，也可有选择地用于远程培训。

2. 培训形式

远程培训主要采取O2O(Online to Offline)模式,围绕综合康复七大板块的理论知识与实践操作技能展开。

1) 线上学习(Online)

依托教育康复云平台,采用引导式教学模式,以"在线视频教学与远程指导相结合"的形式进行综合康复七大板块理论知识与基本技能的学习。视频教学的每门课程均包括内容介绍、知识点的讲解、重点与难点说明与详解等。每单元均附有相应的习题库,便于学员对各知识点的掌握程度进行自我检查。除理论学习之外,云平台还提供相关的案例视频,设置相关任务,如要求学员对评估结果进行分析、制订教育康复方案、对训练方案的实施提出建议等。学员可将作业通过网络上传到控制端,有关专家将及时或定期予以解答或指导。

2) 线下学习(Offline)

线下学习要求每位学员进入特殊教育师资培训基地(华东师范大学教育康复学系已在全国建立了15个培训基地),采用"跟岗学习与现场指导相结合"的形式进行。要求每位学员在基地教师的指导下,承担集体教学与个别化康复训练的任务。学习结束后,要求学员递交教学计划、个别化康复训练计划、教学与训练体会与反思、教学与训练过程的相关视频等,所有作业通过云平台提交,有关专家将定期或在集中培训时予以反馈与指导。

教育康复云平台O2O(Online to Offline)的培训模式,不受时空的限制,可随时随地地提供大量的优质教育康复资源,为广大教师、学生、家长、志愿者的自主式学习和终身学习开启了一扇通往知识海洋的大门。

思考题

1. 简述教育康复的目标。
2. 试述培智学校课程改革的意义与作用。
3. 试述聋校低年级课程改革的意义与作用。
4. 简述教育康复指导三级网络与教育康复云平台的构成与功能。
5. 试论教育康复学专业设立对特殊教育改革的作用。

主要参考文献

1. 方俊明. 特殊教育学[M]. 北京:人民教育出版社,2005.
2. 雷江华,方俊明. 特殊教育学[M]. 北京:北京大学出版社,2011.
3. Meyen, E. L., Skrtic, T. M. Exceptional Children and youth: An introduction (3rd ed.). Love Publishing Company, 1988.
4. 中华人民共和国教育部. 教育部关于印发《盲校义务教育课程设置实验方案》《聋校义务教育课程设置实验方案》和《培智学校义务教育课程设置实验方案》的通知. http://www.moe.edu.cn/edoas/website18/17/info25217.htm,2007,2,14.
5. 陈云英. 智力落后于教学[M]. 北京:高等教育出版社,2007.
6. 彭霞光等. 中国特殊教育发展报告2012[M]. 北京:教育科学出版社,2013.
7. 朴永馨. 特殊教育学[M]. 福州:福建教育出版社,1995.

第十章　单一被试实验法在教育康复研究中的应用

本章目标

1. 了解单一被试实验法的基本概念。
2. 了解单一被试实验的信度与效度。
3. 了解单一被试实验法的基本特征及其与传统个案研究的区别。
4. 了解不同的单一被试实验设计类型及数据处理方法。
5. 能基本看懂以单一被试实验为研究方法的实验报告。

第一节　单一被试实验概述

教育康复的主要对象是特殊儿童,在特殊教育研究过程中,采用一般的实验与统计方法,往往会遇到两个问题:

一是样本同质性问题。在一般统计中,大多要求样本数据方差齐性,方差齐性则表明被试同质,而在特殊教育研究中,很难做到被试同质。例如,即使以两组各 9 名弱智儿童(小样本)为研究对象,其个体差异(智商差异)也十分明显。

二是样本容量的问题。一般的统计检验是以一定的样本容量为前提条件的,而在特殊教育研究中,往往难以满足实验对被试的数量要求。

单一被试实验法与一般实验研究相比,特别适用于相互之间有较大差异的个体。与传统的个案研究相比,单一被试实验法可以对单一或少数被试进行定量评估,有利于实现定性研究与定量研究的结合。目前,许多学者认为,单一被试实验法符合特殊教育研究的实际,是可以广泛应用于特殊教育研究中的一种有效方法。本章将对单一被试实验的界定、类型、数据处理过程与方法等进行叙述。

一、单一被试实验简介

(一) 单一被试实验的界定与类型

单一被试(Single Subject)或小样本实验法是社会科学研究中的一种重要方法。单一被试实验是以一个或几个被试为研究对象,通过相关的实验设计来研究干预是否有效的一种方法。以单一被试实验中具有代表性的 A—B 实验设计来看,从操作层面上,将实验分为基线期和处理期,并对被试的目标行为进行跟踪测量;从数据分析看,通过对被试基线期与处理期的指标数据进行统计分析,进而推断实验处理是否有效;从适应范围上看,特别适用于异质性高的群体中的个体。

单一被试实验从类型上可以分为单基线实验设计、多基线实验设计以及 U 实验设计。其中,单基线实验设计又可以分为两期实验设计及多期实验设计。两期实验设计包括 A—B 设计及其变式,如 B—A、B1— B2 设计等;多期实验设计包括 A —B —A 设计及其变式,如 B —A—B、A —B —A—B

设计等。多基线实验设计主要包括跨情境、跨行为、跨被试实验设计。U 实验设计可看作单基线实验设计的一种变式,主要用于比较两种实验处理在改善被试心理属性或行为时哪一种更有效。

(二)单一被试实验的组成要素

1. 被试

单一被试实验的被试可以是各类特殊儿童,如智障、听障、视障、言语语言障碍、运动障碍以及精神障碍等儿童,由于这些儿童群体内异质性大,很难进行团体实验,因而适合采用单一被试实验进行研究。

单一被试实验中的"单一",并不能理解为在单一被试实验中只能有一名被试。在多数实验设计类型中,确实只有一名被试,而在跨被试多基线实验研究中,可有多名被试。另外,在有些研究中,也可同时对几名被试进行单一被试实验研究,其实验结果可以相互印证,从而提高实验的外部效度。

2. 目标行为

目标行为是指实验者欲干预与测量的被试的某种行为。例如,要对某儿童的攻击行为进行实验干预,那么其攻击性行为就是目标行为;要通过干预改善某儿童的尿床行为,那么其尿床行为就是目标行为。目标行为就是实验中的因变量,它是单一被试实验中判断实验干预有效性的指标,需要进行反复测量。在选择目标行为时,应该注意以下几点。

1)目标行为是明确的、可量化的行为

目标行为要明确、清楚,可以量化。目标行为是实验干预与测量的对象,实验干预是否有效,是通过测量目标行为的变化来验证的。因此,选择目标行为,主要需要考虑两点:一是根据有关理论与前人研究的经验,大致判断所确定的目标行为与实验干预方法是否有关联;二是对于目标行为,是否有相应的工具和方法来进行测量。也就是说,要找到能反映目标行为改变程度的量化指标。如有一项关于自闭症儿童交往行为训练的个案研究,其中,"交往行为"是目标行为,那么研究者应首先考虑采用何种方式来干预该自闭症儿童的"交往行为",在考虑该儿童实际情况并衡量各种方法的特点后,他决定采用正强化的方法对该儿童进行实验干预;其次,研究者给出了衡量该儿童交往行为的量化指标,即主试与该儿童交谈 10 分钟,可问被试事先拟订的 10 个问题,如"你是小×吗?""看这个好不好玩呀?""这是你的小狗吗?"被试每顺利回答一个问题,就增加 1 分。被试累积获得的分数,就是评定其"交往行为"的指标。

2)对目标行为要进行反复测量

单一被试实验需要对数据进行统计处理,而数据的收集是在一定的时间内,通过对被试进行多次测量而获得的。为了尽可能排除无关因素对被试目标行为的干扰,应尽量保持实验环境的相对稳定。如规定观察的时间点(是上午还是下午)、观察的持续时间(是 10 分钟还是 15 分钟)、观察的地点(是教室还是个训室)。一旦做出规定,就不能随意变动。

3. 实验处理及准备

实验处理也称实验介入或干预,主要是指在实验中,实验者对被试所实施的各种干预方法。实验处理必须是对被试不会产生任何身心伤害的方法。另外,还应考虑以下问题,做好相关准备。

1)实验场所

不同的研究目的与内容,会有不同的实验处理。各种实验处理对实验场所有不同的要求。如要对某特殊儿童不良课堂行为进行干预,就必须在自然的课堂情境下进行;要对听障儿童进行听力训练,就要在专用的听力训练室中进行;要对自闭症儿童实施可视音乐干预,就需要在音乐治疗室中进行;要对脑瘫儿童进行多感官综合训练,就需要在感觉统合训练室中进行。总之,在制订实验处理方案时,必须考虑选择适当的实验场所。

2) 指导语与实验工具

在大多数情况下,实验会涉及必要的素材。如指导语、教学玩教具、测试材料与工具,甚至实验仪器与设备等。因此,在实验实施前,必须准备好所有的实验素材。

3) 人员分工

在制订实验方案时,必须考虑有多少人员参与实验,每个人的主要任务是什么以及他们之间如何配合等。例如,对一名自闭症儿童进行可视音乐干预,在制订干预方案时,确定三人参加。其中一人负责讲述指导语及仪器操作,另一人负责观察记录被试的有关行为表现,还有一人负责拍摄录像。每次实验处理实施后,三人必须共同审核资料,确保数据完整与准确。

二、单一被试实验的信度与效度

(一) 单一被试实验的信度

实验的信度主要涉及数据资料的可靠性或一致性,资料的一致性程度越高,其所代表的意义也就越可靠。在单一被试实验中,信度主要涉及评分者一致性信度。当目标行为指标是生理指标,如臂力、心率、脉搏、最长声时、舌距等时,由于这些指标的测试主要是通过仪器设备来完成的,所以一般认为生理指标相对稳定,不存在信度的问题。然而在单一被试实验中,经常是通过不同的观察者对同一被试的某一目标行为进行评估。在这种情况下,由于不同的评分者对评估标准的掌握有差异,常常会产生评估结果不一致的问题。为了提高信度,研究者在实验之前,应对评分者进行培训,让其了解所评定目标行为的类型及特征,并熟悉观察活动的程序及记录方法。一般要求评分者先进行预评分,信度达80%以上,才能开始进入正式实验。

在单一被试实验中,计算评分者一致性信度主要有两种方法:一是计算一次评估的信度,二是计算多次评估的信度。两种方法均属粗算法,粗算法是对评分者一致性信度的粗略判断。

1. 计算一次评估的信度

先看一个例子。有甲和乙两位观察者记录某儿童在10分钟之内课堂无关行为的发生次数。甲记录为10次,乙记录为5次。那么,信度系数是多少呢?

信度系数的计算是以较小的次数为分子,较大的次数为分母,将相除得到的值乘以100%,即为信度系数,其值越接近1,信度就越高,反之,则越小。上例应以5为分子,10为分母,相除后换算成百分比,则信度系数为50%。

2. 计算多次评估的信度

在两位观察者所记录的结果中,以一致的次数为分子,以记录总次数(一致的次数和不一致的次数和)为分母,将相除得到的分数乘以100%即得信度系数。同样,数值越大,信度就越高,反之,则越低。其计算公式如下。

$$信度系数 = \frac{一致的次数}{一致的次数 + 不一致的次数} \times 100\%$$

例如,在一项对智障儿童词汇回忆能力的评估中,采用自由回忆量作为被试回忆能力的评估指标。由于自由回忆的答案是文字叙述，评分结果易受评分者主观因素的影响，所以需对评估分数的一致性进行信度检验。有两位教师担任评分员，各随机抽取一份答卷进行评分。假设在 10 次评分中，甲、乙两人一致的评分有 5 次，不一致的评分也有 5 次，那么，则以一致的评分 5 作为分子，以一致的和不一致的评分总和作为分母，相除得 5/10，换算成百分比，则信度系数为 50%。

（二）单一被试实验的效度

1. 内部效度与外部效度

任何一种实验设计都要接受效度的检验。教育心理实验的效度可分为内部效度与外部效度，内部效度是说明实验中因变量的变化在多大的可靠性程度上是由自变量的变化引起的一个指标；外部效度是指实验结果可推广的范围。从内部效度来说，单一被试实验与团体实验设计的区别在于，团体实验是通过对各样本统计量差异的显著性检验来证明实验处理的有效性，而单一被试实验主要是通过对个体实验处理前后有关数据差异的显著性检验来证明实验处理是否有效。两者的共同之处在于，影响实验内部效度的因素几乎是相同的，例如被试因素、测验情境、测验工具和偶发事件等。因此，保证单一被试实验的内部效度与团体实验一样在于有效地控制上述各种影响因素，即控制实验中的无关变量。从外部效度来说，由于单一被试实验的被试数量少，所以主要受到实验外部效度的质疑，即研究者需要回答"如果重复这项研究，会得到同样的结果吗。""如果用不同的被试，也会得到这样的结果吗"。其核心问题就是，单一被试实验结果的类化作用有多大。以下就如何提高单一被试实验外部效度的问题进行探讨。

2. 提高单一被试实验外部效度的方法

1) 实验复制

实验复制（Experimental Replication）是提高单一被试实验外部效度的主要方法，一般分两种类型，即直接复制与系统复制。直接复制是指保持原实验设计不变而进行重复实验；系统复制是指在原实验设计的基础上，改变部分实验变量（如被试或情境）来进行重复实验，如某单一被试实验结果表明实验处理在语文教学情境下有效，那么可在数学教学情境下重复进行实验，以验证该处理在改变教学情境的情况下是否也有效。实验复制的主要形式有三种：一是按原实验程序进行直接复制或系统复制，但复制的次数有限；二是研究者对其他研究者已报告处理有效的实验进行复制，这就可以通过比较与综合这些结果来进一步验证实验处理的有效性，如证明有效，即可以提高该实验的外部效度；三是采用单一被试实验设计中的多基线实验设计，该设计也可被看作是一种实验复制，如多基线跨被试实验设计就是将一种实验处理依次实施于多个被试，以验证该处理是否对多个被试都有效。

2) 元分析技术

简单地说，元分析（Meta Analysis）就是对数据进行的再分析。元分析技术的特点是：其分析的原始数据来源于一定数量的相关研究的数据；其分析手段是对这些数据进行再分析；其分析目的是确定各研究的平均效应值以及研究特征与结果之间的关系等。例如，在某一研究领域，已有一定数量的通过单一被试实验研究获得的数据，那么就可以利用元分析技术对这些数据进行再分析，从而获得更具普遍意义的结果。因此，从这个意义上说，运用元分析技术能提高单一被试实验的外部效度。

三、单一被试实验的数据收集

在单一被试实验过程中，需要不断地收集数据，这就涉及数据指标与收集数据的方法。以下予以简单介绍。

（一）单一被试实验的数据指标

一般来讲，在单一被试实验设计中，被试目标行为的数据指标大致有以下几种。

1. 次数

次数是指目标行为发生的数量。如采用拍球训练的方法训练脑瘫儿童前臂的力量，可以以 5 分钟内被试成功拍球的次数作为训练的指标。对多动症儿童进行注意力训练，可以记录被试在完成学习任务的特定时段内的无意义行为的发生次数作为指标。

2. 百分比

百分比是在特定范围内，被试行为或事件发生的比率。例如，在评估某学习困难儿童长时记忆能力时，要求其识记包含 100 个无意义单词的词表，一周后让其自由回忆，如正确回忆出 80 个单词，则反映其长时记忆能力的指标就是 80％。

3. 时间

1）持续时间

时间是单一被试实验研究中常用的数据指标，一般包括持续时间和延迟时间。

持续时间是指被试目标行为持续发生的时间。在有些研究中，如仅以被试目标行为发生的次数为指标，可能不能反映其真实状况，因而以其行为发生的持续时间为指标。例如，以某学习困难儿童为研究对象，观察其课堂行为表现。其中一个指标是该儿童在课堂学习中所浪费的时间。这时，记录他在课堂中无关行为发生的次数以及每次无关行为持续的时间，就可得知其无关行为持续的总时间。

2）延迟时间

延迟时间是指个人在做出某种反应前所需的时间。例如，有人在学习困难儿童研究中使用"学习情境敏感性"这一指标，并将学习情境敏感性界定为被试走进教室到进入学习状态所需的时间（延迟时间）。

4. 其他指标

对脑瘫儿童进行训练时，可以采用肌张力、举起物体的重量、能跳的高度或距离作为指标；对聋儿的呼吸功能进行评估时，可以选用最长声时（MPT）、S/Z 比、平均气流率、最大数数能力（MC）等为指标。

（二）单一被试实验的数据收集方法

对目标行为进行测量，得到的是目标行为的数据，数据的收集主要有两种方法：

1. 直接观察记录法

它是指在被试所处的情境中，直接观察并记录其相关的行为指标。直接观察记录法除可以对行为进行量化记录之外，还可以对相关的因素（特别是情境因素）做详细的文字描述，以期能够为研究结果提供额外的补充说明。

2. 间接观察记录法，又称影像记录法

由于人员数量以及任务分配的限制，不能够对现场的情况进行直接观察记录，可将现场的情境摄录下来，以备日后进行编码和分析。这种方法的优点是，可有充裕的时间对结果进行分析，并可针对一些特定的片段进行重复观察。

第二节 单一被试实验设计与数据处理

一、单基线实验设计与数据处理

(一) A—B 设计与数据处理

单一被试实验设计可分为单基线实验设计、多基线实验设计、U 实验设计等。A—B 设计是单基线实验设计中最基本的形式。现对 A—B 设计的模式以及数据处理的方法进行介绍。

1. A—B 设计概述

先看一个例子。有一名多动症儿童,上课时经常做小动作,某教师对其进行为期 7 天的观察,观察时间定为每天上午的第 1 节课,并记录其做小动作的次数。在第 7 天观察记录结束后,该教师找该儿童谈话,并告诉他,如果做小动作的次数不超过 4 次,将得到 1 面小红旗,如累计得到 6 面小红旗,可换得 1 张足球票。这以后的 7 天,该儿童每天做小动作的次数明显减少,大致 2~3 次,学习成绩也有所提高。现将实验数据用图 10-2-1 表示如下。

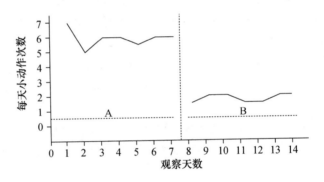

图 10-2-1 某儿童行为干预的折线图

图 10-2-1 中横坐标为总的观察天数,共 14 天,纵坐标为该儿童每天上午第 1 节课内做小动作的次数。

这是一个典型的 A—B 实验设计。其设计模式如图 10-2-2 所示。

A 阶段 (基线期)	(引入实验处理) B 阶段 (处理期)
$O_1 \quad O_2 \quad O_3 \quad O_4 \quad O_5 \quad O_6 \quad O_7$	$XO_8 \quad XO_9 \quad XO_{10} \quad XO_{11} \quad \cdots \quad XO_n$

图 10-2-2 A—B 设计模式图

其中,A 指基线期,也称观察期,是研究者对被试的目标行为进行观察记录($O_1, O_2, O_3, O_4, O_5, O_6, O_7$),但不施加任何实验处理的时期。B 指处理期,也称干预期,是实施实验处理,对被试的目标行为进行干预与观察记录($XO_8, XO_9, XO_{10}, XO_{11}\cdots, XO_n$)的时期。

A—B设计的基本假设是：如果没有实施实验处理,基线条件下的观察结果不会发生变化。换句话说,如果被试目标行为发生变化,那就是实验处理导致的结果。在考虑这一假设的合理性时,还涉及两个问题：一是A—B设计是否会与单组实验设计一样,受到被试自然成熟的影响。一般来说,单一被试实验周期较短,自然成熟对被试行为改变的影响不大。二是除实验处理之外,是否有其他因素(如被试自身或环境等)影响被试行为；如果有,会有多大的影响程度。对此,A—B设计很难做出明确的回答。

在实施A—B设计时要注意：①当基线期内的数据趋于稳定时,再开始实施实验处理；②一般而言,基线期与处理期的长短应大致相等,处理期可略长于基线期；③在整个实验期间,研究人员、记录人员、观察记录时间与方法等应保持不变。

2. A—B设计的数据处理

A—B设计的数据处理分为四步：① 收集数据,画出两维坐标图；② 进行系列数据的自我相关(autocorrelation)检验；③ 进行两期数据的显著性检验；④ 画回归线。以下举一个例子来说明A—B设计的数据处理过程。

采用A—B设计对某位行为问题儿童进行行为矫正。该儿童在基线期和处理期不良行为发生次数如表10-2-1所示,对数据进行处理与分析简述如下。

表10-2-1　某行为问题儿童的不良行为数据表

阶　段	1	2	3	4	5	6	7	8	9	10	11	12
基线期	11	8	8	7	8	9	11	10	9	10	10	7
处理期	7	5	6	1	2	5	6	3	3	2		

1) 收集数据,画出两维坐标图

制作好多边图,将两期数据逐步绘于多边图上。通过多边图可以直观地看到被试行为的变化,如图10-2-3所示。

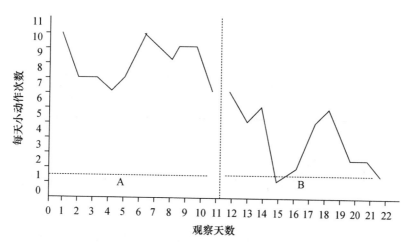

图10-2-3　某儿童行为干预的A—B折线图

2）系列数据的自我相关检验

系列数据的自我相关即数据之间彼此关联，相互影响，通俗地说，就是数据是非随机的，呈一定的变化趋势。系列数据的非自我相关是指数据之间彼此独立，随机分布，没有一定的变化趋势。对于自我相关的数据，不适合采用如 t 检验、F 检验等方法，因为这些统计方法是以数据的随机分布为统计基础的。系列数据的自我相关检验，是根据 Bartlett 比值（B_r）的大小来决定的。当 Bartlett 比值的绝对值 <1 时，可以认为系列数据是非自我相关的，当其 ≥1 时，则是自我相关的。一般来说，进行自我相关检验的数据应在 7 个以上。Bartlett 比值的计算公式为：

$$B_r = \frac{r_k}{2/\sqrt{n}}, \quad r_k = \frac{\sum(x_i - \bar{x})(x_{i+1} - \bar{x})}{\sum(x_i - \bar{x})^2}$$

式中：B_r 称为 Bartlett 比值，r_k 称为 Bartlett 检验值。n = 系列数据的总量。

要保证随后 t 检验的合理性，必须对基线期与处理期的数据分别进行自我相关检验。以下对上例基线期和处理期数据分别进行自我相关检验。结果如表 10-2-2 和表 10-2-3 所示。

表 10-2-2　基线期 Bartlett 检验值 r_k 计算表

原始数据（x_i）	离均差（$x_i - \bar{x}$）	离均差的平方 $(x_i - \bar{x})^2$	前后离均差之积 $(x_i - \bar{x})(x_{i+1} - \bar{x})$
11	2	4	(2)(−1) = −2
8	−1	1	(−1)(−1) = 1
8	−1	1	(−1)(−2) = 2
7	−2	4	(−2)(−1) = 2
8	−1	1	(−1)(0) = 0
9	0	0	(0)(2) = 0
11	2	4	(2)(1) = 2
10	1	1	(1)(0) = 0
9	0	0	(0)(1) = 0
10	1	1	(1)(1) = 1
10	1	1	(1)(−2) = −2
7	−2	4	
平均值 = 9　$\bar{x}$		离均差的平方和 = 22　$\sum(x_i - \bar{x})^2$	前后离均差之积和 = 4　$\sum(x_i - \bar{x})(x_{i+1} - \bar{x})$

数据计算：

$$r_k = \frac{\sum(x_i - \bar{x})(x_{i+1} - \bar{x})}{\sum(x_i - \bar{x})^2} = 4/22 = 0.18, \quad n = 12;$$

代入公式：

$$B_r = \frac{r_k}{2/\sqrt{n}} = \frac{0.18}{2/\sqrt{12}} = \frac{0.18}{0.58} = 0.31$$

因为本例 B_r 为 0.31，小于 1，所以基线期数据是非自我相关的。

表 10-2-3　处理期 Bartlett 检验值 r_k 计算表

原始数据(x_i)	离均差 ($x_i-\bar{x}$)	离均差的平方 $(x_i-\bar{x})^2$	前后离均差之积 $(x_i-\bar{x})(x_{i+1}-\bar{x})$
7	3	9	(3)(1) = 3
5	1	1	(1)(2) = 2
6	2	4	(2)(−3) = −6
1	−3	9	(−3)(−2) = 6
2	−2	4	(−2)(1) = −2
5	1	1	(1)(2) = 2
6	2	4	(2)(−1) = −2
3	−1	1	(−1)(−1) = 1
3	−1	1	(−1)(−2) = 2
2	−2	4	
平均值=4 $\bar{x}$		离均差的平方和=38 $\sum(x_i-\bar{x})^2$	前后离均差之积和=6 $\bar{x}\sum(x_i-\bar{x})(x_{i+1}-\bar{x})$

数据计算：
$$r_k = 6/38 = 0.16, \ n = 10$$

代入公式：B_r 比值 $= \dfrac{r_k}{2/\sqrt{n}} = \dfrac{0.16}{2/\sqrt{10}} = \dfrac{0.16}{0.63} = 0.25$

因为本例 B_r 等于 0.25，小于 1，所以处理期数据是非自我相关的。

经计算，上例基线期和处理期的数据均是非自我相关的，现在可对基线期与处理期的数据进行 t 检验。

3）进行两期数据的显著性检验

进行两期数据的显著性检验时，需要进行以下三步：

（1）提出假设。

H_0：两期数据无显著性差异。

H_1：两期数据有显著性差异。

（2）计算相关统计量。

将上例基线期及处理期数据及其他有关数据录入表 10-2-4。

表 10-2-4　基线期及处理期数据及有关数据表

序 号	基线期数据(x)	处理期数据(y)	基线期数据平方(x^2)	处理期数据平方(y^2)
1	11	7	121	49
2	8	5	64	25
3	8	6	64	36

续表

序　号	基线期数据（x）	处理期数据（y）	基线期数据平方（x^2）	处理期数据平方（y^2）
4	7	1	49	1
5	8	2	64	4
6	9	5	81	25
7	11	6	121	36
8	10	3	100	9
9	9	3	81	9
10	10	2	100	4
11	10		100	
12	7		49	
基线期数据和 $\sum x = 108$	处理期数据和 $\sum y = 40$	基线期数据平方和 $\sum x^2 = 994$	处理期数据平方和 $\sum y^2 = 198$	

将上述数据代入公式：

$$t = \frac{\bar{x} - \bar{y}}{\sqrt{s_c^2 \left(\frac{1}{n_x} + \frac{1}{n_y}\right)}}$$

$$= \frac{\bar{x} - \bar{y}}{\sqrt{\frac{(SS_x + SS_y)}{df_x + df_y}\left(\frac{1}{n_x} + \frac{1}{n_y}\right)}}$$

$$= \frac{\bar{x} - \bar{y}}{\sqrt{\frac{\left(\sum x^2 - (\sum x)^2/n_x + \sum y^2 - (\sum y)^2/n_y\right)}{df_x + df_y}\left(\frac{1}{n_x} + \frac{1}{n_y}\right)}}$$

式中：$\bar{x}$ 为基线期数据的平均值，$\bar{y}$ 为处理期数据的平均值；

n_x 为基线期样本容量，n_y 为处理期样本容量；

s_c^2 为两组数据共同方差，$s_c^2 = \frac{SS_x + SS_y}{df_x + df_y}$；

SS_x 为基线期数据的离差平方和，SS_y 为处理期数据的离差平方和；

df_x 为基线期自由度，df_y 为处理期自由度；

$df_x = n_x - 1, df_y = n_y - 1$。

经计算：$t = 6.74$。

（3）统计决断。

本例自由度 $df = n_1 + n_2 - 2 = 12 + 10 - 2 = 20$，查 t 值表 $t_{(20)0.05} = 2.086$，$t_{(20)0.01} = 2.845$，由于实际计算出的 $t = 6.74 > t_{(20)0.01} = 2.845$，则 $P < 0.01$。结论：在 0.01 显著性水平上基线期与处理期均数呈极显著差异。

4）画回归线

（1）回归线的作用

回归线可以反映数据的变化趋势，因而可为实验提供更多的信息。现以某 A—B 两期实验设计为例，具体见图 10-2-4。

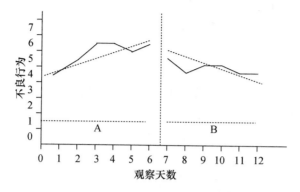

图 10-2-4　某儿童行为干预的回归线

统计结果显示，A 期均数高于 B 期均数，但两期数据在统计学意义上无显著差异。而从两期数据的回归线可以看出，A 期回归线斜率为正，而 B 期回归线斜率为负。这表明，实验处理在一定程度上改变了被试行为的变化趋势，即由基线期的逐渐向上改变为处理期的逐步向下。另外，结果还显示，如果适当延长处理期，两期数据很可能在统计上显示出显著差异。

（2）画回归线

画回归线可分三步：一是建立回归方程；二是根据回归方程求出两点；三是连接两点，画出回归线。下面根据上例基线期的数据，说明回归线的画法。

基线期数据以及相关计算结果如表 10-2-5 所示。

表 10-2-5　描述性统计表

x	y	$x-\bar{x}$	$y-\bar{y}$	$(x-\bar{x})(y-\bar{y})$	$(x-\bar{x})^2$
1	11	−5	2	−10	25
2	8	−4	−1	4	16
3	8	−3	−1	3	9
4	7	−2	−2	4	4
5	8	−1	−1	1	1
6	9	0	0	0	0
7	11	1	2	2	1
8	10	2	1	2	4
9	9	3	0	0	9
10	10	4	1	4	16
11	10	5	1	5	25
12	7	6	−2	−12	36
总和				3	146

表中:x 是时间变量,y 是行为指标变量。

① 建立回归方程。

一元线性回归方程的通式为:
$$\hat{y} = a + bx$$

a 是回归线在 y 轴上的截距;

b 是回归线的斜率,称为回归系数。

建立回归线方程,就是要求出上式中的 a(截距)与 b(回归系数)。

在由 x 估计 y 时,b 与 a 的计算公式为:
$$b_{yx} = \frac{\sum(x-\overline{x})(y-\overline{y})}{\sum(x-\overline{x})^2}$$
$$a_{yx} = \overline{y} - b_{yx}\overline{x}$$

将表中数据代入公式:
$$b_{yx} = \frac{\sum(x-\overline{x})(y-\overline{y})}{\sum(x-\overline{x})^2} = \frac{3}{146} = 0.02$$
$$a_{yx} = \overline{y} - b_{yx}\overline{x} = 9 - 0.02 \times 6.5 = 8.88$$

因此,回归方程为:
$$\hat{y} = a_{yx} + b_{yx}x = 8.88 + 0.02x$$

② 根据回归方程求出两点。

设 $x_1 = 2$,代入回归方程,得 $\hat{y}_1 = 8.92$;设 $x_2 = 7$,代入回归方程,得 $\hat{y}_2 = 9.02$。

③ 连接(2,8.92)与(7,9.02)两点,即得到回归线。如图10-2-5所示。

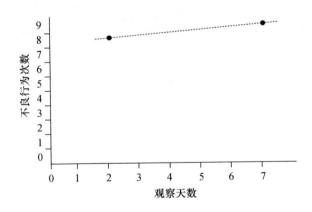

图10-2-5 某儿童不良行为干预的回归线(基线期)

按同样的方法,可求出处理期数据的回归方程($\hat{y} = 5.87 - 0.34x$),根据回归方程可画出回归线。两期数据的回归线如图10-2-6所示。

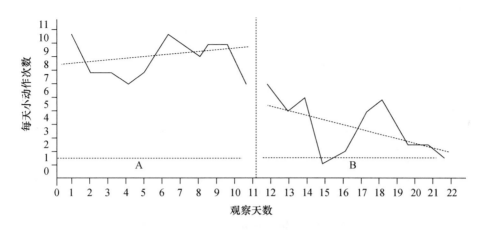

图 10-2-6　某儿童不良行为干预的回归线图(两期)

3. A—B 设计中的常见问题及处理

A—B 设计是特殊教育研究中常用的方法。许多研究人员或一线教师在实际应用中,常常会遇到一些问题。现就这些问题以及处理办法讨论如下。

1) 处理期在前,基线期在后

对于 A—B 实验设计来说,基线期在前,处理期在后,也就是说,对被试先观察,后干预。然而,在特殊教育研究中,我们经常面对的是需要立即实施实验干预的特殊儿童。例如,有一名存在严重言语障碍的儿童需要进行言语矫治,如果采用 A—B 设计,就意味着需要用一定时间对其言语状况进行观察,而时间对该儿童言语矫治十分宝贵。此时就应该采用先处理,后观察的 B—A 实验设计。B—A 实验设计的数据处理方法与 A—B 实验设计一样,但其结果是用于说明被试的目标行为在实验处理期与撤销实验处理后有无显著性差异。

2) 只有处理期,没有基线期

只有处理期,没有基线期的实验设计如 B_1—B_2 实验设计。B_1 表示实验处理前期,B_2 表示实验处理后期。一般而言,在被试目标行为亟须干预,而且干预时间又较长时,可采用 B_1—B_2 实验设计。

例如,某儿童有较严重的攻击行为,出于伦理方面考虑,采用 B_1—B_2 实验设计对其进行及时处理。如果整个处理期为 12 天,则可根据数据情况,将实验处理前 6 天定为 B_1,实验处理后 6 天定为 B_2。实验结果有两种可能情况,现将其相应的处理方式简介如下:

(1) 统计结果表明两期数据均非自我相关,且 t 检验显著。这时,如能排除个人因素(被试攻击行为自然消退)的影响,则有理由相信实验处理有效。从 B_2 期均数显著低于 B_1 期的结果可推断,该实验处理可能具有累积效应。见图 10-2-7。

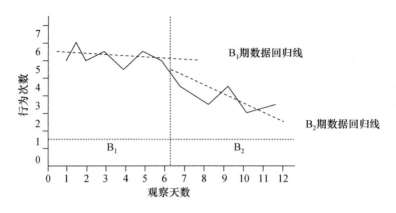

图 10-2-7　B_1—B_2 设计两期数据回归线

（2）两期数据始终存在自相关，则可画出所有数据的回归线。如果回归线趋势明显向下，则可定性地说明实验处理有效，见图 10-2-8。

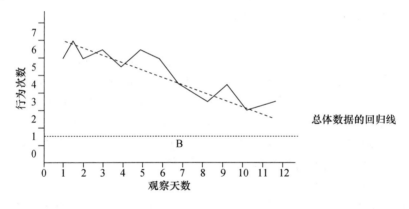

图 10-2-8　B_1—B_2 设计总体回归线

3）基线期与处理期数据采集时间间隔不等的情况

在 A—B 实验设计中，当评估时间间隔较长（如以周为单位）时，那么整个实验周期就会很长。为了节约人力与物力，并将重点放在实验处理上，在某些特定的情况下，可缩短基线期，如基线期的间隔以天为单位，处理期的间隔以周为单位。

例如，我们曾开展"故事教学对提高听障儿童听理解能力的实验研究"，实验设计如下：准备 18 篇长度与难度相仿的小故事，每篇故事附 15 个问题，随机选 6 篇作为基线期的测试材料，每天测 1 篇，分 6 天完成；其余 12 篇作为处理期测试材料，每周末测 1 篇故事，分 12 周完成。实验干预为故事教学，被试回答 15 个问题的成绩即为听理解能力的指标。本实验将基线期缩短为 1 周，我们假设听障儿童在没有干预的情况下，1 周内的听理解能力与 6 周内的没有显著性差异。实验结果如图 10-2-9 所示。

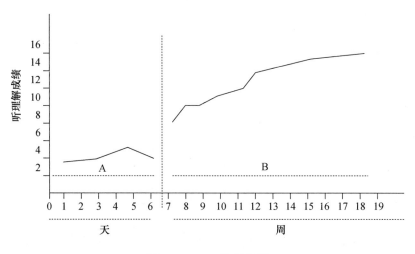

图 10-2-9 两期数据图

(二) A—B—A 设计与数据处理

A—B—A 设计是 A—B 设计的扩展,即在处理期 B 后又加上一段基线期。由于 A—B—A 设计有两个基线期,后一个基线期与前一个基线期的实验条件相同,所以这种实验设计又称为倒返设计或撤回设计。本节将对 A—B—A 设计的模式以及数据处理方法进行介绍。

1. A—B—A 设计概述

1) A—B—A 设计

A—B—A 设计的实验过程分三个部分:先在不加任何干预的条件下,观察记录被试的行为变化,这是第一个基线期;当行为变化趋于稳定时,对被试施加实验处理,同时观察并记录其行为变化,有几次处理,就有几次观察和记录,这一阶段称为处理期;接着,撤销实验处理,恢复到与处理期前相同的实验条件下,再对被试行为进行观察与记录一段时间,这一阶段称为第二基线期。其设计模式如图 10-2-10 所示。

A_1 阶段 (基线期 1)						引入实验处理 B 阶段 (处理期)						撤销实验处理 A_2 阶段 (基线期 2)					
O_1	O_2	O_3	O_4	O_5	O_6	XO_7	XO_8	XO_9	XO_{10}	XO_{11}	XO_{12}	O_{13}	O_{14}	O_{15}	O_{16}	O_{17}	O_{18}

图 10-2-10 A—B—A 设计模式图

下面举一个 A—B—A 实验设计的例子:对某特殊儿童的不良行为进行干预。整个实验周期为 18 天,第 1 至第 6 天为第一观察期,第 7 至第 12 天为处理期,第 13 至第 18 天为第二观察期。结果如图 10-2-11 所示。

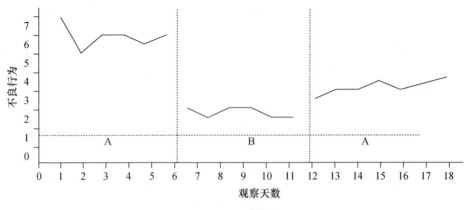

图 10-2-11 三期数据的折线图

与 A—B 设计相比较,A—B—A 设计是在处理期结束后,又增加了一段观察期。其主要作用在于判断实验处理是否具有延时作用。

以上述研究为例,对可能的实验结果分三种情况讨论。

① 处理期数据比第一基线期低,第二基线期数据等于或低于处理期。即在撤销实验处理后,被试行为仍然保持或低于处理期水平。结论:实验处理有效,并有延时效应。

② 处理期数据比第一基线期低,第二基线期数据在第一基线期与处理期之间。即在撤销实验处理后,被试行为有所恢复,但未达到处理前水平(如图 10-2-11)。结论:实验处理有效,但只有一定的延时效应。

③ 处理期数据比第一基线期低,第二基线期数据高于处理期。即在撤销实验处理后,被试行为又有所恢复或高于实验处理期水平。结论:实验处理有效,但只有即时效应,没有延时效应。

2) A—B—A 设计的变式

(1) A—B—A—B 设计

如果在 A—B—A 设计之后再加一段实验处理 B,那就成为 A—B—A—B 设计了。如以干预某儿童每天课堂做小动作的行为为例,结果如图 10-2-12 所示。

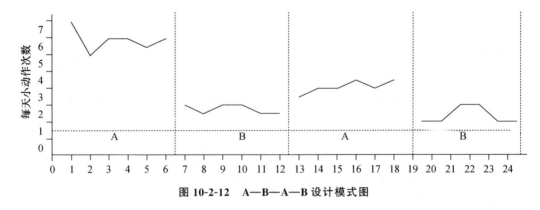

图 10-2-12　A—B—A—B 设计模式图

从图 10-2-12 可见,在第一个处理期时,被试做小动作的次数明显减少,在处理撤销后,做小动作的次数有所增加,但未达到第一基线期水平。再实施同样的实验处理,被试做小动作的次数又明显减少,即与第一处理期相仿。由于两次实验处理都得到了相同的效果,基本排除无关变量的影响,可以认为实验处理的效果更加明显。由此可以看出:与A—B设计和A—B—A设计相比,A—B—A—B设计的内部效度更高。

(2) B—A—B设计

将上例A—B—A设计改为B—A—B设计,即处理、观察、再处理。假设结果如图10-2-13所示。

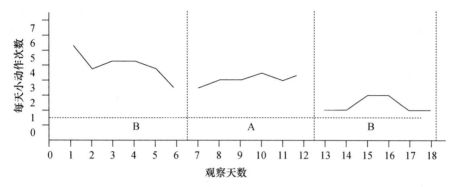

图 10-2-13　B—A—B设计模式图

从图10-2-13可见,撤销实验处理后,被试目标行为基本维持在处理期水平,但当其再次接受同样处理时,目标行为明显降低。这说明实验处理有效,而且可能具有一定的延时效应。

2. A—B—A设计的数据处理

对A—B—A设计进行数据处理,大致可分以下四步:绘制各期数据的多边图、对各期数据进行自相关检验、进行三期数据的F检验和绘制三期数据的回归线。下面以一个例子对A—B—A设计数据处理的步骤进行说明。

案例:有一名有自闭倾向的儿童(小D),缺乏主动与人交流的行为。实验者采用音乐治疗的方法对其进行治疗。实验采用A—B—A设计,以小D主动发起的交流行为为观察指标(单位时间内与人交流的次数),三期数据结果如表10-2-6所示,考察干预是否促进了该儿童的主动交流行为。

表 10-2-6　三期数据统计结果表

	1	2	3	4	5	6	7	$M \pm SD$
A	0	2	1	3	2	1	1	1.43 ± 0.98
B	4	3	2	6	8	5	5	4.71 ± 1.98
A	4	3	5	5	4	4		4.17 ± 0.75

1) 绘制各期数据的多边图

将各期数据以测试时间为横轴,以分数(交流次数)为纵轴,描成两维的多边图。

2) 对各期数据进行自相关检验

对三期数据进行自相关检验,方法与两期数据自相关检验相同。自相关检验结果显示,$B_r = -0.208, B_r = 0.431, B_r = -0.084$,即$B_r$绝对值均小于1,各组数据非自我相关,数据有效。

3) 进行三期数据的显著性检验

单一被试三期数据处理的方法与单因素完全随机实验设计的方法完全相同。首先,进行三组数据的 F 检验,如差异显著,则进行三组数据的两两比较,以确定哪两组之间存在显著性差异。对本例中三期数据进行单因素方差分析(ONE-WAY ANOVA),结果表明三期数据差异显著($F(2,17)=11.38, P=0.001$)。多重比较(POST-HOCK)结果表明,基线期 1 与处理期有极显著性差异($P<0.01$);基线期 1 与基线期 2 有极显著差异($P<0.01$);处理期与基线期 2 没有显著性差异($P=0.48$)。这说明,实施音乐治疗后,该儿童的主动交流行为明显增加,撤除干预后,主动交流行为虽有所下降,但也明显高于干预之前的水平,且与处理期没有显著性差异。因此,从总体上讲,干预是有效的,并有一定的延时效应。

4) 绘制三期数据的回归线

同两期数据回归线的绘制方法一样,对三期数据绘制回归线,如图 10-2-14 所示。

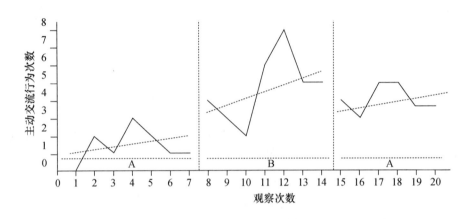

图 10-2-14　三期数据的回归线

二、多基线实验设计与数据处理

在特殊教育研究中,为了提高实验的外部效度,也经常采用多基线实验设计。下面就多基线实验设计与数据处理等问题进行叙述。

(一) 多基线实验设计

多基线实验设计可分为跨情境多基线设计、跨行为多基线设计与跨被试多基线设计。

1. 跨情境多基线实验设计

案例 1:某教师对一名学习困难儿童实施课堂行为干预,以期提高其学习成绩。他以英语、数学及语文学科作为课堂情境,并依次开始实验干预。整个实验周期为 4 周,每周观察记录 4 次。具体数据如图 10-2-15 所示。

从图 10-2-15 可见,三种课堂情境的基线期与处理期均不同,英语课堂情境的基线期最短(1 周),处理期最长(3 周);数学课堂情境的基线期与处理期相同(均为 2 周);语文课堂情境的基线期最长(3 周),处理期最短(1 周)。图中直观地显示,在英语课堂情境实施实验干预后,被试的英文成绩有明显提高;在数学课堂情境实施实验干预后,成绩波动,提高不明显;在语言课堂情境实施实验干预后,成绩有显著提高。

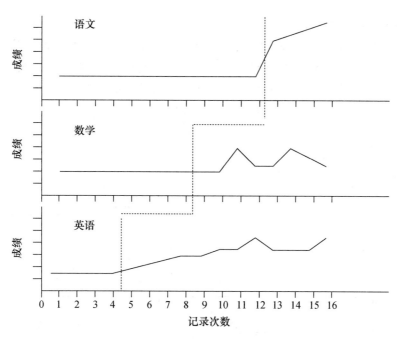

图 10-2-15　跨情境多基线设计图

2. 跨行为多基线实验设计

案例 2：被试是一名多动症儿童，用行为矫正法来减少其多动行为。选择其 3 种行为作为观察指标，即摆弄文具、东张西望、离开座位。研究者同时记录这 3 种行为，每天 2 次，每次 30 分钟，10 天共 20 次。实验数据如图 10-2-16 所示。结果显示，实验处理介入后，该儿童三种多动行为明显改善。

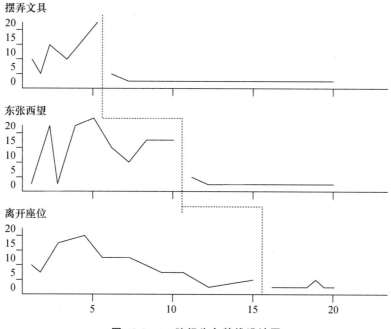

图 10-2-16　跨行为多基线设计图

3. 跨被试多基线实验设计

案例3：被试是三名在同一班级的学习困难学生。观察记录三名学生上课时注意力分散的时间（分钟）。实验处理：每次课后，任课教师分别向三人反馈实验结果。如注意力分散行为有改善，则予以口头表扬。整个实验28天。结果如图10-2-17所示。结果显示，实验处理介入后，前两位学生注意力分散的现象明显改善；后一位学生有一定程度的改善。

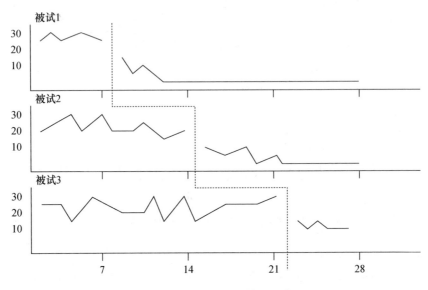

图 10-2-17　跨被试多基线设计图

4. 多基线实验设计的特点及实施注意事项

（1）在多基线实验设计中，可有多个情境、行为和被试。在跨情境与跨行为的多基线设计中只有一个被试，而跨被试多基线设计可有多个被试。

（2）选择情境、行为与被试的基本原则：彼此之间既要有一定的关联，但又不能过于密切。因为在多基线实验设计中，所采用的只有一种干预方法，期望一种干预方法在毫无共同之处的情景、行为与被试的实验条件下都有效显然是不可能的。反之，如果关联过于紧密，实验干预就会产生联动效应，那么就没有必要做多基线实验设计了。

（3）在多基线实验设计中，要注意实验实施的顺序。以跨行为多基线设计为例，如果选择了三种行为，那么对哪一种行为先实施实验处理呢？一般来说，应该选择相对轻微、容易干预的行为先实施实验处理，而对相对严重的行为后实施实验处理。

（4）实验中可能产生共变现象，分过渡性共变与完全性共变两种。过渡性共变指先实施的实验处理引起尚未实施处理的行为的部分波动和改变；完全性共变指先实施的实验处理引起尚未实施处理的行为的完全改变。共变现象可分两种情况予以讨论：①跨情境与跨行为多基线设计的共变现象，可能是多情境之间或多行为之间的关联过于密切所致；②跨被试多基线设计的共变现象，则很有可能是对某被试的实验处理影响到尚未接受处理的其他被试所致。解决办法：在实验过程中尽量地分离被试，避免相互干扰和影响。

（二）多基线实验设计的数据处理

在对多基线实验设计进行数据处理时，可以把它分解为几个单基线实验设计，从而按照单基线实验设计数据处理的办法来处理。最后，综合几个 t 检验结果，对干预的效果进行分析，并得出结论。下面以一个例子来说明如何对多基线实验设计的数据进行处理。

案例：鼻流量是指发音时鼻腔气流量占口腔与鼻腔气流量总和的百分比。说不同词语或句子时，其鼻流量的参考值不同，但都有一定的范围。鼻流量过大，表现为鼻腔共鸣过强或鼻音亢进；鼻流量过小，则表现为鼻腔共鸣不足或无鼻音。对 3 名鼻音功能亢进的儿童进行言语训练，采用跨被试多基线实验设计，被试 A 的基线期为 1 周，被试 B 为期两周，被试 C 为期 3 周，1 次/天。被试 A 的处理期从就诊第 2 周开始，隔日收集一次数据，3 次/周，为期 8 周；被试 B 的处理期从就诊第 3 周开始，隔日收集 1 次，3 次/周，为期 7 周；被试 C 的处理期从就诊第 4 周开始，隔日收集一次，3 次/周，为期 6 周。观察指标是被试发/ɑ/音时的鼻流量，它能反映患者的鼻腔共鸣情况。对有关数据进行处理，结果如图 10-2-18，10-2-19，10-2-20 所示。

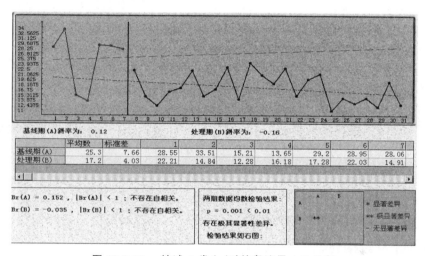

图 10-2-18　被试 A 发/ɑ/时的鼻流量 A-B 比较

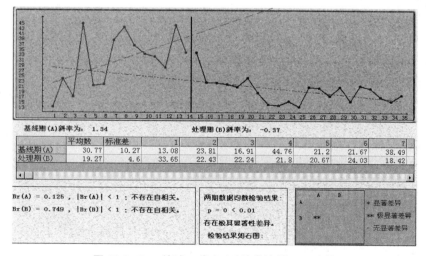

图 10-2-19　被试 B 发/ɑ/时的鼻流量 A-B 比较

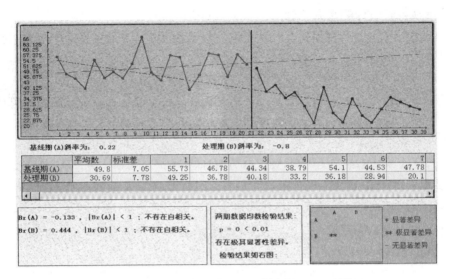

图 10-2-20　被试 C 发 /ɑ/ 时的鼻流量 A—B 比较

如图所示,3 名被试基线期和处理期数据的 Bartlett 比值的绝对值均小于 1,说明各组数据是非自我相关的,属有效数据。另外,t 检验表明,治疗前后,3 名被试 /ɑ/ 的鼻流量值均有显著差异($p<0.01$),治疗对降低 /ɑ/ 的鼻流量是有效的。而且从图中还可以看到 3 名被试基线期的 /ɑ/ 的鼻流量波动较大,尤其是被试 C 在较高水平波动。随着治疗的进行,被试 A 的 /ɑ/ 的鼻流量值在处理期的第 1 周开始下降,然后出现持续的波动,但整体上还是呈现下降趋势,被试 B 和被试 C 均在处理期的第 2 周左右开始出现较明显的下降,随着时间的推移,/ɑ/ 的鼻流量值也出现波动,但幅度不大,而且整体上还是呈下降趋势。从回归线上可以看出,3 名被试在干预前,其 /ɑ/ 的鼻流量值都是呈上升趋势,而干预后,/ɑ/ 的鼻流量值都呈现出下降趋势。

三、U 实验设计及数据处理

(一) U 实验设计概述

在特殊教育实践与研究中,经常会遇到这样的问题,即有两种干预方法可对某特殊儿童的不良行为进行干预,但是哪一种更为有效?U 实验设计为解决这个问题提供了简便而有效的方法。对于 U 设计的实验数据要采用 U 统计来分析。U 统计最早是由曼-惠特尼(Mann-Whitney)提出来的,与前面所述的 t 检验与 F 检验不同的是,前者属于参数检验,而 U 统计则属于非参数检验。参数检验要求被处理的数据呈正态分布或接近正态分布,而非参数检验无此要求,因此 U 统计的数据是"自由分布"的。下面以一个例子来说明 U 实验设计在特殊教育研究中的应用。

(二) U 实验设计的数据处理

有一名 6 岁儿童,通过对其交往、情绪和行为的观察和评估,诊断结果为:该儿童有内敛自闭倾向。拟采用正性音乐 A 和负性音乐 B 两类音乐对其进行干预。正性音乐是指节奏感强、速度较快的曲目,如《锤打天地》《套娃一家》和《贝多芬第五交响曲》等。负性音乐是指节奏不太明显、速度较缓慢的曲目,如《小调安灵弥撒泪经》、《天鹅》和《圣母颂》等。为了检验两类音乐的治疗效果,实验采用 U 设计。在实施过程中,两类音乐按照 ABBA 的顺序交替进行,每类音乐各实施 5 次,每首曲子听 2

遍,约 16 分钟,每天治疗 1 次,所有治疗 10 天完成。该实验以该儿童听音乐时注意力维持时间(分)为指标。实验结果如表 10-2-7 所示,问:两类音乐对维持该儿童的注意力方面有无差异。

表 10-2-7　每次实验处理自闭症儿童注意维持时间表(分钟)

A	B	B	A	A	B	B	A	A	B
7.5	3.1	3.1	8.3	9.4	4.2	5	9.8	12.1	8.3

1. 数据的初步整理

将表 10-2-7 中的数据按 A 与 B 两种处理分列,如表 10-2-8 所示。

表 10-2-8　两种实验处理自闭症儿童注意维持时间表(分钟)

A	B
7.5	3.1
8.3	3.1
9.4	4.2
9.8	5
12.1	8.3
平均值 9.42	4.74

通过对数据的初步整理,发现在 A 处理条件下,该儿童注意维持时间要比 B 处理条件下长,但这种差异是否具有统计学意义,还需进一步检验。

2. 求平均等第值

将被试 10 次处理后所得的数据按序排列。数据按序排列的原则是将优良数据排在前面。何为优良数据则要按情况来定。如以不良行为次数为指标,则其发生次数越少,数据越优良;如以儿童注意维持时间为指标(如本例),则其时间越长,数据越优良。在对原始数据排序后,要赋予每一原始数据绝对等第值与对应的平均等第值。如表 10-2-9 所示。

表 10-2-9　自闭症儿童注意维持时间等第值表

原始数据	12.1	9.8	9.4	8.3	8.3	7.5	5	4.2	3.1	3.1
绝对等第	1	2	3	4	5	6	7	8	9	10
平均等第	1	2	3	4.5	4.5	6	7	8	9.5	9.5

平均等第值的算法分两种情况:一是原始数据没有重复,这时其平均等第值就是其绝对等第值,如表 10-2-9 中最初三个原始数据由大到小,没有重复,其绝对等第值与平均等第值均为 1,2,3。二是原始数据有重复,如表中第 4 和第 5 个原始数据均为 8.3,对应的绝对等第值为 4 和 5,将绝对等第值 4 和 5 相加后除以 2,就是它们的平均等第值 4.5。同样,最后的两个相同的原始数据的平均等第值均为 9.5。将原始数据与对应的平均等第值列入表 10-2-10。

表 10-2-10　两种处理方法的原始数据与对应的平均等第值表

A 处理后注意维持时间/min		B 处理后的注意维持时间/min	
原始分数	平均等第值	原始分数	平均等第值
7.5	6	3.1	9.5
8.3	4.5	3.1	9.5
9.4	3	4.2	8
9.8	2	5	7
12.1	1	8.3	4.5
平均等第值的和 $R_1=16.5$		平均等第值的和 $R_2=38.5$	
A 处理的次数 $n_1=5$		B 处理的次数 $n_2=5$	

3. U 实验设计的显著性检验

1) 提出假设

H_0：两种处理无显著性差异；

H_1：两种处理有显著性差异。

2) 计算统计量

计算统计量 U：$U = n_1 n_2 + [n_1(n_2+1)]/2 - R$

n_1：实验中第一种处理方法的实施次数；

n_2：实验中第二种处理方法的实施次数；

R：为较大的平均等第值的和。

如上例：$n_1=5, n_2=5$；

因为 $R_1=16.5, R_2=38.5, R_1 < R_2$，故 $R = R_2$。

将三个参数代入 U 统计量公式，则有：

$$U = 5 \times 5 + [5(5+1)]/2 - 38.5 = 1.5$$

3) 统计决断

查双侧 U 检验的临界值表（显著性水平为 0.05），表的最上一行为某一处理的实施次数，用 n_S 表示，表的最左列为另一处理的实施次数，用 n_L 表示，n_S 与 n_L 交叉之处的值就是临界值。如果两种实验处理的次数不相等，实验次数较小的为 n_S，较大的为 n_L。U 检验规定，当计算出的 U 等于或小于 U 临界值时，拒绝 H_0，接受 H_1。

该实验的 U 统计量为 1.5，U 临界值 $U_{(0.05)}=2$，$1.5 < 2$。故接受 H_1，拒绝 H_0，即两类音乐在促进自闭倾向儿童注意稳定性上存在显著性差异，正性音乐要优于负性音乐。

第三节　单一被试实验在教育康复研究中的应用举例

一、注意缺陷多动倾向伴学习困难儿童训练的个案研究

注意缺陷多动倾向伴学习困难儿童是近年来备受关注的研究对象之一。教育研究与实践表明，

注意缺陷多动倾向的儿童往往伴有学习困难。目前,一方面对这类儿童尚缺乏有效的教育干预手段,另一方面这类儿童在有特殊教育需要的儿童中所占比率较高,且有明显上升的趋势。因此,加强这方面的相关研究,特别是应用研究十分必要。

本研究采用单一被试实验设计,以元认知理论为指导,训练一名多动倾向伴学习困难儿童的自我监控能力,以期改善其学习不良的状况。同时通过研究,探讨对类似儿童进行个别训练与教育的有效方法。

(一)研究对象及方法

1. 研究对象

史××,男,1992年10月出生,1998年9月入普通学校接受义务教育。该生学习懒散,做事不能有始有终,常常半途而废;易受外界变化影响,注意力难以集中。具体表现为多动、好动:该生无论在课堂学习上还是在家庭作业上,无论是文化课学习还是文娱活动,手脚总是不停,躯体像装了一部"发动机",并且多动行为不分场合,角色管理失控,缺乏自制力。经多次交谈,发现该生不能察觉其多动行为,如他所言"我也不知是怎么回事"。他的学习成绩很不理想,从进小学至今,语文和英语成绩总是全班倒数,数学常常徘徊在及格边缘,三门学科平均成绩经常在全年级平均成绩两个标准差以下。

2. 研究方法

1) 评估

根据智商测试(瑞文测验)结果,IQ是92,排除智力落后;参照美国精神疾病协会(APA)的DSM-IV标准,由专业人员、班主任、语数外3位任课教师结合该生几年的学业成绩和学习行为,评估该生为注意缺陷多动倾向伴学习困难的学生。训练前最近一次三科考试成绩见表10-3-1。

表10-3-1: 史××及其所在四年级第一学期末三科成绩

	语文	数学	英语	合 计
史××	57	68	47	57.33
全年级($N=183$)	83.47±10.17	80.38±13.80	77.45±9.27	80.43±11.05
Z 分数	－2.60	－0.89	－3.28	－2.09

2) 研究设计

本研究采取3个单基线 A-B 实验设计,各基线期(A)和处理期(B)测试指标是:① 学习情境敏感性(Sensitivity of Learning Environment),指进入学习状态所需的时间(ST,秒);② 无关行为发生频率(Frequency of No-sociality Behaviors),指规定学习时段中无意义行为发生次数(F);③ 浪费的时间(WT),指规定学习时段中浪费的时间。3个指标的观察记录均在30分钟作业课上进行,学习任务是做数学或语文练习,作业量足,教师在此期间无任何干预。

3) 数据收集和处理

本研究采用单一被试实验研究方法。研究人员对教师(班主任)进行培训与指导,使其掌握训练方法与数据收集方法。实验从四年级第二学期开学后一个月开始。

(1) 基线期(A)。利用每日作业课(30分钟)时间,在自然状态下收集该生各行为基线期信息($ST\text{-}A$、$F\text{-}A$、$WT\text{-}A$),共8次;根据数据绘制基线期多边图。

(2) 处理期(B)。即训练期。由班主任老师对该生实施个别化自我监控训练,共10次。收集各处理期相关数据(ST-B、F-B 并 WT-B),并及时按数据绘制多边图。

(3)分别计算三对数据的 Bartlett 比值,确定各组数据的自我相关程度,决定是否延长基线期或处理期。通过 t 检验,推断处理期与基线期的差异程度。

4)训练内容和方式

监控训练由班主任实施。首先,向被试说明实验对培养其良好学习行为以及提高学业成绩的意义,将制作好的多边图出示给被试,并说明 ST、F、WT 的含义。其次,在训练过程中,师生是共同研究和分析多边图,让被试及时了解自己的发展状况,强化训练效果。

训练方式是师生交谈,按自评—核对—反馈形式进行。交谈的问题涉及三个方面:学习的计划性、课堂学习无关行为的发生情况和课堂练习完成情况。下面以学习的计划性为例,说明训练过程。

(1)引导被试"自评":

教师:"在上一节课预备铃声响后,你觉得自己做好上课的充分准备了吗?"

史××:"什么准备?"

教师:"比如说课本、练习本和其他学习用具准备好了吗?还有心理上的准备,如想一想老师昨天布置的预习任务自己完成得怎样?是否有疑问?是否期待着老师的解答?注意力是否已完全集中在即将开始的课堂学习上呢?"

史××:"蛮好!"

教师:"如果充分做好了上课的各项准备可以评 10 分,你该给自己打多少分呢?"

史××:"8~9 分。"

(2)对被试自评进行"核对":

教师:"我站在讲台上时,听到你在问前面那位同学什么问题,好像是关于分组的事情。"

史××:"分组?哦,春游我想和她换组,就说了这一句话,上课铃还没有打。"

教师:"马上要上课了,你还在想下一周春游的事,你说你做好上课的心理准备了吗?"

史××:(不做声)。

教师:"现在你给自己的上课准备打几分?"

史××:"嗯,大概 3~4 分吧。"

……

(3)对被试自评进行"反馈":

教师:"我觉得该打 6~7 分,因为上课开始后你还是能够比较快地进入状态,说明你分心没有持续多长时间,而且课堂学习用具都准备好了,扭来扭去的动作也比以前少了。你想想看,是这样的吗?"

史××:"课本、练习本我早就准备好了。"

……

上述"自评—核对—反馈"的交谈方式体现了元认知的思想。元认知的核心是自我监控,而自我监控能力与学习成绩呈正比关系。上述自评、核对、反馈三个环节,环环相扣,步步深入,逐步引导被试全面客观地认识与评价自己。另外,在交谈过程中,教师的提问要有针对性,说理要实事求是,这样才能使谈话起到预期的效果。

(二)结果

表 10-3-2 史××3 种行为的基线期(A)和处理期(B)统计处理结果

	ST(秒)		F(次)		WT(秒)	
ST-A	ST-B	F-A	F-B	(WT-A)	(WT-B)	
320	75	6	4	84	69	
256	13	7	4	74	78	
300	73	7	0	67	0	
274	12	8	3	93	80	
112	48	4	5	75	42	
184	57	6	3	103	28	
401	26	9	3	99	66	
330	68	10	1	81	18	
	47		4		40	
	82		3		33	
M 272.13	50.10	6.63	3.00	84.50	45.40	
SD 90.00	25.72	1.51	1.50	12.78	26.98	
B_r 0.095	0.89	0.40	0.31	0.01	0.74	
$t(8)=6.76, p=0.00$		$t(16)=5.10, p=0.00$		$t(13)=4.05, p=0.00$		

注：M-平均值，SD-标准差，B_r-Bartlett 比值；

结果表明，3 种行为基线期和处理期数据的 B_r 均小于 1，各组数据是非自我相关的，数据有效。经训练，3 种行为都有明显改善(见图 10-3-1、图 10-3-2、图 10-3-3)，三个指标经过 t 检验，均达到极显著性差异。

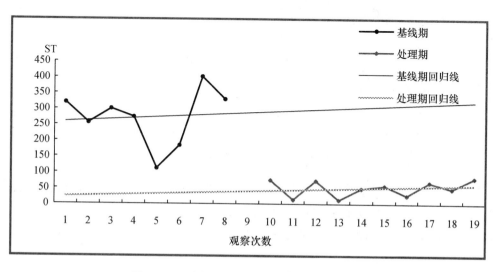

图 10-3-1 史××学习情境敏感性 A—B 比较

由图 10-3-1 可知，处理期的水平明显低于基线期，表明通过训练明显提高了该生对学习情境的敏感性。

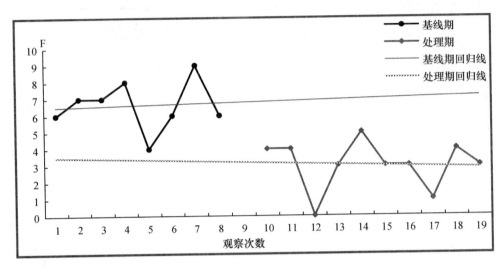

图 10-3-2　史××无关行为发生率 A—B 比较

由图 10-3-2 可见，处理期的水平明显低于基线期，表明该生在学习活动中的无关行为的发生次数明显减少。

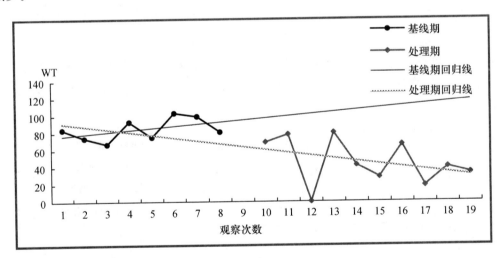

图 10-3-3　史××学习时效 A—B 比较

由图 10-3-3 可见，处理期的水平低于基线期，表明被试学习时间的利用率有所提高。从回归线的变化趋势来看，被试的学习时效还可以进一步提高。

将被试四年级第二学期末的三科成绩与同年级学生做比较，结果见表 10-3-3 所示。

表 10-3-3　被试及其所在四年级第二学期末三科成绩

	语文	数学	英语	合计
史××	71	67	57	65.00
全年级($n=181$)	81.13±12.44	85.32±11.53	75.61±10.79	80.69±11.36
Z 分数	−0.81	−1.59	−1.72	−1.38

比较被试四年级第一与第二学期期末三科成绩,发现他在学业成绩上均有不同程度的进步,但仍未达到平均水平,表明本研究的训练方式能在一定程度上提高被试的学习成绩,但若想达到学习成绩的明显改善,还要涉及其他多种因素。

(三) 讨论

目前,有关学习困难成因的解释有多种理论,如成熟滞后理论、行为缺陷理论、认知缺陷理论和元认知理论等,与此相对应有不同的训练方法和途径。但是,国外已有大量相关研究表明,学习困难儿童的自我监控能力较正常儿童明显低下可能是导致其学习困难的一个重要原因,以元认知理论为基础的训练方式可能是提高其自控能力的重要途径。本研究以元认知理论为基础,制定相应的训练模式与方法,训练结果表明,该儿童的自我监控能力与学习成绩较前有所提高。本研究值得继续思考与研究的问题是:① 这种训练的强度应该多大,需要持续多长时间才能保持稳定的状态;② 元认知策略的训练成效如何能尽快地在学生学业成绩上体现出来,使学生有效的学习行为得到有效强化,并坚持训练;③ 研究已表明:将基础知识的学习与学习策略训练的内容有机整合在自我监控训练过程中是十分必要的,但如何整合尚需进一步深入探讨。[①]

二、VPI 患儿言语共鸣障碍矫治的个案研究

先天性唇腭裂(cleft lip and palate),俗称兔唇、狼咽,是口腔颌面部最常见的先天性畸形,由胚胎有关部位的组织和骨骼未能正常长合引起。据国外报道,发病率为 1‰ 左右,男孩发病率高于女孩,东方人发病率最高。我国为唇腭裂高发的国家,发病率约为 1.82‰,该病患者占出生缺陷儿童的 14.01%,仅次于神经管畸形的发生率。全国现有患儿超过 400 万,属于多因素遗传性疾病。

2008 年,卫生部开展了"微笑列车唇腭裂修复慈善项目",与美国微笑列车基金会、中华慈善总会、中华口腔医学会和中国宋庆龄基金会合作,计划在 3 年内为全国唇腭裂患儿免费提供修复手术,并为项目合作医院的医护人员提供专业培训。然而,手术主要解决的是生理结构上的问题,这并不意味着这些结构的功能,尤其是言语语言功能就得到了恢复,而导致唇腭裂术后患儿言语功能障碍的主要原因就是腭咽闭合功能不全(Velopharyngeal Incompetency,简称 VPI)。临床上,唇腭裂术后功能性腭咽闭合不全(VPI)患儿在共鸣方面多表现为鼻音功能亢进。因此,本研究将对这类儿童进行鼻音功能训练,以观察训练的效果。

(一) 研究对象及方法

1. 研究对象

结合实际,本实验选定 3 名情况类似的唇腭裂术功能性腭咽闭合不全患儿参与本实验研究。这 3

[①] 王和平,杜晓新,房安荣.注意缺陷多动症伴学习困难儿童自我监控训练的个案研究[J].中国特殊教育,2004(47):5.

名患儿腭裂术后半年至1年,年龄介于3～4岁之间,临床以鼻音功能亢进、鼻漏气等症状为主。

被试A,男,4岁零1个月,左侧完全性唇腭裂,唇裂修补术后3年,腭裂修补术后8个月。被试B,女,3岁零4个月,左侧完全性唇腭裂,唇裂修补术后两年半,腭裂修补术后6个月。被试C,男,3岁零8个月,左侧完全性唇腭裂,唇裂修补术后3年,腭裂修补术后6个月。三名被试智力正常,无瘘孔和舌系带过短,无腺样体增殖、扁桃体炎和鼻炎等上呼吸道疾病,无中耳疾病,无听力障碍等其他疾病。经鼻内窥镜检查和客观声学测量发现其无软腭短小、咽腔深大等问题。鼻流量测试显示三名被试均存在鼻音功能亢进问题,共振峰测试显示其均存在后位聚焦的问题。

2. 研究方法

1) 评估

表10-3-4 鼻流量首次评估结果(单位:%)

被试	/ɑ/	我和爸爸吃西瓜	妈妈你忙吗
被试A	28.55	31.22	37.13
被试B	13.08	24.32	33.71
被试C	55.73	33.71*	34.23

注:星号"*"代表为异常值,其中/ɑ/和/i/无参考标准,在此仅作为监控被试鼻流量变化的一个指标。

表10-3-5 /i/的共振峰首次评估结果(单位:Hz)

被试	/i/的第二共振峰	/i/的第三共振峰
被试A	2695*	3458
被试B	2179*	3068
被试C	1409*	2723

注:星号"*"代表为异常值。

2) 研究设计

本研究采用跨被试多基线A—B实验设计。被试A的基线期为1周,被试B为期2周,被试C为期3周,在三名被试的基线期内,每天测1次数据。被试A的处理期从就诊第2周开始,为期8周,被试B的处理期从就诊第3周开始,为期7周,被试C的处理期从就诊第4周开始,为期6周。在三名被试的处理期内,均隔日测1次,3次/周。

3) 数据收集和处理

基线期和处理期测试指标是:①鼻流量,测试该患儿的鼻腔共鸣情况;②/i/的第二共振峰,监控患儿的后位聚焦和语音清晰度的变化;③/i/的第三共振峰,监控患儿腭咽闭合程度。

基线期时,言语矫治师利用患儿每天的空闲时间,测试其鼻流量并记录上述测试指标的结果。处理期时,言语矫治师在治疗结束后,测试各测试语句的鼻流量、/i/的第二共振峰和/i/的第三共振峰,并记录上述测试指标的结果。

4) 仪器设备

实验所采用的评估和矫治设备为美国泰亿格电子有限公司生产的鼻流量检测仪和单一被试统计软件(Dr. Speech™),以及美国伟康有限公司生产的CPAP呼吸机REMstar Lite,又称单水平睡眠呼吸机。

5）训练方法

目前，库恩(Kuehn,1991)等学者采用 CPAP(Continuous Positive Airway Pressure)技术，即在患儿发音的过程中，通过鼻腔持续导入一定气压的气体，对抗由于发音而上抬的软腭。随着气压的不断提高，软腭上抬时所需对抗的阻力也不断增加，正是通过这种阻力不断增加的对抗运动，来增加阻止软腭上抬的力量，从而达到改善腭咽闭合功能的目的，效果令人期待。3 名被试言语的主要问题表现是鼻音功能亢进。根据 3 名被试言语障碍的临床表现，现参照唇腭裂术后功能性腭咽闭合不全患儿言语障碍矫治的框架，制订以下为期 2 个月的康复方案。

（1）共鸣基础训练，目的是放松口腔和鼻腔共鸣器官。

（2）共鸣针对性训练(CPAP 治疗，口鼻呼吸分离训练、促进治疗等)，目的是锻炼腭咽部肌群，区分口、鼻腔的呼吸，减少鼻腔共鸣。

（3）共鸣综合性训练，目的是巩固上述治疗效果，并将已获得的正确的共鸣方法迁移到发音练习中去。

（二）结果及分析

由于篇幅有限，在此仅对共振峰的训练数据进行处理。/i/的第二共振峰两期采集的数据及图示如图 10-3-4、图 10-3-5、图 10-3-6 所示。3 名被试基线期和处理期数据的 Bartlett 比值均小于 1，说明各组数据是非自我相关的，属于有效数据。另外，t 检验的结果表明，治疗前后，三名被试/i/的第二共振峰值均有极显著性差异($p<0.01$)，三名被试在治疗前，其/i/的第二共振峰值均明显超出正常范围，有明显的后位聚焦问题。进入处理期后，在开始的 3 周里，3 名被试/i/的第二共振峰值都出现了比较明显的波动。随后，几乎都在第 3 周左右开始出现比较稳定的上升。接下来，被试 B 和被试 C 未见明显的波动现象，但被试 A 在处理期的第 5、6 周出现了比较明显的波动。处理期结束后，三名被试/i/的第二共振峰值几乎都提高至正常范围之内。

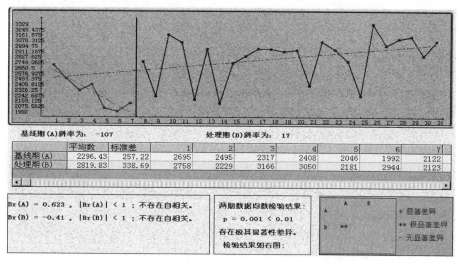

图 10-3-4 被试 A 的/i/的第二共振峰值 A—B 比较

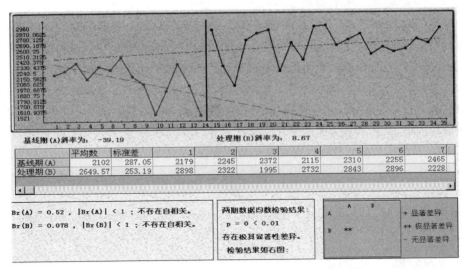

图 10-3-5　被试 B 的 /i/ 的第二共振峰值 A—B 比较

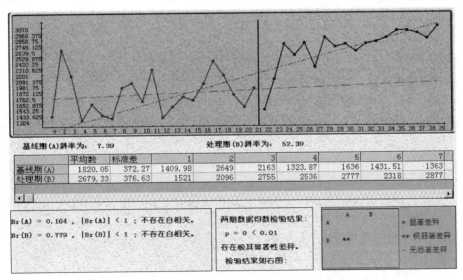

图 10-3-6　被试 C 的 /i/ 的第二共振峰值 A—B 比较

(三) 讨论

综合分析三名被试治疗前、后各测试语句鼻流量值的变化趋势可以看出,以上三名被试的大部分测试语句的鼻流量值在进入处理期后的第 3 周左右开始出现比较明显的下降,之后又呈现出比较平稳的下降趋势。这说明了以下三个问题。

第一,进入处理期后,随着综合治疗的持续进行,CPAP 治疗所持续的时间和释放的气流压力都在不断提高,当 CPAP 治疗的强度达到第 3 周所对应的时间和气流压力水平后,使得三名被试的鼻流量值出现比较明显的下降。也就是说,针对唇腭裂术后功能性腭咽闭合不全被试鼻音功能亢进的问题,由 CPAP 参与构成的综合治疗方案起效大约需要 3 周的时间。

第二,随着综合治疗的持续进行,被试已经逐渐适应综合治疗的节奏和内容。特别是进入处理期的第3周后,被试已经掌握一些共鸣和构音的技巧,并慢慢将其用于日常的言语训练中,这也是导致其鼻流量值下降的可能原因之一。因此,共鸣与构音相结合、CPAP治疗与构音矫治相结合的言语矫治方案,对于解决此类唇腭裂术后功能性腭咽闭合不全患儿鼻音功能亢进的问题,是比较有效的。

第三,从趋势线上还可以看出,三名被试在进入处理期前,其/i/的第二共振峰值都呈现下降的趋势,尤以被试A和被试B的下降趋势最为明显。这也就是说,如果不进行干预,后位聚焦的问题将会更加严重。在进入处理期后,/i/的第二共振峰值都呈现了不同程度的上升趋势,尤以被试C的上升趋势最为明显。这表明,本次的干预不仅使得/i/的第二共振峰值出现了即时的上升,在撤消干预后,/i/的第二共振峰值还有可能继续上升。

总之,通过对上述三名被试治疗前后共鸣评价指标的监控可以知道,本研究的训练方案对于治唇腭裂术后功能性腭咽闭合不全患儿的共鸣障碍是有确切的疗效的。①

思考题

1. 为什么在教育康复研究中提倡单一被试实验研究?
2. 如何提高单一被试实验的外部效度?
3. 简要说明对AB实验设计进行数据处理的基本步骤。
4. 单一被试实验设计中,为什么要对基线期数据进行自相关检验?
5. 一名教师分别采用A(呼吸放松训练)与B(数数法)对一名自闭症儿童进行言语矫治。如果想知道A与B哪种方法更有效,应采用哪一种实验设计?

主要参考文献

1. Curtis H. Krishef. *Fundamental Approaches to Single Subject Design and Analysis*. 单一受试者设计与分析[M]. 蔡美华等译,王文科校阅.台湾:五南图书出版公司,1999.
2. 林正治.单一受试研究法[M].台湾:心理出版社,2006.
3. 王和平,杜晓新,房安荣.注意缺陷多动症伴学习困难儿童自我监控训练的个案研究[J].中国特殊教育,2004(47)5.
4. 杜晓新,宋永宁.特殊教育研究方法(第二版)[M].北京:北京大学出版社,2015.3.

---

① 万勤.唇腭裂术后腭咽闭合功能不全患儿言语障碍矫治的相关研究[D].上海:华东师范大学,2009.

北京大学出版社
教育出版中心 精品图书

21世纪高校广播电视专业系列教材
电视节目策划教程（第二版）	项仲平
电视导播教程（第二版）	程晋
电视文艺创作教程	王建辉
广播剧创作教程	王国臣
电视导论	李欣
电视纪录片教程	卢炜
电视导演教程	袁立本
电视摄像教程	刘荃
电视节目制作教程	张晓锋
视听语言	宋杰
影视剪辑实务教程	李琳
影视摄制导论	朱怡
新媒体短视频创作教程	姜荣文
电影视听语言——视听元素与场面调度案例分析	李骏
影视照明技术	张兴
影视音乐	陈斌
影视剪辑创作与技巧	张拓
纪录片创作教程	潘志琪
影视拍摄实务	翟臣

21世纪信息传播实验系列教材（徐福荫 黄慕雄 主编）
网络新闻实务	罗昕
多媒体软件设计与开发	张新华
播音与主持艺术（第三版）	黄碧云 睢凌
摄影基础（第二版）	张红 钟日辉 王首农

21世纪数字媒体专业系列教材
视听语言	赵慧英
数字影视剪辑艺术	曾祥民
数字摄像与表现	王以宁
数字摄影基础	王朋娇
数字媒体设计与创意	陈卫东
数字视频创意设计与实现（第二版）	王靖
大学摄影实用教程（第二版）	朱小阳
大学摄影实用教程	朱小阳

21世纪教育技术学精品教材（张景中 主编）
教育技术学导论（第二版）	李芒 金林
远程教育原理与技术	王继新 张屹
教学系统设计理论与实践	杨九民 梁林梅
信息技术教学论	雷体南 叶良明
信息技术与课程整合（第二版）	赵呈领 杨琳 刘清堂
教育技术学研究方法（第三版）	张屹 黄磊

21世纪高校网络与新媒体专业系列教材
文化产业概论	尹章池
网络文化教程	李文明
网络与新媒体评论	杨娟
新媒体概论	尹章池
新媒体视听节目制作（第二版）	周建青
融合新闻学导论（第二版）	石长顺
新媒体网页设计与制作（第二版）	惠悲荷
网络新媒体实务	张合斌
突发新闻教程	李军
视听新媒体节目制作	邓秀军
视听评论	何志武
出镜记者案例分析	刘静 邓秀军
视听新媒体导论	郭小平
网络与新媒体广告（第二版）	尚恒志 张合斌
网络与新媒体文学	唐东堰 雷奕
全媒体新闻采访写作教程	李军
网络直播基础	周建青
大数据新闻传媒概论	尹章池

21世纪特殊教育创新教材·理论与基础系列
特殊教育的哲学基础	方俊明
特殊教育的医学基础	张婷
融合教育导论（第二版）	雷江华
特殊教育学（第二版）	雷江华 方俊明
特殊儿童心理学（第二版）	方俊明 雷江华
特殊教育史	朱宗顺
特殊教育研究方法（第二版）	杜晓新 宋永宁 等
特殊教育发展模式	任颂羔

21世纪特殊教育创新教材·发展与教育系列
视觉障碍儿童的发展与教育	邓猛
听觉障碍儿童的发展与教育（第二版）	贺荟中
智力障碍儿童的发展与教育（第二版）	刘春玲 马红英
学习困难儿童的发展与教育（第二版）	赵微
自闭症谱系障碍儿童的发展与教育	周念丽
情绪与行为障碍儿童的发展与教育	李闻戈
超常儿童的发展与教育（第二版）	苏雪云 张旭

21世纪特殊教育创新教材·康复与训练系列

特殊儿童应用行为分析（第二版）	李芳 李丹
特殊儿童的游戏治疗	周念丽
特殊儿童的美术治疗	孙霞
特殊儿童的音乐治疗	胡世红
特殊儿童的心理治疗（第三版）	杨广学
特殊教育的辅具与康复	蒋建荣
特殊儿童的感觉统合训练（第二版）	王和平
孤独症儿童课程与教学设计	王梅

21世纪特殊教育创新教材·融合教育系列

融合教育本土化实践与发展	邓猛 等
融合教育理论反思与本土化探索	邓猛
融合教育实践指南	邓猛
融合教育理论指南	邓猛
融合教育导论（第二版）	雷江华
学前融合教育（第二版）	雷江华 刘慧丽

21世纪特殊教育创新教材（第二辑）

特殊儿童心理与教育（第二版）	杨广学 张巧明 王芳
教育康复学导论	杜晓新 黄昭鸣
特殊儿童病理学	王和平 杨长江
特殊学校教师教育技能	昝飞 马红英

自闭谱系障碍儿童早期干预丛书

如何发展自闭谱系障碍儿童的沟通能力	朱晓晨 苏雪云
如何理解自闭谱系障碍和早期干预	苏雪云
如何发展自闭谱系障碍儿童的社会交往能力	吕梦 杨广学
如何发展自闭谱系障碍儿童的自我照料能力	倪萍萍 周波
如何在游戏中干预自闭谱系障碍儿童	朱瑞 周念丽
如何发展自闭谱系障碍儿童的感知和运动能力	韩文娟 徐芳 王和平
如何发展自闭谱系障碍儿童的认知能力	潘前前 杨福义
自闭症谱系障碍儿童的发展与教育	周念丽
如何通过音乐干预自闭谱系障碍儿童	张正琴
如何通过画画干预自闭谱系障碍儿童	张正琴
如何运用ACC促进自闭谱系障碍儿童的发展	苏雪云
孤独症儿童的关键性技能训练法	李丹
自闭症儿童家长辅导手册	雷江华
孤独症儿童课程与教学设计	王梅
融合教育理论反思与本土化探索	邓猛
自闭症谱系障碍儿童家庭支持系统	孙玉梅
自闭症谱系障碍儿童团体社交游戏干预	李芳
孤独症儿童的教育与发展	王梅 梁松梅

特殊学校教育·康复·职业训练丛书（黄建行 雷江华 主编）

信息技术在特殊教育中的应用	
智障学生职业教育模式	
特殊教育学校学生康复与训练	
特殊教育学校校本课程开发	
特殊教育学校特奥运动项目建设	

21世纪学前教育专业规划教材

学前教育概论	李生兰
学前教育管理学（第二版）	王雯
幼儿园课程新论	李生兰
幼儿园歌曲钢琴伴奏教程	果旭伟
幼儿园舞蹈教学活动设计与指导（第二版）	董丽
实用乐理与视唱（第二版）	代苗
学前儿童美术教育	冯婉贞
学前儿童科学教育	洪秀敏
学前儿童游戏	范明丽
学前教育研究方法	郑福明
学前教育史	郭法奇
学前教育政策与法规	魏真
学前心理学	涂艳国 蔡艳
学前教育理论与实践教程	王维 王维娅 孙岩
学前儿童数学教育与活动设计	赵振国
学前融合教育（第二版）	雷江华 刘慧丽
幼儿园教育质量评价导论	吴钢
幼儿学习与教育心理学	张莉
学前教育管理	虞永平

大学之道丛书精装版

美国高等教育通史	[美] 亚瑟·科恩
知识社会中的大学	[英] 杰勒德·德兰迪
大学之用（第五版）	[美] 克拉克·克尔
营利性大学的崛起	[美] 理查德·鲁克
学术部落与学术领地：知识探索与学科文化	[英] 托尼·比彻 保罗·特罗勒尔
美国现代大学的崛起	[美] 劳伦斯·维赛
教育的终结——大学何以放弃了对人生意义的追求	[美] 安东尼·T.克龙曼
世界一流大学的管理之道——大学管理研究导论	程星
后现代大学来临？	[英] 安东尼·史密斯 弗兰克·韦伯斯特

大学之道丛书

市场化的底限	[美] 大卫·科伯
大学的理念	[英] 亨利·纽曼
哈佛：谁说了算	[美] 理查德·布瑞德利

麻省理工学院如何追求卓越 [美]查尔斯·维斯特	教育研究方法（第六版） [美]梅瑞迪斯·高尔等
大学与市场的悖论 [美]罗杰·盖格	高等教育研究：进展与方法 [英]马尔科姆·泰特
高等教育公司：营利性大学的崛起 [美]理查斯·鲁克	如何成为学术论文写作高手 [美]华乐丝
公司文化中的大学：大学如何应对市场化压力 [美]埃里克·古尔德	参加国际学术会议必须要做的那些事 [美]华乐丝
美国高等教育质量认证与评估 [美]美国中部州高等教育委员会	如何成为优秀的研究生 [美]布卢姆
	结构方程模型及其应用 易丹辉 李静萍
现代大学及其图新 [美]谢尔顿·罗斯布莱特	学位论文写作与学术规范（第二版） 李武 毛远逸 肖东发
美国文理学院的兴衰——凯尼恩学院纪实 [美]P.F.克鲁格	生命科学论文写作指南 [加]白青云
教育的终结：大学何以放弃了对人生意义的追求 [美]安东尼·T.克龙曼	法律实证研究方法（第二版） 白建军
	传播学定性研究方法（第二版） 李琨
大学的逻辑（第三版） 张维迎	
我的科大十年（续集） 孔宪铎	**21世纪高校教师职业发展读本**
高等教育理念 [英]罗纳德·巴尼特	如何成为卓越的大学教师 [美]肯·贝恩
美国现代大学的崛起 [美]劳伦斯·维赛	给大学新教员的建议 [美]罗伯特·博伊斯
美国大学时代的学术自由 [美]沃特·梅兹格	如何提高学生学习质量 [英]迈克尔·普洛瑟等
美国高等教育通史 [美]亚瑟·科恩	学术界的生存智慧 [美]约翰·达利等
美国高等教育史 [美]约翰·塞林	给研究生导师的建议（第2版） [英]萨拉·德拉蒙特等
哈佛通识教育红皮书 哈佛委员会	
高等教育何以为"高"——牛津导师制教学反思 [英]大卫·帕尔菲曼	**21世纪教师教育系列教材·物理教育系列**
	中学物理教学设计 王霞
印度理工学院的精英们 [印度]桑迪潘·德布	中学物理微格教学教程（第三版） 张军朋 詹伟琴 王恬
知识社会中的大学 [英]杰勒德·德兰迪	中学物理科学探究学习评价与案例 张军朋 许桂清
高等教育的未来：浮言、现实与市场风险 [美]弗兰克·纽曼等	物理教学论 邢红军
	中学物理教学法 邢红军
后现代大学来临？ [英]安东尼·史密斯等	中学物理教学评价与案例分析 王建中 孟红娟
美国大学之魂 [美]乔治·M.马斯登	中学物理课程与教学论 张军朋 许桂清
大学理念重审：与纽曼对话 [美]雅罗斯拉夫·帕利坎	物理学习心理学 张军朋
学术部落及其领地——当代学术界生态揭秘（第二版） [英]托尼·比彻 保罗·特罗勒尔	中学物理课程与教学设计 王霞
德国古典大学观及其对中国大学的影响（第二版） 陈洪捷	**21世纪教育科学系列教材·学科学习心理学系列**
转变中的大学：传统、议题与前景 郭为藩	数学学习心理学（第三版） 孔凡哲
学术资本主义：政治、政策和创业型大学 [美]希拉·斯劳特 拉里·莱斯利	语文学习心理学 董蓓菲
21世纪的大学 [美]詹姆斯·杜德斯达	**21世纪教师教育系列教材**
美国公立大学的未来 [美]詹姆斯·杜德斯达 弗瑞斯·沃马克	教育心理学（第二版） 李晓东
	教育学基础 庞守兴
东西象牙塔 孔宪铎	教育学 余文森 王晞
理性捍卫大学 眭依凡	教育研究方法 刘淑杰
	教育心理学 王晓明
学术规范与研究方法系列	心理学导论 杨凤云
如何为学术刊物撰稿（第三版） [英]罗薇娜·莫瑞	教育心理学概论 连榕 罗丽芳
如何查找文献（第二版） [英]萨莉·拉姆齐	课程与教学论 李允
给研究生的学术建议（第二版） [英]玛丽安·彼得等	教师专业发展导论 于胜刚
社会科学研究的基本规则（第四版） [英]朱迪斯·贝尔	学校教育概论 李清雁
做好社会研究的10个关键 [英]马丁·丹斯考姆	现代教育评价教程（第二版） 吴钢
如何写好科研项目申请书 [美]安德鲁·弗里德兰等	教师礼仪实务 刘霄

家庭教育新论	闫旭蕾 杨萍
中学班级管理	张宝书
教育职业道德	刘亭亭
教师心理健康	张怀春
现代教育技术	冯玲玉
青少年发展与教育心理学	张清
课程与教学论	李允
课堂与教学艺术（第二版）	孙菊如 陈春荣
教育学原理	靳淑梅 许红花
教育心理学	徐凯

21世纪教师教育系列教材·初等教育系列

小学教育学	田友谊
小学教育学基础	张永明 曾碧
小学班级管理	张永明 宋彩琴
初等教育课程与教学论	罗祖兵
小学教育研究方法	王红艳
新理念小学数学教学论	刘京莉
新理念小学音乐教学论（第二版）	吴跃跃

教师资格认定及师范类毕业生上岗考试辅导教材

| 教育学 | 余文森 王晞 |
| 教育心理学概论 | 连榕 罗丽芳 |

21世纪教师教育系列教材·学科教育心理学系列

| 语文教育心理学 | 董蓓菲 |
| 生物教育心理学 | 胡继飞 |

21世纪教师教育系列教材·学科教学论系列

新理念化学教学论（第二版）	王后雄
新理念科学教学论（第二版）	崔鸿 张海珠
新理念生物教学论（第二版）	崔鸿 郑晓慧
新理念地理教学论（第三版）	李家清
新理念历史教学论（第二版）	杜芳
新理念思想政治（品德）教学论（第三版）	胡田庚
新理念信息技术教学论（第二版）	吴军其
新理念数学教学论	冯虹
新理念小学音乐教学论（第二版）	吴跃跃

21世纪教师教育系列教材·语文教育系列

语文文本解读实用教程	荣维东
语文课程教师专业技能训练	张学凯 刘丽丽
语文课程与教学发展简史	武玉鹏 王从华 黄修志
语文课程学与教的心理学基础	韩雪屏 王朝霞
语文课程名师名课案例分析	武玉鹏 郭治锋等
语用性质的语文课程与教学论	王元华
语文课堂教学技能训练教程（第二版）	周小蓬
中外母语教学策略	周小蓬
中学各类作文评价指引	周小蓬
中学语文名篇新讲	杨朴 杨旸
语文教师职业技能训练教程	韩世姣

21世纪教师教育系列教材·学科教学技能训练系列

新理念生物教学技能训练（第二版）	崔鸿
新理念思想政治（品德）教学技能训练（第三版）	胡田庚 赵海山
新理念地理教学技能训练（第二版）	李家清
新理念化学教学技能训练（第二版）	王后雄
新理念数学教学技能训练	王光明

王后雄教师教育系列教材

教育考试的理论与方法	王后雄
化学教育测量与评价	王后雄
中学化学实验教学研究	王后雄
新理念化学教学诊断学	王后雄

西方心理学名著译丛

儿童的人格形成及其培养	［奥地利］阿德勒
活出生命的意义	［奥地利］阿德勒
生活的科学	［奥地利］阿德勒
理解人生	［奥地利］阿德勒
荣格心理学七讲	［美］卡尔文·霍尔
系统心理学：绪论	［美］爱德华·铁钦纳
社会心理学导论	［美］威廉·麦独孤
思维与语言	［俄］列夫·维果茨基
人类的学习	［美］爱德华·桑代克
基础与应用心理学	［德］雨果·闵斯特伯格
记忆	［德］赫尔曼·艾宾浩斯
实验心理学（上下册）	［美］伍德沃斯 施洛斯贝格
格式塔心理学原理	［美］库尔特·考夫卡

21世纪教师教育系列教材·专业养成系列（赵国栋 主编）

| 微课与慕课设计初级教程 |
| 微课与慕课设计高级教程 |
| 微课、翻转课堂和慕课设计实操教程 |
| 网络调查研究方法概论（第二版） |
| PPT云课堂教学法 |
| 快课教学法 |

其他

三笔字楷书书法教程（第二版）	刘慧龙
植物科学绘画——从入门到精通	孙英宝
艺术批评原理与写作（第二版）	王洪义
学习科学导论	尚俊杰